Core

핵심 리더십 개발

Core Leadership Development

Preface

조직과 리더십의 관계는 자동차와 엔진을 비유할 수 있다.
엔진의 열 효율성이 높을수록 자동차는 적은 연료로 보다 많은 거리를 달릴 수
있듯이 리더십(엔진)이 훌륭하면 좋은 산출을 생산해 낼 수 있다고 본다.
여러 집단이 모여서 이루어진 조직에서는 개인들 간의 상호작용과
협동적 활동 없이는 조직목표가 효율적으로 달성할 수 없다. 이러한 상황에서
개인과 집단들의 행동과 조직의 목표를
연결해 주는 활동이 바로 리더십이다.
리더십 발휘 없이는 기획에서 통제에 이르는 모든 관리 기능이
효과적으로 수행될 수 없다.

컬럼비아 대학교 교수였던 로렌스 피터Laurence J. Peter는 '피터의 원리'라는 책에서 모든 위계조직을 이해하는 열쇠로 그 원리를 제시하고 있다. 한마디로 정의하면 '위계조직 안에서 일하는 모든 사람들은 자신의 무능력 수준에 도달할 때까지 승진하려는 경향이 있다.'는 것이다. 즉, 위계조직에 속한 사람들은 한 두 차례 승진을 하면서 자신의 능력을 발휘하고 새로운 지위에서 능력이 인정되면 또다시 승진하게 된다. 그리고 결국 그 지위에서 능력을 발휘할 수 없게 되면 승진을 하지 못하고 유능한 단계에서 무능한 단계로 이동하고 있는 것이다. 이러한 원리에 따라 추론해 보면 시간이 지남에 따라 모든 부서는 임무를 제대로 수행할 수 없는 무능한 직원들로 채워지고, 아직 무능력의 수준에 도달하지 않은 사람들이 작업을 완수하게 된다는 것이다. 그들은 무능해서 승진을 못하는 것이 아니라 승진했기 때문에 무능해 진다는 것이다. 전체 조직에 전간부화가 되어있는 모습을 보게 되는 것이다. 따라서 이러한 모순을 극복하기 위해서는 리더십 능력을 함양시켜 나가야 한다.

사람들은 더 이상 직위만으로 리더를 리더라고 부르지 않는다. 리더가 리더 다울 때, 그 사람 본연의 모습으로 존경과 지지를 받을 수 있는 롤모델Role Model이 될 수 있

는 리더를 진정한 리더로서 받아들인다. 리더십 연구에서 가장 중요한 질문 중 하나는 "리더십은 선천적인가, 후천적인가?"이다. 대부분의 교육학자들에 따르면 인간의 능력 중 30%는 타고나지만, 70%는 환경과 교육훈련에 의해 결정된다고 한다. 그런 측면에서 타고난 리더보다는 훈련을 통해 훌륭한 리더로 거듭난 사람이 더 많다고 할 수 있다. 하버드대학에서 가르치는 리더십은 세 단계로 구성되어 있는데 '의사결정을 위한 분석기술 습득, 중간관리자의 관리능력 함양, 최상의 리더가 되기 위한 리더십 발휘'이다. 리더십은 교육이 아니라 훈련이 필요하다. 전 GE 잭 웰치 회장에게 "당신의 가장 중대한 실수는 무엇인가?"라는 엉뚱한 질문을 했을 때 "모든 일들이 너무 늦게 시작되었다"고 아쉬워했다. 리더십 능력개발은 항상 우리의 뇌리에서 맴돌고 있는 영원한 과제이다. 그러나 대개의 경우, 시간이 지나고 직급이 올라가면 자연스럽게 리더가 되기도 한다. 이는 상황과 경력이 그렇게 만든 것일 뿐, 리더로서의 역할과 능력을 발휘할 준비가 되어 있어서가 아니다. 그렇기 때문에 리더가 된 뒤에도 갖추어야 할 핵심능력과 기본적인 원칙없이 우왕좌왕하거나 일중독에 빠지는 등 이전의 허물을 제대로 벗지 못한 리더들이 많다.

리더십 전문가의 한 사람인 존 맥스웰은 "리더는 자기가 성공하는 사람이 아니라, 남을 성공시켜 주는 사람이라는 것"을 역설하고 있다. 새로운 미래의 경영환경 변화는 경영자가 원하든 원하지 않든 새로운 경영방식을 요구하고 있으며, 이러한 시기에 지금까지의 비전이나 리더십에 관한 사고방식을 근본적으로 재검토해야 된다는 생각에 경영자·관리자·임원은 물론 많은 직장인들도 공감하고 있다. 그러나 그들은 지금까지 전혀 경험하지 못했던 일들이 너무 자주 발생하기 때문에 구체적으로 어느 수준Vision, 비전까지, 무엇을What, 전략적, 어떻게How, 전술적, 왜Why, 목적 해야 할지 모르는 경우가 많다. 그러한 문제들과 진지하게 맞서 싸워보려는 기업가나 간부일수록 고뇌도 많기 마련이다. 또한 새롭게 관리자·임원으로 등용된 사람들이나 관리자·임원 후보생들도 기대감과 불타는 열정을 가슴에 품고 있으면서도 커다란 현실과의 괴리감 때문에 자신은 저런 경영자나 간부가 되지 말아야겠다고 생각했지만, 과거의 자기 상사와 똑같은 길을 걷고 있다는 사실을 어느 순간에 깨닫게 된다.

리더는 일정한 시험을 통과하든가 리더십 훈련을 받았다고 해서 곧바로 리더가 되는 것이 아니다. 설령 어느 조직에서 일정한 과정을 거친 사람들에게 '리더 자격증'을 발부한다고 하더라도 그것은 실제 아무런 의미를 가지지 못한다. 개인의 인격과 가치, 철학과 이념, 비전과 목표, 행위와 사고 등과 같은 다양한 요소들 간의 상호작용 속에서 장기적으로 형성되는 것이 리더십이다. 리더십은 추종자들의 '자발적인 추종'을 전제로 한다. 즉, 타인의 존경과 기대를 가지고 자발적으로 따라올 때 '나'는 비로소 '리더'가 되는 것이다.

이 책은 이러한 문제를 진지하게 고민하고 있는 직장인·관리자·임원·학생들에게 리더십의 중요성과 기본적인 지식, 그리고 새로운 미래를 주도할 수 있도록 미래 핵심리더 육성과 리더십, 리더십 이론의 발전과정과 배경, 현대리더십 이론, 미래 핵심리더를 위한 현장리더십 개발, 미래를 준비하는 리더십 시뮬레이션, 경영사례에서 배우는 Core Leadership을 통하여 미래 핵심리더로 거듭날 수 있도록 나침반 역할을 해 줄 것이다. 또한 이 책이 출간될 수 있도록 많은 도움을 주신 한올출판사 임순재 대표님께 감사의 말을 전합니다. 마지막으로 이 책은 모든 조직에 몸담고 있는 경영자·관리자·직장인·학생에 이르기까지 우리 사회에 좋은 영향력을 미칠 수 있는 리더, 아래로부터 존경받는 리더, 위로부터 신뢰받는 리더, 동료로부터 롤모델Role Model이 되는 리더로 육성되는데 도움을 줄 것으로 기대한다.

2021년 7월
저자 일동 드림

미래 리더 · 관리자 · 간부를 위한
CORE 핵심 리더십 개발

Contents

Chapter 04 미래 핵심리더를 위한 현장 리더십 개발 / 186

미래 리더·관리자·간부를 위한
CORE 핵심 리더십 개발

미래
핵심리더 육성과
리더십

CONTENTS

1 진정한 리더십이란?

이 시대가 요구하는 진정한 리더십이란,

힘을 가졌다거나 지위가 있다거나 전문성이 있다고 해서 리더가 되는 건 아니다.

전 세계가 주목하고 국가적인 잔치인 평창올림픽을 두고

정당마다 보는 시각과 현실을 대한 판단이 모두 제 각각이었다.

이 똑같은 상황을 두고 이순신 장군이나 초나라 황제인 유방의 의견은 어떤 것일까?

아름답고 모두가 공감하는 리더십은, 조직의 목표 달성을 위해

함께하는 사람들을 자발적으로 움직이게 하는 영향력,

남들보다 앞에 서서 더 멀리 볼 수 있는 통찰력,

자신의 일에 고도의 사명감을 가지고 소통하는 능력,

그리고 무엇보다도 충무공 이순신과 같은

대의에 집중하고 자신의 실리를 버리는 능력!

이러한 인물의 힘이 바로 이 나라가 요구하는

진정한 리더십이라 할 수 있다.

　

Leadership의 어원은 앵글로색슨Anglo-Saxons의 고대어 '레단Ledan'에서 유래되었다. Ledan의 뜻은 '가다to go'로 리더는 '앞서 가는 자', 즉 '솔선수범이 되는 자'라는 의미를 내포하고 있다. 사회적으로 성공했다는 리더나 지도자들이 하루아침에 무너지는 모습을 본다. 국내 굴지의 대기업이 흔들리고, 존경받던 리더들이 물러나는 모습을 보면서 진정한 리더십의 중요성을 생각해 본다. 역사의 수레바퀴는 변화 그 자체가 하나의 특징이며, 변화는 발전을 가져오는 힘이자 기회이다. 가장 낮은 곳에서 출발했지만 가장 높은 곳까지 오른 여자, 오프라 윈프리Oprah Gail Winfrey, 1954의 성공은 자신과 다른 사람들의 삶을 끊임없이 팔아서 얻은 성공이다. 자신의 삶이 토크쇼의 게스트들의 불행과 닮았다는 점에서 유사하고, 자신의 삶을 상품화하여 스타가 되었다는 점에서 오프라는 기존의 토크쇼 진행자들과 차별화 된다. 오프라 윈프리

쇼the Oprah Winfrey Show는 이질적인 주제들을 다루지만 '고통받는 자아'라는 기본 의도를 갖고 있다. 실패와 고통은 오프라에게서 빼놓을 수 없는 요소이며, 그녀가 청중과 대화하는 상징적 도구이다. 규범적 행위에 속한 것과 자아에 관련된 것이 뒤엉키는 형식은 오프라 윈프리 쇼에서 소개되는 이야기의 특성인데, 그녀는 현대인의 자아를 옥죄고 있는 혼란을 남다른 방식으로 무대에 올리고, 그런 혼란을 극복하는 방법을 제시해 준다.

또한 오프라 윈프리 쇼는 심리세계를 다루는 이론, 언어, 조직이 복잡하게 뒤엉킨 문화로 해석되는 치유 문화가 언어적 행태를 갖춘 것이다. 그녀의 치유문화는 언어를 매개체로 사용해서 자신을 변화시키고 타인과의 관계를 만들어 간다. 오프라는 치유자의 역할을 자임하며 다양한 형태의 고통이 제기한 의미를 다루면서 자기 변화를 위한 기법과 자기계발 이야기를 제시한다. 결론적으로 오프라는 실패한 자아를 짓누르는 악마가 무엇인지 설명하고 그 악마를 떨쳐낼 수 있는 상징체계에 대한 바람을 관례적 형태로 발전시켰다. 그리고 문화의 이런 기본적인 면과 자신을 비상하게 관련시킴으로써, 오프라는 단순히 인기를 먹고사는 연예인이 아니라 진정으로 성공한 리더의 모습을 보여주고 있다. 요약해 보면, 가장 낮은 곳에서 출발해 가장 높은 곳까지 오른 여자, 고통을 승화시킨 오프라 윈프리의 매력, 실패와 고통으로 승화된 카타르시스의 미학, 오프라와 시청자 그리고 어울림, 세상을 구하는 참모습의 고통과 자기계발의 중요성을 보여주고 있는 것이다. '참되고 올바르다는 진정한 리더십'은 조직이 처한 여건이 어려울수록 더욱 진가를 발휘한다. 우리는 위기를 극복하고 새로운 기회를 접하는 과정에서 진정한 리더십의 중요성을 더욱 절실하게 인식하게 된다. 리더십은 선택받은 소수의 사람들만이 가질 수 있는 특권이 아니며, 카리스마나 타고난 성격과도 관련이 없다. 흔히 우리가 범하기 쉬운 오류는 리더십이 신비롭고 뭔가 특별한 것이라고는 생각하는 것이다.

먼저 기존의 리더십에 대한 고정관념을 생각해 볼 필요가 있다. 리더십에 대한 고정관념은 직급이나 직위가 높은 사람이 낮은 사람에게 영향력을 발휘하는 명령·통제·지시하는, 직위·직급중심이었다. 즉, 상대방을 의도하는 대로 움직이게 하는 모든 영향력의 원천이 정보력이나 업무의 전문성보다는 조직 내에서의 오랜 경험과 직위나 직급에 따라 좌우되었다. 리더십을 발휘하기 위해서는 반드시 부하를 전제로 해야 된다는 고정관념이었다. 영향력의 원천은 추진하는 업무과제나 프로젝트에 관계없이 언제나 수직적 관료조직에 놓인 리더 한 사람으로부터 나온다는 고정관념이다. 이러한 리더십의 고정관념은 진정한 리더의 역할과 리더가 갖추어야 될 바람직한 역량에 영향을 미치고 있다. 리더십 분야의 교과서로 불리며 '리더십 챌린지'의 저자로도 유명한 배리 포스너Barry Z. Posner 교수는 진정한 리더로 거듭나기 위한 7가지 법칙을 제시하고 있는데 간추려 보면 다음과 같다.

1 뚜렷한 가치관을 가져라

많은 구성원들이 지치고 분노하고 염증을 느끼고 그들의 미래에 대해서 비관하고 있다. 많은 조직에서 구성원들이 소외감을 느끼고 직장에 대한 충성심이 급격하게 사라지고 있다. 좋은 직장을 만들기 위해서 직장 내에서 노력하기 보다는 불만이 있을 경우 상당수의 구성원들이 말없이 그냥 떠나버린다. 조직에 소속된 직장인이기 보다는 프리랜서처럼 일하는 분위기가 널리 퍼져있다. 이런 분위기에서 리더들이 어떻게 하면 의욕이 떨어진 구성원들을 확실하지도 않은 미래를 향해서 움직이도록 할 수 있을까? 사람들은 4가지의 특성을 가진 리더를 원한다. 정직, 미래지향, 의욕고취, 능력이 바로 그것이다. 즉, 진실하고 신뢰할 수 있으며 비전과 방향감각을 갖고, 열성과 열정 그리고 전문능력과 함께 리더로서 성공적인 경력을 가진 인간적으로 믿음이 가는 리더를 원하는 것이다.

2 개개인의 잠재된 리더십을 끌어내라

리더십은 학습이 가능하며 누구나 리더가 될 수 있다. 따라서 누군가 다른 사람이 나서서 리더가 되어주기를 기다릴 이유가 없다. 달성 가능하지만 노력하지 않으면 달성할 수 없는 도전적인 목표를 세우고 그 목표를 달성할 수 있도록 사람들의 능력을 개발하는 것이다. 리더십은 소수의 카리스마적인 사람들만이 가지고 있는 특성이 아니다. 오히려 평범한 사람들도 자신과 다른 사람으로부터 신뢰를 이끌어내기 위해서 일반적으로 사용할 수 있는 것이다. 모든 사람들 속에 잠재해있지만 활용되고 있지 않는 리더십을 밖으로 끌어내면 엄청난 일을 해낼 수 있다. 모든 사람들이 리더로서 행동할 때, 즉 모든 사람들이 도전하고, 다른 사람들에게 열정을 불어넣고, 다른 사람들에게 도움을 주고, 다른 사람들에게 모범이 되고, 다른 사람들을 격려해줄 때 사람들은 더욱 열정적으로 일하게 되고 성공의 가능성은 훨씬 높아지게 된다.

3 작은 성공부터 도전하라

리더는 주도적으로 일을 만들어 내야 한다. 다른 사람들이 하기 싫어하고 손해를 보고 있는 사업부를 스스로 맡아서 흑자로 전환시키기도 한다. 다른 사람들이 누군가가 먼저 나서서 해주기를 기다리고 있을 때 리더는 자신이 주도적으로 보다 좋은 환경을 만들고 사람들의 삶의 질을 높이기 위한 활동을 시작한다. 다른 사람의 허락을 기다리는 것은 리더의 특징이 아니다. 긴급성과 중요성을 가지고 행동에 옮기는 것이 진정한 리더이다. 만일 당신이 진정한 리더가 되고 싶으면 남들이 하지 않는 새로운 활동을 시작하고 실행에 옮겨야 한다. 작은 성공에 초점을 맞추고 엄청난 혁신 대신에 작은 규모의 실험을 계획하고, 작지만 연속된 성공이 자신감을 불러일으킨다는 사실이다.

4 미래에 대한 명확한 그림을 그려라

리더는 아름다운 미래의 청사진을 그리는 능력이 있다. 그들은 다른 사람들이 보지 않는 것을 보며 남들이 불가능하다고 생각하는 무엇인가를 상상하고 꿈꾼다. 비전이 없이 이루어 낼 수 있는 것은 거의 없는 것이다. 모든 사업, 크거나 작은 프로젝트는 모두 마음속에서 시작된다. 그것들은 지금 단지 머릿속에 들어있는 그림이지만 언젠가는 실현될 것이라는 상상력과 믿음으로 시작된다. 리더들은 사기를 복돋우는 미래의 그림을 올바르게 그리기 위하여 다음과 같은 두 가지 일을 한다.

첫째, 미래에 대해서 생각하고, 독서하고, 공부하고 명상하는 데에 시간을 사용한다. 연구소, 대학을 방문하고 동료들과 대화하며 최신의 추세를 알아보기 위하여 인터넷을 활용하는 것들이 이러한 일들이다.

둘째, 조직 구성원들과 미래에 대하여 토의한다. 그들은 열정적으로 흥분을 자아내는 미래의 모습에 대해서 그들에게 이야기한다. 사람들은 자신이 미래에 어떤 역할을 하게 될지 분명하게 인식하게 되면 거기에 동참하고자 할 가능성이 높아진다.

5 리더십은 대화이지 독백이 아니다

리더십은 독주하는 것이 아니다. 정말로 뛰어난 성취는 다른 많은 사람들의 적극적인 참여와 지원 없이는 결코 일어나지 않는다. 리더십은 대화이지 독백이 아니다 Leadership is a dialogue, not a monologue. 뛰어난 성과는 상호협조를 통해서 얻게 되는데 상호협조의 근저에는 신뢰가 있다. 외부조건이 도전적이거나 긴급할 경우 더욱 그렇다. 훌륭한 리더는 상호존중과 배려에 기초한 인간관계를 구축하고 있다. 자신이 약하고, 무능하고, 별로 중요하지 않다고 생각하는 구성원들은 지속적으로 성과가 저조하고 기회만 있으면 다른 직장을 구하려고 한다. 진정한 리더는 다른 사람의 자율성, 자신감, 효과성을 높이기 위해서 자신의 힘을 스스로 조직 구성원에게 나누어준다. 다른 사람들의 권한을 높여주는 것은 조직 전체의 성공가능성을 증대 시킨다. 사람들과 직접 얼굴을 맞대고 함께 시간을 보내는 것보다 더 효과적인 대안은 없다. 조직 구성원들에게 지시하고 통제하기보다 그들에게 봉사하고 도움을 주는 것이 오늘날 리더들이 명심해야 할 좌우명이다.

6 언행일치의 메시지를 전달하라

신뢰할 만한 사람은 자신이 하겠다고 말한 일은 실제로 실행하는 언행일치의 사람이다. 솔선수범 하는 것이 신뢰를 얻는데 중요하다. 리더가 신뢰할 수 있는가를 결정할 때 사람들은 우선 그 사람의 말을 듣고 그 다음에 그 사람이 하는 행동을 보게 된다. 그 사람의 말과 행동이 일치할 때 '믿을 수 있다.'는 판정을 내린다. 리더가 언행이 일치하는지 여부는 시간을 보내는 방법, 중요한 사건이 발생했을 때 보이는 반응, 평소에 하는 이야기, 질문, 사용하는 언어와 상징, 그리고 그들이 하는 조치에 의해서 판단된다. 리더는 자신의 행위를 통해서 구성원에게 전달되는 메시지에 유의해야 한다. 위선보다도 더 해로운 것은 없다. 자신의 실제행동을 입으로 가르치는 것과 일치시킴으로써 구성원들에게 모범이 되어야 한다. 리더는 자신이 소중하게 생각하는 가치와 자신의 신념을 명확하게 한 후에 자신의 행동을 그 신념에 일치시켜야 한다.

7 리더십의 핵심은 진정한 관심과 배려이다

혼자서는 최고의 성과를 낼 수 없다. 즉, 다른 사람의 도움 없이, 지원과 격려 없이, 신뢰의 표현이 없이 뛰어난 성과를 내는 것은 불가능하다. 리더십의 핵심은 다른 사람에 대한 진정한 배려와 관심이다. 최고의 리더는 구성원들에 대해서 사랑을 표현하고 따뜻함과 애정을 보여준다. 그들은 구성원들에게 가까이 다가가며 자신의 생각과 느낌을 그들에게 허심탄회하게 이야기 한다. 구성원들이 자신들에게 관심을 갖고 격려해주는 리더와 함께 일하게 되면 그들은 자신에 대해서 보다 좋은 느낌을 갖게 되며 자아존중감이 높아진다. 이러한 리더들은 사람들의 영혼을 자유스럽게 해방시킴으로써 그들 스스로 자신이 할 수 있으리라고 생각하지도 못했던 일들을 해내도록 활력을 불어넣는다. 이러한 것이 리더로서 해내야 할 궁극적인 임무일 것이다. 그러면 구체적으로 어떻게 해야 하는가? 아주 쉽고 간단한 것부터 시작하는 것이 좋다. 고마움을 표현하고, 인정하며, 칭찬하고 '나는 당신과 당신이 하는 일에 관심이 있다.'는 것을 표시하는 단순한 동작이다.

② 리더십에 대한 올바른 이해와 반성

어느 전쟁터에서 갑자기 총성이 울리자 전부대원들이 모두 엎드렸다.

잠시 후 부대장은 적들이 어디 있는지 보기 위해 머리를 약간 들었다가 총알이 날아오자

다시 땅으로 엎드렸다. 그런 후 부대장은 더 이상의 조치를 취하지 않았다.

얼마동안 침묵의 시간이 흐른 뒤 한 하사관이 낮은 포복으로 다가와 부대장에게 속삭였다.

"부대장님! 언제까지 이렇게 엎드려 있을 수는 없지 않습니까?"

"빨리 일어나서 결정을 내리고 부대원들을 이끌어 주십시오."

그 하사관의 말이 아니었다면 "부대장은 무작정 그곳에 엎드려 있었을 것"이라고

말하고 있다. 그 하사관은 부대장을 움직이게 만든 '리더십'을 보여주고 있는 것이다.

또한 그 부대장은 '리더'로서 역할과 책임을 수행하지 못하고

있는 것이다. 따라서 리더십은 좋은 정보를 제공하는 쪽에서

주도하게 되어있고 좋은 정보를 제공하는

곳으로부터 시작되고 있는 것이다.

"훌륭한 핵심리더Core leader 는 리더 본인이 아니라 팔로워Follower가 만든다. 성공한 팔로워의 역할을 경험해 본 사람만이 훌륭한 리더가 될 수 있다." 세계적인 리더십 전문가이면서도 정작 리더보다는 팔로워의 변화를 주문하고 있는 바바라 켈러먼Barbara Kellerman 하버드대 교수의 주장이다. 하버드대 케네디스쿨에서 공공 정책을 강의하고 있는 켈러먼 교수는 동아비즈니스리뷰DBR와의 전화 인터뷰에서 리더십과 관련해 두 가지의 큰 변화가 전 세계에서 공통적으로 나타나고 있다고 진단했다. 모든 리더의 영향력이 동시에 감소하고 있으며, 세계화의 진전으로 지역, 종교, 성별, 국가별 리더의 차이가 거의 사라지고 있으며, 리더의 영향력과 권위가 점점 줄어들고 있는 현대 사회에서는 팔로워의 역할이 중요할 수밖에 없다고 강조했다. 켈러먼 교수는 자신의 저서 '배드 리더십Bad Leadership'에서 배드 리더십의 7가지 사례를 무능Incompetent,

경직Rigid, 무절제Intemperate, 무감각Callous, 부패Corrupt, 편협Insular, 사악Evil으로 구분했다. 이 배드 리더십이 '상황', '리더', '팔로워'란 세 가지 축을 중심으로 이뤄진다고도 지적했다. 리더 혼자서는 잘못을 저지를 수 없고 묵인하거나 추종하는 세력이 있어야 가능하다는 의미이다.

성공의 중요 키워드로서 리더십을 인식한다고 해도 과언이 아니다. 실례로 서점에 가보면 리더십과 관련한 기업경영 관련 책들이 1,000여 종이 넘고 있다. 또한 하나의 섹션을 따로 차지하고, 성공한 기업 CEO들의 리더십유형과 그 유형에 따른 성공경영에 관한 서적 대부분이 베스트셀러가 되고 있다. 리더십은 21세기 들어 더욱 중요성이 부각되고 있는 분야다. 대학 차원에서도 기업경영과 리더십 관련한 강의나 세미나를 증설하고 학생들은 그러한 강의들을 열심히 쫓아다니는 추세이다. 이러한 사례들로 지금 우리 사회에서 진정한 '리더와 리더십'이 얼마나 관심 키워드Keyword인지 짐작할 수 있다.

리더십에 대한 오해

미국 국내선 단거리 구간만 운항하는 저가 항공사이며 조종사가 짐도 나르고, 고객서비스도 하는 별난 운영방식, 지난 30년간 한 번도 적자를 내지 않은 우량 기업이 바로 사우스웨스트 항공사다. 덩치는 작아도 시가총액110억 달러이 미국 6대 항공사를 합친 금액보다 많다. 창업자 허브 켈러허Herbert D. Kelleher는 투자자 회의에 록스타 복장으로 나타나고, 직원 연설회장에 오토바이를 타고 등장한다. 직원은 가장 중요한 고객이며, 회사로부터 존중 받고 사랑 받는 직원만이 고객을 사랑으로 대한다는 경영철학에서 나온 의도된 행동이다. 과거에는 영웅형 리더십이 각광을 받았지만, 요즘은 수평적 시대상에 어울리는 통합적 리더십이 주목을 받고 있다.

조직의 리더는 남다른 소질과 능력을 가지고 있는 사람이며, 이러한 특징을 선천적으로 타고 나는 것으로 생각하는 것이 일반적이다. 또한 리더란 스스로 내린 결정에 따라 사람들에게 명령만 내리면 되는 걸로 생각하는 경우도 있다. 리더십에 대한 몇 가지 일반적인 오해와 리더 육성을 위한 기업의 과제를 안고 있다.

피터 드러커Peter Ferdinand Drucker, 1909~2005는 "조직의 성공에 있어 리더십이 가장 중요하다. 실제로 리더십을 대체할 수 있는 것은 아무것도 없다."고 말했다. 또한 경영 전략의 대가인 하버드대 교수인 알프레드 챈들러Alfred, D. Chandler도 동일한 상황에서 경쟁 기업간 승부도 비전있는 지도자의 의사결정에 좌우된다"고 보았다. 리더십이란 사람들의 능력과 자발성을 끌어내는 것이다. 그 첫걸음은 리더십에 대한 올바른 이해에서 출발해야 한다.

리더십이란, 일반적으로 '타인에게 영향력을 행사하는 과정'으로 이해되지만 이 말만으로는 정확한 의미를 이해하기가 쉽지 않다. 전 미국 대통령인 아이젠하워Dwight David Eisenhower, 1890~1969의 '리더십이란, 당신이 성취하고 싶은 일을 다른 사람이 원해서 하도록 만드는 기술이다'라고 했다. 그러나 다른 사람으로 하여금 스스로 원해서 일을 하도록 만들고, 그 결과 우수한 인재들이 더 많은 성과를 내게 만드는 것이 쉬운 일이 아니다. 그러다 보니 성공적인 리더의 역할과 리더십 스타일에 대한 많은 연구가 있어 왔다. 그런데 아직까지 많은 사람들이 리더십에 대해 잘못된 생각과 기대를 가지고 있는 부분이 몇 가지 있다.

첫 번째, 리더는 전지전능하고 다방면에서 뛰어나야 한다는 것이다.

우리가 주변에서 듣게 되는 리더에 대한 비판은 여러 가지가 있지만 그 중 몇 가지만 예를 들면, "현 상황 하에서의 관리만 잘하지 미래에 대한 전략적 통찰력이 부족하다.", "밀어 붙이기만 하고 사람들의 등을 두드려주는 것은 부족하다.", "지원 부서에만 있어서 현장은 잘 모른다." 등과 같이 A는 잘하는데 B는 부족하다는 식이다. 반대로 이야기하면, 리더는 전략적 통찰력과 관리 능력, 추진력과 풍부한 감성 지능, 전사적 시각과 현장 경험 등을 두루 갖추고 있어야 한다는 것이다. 그러나 이런 식의 요구는 자칫 오리를 동물의 왕으로 뽑는 식의 오류를 부를 수 있다.

L E A D E R

옛날 천하를 통일한 한(漢)나라가 이를 기념하기 위해
각지의 저명인사를 초청하여 잔치를 베푼 적이 있었다.
이 자리에 초청된 한 스승에게 그의 제자들이 한 가지 궁금한 점을 물었다.
새로운 천자가 된 유방이 전략에 있어서는 장량, 군사에 있어서는 한신,
내정과 보급에 있어서는 소하에 미치지 못하고 명문 집안 출신도 아닌데,
어떻게 이들을 거느리는 자리에 오르게 되었는가 하는 것이었다.
이에 스승은 튼튼한 바퀴가 만들어지기 위해서는 바퀴살 하나하나가 모두
튼튼해야 되지만 이들 간의 균형을 이루어주는 장인(匠人)의 능력이
필수적이며, 이런 점에서 유방은 최고의 참모들을 적소에 잘 배치
하여 활용하였기에 천하를 통일할 수 있었다는 설명을 들려주었다.
즉, 유방은 용인술의 일인자라고 할 수 있었던 것이다.

이처럼 만능의 리더가 있다기보다는, 환경적 상황이나 사업의 성숙 단계, 직무 특성 등 리더에게 요구되는 역할에 따라 그에 상응하는 최적의 리더와 리더십이 있는 것이다. 세계적인 경영 석학인 피터 드러커도 "모든 환경에 들어맞는 리더십 역량은 존재하지 않는다."라고 하였다. 그러나 어떤 리더에게도 예외 없이 요구되는 자질이 하나 있다면, 그것은 리더십의 본질상 구성원들이 기꺼이 감성적으로 따르려고 하는 상호관계Relationship를 형성하는 능력일 것이다. 이런 관계를 형성하기 위해서 중요한 것이 무엇인지를 알기 위해서는, 조직 구성원들에게 지금까지 만나본 리더 중에 기억에 남는 존경하는 리더의 특징을 들어보는 것이 도움이 될 것이다. 조직 구성원의 존경과 신뢰를 받는 리더들은 일반적으로, '사려 깊은, 남을 위하는, 스스로 행동하는, 깨끗한, 인내하는, 부드러운, 남의 말을 잘 경청하는'특징을 가지고 있는 것으로 나타나고 있다. 결국 훌륭한 리더는 전지전능한 사람이나 성인聖人이라기보다는, 현 상황에서 자기가 맡은 분야에서의 전문가적 식견을 가지고 있으면서 부하의 말에 경청하는 자세를 가진 사람이라고 요약할 수 있을 것이다.

두 번째, 리더는 타고나는 것이다.

우리는 일반적으로 리더라는 존재는 만들어지기보다 그러한 자질을 갖고 태어나며, 우리 자신은 그러한 자질을 갖고 태어나지 못했다고 생각한다. 그러나 실제로 리더십을 갖추는 데 필요한 스킬도 다른 스킬과 마찬가지로 학습과 노력을 통해서 개발시키고 향상시킬 수 있는 것이다. 전 시대를 통틀어 최고의 농구 선수라고 할 수 있는 농구 황제 마이클 조던도 고교 재학시절 학교 농구팀에서 탈락된 적이 있고, 세계적인 만화가이자 영화 제작자인 월트 디즈니도 젊은 시절 캔자스 시에서 창의적이거나 독창적인 아이디어가 전혀 없다는 평과 함께 신문 편집자로 일하라는 충고를 받은 적이 있다. 또한 우리가 잘 알고 있는 마라톤의 이봉주 선수도 평발이라는 불리한 조건임에도 부단한 노력을 통해 세계적인 마라톤 선수로 인정을 받고 있다. 이처럼 사람의 자질과 재능이란 것도 타고나는 것이라기보다 꾸준한 노력으로 훈련될 수 있다.

관상어인 재미있는 코이 잉어가 있는데,
이 잉어는 작은 어항에 넣어두면 8cm까지 밖에 자라지 않지만,
조금 더 큰 수족관이나 연못에 넣어두면 약 25cm까지 자란다고 한다.
커다란 강물에 방류하게 되면 120cm까지 크게 자란다고 한다.

사람도 이와 마찬가지로 현재 놓여있는 위치가 작은 수족관인지 커다란 강인지에 따라 그 결과가 달라지게 된다. 따라서 훌륭한 리더를 키우고 발견하기 위해서는, GE의 레그 존스가 잭 웰치를 발굴한 것처럼 다양한 상황을 부여하여 경험을 쌓게 하면서, 인재를 판별하고 확보하기 위한 안목을 쌓는 것이 중요하다.

세 번째, 리더는 명령하는 사람이다.

러버메이드Rubbermaid의 최고경영자였던 스탠리 골트는 40분기 연속해서 수익이 상승하는 기록을 남길 만큼 탁월한 경영자였다. 그러나 그는 '폭군'이라는 별명이 붙을 만큼 자기중심적이었고, 임원들조차도 자신의 지시와 명령에 따르는 수동적인 위치로 전락시켰다. 그 결과, 러버메이드는 그가 퇴임하고 나자 불과 5년 만에 뉴웰Newell

에 인수 당하는 신세로 전락하고 말았다. 굳이 이와 같은 사례가 아니더라도, 우리는 주변에서 지나치게 독선적이거나 관리 통제를 리더십이라고 오해하여 장기적인 조직의 건강을 해치는 사례를 쉽게 찾아볼 수 있다. 'Good to Great'의 저자인 짐 콜린스는, 좋은 기업에서 위대한 기업으로 도약한 회사들에 대한 연구 결과, 이들 회사에는 공통적으로 지시하고 명령하는 리더가 아니라 강한 의지와 겸손함을 동시에 가진 리더가 있었다고 한다. 따라서 앞으로 바람직한 리더의 모습은 의사결정만을 내리는 상사가 아니라, 직접 문제나 고민을 듣고 해결방안에 대한 지원과 격려를 하는 것이 될 것이다.

리더십에 대한 자기반성

경청하는 태도는 미래 리더가 가져야할 가장 중요한 덕목이며, 미래 리더가 반드시 개발하여야 할 중요한 기술이다. 사물은 관리Manage하는 것이지만, 사람은 리드Lead하는 것이다. 리더십이 타인에게 영향력을 발휘하기 위해서는 상당한 자기계발이 필요하다. 불행히도 리더십이 요구되는 지위에 있는 많은 사람들은 이러한 중대한 노력을 회피하고 있다. 리더란 문자 그대로, 다른 사람들을 앞장서서 이끌어 가는 사람을 말하며, 리더십이란 그와 같은 리더가 갖추어야 할 자세, 정신, 자질, 덕목 등을 포함하여 일컫는 포괄적인 개념이다. 또한 리더는 책임을 떠맡고, 일이 이루어지도록 하며, 꿈을 현실로 나타나게 만들며, 조직의 환경이 어려울수록 더욱 진가를 발휘한다. 리더십의 정의는 약 460여 가지가 넘는다고 한다. 왜 이렇게 정의가 많은가? 한마디로 정의하기도 어렵지만 정의를 해도 어느 시점이나 상황에 따라 달라지기 때문일 것이다.

리더십에 관한 의문들은 오랫동안 많은 사람들의 주제로 되어 왔으나 리더십에 대한 과학적 연구는 20C에 들어와서야 본격적으로 시작되었다. 영어에서 리더십이란 용어가 사용되기 시작한 것은 비교적 최근의 일이다. 리더라는 용어의 기원을 더듬어보면 A.D. 1,300년경까지 거슬러 올라갈 수 있으나, 이 용어가 본격적으로 사용되기 시작한 것은 겨우 200여 년 전에 불과하다Stogdill, 1974. 리더십에 관한 대부분의 개념들에는, 하나 또는 그 이상의 집단 구성원들이 '부하들' 또는 '추종자들'이라고 불리워지는 다른 구성원들로부터 어떤 관찰 가능한 차이에 의해 여러 차례 리더로 확인될 수 있다는 사실이 함축되어 있다.

♟ 도표 1-2 **리더십에 대한 자기반성**

1. 결과에 대한 책임을 지지 않으려 하지 않는가?
2. 의욕을 불러일으키지 못하고 있지 않는가?
3. 조직내 입장을 망각하고 내부고객 서비스를 게을리 하고 있지 않는가?
4. 부하와 1대1의 접촉을 게을리 하지 않는가?
5. 부가가치 창출의 중요성을 잊고 있지 않는가?
6. 부하와의 사이에 선을 긋지 않고 있지 않는가?
7. 문제에만 집착하여 기업목적을 잊고 있지 않는가?
8. 부하 육성을 게을리 하고 있지 않는가?
9. 목표달성 의식이 없어서 달성기준을 정하지 못하고 있지 않는가?
10. 부하의 실력을 과신하고 있지 않는가?
11. 할아버지형 리더십을 고수하여 부하의 태만을 눈감아 주고 있지 않는가?
12. 잘 어울리는 부하에게만 신경 쓰고 있지 않는가?
13. 사랑과 매로 부하를 조정하고 있지 않는가?

CHECKLIST!

- 스티븐 브라운의 Check List -

그리고 리더십 정의들은 항상, 둘 또는 그 이상의 사람들 사이의 상호작용이 포함되는 하나의 집단현상이라는 가정을 공통분모로 갖는다Janda, 1960. 그러나 결국 리더십이란 말 속에는 "어떤 상황에서 조직의 목표달성을 위해 어떤 개인이 다른 개인이나 집단의 행위에 영향력을 행사하거나 이끌어 가는 과정"이라는 의미가 들어 있음을 알 수 있다. 리더십은 조직목표를 효율적이고 효과적으로 성취하는 데 영향을 주는 중요한 요소이다. 특히, 기업조직에서의 리더십은 기업의 사활死活과 직접적으로 연관되는 요소이기 때문에, 리더 또는 구성원은 리더십의 특성과 리더의 자질에 대해 끊임없이 연구하고 그것을 발달시키도록 노력할 필요가 있다.

미래 핵심리더는 타고나는가? 개발·육성되는가?

미래 핵심리더는 타고나는 것일까? 아니면 개인의 의지로 개발·육성될 수 있는 것일까? 누구나 한번쯤은 던져볼 수 있는 질문이다. 물론 우리 앞에는 그 문제에 대해서 구체적인 대답을 전해 줄 수도 있는 무수히 많은 리더들이 역사 속에 기록되어 있다. 그러나 어떤 경험적인 확인을 통해서만 리더의 본질을 이야기한다면 상당히 혼란스러울 것이다. 리더는 타고난다고 하는 것은 리더십 이론의 발전과정에서 전통적인 이론인 리더의 특성이론을 들 수 있다. 여기에서 주장하는 것은 리더의 자질이 유전인자에 의해 이미 결정된다는 주장이다.

속담에 "왕대 밭에 왕대 나고 콩 심은 데 콩난다"는 것과 같이 리더의 자질은 태어날 때 이미 정해진다는 것이다. 또한 사회적 지위에 의해 이미 그 자격이 부여되기도 한다. 가문이 좋은데서 태어나면서 이미 리더는 타고나는 것이라고 보는 것이다. 그리고 우리 주변의 환경에 의해 이미 결정되기도 한다. 즉 배우자, 상사, 경제상황 등의 영향을 받으면서 이미 결정된다는 것이다. 어떤 사람들은 또한 리더십은 선천적으로 개인에게 부여되는 성질이라고 믿고 있다. 그들은 어린 시절에 이미 그 씨앗은 뿌려진다고 믿으며, 그런 기회를 가져다 준 신의 선택에 감사하면 된다고 생각한다.

반면에 리더십이란 신의 선물이 될 수 없으며, 미래 리더가 되는 기술은 교육받고 훈련하면 획득할 수 있는 것이라고 믿는 사람들도 있다. 과연 어느 쪽이 맞는 것일까? 아니면 어느 쪽이 진실 쪽에 가까운 것일까? 그러나 선천적으로 우리 인생을 결정짓는 요소는 될 수 없다. 이러한 요소 때문에 현재의 나를 부정하거나 변명한다면 그것은 핑계일 수밖에 없다. 사람의 외모가 천차만별이듯이 개인의 특징을 구성하는 갖가지 속성들이 있다. 예컨대 에너지, 지성, 감수성, 성취욕, 정서 등등 여러 가지 면에서도 사람들에게는 차이가 있다. 실제로 최근의 많은 연구결과들을 따르자면 인지적 능력과 성격을 구성하는 많은 요소들이 부분적으로는 천성적인 것들임이 밝혀지고 있다. 그래서 타고난 재능이나 특성들은 영향력을 행사하거나 집단목표를 달성하는 데 있어서 어떤 이들은 남들보다 유리하게 만들기도 하고 이익을 주기도 한다. 또한 인지적 능력과 성격은 오랜 시간이 지나도 잘 변하지 않을 정도로 안정성을 지니고 있는데 그러한 사실은 사람들로 하여금 그것은 타고난 것이며, 변하지 않는 것이라고 믿게 만들기에 충분하다.

이것을 뒷받침 해 줄 수 있는 증거는 있을까? 가령 어떤 연구자들은 키가 6피트 이상인 사람이 6피트가 안 되는 사람보다 사장이 되는데 유리하다고 결론짓는다. 반면 다른 연구자들은 키가 작은 남성이 사회적으로 성공을 거둘 가능성이 높다고 하기도 한다. 이런 견해는 '선천성'이론을 뒷받침하고 있는 것처럼 들릴 수 있다.

정말 키가 큰사람이 유리할까? 아주 근소한 차이를 두고 더 유리하다고 받아 들일 수 있는지는 모르겠지만 큰 키 또는 작은 키가 뛰어난 리더가 될 수 있는 기회를 제공해 주는데 있어서 유리하게 작용한다고 말할 수는 없는 일이다.

♟ 도표 1-2 **미래 핵심리더 개발의 필요충분조건**

천부적인 재능이 훌륭한 리더를 만든다.
경험과 학습으로도 훌륭한 리더가 될 수 있다.
주위의 모든 사람은 우리를 리더로 만들어 주는 스승이다.
리더십 훈련에는 인간관계 기술, 협상 기술, 상담의 기술, 사람에게 영향을 주는 기술, 조직을 이끌어 가는 기술, 팀으로 일하는 기술 등 등이 있다.
다른 사람을 위해 훌륭한 코치가 되어라.
자신의 리더십을 개발하려면 매일 리더십 사건일지를 기록하라.

최근 경영의 핫 이슈 중의 하나는 우수 인재를 어떻게 확보하고 유지하느냐 하는 것이다. 갈수록 격렬해지는 '인재 쟁탈전'에서 승리하기 위해 무리라고 할 만큼 애쓰는 기업이 늘어가고 있다. 그러나 과연 인재 쟁탈전에서 승리하기만 하면 기업이 지속적으로 성장 발전할 수 있을까? 그렇지 않을 수도 있다는 것이 그 대답이다. 확보 유지된 인재가 향후 조직의 리더로서 기업과 사업의 성장 발전에 기여하도록 육성되

지 않는다면, 오히려 우수 인재의 확보와 유지에 자원만 낭비한 꼴이 될 수 있기 때문이다. 따라서 필요한 우수 인재를 미래의 리더로 키우기 위한 육성 방안을 전략적으로 구축하는 것이 당장의 우수한 인재 확보 유지 보다 중요한 이슈라고 할 수 있다.

우수한 미래 핵심리더

우수한 미래 핵심리더란 어느 특정한 시기에 향후 조직과 사업을 이끌어갈 것이라고 인정받는 인재를 의미한다. 예를 들어 3M의 경우에는 잠재적 리더High Potential, 곧 미래 리더를 의미있는 높은 수준으로 지속적인 공헌을 하는 구성원으로 규정하고 있다. 미래 핵심리더를 육성하는 일이 중요한 이유는 본질적으로 능력있는 리더를 확보 유지하기가 힘들기 때문이며, 이는 다음과 같은 요인에 기인한다.

첫째, 현재의 경영진은 비슷한 나이, 비슷한 입사 시기, 비슷한 경험 등으로 인해 시간이 지나거나 새로운 경영환경이 도래되면 비슷한 시기에 동시에 퇴진하기 마련이다. 따라서 동시 퇴진으로 인한 공백이 때로는 기업의 운명을 좌우할 수도 있다.

둘째, 현 경영진을 대체할 만한 인적자원이 부족하다. 다운사이징과 리스트럭처링의 열기 속에서 전통적인 경영진 후보군이었던 중간관리층이 얇어졌기 때문이다. 더구나 남아있는 중간관리층 역시 경영진으로 성장할 수 있다는 확신보다는 중간에 물러서기 쉽다는 두려움에 싸여 있다. 따라서 우수 인재를 파격적인 금전적 보상이나 도전적인 업무를 부여하는 경쟁기업들에게 빼앗기는 경우가 많게 된다.

셋째, 미래 경영과 관련된 문제이다. 이미 기존의 사업 가치사슬이 인터넷과 정보기술에 의해 새로운 가치사슬로 대체되고 있고, 치열한 경쟁 속에서 경영환경은 한치 앞을 내다 볼 수 없을 만큼 혼란스러운 상황이다. 기존의 관리적 리더는 종언을 고하고 있고, 이제는 새로운 시대를 꿰뚫어 볼 수 있는 새로운 리더가 필요한 때이다.

그러나 많은 학자들과 리더 개발 전문가들은 상당수의 기업들이 미래 리더를 육성하는 것을 승진하는 사람들을 위한 '직급 교육'수준으로 인식하고 있다고 비판한다. 많은 미래 리더 육성 프로그램들이 승진 대상자들을 특정한 장소에 일시에 모아 놓고 일방적인 강의로 지식이나 스킬의 내용을 전달하는 수준이라는 것이다. 앞으로는 일부 선진 기업들이 실행하고 있듯이 전 구성원을 대상으로 장소에 구애받지 않고 자발적인 학습의 방식으로 향후 자신에게 필요한 지식이나 스킬을 개발시켜 나가는 리더 육성책이 필요하다.

미래 리더의 육성 프로그램은 프로그램 자체의 설계와 운영 방식으로 나누어 살펴볼 수 있다. 프로그램 설계 측면에서는 리더상을 전문가인 동시에 일반 관리자인 파트너로 정립할 필요가 있다. 즉 미래 리더는 직무에 강점을 가진 전문가의 특성과 사람관리에 강점을 가진 일반 관리자의 특성을 동시에 확보해야 한다는 것이다.

또한 지식과 스킬의 전달은 능동적인 학습 방식으로, 전달자와 학습자간 쌍방향으로 일어나도록 해야 한다. 그 내용은 이론이나 태도 변화 중심에서 실제 현업에서 실행하는 프로세스를 중심으로 사업에 기여하도록 구축되어야 한다. 또한 프로그램 운영 측면에서는 육성 대상이 승진 후보자만이 아니라 다양한 인재를 양성할 수 있도록 인재 풀을 넓히고 기회를 제공한다는 차원에서 전체 구성원을 대상으로 해야 한다. 또한 운영 시기는 특정 시기에 국한 받지 않고 지속적으로 이루어져야 하며, 장소에도 구애받지 않도록 학습 방식이 다양화되어야 한다.

성공적인 미래 핵심리더 육성 프로세스

미래 핵심리더를 육성하기 위한 구체 방안은 조직마다 다를 수밖에 없다. 왜냐하면 리더가 지녀야 하는 역량, 신념, 가치 체계나 리더십을 발휘하는 사업, 조직 여건, 기업문화가 다르기 때문이다. 따라서 미래 리더는 기업과 사업의 비전 및 전략, 문화 등 제반 여건을 고려하여 리더 니즈를 예측하는 것에서부터 인정, 평가 · 보상 등 역량개발을 촉진하는 단계까지 체계적으로 구축되어야 한다. 특히 과연 어떤 인재를 길러야 하는가를 파악하는 리더 니즈의 예측 단계가 중요하다. 많은 연구들에 따르면, 대부분의 기업들은 리더 니즈의 예측 단계를 간과하고, 개인에 기반한 리더 역량 도출에서 미래 리더 육성 프로그램을 구축하는 경우가 많다.

그러나 방향성이 불분명한 상태에서 역량을 도출할 경우 역량 자체의 신뢰성을 높일 수 없을 뿐 아니라 리더 육성 프로그램 자체의 효과를 떨어뜨리게 된다. 왜냐하면 미래에 필요로 하는 리더를 창출하고자 하는 목적이 희미해지면서 조직이 나아가고자 하는 방향에 도움이 되는 리더를 양성하지 못하고, 어느 기업에서나 필요로 하는 '괜찮은'리더를 양성하기 쉽기 때문이다.

도산의 위기 속에 있던 웨스팅하우스는 리더 육성을 '무엇을 달성하고자 하는가?'라는 전략적인 화두로 시작하여 어떠한 인재가 필요하고, 그들을 어떻게 알아보고, 어떻게 육성하며, 어떻게 인정하고 보상할 것인지를 명확히 하여, 리더 육성을 통한 기업 회생을 시도했다. 웨스팅하우스가 필요로 하는 미래 리더는 견고한 재무적 기반 구축, 사업의 스피드화와 사업목표달성, 핵심사업의 글로벌화, 영업이익의 증대, 성공을 위한 조직과 환경 창조를 위해 결과 지향적이고, 전략적이고, 조직개발에 능한 인재라고 정의되고 있다. 그러나 아무리 훌륭하게 미래 리더 육성전략이 프로세스별로 수립되었더라도 효과적으로 운영되려면 실행력을 강화하는 것이 필요하다. 실행력은 다음과 같은 활동을 통해 강화된다고 볼 수 있다.

첫째, 사업성과 창출과 연계하라.

미래 리더 육성 프로그램이 성공하기 위해서는 사업성과 달성과 연계된 리더 니즈를 우선 예측해야 한다. 흔히들 리더 육성에 실패한 원인으로 드는 경영진의 지원 부족도 사실 내막을 들여다보면, 리더 육성 비용과 성과간의 관계를 분명하게 증명해내지 못했기 때문이다. 따라서 기업과 사업의 비전, 미션, 전략에 입각하여 사업목적을 이해하고 리더 육성 활동의 효과성을 평가하는 틀이 필요하다.

둘째, 최고 경영진이 깊이 관여하라.

리더십 연구의 대가인 미시간대 노엘 티키Noel M. Tichy는 저서 '리더십 엔진'에서 성공적인 리더는 현재 성공적인 리더십을 보여주는 것만이 아니라, 리더를 재창출하여 조직이 장기적으로 성장할 수 있도록 해야 한다고 주장한다. 따라서 최고 경영진은 미래 리더의 육성에 직접 관여하는 것이 필요하다. 이 시대의 위대한 경영자로 칭송

받는 GE의 전 잭 웰치는 격주로 크론톤빌의 리더십 훈련 센터에서 직접 리더십 과정을 관리할 뿐 아니라, 화상 회의나 미팅을 통해 관리자 육성에 많은 시간을 할애했다. 인텔의 앤디 그로브 역시 관리자 역량 개발 과정의 강의를 맡고 있다고 한다.

셋째, 미래 핵심리더에게 시그널을 부여하라.

'당신이 미래 리더다'라고 시그널을 부여한다는 의미는 단순히 미래 리더로 선발되어 육성되기 때문에 보다 높은 지위로 승진하게 될 것이라고 알려주는 것이 아니다. 만약 미래 리더로 선발되어 육성된다는 것이 높은 지위로 승진하게 된다는 것을 연상시키게 된다면, 미래 리더 육성 프로그램의 가치는 급락하여 제 역할을 하지 못할 뿐 아니라 조직내 분란의 씨앗만 잉태하게 된다. 따라서 시그널은 '기회가 생길 때 그 기회가 제공되는 곳에서 그 포지션을 제대로 수행할 수 있다'는 믿음을 주는 것이어야 한다. 사실 종신 고용이 붕괴된 상황에서 조직내에서의 포지션이라는 것은 그들이 갈 수도 있고 가지 않을 수도 있는 선택일 뿐이다.

시그널을 주는 방법 중 하나는 미래 리더가 누구인지를 공식적으로 공표하는 것이다. 보잉의 어느 사업 부문은 정규직Salaried Population의 3% 정도를 잠재적 리더로 선정하여 공표하고 있다. 물론 이는 매년 재선정되고 조직 내에서의 성공을 보장하는 것은 아니라는 것도 분명히 했다. 비밀로 유지해 오던 때가 더 나았다는 비판이 없었던 것은 아니지만, 리더 육성 프로그램의 효과성을 높일 수 있었고, 필요로 하는 인재의 확보 유지에도 큰 효과를 보였다고 한다.

많은 기업에서 '사람은 많은데 쓸만한 사람이 없다'고 불평을 한다. 그러나 이렇게 반문해 보는 것은 어떨까? 기업은 많지만 일할 만한 기업은 없다, 부서장은 많지만 따를만한 리더는 없다, 교육훈련은 많지만 써볼만한 교육훈련은 없다. 흔히 '맹장 밑에 약졸 없다'라고 한다. 기업을 이끌어가는 경영진들은 우리 기업은 5년 후, 10년 후에 어떻게 될 것인가를 생각해 보고, 과연 누가 그 때를 이끌어갈 것인가를 고민해야 한다. 자신이 이끌어가고 있는 구성원들이 어떻게 행동하고 있는가를 면밀히 살펴 내가 진정한 리더인가를 판단해야 할 때다. 그리고 인사관리 체제와 조직운영 체제를 재정비하고 미래 리더 육성을 위한 전략을 수립하고 실행하는데 전력을 기울여야 할 것이다.

4 리더십과 관리 & 미래 핵심리더와 관리자

미래 핵심리더와 관리자는 서로 비교하여 설명할 수 있다. 특히, 현대의 급변하는 환경으로 인해 리더십에 대한 정의도 변화나 혁신에 초점이 맞춰지기 시작하면서 미래 리더와 관리자의 차이가 큰 관심을 끌기 시작하였다. 같은 자원사람, 시간, 물적자원과 정보를 가지고도 리더십이 개입되면 성과가 달라지는 모습을 볼 수 있다. 대부분의 사람들이 리더십과 관리가 다르다는 사실은 알지만 그 차이를 정확히 알지는 못한다. 리더십은 초자연적인 것도 신비로운 것도 아니다. 또한 카리스마적인 권위나 개인의 특별한 성격과도 아무관련이 없다. 리더십은 선택받은 소수의 사람들만이 가질 수 있는 특별한 능력도 아니다. 또한 리더십이 관리보다 우위의 개념이나 관리를 대체할 수 있는 것도 아니다.

오히려 리더십과 관리는 서로 구별되는 행동 시스템으로서 각각 서로를 보완해 준다. 각각은 고유한 기능과 독특한 활동을 수행한다. 또한 점점 더 복잡해지고 급변하는 오늘날의 경영환경에서 성공하기 위한 필수 조건이 된다. 오늘날 대부분의 미국 기업에서도 관리는 넘치고, 리더십은 부족한 실정이라고 한다. 이제 리더십을 훈련시키기 위한 조직의 능력을 발전시킬 필요가 있다. 성공하는 기업은 미래 리더가 나타나기까지 마냥 기다리지 않는다. 이들 기업은 잠재적인 미래 리더를 찾아내고, 그들의 능력이 개발되도록 경력계획을 세운다. 실제로 신중하게 선발되고 양성된 많은 사람들이 조직 내에서 중요한 미래 리더 역할을 해낼 수 있게 된다. 그러나 관리 능력이 없으면서 리더십만 강한 경우를 주의해야 한다. 이것은 리더십이 약한 관리 스타일보다도 상황을 더 나쁘게 만들 수 있다. 중요한 것은 강한 리더십에 효율적인 관리를 접목시키는 것이며, 이 둘이 균형을 이루도록 하는 것이다.

리더십과 관리

물론, 모든 사람이 리더십과 관리를 동시에 잘 할 수는 없다. 어떤 사람은 관리자로서의 능력은 훌륭하지만, 미래 리더로서의 자질은 없을 수 있다. 또 어떤 사람은 미래 리더로서의 자질은 있지만 뛰어난 관리자가 될 수 없는 약점이 있을 수 있다. 우수 기업들은 이 두 가지 부류 사람들의 가치를 잘 파악하여 이들이 균형과 팀워크를 이루도록 애쓴다. 그러나 경영자의 직무를 누구에겐가 맡기게 되었을 때, 많은 기업은 모든 사람들이 관리 기능과 리더십 역할을 조화롭게 할 수 없다는 최근의 연구 보고서를 쉽게 무시한다. 기업은 우수한 미래 리더이면서 동시에 효율적인 관리자를 양성하기 위해 인력을 개발하려고 한다. 그러나 진정한 의미에서 이런 종류의 교육과 훈련이 이루어지려면 기업이 먼저 리더십과 관리 기능의 차이를 이해해야 한다.

도표 1-3 리더십(Leadership)과 관리(Management)

리더십(Leadership)	관리(Management)
• For Self : 자기지도 • For Others : 타인지도	• For Others : 타인지도
• Do Right Things • 옳은 일을 찾아내어 행하는 것 • 어디로 갈 것인가? • 1990년대 이후 필수 능력	• Do Things Right • 주어진 일을 옳게 행하는 것 • 어떻게 도달할 것인가? • 1980년대까지의 필수 능력

기업을 둘러싸고 있는 내·외부의 다양한 기능들을 효율적으로 다루기 위한 것이 관리라면, 리더십은 변화에 대처하는 것이라고 볼 수 있다. 안정된 상황에서 기업이 품질이나 수익성 등의 가치를 일관성 있게 추구하는 과정에서는 효율적으로 관리 기능이 중요하지만 최근과 같이 기업환경이 이전보다 경쟁적이고 급변하는 상황에서는 리더십 기능이 중요시 될 수밖에 없다. 새로운 사업환경에서 효율적으로 경쟁하고 생존하기 위해서는 기존 방식에 대한 커다란 변화가 필수적이며, 변화가 심할수록 리더십의 역할이 중요해진다. 예컨대, 관리 기능은 변화에 대처하여 조직 또는 집단의 나아갈 길을 찾아내는 것이라고 할 수 있다.

관리에 의해서 기업의 여러 가지 복잡한 기능들을 체계적으로 다룰 수 있다면, 리더십 기능은 조직이나 나아갈 방향을 제시함으로써 기업에 건설적인 변화를 도입하게 된다. 미래를 위한 비전을 개발함과 동시에, 그 비전을 실현하는데 필요한 변화, 즉 개혁을 이룰 수 있는 전략을 개발하는 것이다. 주요 직위에 적합한 미래 리더를 육성하려면 오랜 기간이 필요하기 때문에 구성원들을 경력 초기부터 그 리더십의 잠재능력을 파악하여 개발해야 한다. 리더십의 창조와 개발에 주력하는 기업문화가 정착되면 리더십의 주요 하부 기능들이 자연스럽게 작동할 수 있을 것이다.

 ## 핵심리더와 관리자의 차이

관리를 적게 할수록 경영성과는 높아진다는 것이 GE 전 회장이었던 잭 웰치의 경영철학이다. 관리보다는 리더십의 발휘가 중요하다는 점을 강조하고 있다. 관리는 복잡한 상황에 대처하는 기능이고 리더십은 변화에 대처하는 기능이다. 많은 조직에서 관리기능이 지나치게 강조되면서, 리더십 기능은 상대적으로 등한시되어 왔다. 안정된 상황에서는 효율적인 관리기능이 중요하지만, 경영환경이 급변하는 상황에서는 리더십 기능이 더욱 중요시될 수 밖에 없다. 어려움에 처해 있는 조직들을 살펴보면, 문제 핵심이 리더의 리더십이 부족한 데 있다는 사실을 발견할 때가 의외로 많다. 리더와 관리자는 조직에 모두 필요한 존재이지만 관리자와 미래 리더는 여러 가지 측면에서 서로 다른 특징을 나타내고 있다.

첫째, 관리자와 미래 핵심리더는 목표에 대해 서로 다른 태도를 보인다.
- '관리자의 목표'는 자신의 욕구보다는 조직의 필요성에 의해 발생하며 '관리자'는 기존 질서를 유지하고 이를 통해 보상을 받으려고 한다.
- '미래 리더'는 목표에 대해 적극적인 태도를 보이며, 잠재적 기회를 찾아내고 이를 통해 보상을 받으려고 한다. 또한 구성원들이나 동료들간의 관계도 긴밀하게 유지하며, 부하직원을 격려하여 업무에 적극적이 되도록 만들고, 열성을 쏟아 창조성을 높일 수 있게 만든다.

둘째, 관리자와 미래 핵심리더의 차이는 혼란과 질서를 어떻게 생각하느냐에 따라 많이 좌우된다.

- '관리자'는 질서와 통제를 추구하면서 혼란이 야기될 것으로 생각되면 무리하게 문제를 해결하려고 한다.
- '미래 리더'는 조직에 중요한 문제가 발생했을 때, 성급하게 그 상황을 해결하기 보다는 혼란과 갈등이 있더라도 조직이 자연스럽게 문제해결의 대안을 찾아 낼 수 있도록 노력한다.

셋째, 업무 처리에 대해서도 서로 다른 모습을 보인다.

- '관리자'는 업무 활동이나 의사결정 과정에서 규정된 역할에 충실한 사람들이다.
- '미래 리더'는 아이디어에 관심을 갖고 직관적인 방법을 선호하는 사람들이다.

많은 기업이나 조직들은 대체로 관리에 의존하고 있다. 관리를 중요하게 생각하는 기업이나 조직은 질서정연하고 정태적인 작업유형을 유지하려고 한다. 관리를 신뢰하는 기업의 경우 한 개인의 재능보다 조직구조를 훨씬 중요하게 여겨진다. 그러나 관리는 경쟁적인 집단사이에서 통제와 힘의 균형을 보장할 수 있지만, 기업 목표를 위한 상상력이나 창의성 등을 키우지는 않는다. 따라서 보수적이고 개인보다 집단을 우선시 하는 기업환경 속에서 벤처적 자질을 지닌 리더십의 개발이 중요하다.

♟ 도표 1-4 **미래 핵심리더와 관리자의 비교**

관리자	미래 핵심리더
일을 옳게 되도록 한다	옳은 일을 한다
능률에 관심이 있다	실질적인 성과에 관심이 있다
행정가(개선) 스타일	혁신가 스타일
유지한다	개발한다
시스템과 구조에 중점을 둔다	사람에 중점을 둔다

통제에 의존한다	신뢰에 의존한다
조직하고 배치한다	방향성을 가지고 사람들을 연합시킨다
전술시스템, 구조를 강조한다	철학, 핵심가치, 공동목표를 강조한다
단기적인 안목을 가진다	장기적인 안목을 가진다
어떻게, 언제 등을 묻는다	무엇을, 왜, 어느 수준 등을 묻는다
현상유지에 수긍한다	현상유지에 도전한다
현재에 중점을 둔다	미래에 중점을 둔다
눈 높이를 바닥선에 맞춘다	눈 높이를 수평선에 맞춘다
세부적인 계획과 시간표를 개발한다	비전과 전략을 개발한다
예측과 질서를 추구한다	변화를 추구한다
위험을 회피한다	위험을 감수한다
기준을 따르도록 사람을 독려한다	사람이 변하도록 감동 시킨다
직책 대 직책의 영향력을 사용한다	사람 대 사람의 영향력을 사용한다
조직의 규칙, 규범, 방침, 절차 내에서 일한다	조직의 규칙, 규범, 방침, 절차 밖에서 일한다
주어진 직책에 안주한다	이끌기 위해 솔선수범 한다

관리자가 되지 말고 미래 핵심리더가 되라

'세기의 경영자'로 존경받는 전 GE 잭 웰치Jack Welch 회장은 '관리자가 되지 말고 리더가 되라'고 갈파했다. 리더십 없는 관리만의 경영으론 급변하는 경영환경에 적절히 대처할 수 없기 때문이다. 리더십 이론의 권위자인 하버드대 존 코터John Paul Kotter교수는 리더십의 기능을 크게 세 가지로 나누어 설명하고 있다.

첫째는 방향설정 기능이다.

관리기능이 기획 또는 장기계획을 세우는 것이라면 리더십은 비전과 전략을 창조한다. 이는 반드시 혁신적이어야 하는 것은 아니다. 그러나 비전을 제시하면서 기꺼이 위험을 감수하고 폭넓은 전략적 사고를 하는 것이 훌륭한 리더들의 공통점이다.

스칸디나비아 항공SAS의 최고경영자 얀 칼슨은 출장이 잦은 비즈니스맨을 목표고객으로 삼아 세계 최고의 항공사가 되겠다는 비전을 발표했다. 비즈니스맨들은 다른 고객과 달리 꾸준히 항공편을 이용한다. 요금이 비싸도 기꺼이 지불한다. 따라서 이들을 목표고객으로 설정하면 수익률을 높이고 성장도 보장받을 수 있다는 것이 그의 생각이었다. 그렇지만 관료주의가 만연한 항공업계에서 어느 곳도 이런 간단한 아이디어를 고려하지도, 실행하지도 않았다. 과감히 그 비전을 도입한 SAS는 큰 성과를 거둬 업계 정상권으로 오를 수 있었다.

둘째는 단합시키는 기능이다.

관리가 조직화를 통해 계획을 효율적으로 실행할 수 있는 인력시스템을 구축한다면 리더십은 의사소통으로 문제를 해결한다. 리더는 하급자, 상사, 동료, 다른 부서의 스태프, 납품업체, 정부관료, 고객들과 대화한다. 비전과 전략의 수행을 지지하는 사람은 물론 방해하는 사람들까지도 대화의 대상이다. 사람들이 메시지를 믿을 수 있도록 신뢰를 구축한다. 내부적으로는 조직 구성원들이 조직전체의 방향에 맞춰 주도적으로 행동할 수 있게 한다. 지난 70년대 복사기 제조업시장에 진입해 매출 1조 달러 기업으로 성장한 이스트만 코닥은 84년 난관에 부딪혔다. 비용은 늘고 이익을 내기 어려워졌다. 복사기 사업부의 책임자로 임명된 트로브리지는 첫 두 달간 집단내의 주요 인물들은 물론 복사기 사업에 영향을 줄 다른 부서의 인사들도 모두 만났다. 특히 밥 크랜달이 이끌고 있던 기술부서와 제조부서를 중시했다. 그는 크랜달을 설득해 힘을 합친다는 약속을 얻어냈다.

트로브리지와 크랜달은 세계 최상급의 제조공정과 덜 관료적이고 분권화된 조직을 갖는다는 비전을 내걸었다. 크랜달은 새로운 방향을 강조하고 사람들을 단합시키기 위해 여러 가지 프로그램을 마련했다. 12개의 주간보고회의, 회사 각부서 사람들과 사장이 만나는 복사기 제품 포럼, 성과향상을 위한 새 프로젝트와 최근 성과에 대한 토론, 분기마다 경영자들이 자기 부서 구성원들과 만나는 부서 상황회의 등, 한 달에 한 번, 크랜달과 그의 팀은 내부의 80~100명의 사람들과 만나 무엇이든 원하는 주제를 상의했다. 트로브리지와 크랜달은 그들의 주장을 '복사기제품 저널'이라는 인쇄물에 담아 한 달에 한 번씩 종업원들에게 발송했다. 대화 편지라는 프로그램을 통해 종업원들은 크랜달과 최고경영자들 앞으로 익명의 문의를 하고 답장을 받을 수 있었다. 식당 옆의 복도에 각각의 목표시장을 고려한 각 제품의 품질 비용 납기 등에 관한 정보를 생생히 전달했다. 이 같은 노력으로 구성원들의 신뢰가 구축되자 84년부터 88년 사이에 어떤 제품의 품질은 100배나 좋아졌다.

셋째는 동기부여 기능이다.

이를 통해 리더는 비전을 실현하기 위한 폭발적인 에너지를 끌어낸다. 통제메커니즘처럼 사람들을 계획된 방향으로 몰고 가는 것이 아니라 성취, 소속감, 인정, 자부심, 자율적 통제, 이상추구 등 개인 내면의 욕구를 만족시켜 줌으로써 자발적으로 행동하게 만든다. 지난 84년 여름 P&G의 종이제품사업부를 맡은 리처드 니콜로시는 원가절감을 통한 생산성 향상에 집착하기보다 좀 더 창조적이고 시장지향적인 사업부가 될 필요성을 느꼈다. 사업부와 제품을 관리하기 위해 다양한 집단을 활용한 그는 '이사회'라고 스스로 이름 붙인 팀들에 책임과 권한을 주고 '조금씩 개선하지 말고 근본적으로 틀을 바꾸라'고 주문했다. '이사회'는 제품팀 뿐만 아니라 신사업팀도 포함하는 새로운 조직구조 개편안을 내놓았다. 이 안은 다수의 구성원을 동기부여 할 수 있는 창의적인 환경을 조성하는데 초점이 맞춰졌다. 새로운 조직개편이후 많은 아이디어들이 신제품 담당자들로부터 쏟아져 나왔다. 85년 선보인 울트라 팸퍼스는 전제품의 시장점유율을 40%에서 58%로 끌어올리면서 회사를 흑자로 반전시켰다. 87년 출시된 럽스디럭스는 몇 달 만에 P&G상표의 전체 시장점유율을 1.5배나 올려놓았다.

오늘날 대부분의 기업에서는 관리는 넘치고, 리더십은 부족한 실정이라고 한다. 이제 리더십을 훈련시키기 위한 조직의 능력을 발전시킬 필요가 있다. 성공하는 기업은 미래 리더가 나타나기까지 마냥 기다리지 않는다. 이들 기업은 잠재적인 리더를 찾아내고, 그들의 능력이 개발되도록 경력계획을 세워놓고 있다. 그러나 관리 능력이 없으면서 리더십만 강한 경우를 주의해야 한다. 이것은 리더십이 약한 관리 스타일보다도 상황을 더 나쁘게 만들 수 있다. 중요한 것은 강한 리더십에 효율적인 관리를 접목시키는 것이며, 이 두 가지가 균형을 이루도록 하는 것이다.

5 리더십에 대한 고정관념과 패러다임 전환

리더십에 대한 수많은 정의와 이론, 그리고 바람직한 리더십이 무엇인가에 대한 수많은 책들이 서점에 꽂혀 있고, 새롭게 쏟아져 나오고 있다. 그러나 각 책들마다 각기 다르게 리더십을 정의하고 있고, 리더의 역할을 각기 다르게 설명하고 있기 때문에 리더십을 체계적으로 공부하지 않은 사람들을 혼란스럽게 할 때도 있다.

리더십은 조직이 처한 여건이 어려울수록 더욱 진가를 발휘한다. 우리는 경제위기를 극복하고 새로운 시대를 접하는 과정에서 진정한 리더십의 중요성을 더욱 절실하게 인식하게 되었다. 새로운 기업환경의 소용돌이 속에서 조직이 생존하기 위해서는 기존방식에 대한 변화가 필수적이며, 변화가 심할수록 리더십의 역할이 중요해진다. 리더십은 선택받은 소수의 사람들만이 가질 수 있는 특권이 아니며, 카리스마나 타고난 성격과도 관련이 없다. 흔히 우리가 범하기 쉬운 오류는 리더십이 신비롭고 뭔가 특별한 것이라고는 생각하는 것이다.

리더십에 대한 고정관념

새로운 시대 경영환경 변화와 리더십의 중요성이 부각되는 시점에서 추진해야 될 중요한 과제 중 하나는 리더십 개념에 대한 기존의 고정관념을 혁신적으로 파기할 필요가 있다. 즉, 리더십 하면 떠올랐던 이미지를 완전히 거부하고 새로운 이미지로 발상의 전환을 해야 한다. 먼저 기존의 리더십에 대한 고정관념을 생각해 볼 필요가 있다. 리더십에 대한 고정관념은 직급이나 직위가 높은 사람이 낮은 사람에게 영향력을 발휘하는 명령·통제·지시하는 직위·직급중심이었다. 즉, 상대방을 의도하는 대로 움직이게 하는 모든 영향력의 원천이 정보력이나 업무의 전문성보다는 조직 내에서의 오랜 경험과 직위나 직급에 따라 좌우되었다.

리더십을 발휘하기 위해서는 반드시 부하를 전제로 해야 된다는 고정관념이었다. 영향력의 원천은 추진하는 업무과제나 프로젝트에 관계없이 언제나 수직적 관료조직에 놓인 리더 한 사람으로부터 나온다는 고정관념이다. 정보화혁명이 계속되면서 가상공간을 이용한 특정분야의 전문성을 토대로 얼마든지 리더십을 발휘할 수 있는데도 불구하고, 리더십은 반드시 얼굴을 대면하고 발휘되는 것이라고 생각하는 사고방식의 고정관념이 있다. 이러한 리더십의 고정관념은 리더의 역할과 리더가 갖추어야 될 바람직한 역량에 영향을 미치고 있다. 따라서 21세기형 리더십의 개념정립과 패러다임 전환이 절실히 필요하다.

♟ 도표 1-5 리더십의 패러다임 변화

전통적 리더십	21세기형 리더십
연륜과 조직경험을 토대로 발휘하는 직위 중심 리더십(Position Power)	부문별 전문능력을 토대로 발휘하는 전문가적 리더십(Expert Power)
부하를 전제로 발휘하는 하향식 리더십	상사, 부하, 동료를 대상으로 발휘하는 전방위적 리더십
리더십은 전지전능한 한 사람(One Big Brain)으로부터 유래된다는, 즉 리더십 원천의 일원화를 지향하는 영웅주의적, 일방적 리더십	리더십은 전문성을 보유하고 있는 다수로부터 발원한다는 민주적, 다원주의적 리더십
얼굴을 맞대고 영향력을 행사하는 대면적 리더십	가상공간에서 네트워크를 통해 자신의 전문성을 토대로 영향력을 행사하는 사이버 리더십

⚚ 리더십에 대한 패러다임 전환 Paradigm Shift

패러다임Paradigm이란 말은 토마스 쿤Thomas Khun, 1970이 최초로 사용한 용어로 관점, 시각, 접근방법, 준거 틀 등과 같은 의미를 갖고 있으며, 최근에는 '사고방식the way of thinking' 또는 '세상, 조직, 또는 인간을 보는 방식'과 같은 의미로 널리 사용되고 있다. 이러한 패러다임은 우리가 잘 모르는 곳을 찾아 갈 때 사용하는 지도나 세상을 보는 안경과 같은 역할을 한다. 만일 우리가 낡은 지도나 잘못된 지도를 가지고 어느 곳을 찾아 간다면 제대로 목적지를 찾아 가지 못하게 될 것이고, 색안경을 끼고 사물을 본다면 실제와는 전혀 다르게 인식할 수밖에 없으며, 패러다임은 어떠한 문제를 인식하고 해결하는 데 영향을 미치기도 한다.

그런데 우리는 서로 다른 패러다임을 갖고 있다는 사실 자체를 대부분 의식하지 못하고 세상을 살아가고 있다. 때문에 대부분의 사람들은 어떤 대상이나 문제를 있는 그대로 인식하고 있다고 생각하지만 사실은 서로 다른 패러다임을 통해서 세상을 보고, 대상을 인식한다.

태조 이성계와 무학대사가 여행 중에 회계사에서 휴식하다가 심심하였던지 "오늘 이 자리에는 오직 스님과 과인 두 사람뿐 듣는 사람이 아무도 없으니 서로 상대방을 놀리는 농담을 합시다." 라고 제안을 했다. 무학대사는 빙그레 웃으면서 "그렇게 하시지요."라고 말했다.
그러자 이 태조가 무학대사를 바라보면서
"과인이 스님을 바라보니 굶주린 개가 칙간을 바라보는
형상이며, 멧돼지가 산비탈을 지고 가는 모양이구려."
이에 무학대사가 "그러십니까? 제가 마마를 바라보니
꼭 부처님 같사옵니다." 말했다. 그러자 태조가
"아니 허물없이 농담이나 하면서 한번 웃자는 것인데
어찌 약속대로 하지 않습니까? 과인은 스님에게 개와
돼지에 빗대어 놀렸는데, 어찌 스님은 과인을 부처님 같고
하십니까?"하고 언짢은 표정으로 말하자,
무학대사가 "예, 부처님 눈으로 보면 부처님으로
보이는 것입니다."라고 답변했다.

위의 일화에서 보는 바와 같이 인식의 대상을 있는 그대로 보는 것이 아니라 자신의 패러다임을 통해 주관적인 입장에서 보고, 인식한 바에 따라 자신의 태도와 행동을 결정하게 된다는 것을 알 수 있다. 따라서 리더들이 디지털 시대에 바람직한 리더십을 발휘하도록 하려면 아날로그 시대의 낡은 패러다임을 디지털 시대에 적합한 패러다임으로 전환하도록 하여야 한다.

리더십에 관한 많은 문헌들은 대부분 조직에서 효과적인 리더십이 무엇인가에 대

해 기술하고 있고, 리더는 한명 이상의 부하 또는 하급자를 거느리고 있는 사람이라고 정의하고 있다. 그리고 많은 사람들이 리더는 타고 나거나 슈퍼맨처럼 특별한 자질을 보유한 사람 또는 높은 직위에 있는 사람으로 인식하는 경향이 있다. 리더를 이러한 사람으로 인식한다면 부하를 거느리고 있지 않거나 조직에서 높은 직위에 있지 않은 사람은 리더가 아닐 수밖에 없다. 때문에 팔로워십Followership만 발휘하면 된다고 생각하게 되고, 결국 자신의 삶이나 조직 생활에서 소극적이고 피동적인 태도와 행동을 하게 된다.

따라서 '부하를 거느리는 사람만이 리더'라는 리더에 대한 낡은 패러다임을 '우리 모두가 리더'라는 새로운 패러다임으로 전환하여야 한다. 그 이유는 어둠 속에서 등대를 향해 항해하는 한 척의 배로 설명할 수 있다. 배Ship를 조직으로 비유한다면 등대는 조직의 비전과 목표, 어두움과 파도는 조직의 리더들이 목표 달성 과정에서 직면하는 불확실성과 장애물, 선원은 조직 구성원, 그리고 선장은 조직의 리더Leader라고 비유할 수 있다. 그렇다면 'Leadership'이라는 단어는 'Leader'와 'Ship'의 합성어라고 할 수 있다. 즉, 리더Leader는 '배의 방향을 등대로 안내하고 유지하는 사람', 리더십Leadership은 '등대를 향해 가는 항해 과정Process'이라고 할 수 있다. 미국 메릴랜드주 애너폴리스의 미 해군사관학교에서는 "위기상황에서 최고의 배Ship는 리더십이다 The best 'ship' in times of crisis is 'leadership'."라고 했다.

리더십 이론의 발전과정과 배경

CONTENTS

리더십의 정의

리더십의 개념은 한 마디로 정의하기 어려운 만큼 복잡하다. 그 원인은

첫째, 리더십이라는 용어가 권한Authority, 권력Power, 통제Control, 관리Management 등의 개념과 혼동되어 불분명하게 사용되는데 있고,

둘째, 리더십을 연구하는 연구자들이 각자 나름대로 시각이나 관점에서 이 문제에 접근하려는 데서 비롯되는 것이며,

셋째, 리더십이 인간을 그 연구 대상으로 하는 학문이기 때문에 분명히 정량적 논리로 이해하기 어렵다는데 기인한다.

다음은 리더십의 대표적인 학자들의 리더십에 대한 정의를 요약한 것이다.

도표 2-1 **리더십의 정의**

학자	리더십의 정의
Bass(1990)	• 상황이나 집단 구성원들의 인식과 기대를 구조화 또는 재구조화하기 위해서 구성원들 간에 교류하는 과정(따라서 리더란 변화의 주도자이다.)
Hersey & Blanchard (1982)	• 주어진 상황에서 개인이나 집단의 목표 달성을 위한 활동에 영향을 미치는 과정
Yukl(1998)	• 집단이나 조직의 한 구성원이 사건의 해석, 목표나 전략의 선택, 작업 활동의 조직화, 목표성취를 위한 구성원 동기부여, 협력적 관계의 유지, 구성원들의 기술과 자신감의 개발, 외부인의 지지와 협력의 확보 등에 영향을 미치는 과정
Nanus(1998)	• 꿈(비전)의 제시를 통하여 추종자들의 자발적 몰입을 유인하고 그들에게 활력을 줌으로써 조직을 혁신하여 보다 큰 잠재력을 갖는 새로운 조직형태로 변형시키는 과정
Katz & Kahn (1978)	• 기계적으로 조직의 일상적 명령을 수행하는 것 이상의 결과를 가져올 수 있게 하는 영향력

Jago(1982)	• 강제성을 띠지 않는 영향력 행사과정으로 구성원들에게 방향을 제시하고 활동을 조정하는 것 • 성공적으로 영향을 행사하는 사람들이 갖는 특성들
Load & Maher(1993)	• 특정 개인이 다른 사람들에 의해서 리더라고 인정받는(또는 지각되는) 과정. 일정한 지위를 가지고 있기 때문에 리더가 되는 것이 아니라 다른 사람들로부터 리더라고 인정받는 것이 중요함
Bryman(1986)	• 어떤 사람이 공식적으로 리더의 지위에 임명되었을 때 발생함

Leader is L Love, 사랑, E Enthusiasm, 열정, A Affiliation, 협력관계, D Donation, 나눔의 실천, E Embracement, 포용력, R Respect & responsibility, 존경과 책임. 이와 같은 리더십은 먼 옛날의 왕과 백성 사이에도 존재했다. 만일 왕이 백성한테 일방적으로 군림했거나 위협만 했다면 그의 무덤을 그리 크게 건설할 수 있었을까? 왕 무덤의 크기로 백성의 헌신을 가늠할 수 있고, 백성의 헌신을 이끌어낸 왕과 백성 사이에 존재한 사랑과 열정, 협력과 포용, 존경과 나눔의 정도를 가늠할 수 있다.

이집트 기자 Giza 지역의 쿠푸 왕 케옵스 Cheops : 쿠푸왕의 그리스 이름, 피라미드는 넓이가 사방 230m, 높이는 146m나 되며, 약 250만개의 바위를 정교하게 쌓아 올려 만들었다. 피라미드에 쓰일 돌을 깨러 가던 채석단은 현대의 대형 건설업체의 부서만큼 나뉘어 있었다. 그 중에는 설계팀, 패석팀, 운반팀 이외에도 제사 지내는 팀, 취사팀, 심지어는 돌 운반 시 피리를 불어 흥을 돋우는 모티베이션 팀도 있었다. 이런 규모의 피라미드 한 개를 건설하려면 연 인원 20만 명의 인부가 10년 동안 지속적으로 일을 해야 가능하다고 한다. 4,500전의 일이다. 그런데 지금까지 발견된 피라미드는 약 90개가 넘는다.

연구자들은 항상 리더십을 그들의 개인적인 조망에 따라 그들이 관심을 두고 있는 현상의 측면에서 정의한다. Stogdill과 Bass는 리더십에 대한 정의와 관련하여 "리더십은 그 정의를 내리려 하는 사람의 수만큼 각기 다른 많은 정의가 있다."라고 규정하면서 여러 학자들이 주장한 리더십의 차원을 다음과 같이 열거하고 있다

Stogdill, 1974 : Bass, 1995.

① 집단과정의 초점을 둔 리더십
② 개인의 특성Personality과 그 효과 차원
③ 추종을 유도하는 기술로서의 리더십
④ 영향력을 행사하는 기술로서의 리더십
⑤ 실천과 행동으로서 리더십
⑥ 설득의 형태로서의 리더십
⑦ 목표성취의 도구로서의 리더십
⑧ 상호작용 발생으로서의 리더십
⑨ 차별화된 역할로서의 리더십
⑩ 구조 주도로서의 리더십

특히, Stogdill1974은 리더십문헌들을 광범위하게 검토하고 나서 "리더십의 정의는 거의 그 개념을 정의하려고 하는 사람들에 대한 영향력, 상호작용 유형, 역할관계 및 관리직의 점유와 영향력의 합법성에 관한 타인의 지각에 의해 정의되어 왔다."고 밝히고 있다. 조직 내에서 중요한 의의를 지니는 '리더십'이란 무엇인가라는 물음에 대하여 이해하기 위해서 여러 학자들의 정의를 살펴보도록 하겠다.

- '리더십'이란 목표달성을 위하여 어떤 사람이 다른 사람에게 영향을 미치려고 하는 두 사람 이상 사이의 관계에 관련된 과정이다.(A.G. Jago)
- '리더십'이란 조직의 목적을 달성하기 위한 방향으로 개인 또는 집단의 활동에 영향을 미치는 기법이다.(A.G. Bedeian)
- '리더십'이란 높은 업적을 달성하도록 타인의 생각과 행동에 영향을 미치는 권력Power의 사용을 의미한다.(C.R. Anderson)
- '리더십'이란 사람들이 자발적으로 행동하도록 영향을 받는다는 조건하에서 바라는 바 목표를 달성하기 위해 그들에게 영향을 미치는 과정이다.(A.J. Dubrin)
- '리더십'이란 다른 사람들이 목표를 향하여 열심히 일하도록 용기를 주고 도와주는 하나의 과정이다.(K. Davis)

- '리더십'이란 목표달성을 위해 개인이나 집단에 영향을 미치는 능력이다.(S.P. Robbins)

- '리더십'이란 어떤 특정한 목적의 달성을 달성하기 위해 사람들의 노력을 인도하기 위해 그들에게 영향을 미치는 과정이다.(R.M. Hodgtts)

- '리더십'이란 조직의 목표를 달성하는 방향으로 타인 또는 집단의 행동에 영향을 미치는 과정이다.(B. Bass)

- '리더십'이란 "집단의 활동을 하나의 공동목표를 향해 이끌어 나가는 한 개인의 행동"이다.(Hemphill & Coons)

- '리더십'이란 "한 집단구성원이 다른 집단구성원이 자신의 집단구성원으로서의 행동양식을 규정할 권리를 갖는다고 지각하는 것으로 특정 지워지는 특수한 유형의 권력관계"이다.(Janda)

- '리더십'이란 "의사소통과정을 통해 하나 이상의 명시된 목표의 달성을 위해 어떤 상황 속에서 행사되는 대인간 영향력"이다.(Tannenbaum, Weschler & Massarik)

- '리더십'이란 "한 사람이 다른 사람에게 그가 요구하거나 제안하는 대로 행동하면 결과가 개선될 것이라는 확신이 들도록 정보를 제공해주는 사람들간의 상호작용"이다.(Jacobs)

- '리더십'이란 "기대와 상호작용 속에서 조직을 만들고 유지하는 것"이다.(Stogdill)

- '리더십'이란 "조직의 일상적 지시에 대한 기계적 복종 이상의 영향력 증대"를 말한다.(Katz & Kahn)

- '리더십'이란 "목표달성을 위해 집단의 활동에 영향을 주는 과정"이다.(Rauch & Behing)

리더십 개념들간의 핵심적인 차이점들은 다음과 같이 요약될 수 있다.

♟ 도표 2-2 **리더에 대한 상이한 개념들**

보다 넓은 개념	보다 제한적인 개념
1. 집단구성원들에게 영향을 주는 한 인물(배분적 리더십)	1. 다른 집단구성원들에게 가장 많은 영향력을 행사하는 한 인물(집중적 리더십)
2. 어떤 방식으로든 집단구성원들에게 영향을 주는 한 인물	2. 집단목표 달성을 위해 구성원들의 행동에 체계적으로 영향을 주는 한 인물
3. 집단구성원들에게 영향을 주어 그들이 자발적으로 또는 비자발적으로 그의 요구에 동조토록 하는 한 인물	3. 리더의 요구를 실현해 나가는 데 집단구성원들의 적극적 참여를 유도하는 한 인물

리더십에 대한 정의가 학자의 주관과 시대의 흐름에 따라 다양하게 설명되고 있다. 그러나 결국 리더십이란 말속에는 "어떤 상황에서 조직의 목표달성을 위해 어떤 개인이 다른 개인이나 집단의 행위에 영향력을 행사하거나 이끌어 가는 과정"이라는 의미가 들어 있음을 알 수 있다. 조직 내의 리더십에 관한 연구는 오랫동안 연구 초점을 달리하며 지속적으로 변화해 왔다. 전통적인 리더십 연구는 특성 이론적 접근으로부터 시작하여 행동이론과 상황이론 및 상황적합적이론 등으로 변천되어 왔다. 1980년대 초반부터는 신리더십이론New Leadership Theories이라고 불리는 새로운 이론이 소개되기에 이르렀다.

이와 같이 리더십 분야에 많은 연구가 이루어진 것은 조직의 경쟁력은 리더십에서 비롯된다는 인식과, 또한 조직의 내외 환경변화를 올바로 지각, 해석하여 이에 대응하는 능력이 바로 리더십의 본질이기 때문이다.

리더십 이론의 발전과정 요약

리더십에 대한 초기의 연구 경향은 리더의 개인이 가진 특성에 따라 어떻게 다른가 하는 데 착안점을 두었다. 이러한 속성이론은 2차 세계대전 이전까지 지배적인 이론으로 발전하였다. 하지만 이후 리더 개인에게서 나타나는 개인적 특징이나 속성, 성격들이 보편적인 리더십 행태를 보이지 않는다는 비판과 함께 개별적이고 가시적인 리더의 행태에 대한 유형적 연구가 발전하게 되었다.

그리고 이러한 유형적 연구는 리더의 행태가 조직의 성과에 미치는 영향이 어떠한가 하는데 집중되기 시작하였다. 이를 행태적 접근방법이라고 부른다. 하지만 리더의 행태론적 연구는 다시 조직의 성과 또는 효율성이 리더십만이 그 효과를 나타내는 전부가 될 수 없다는 비판 아래 리더 또는 조직이 가지는 상황 또는 환경에 따라 달라질 수 있다는 상황적 특성이 주목 받기 시작하였다. 이후 리더십에 대한 연구 경향은 좀 더 체계적이고 통합적인 접근을 시도하게 되었으며, 이것은 변혁적 접근방법, 발전적 접근방법, 촉매적 접근방법 등으로 발전하게 되었다.

♞ 도표 2-3 **리더십 이론의 발전과정 요약**

기간	리더십 이론	중심 주제 및 접근 방법
1940년대 후반 이전	특성 이론 (Trait Theory)	• 리더십은 타고 나는 것. • 즉, 효과적인 리더는 일련의 특성을 가지고 있다는 전제하에 리더의 지성, 성격 및 신체적 특성 등 효과적인 리더의 특성을 탐색
1940년대 후반 ~ 1960년대 후반	행동 이론 (Behavior Theory)	• 리더십 유효성은 리더의 행동에 따라 달라지며, 리더십은 개발 될 수 있음. • 즉, 리더 행동의 특정 유형이 모든 상황에서 효과적이라는 전제하에 리더가 부하에 대해 어떻게 행동하는지에 대해 연구
1960년대 후반 ~ 1980년대 초반	상황 이론 (Situational Theory)	• 리더십은 상황에 따라 달라짐. • 즉, 모든 상황에 적합한 최선의 리더십 유형은 없다는 전제하에 상황에 따른 효율적 리더십 유형에 대해 연구
1980년대 초반 이후	신조류의 리더십 이론	• 리더는 비전을 지녀야 하며 부하에게 강한 정서적 반응을 이끌어 내야 함. • 즉, 새로운 흐름의 리더십 접근 방법으로 부하의 전념, 몰입을 유도할 수 있는 특정의 리더십 유형에 대해 연구

3 전통적 리더십 이론

20세기 초반부터 리더십은 과학적으로 연구하기 시작하였고, 리더십이라는 개념에 대한 수많은 정의와 다양한 이론을 등장시키면서 발전되어 왔다. 리더십 연구자들은 리더십을 그들에게 흥미 있는 현상에 대해 그들 나름의 개인적인 관점에 따라 다양하게 정의하였는데 그 결과 리더십의 개념 정의는 그것을 정의하려는 사람 수만큼이나 다양하게 되었으며, 리더십 분야는 행동과학의 어떠한 주제보다 많은 연구가 이루어졌다. '특성이론'은 리더를 중심으로 성공적인 리더의 특성을 연구하는데 초점을 맞추고 있으며, '행동이론'은 리더와 부하와의 관계를 중심으로 리더의 행동스타일을 집중적으로 연구했으며, '상황이론'은 리더십 과정에서 작용하는 중요 상황을 중심으로 리더와 환경적 상황과의 관계를 연구했다.

그렇지만 이러한 전통적 리더십 이론은 리더십의 한 단면만을 보여주고 있다. 특성이론의 경우 리더가 얼마만큼의 특정자질을 가지고 있어야 한다는 것을 제시하지 못하고 있으며, 행동이론은 리더십 행동 중 어떤 측면이 가장 중요한지의 여부가 상황에 따라 달라지는 한계를 보이고 있다. 상황이론 역시 리더의 범주가 너무 개괄적이어서 리더의 효율성을 설명하는데 미흡하며, 이론적으로 풍부한 결과를 만들어냈으나 실무에는 별다른 결과를 제공해 주지 못하고 있다.

따라서 전통적 리더십 이론은 공통적으로 다음과 같은 한계를 가지고 있다고 할 수 있다. 전통적인 리더십 이론은 조직 내의 상사와 하위자와 관계를, 상사는 하위자를 통제하고 감독하며 하위자는 상사의 통제나 감독에 복종하는 관계로 암묵적 가정을 했던 경향이 있다. 또한 전통적 리더십이론은 변화를 주도하기보다는 현상유지와 관련된 리더십에 치중해 왔다. 리더가 변화를 효과적으로 이끌어내기 위해서는 집단 또는 조직이 궁극적으로 지향해야 할 바람직한 비전을 창출하고 그것을 구성원에게 전달하여 비전의 성취에 전념케 하는 것이 중요함에도 불구하고 이에 대한 논의는 전통적 리더십이라는 틀 내에서는 상대적으로 부족했다.

결론적으로, 예측이 불가능할 만큼 빠르게 변화하는 오늘날의 환경 안에서 리더십 행동의 합리적 측면만을 강조한 전통적 리더십 이론은 많은 한계를 지니고 있다고 할 수 있다. 1940년대부터 1970년대 후반까지 리더십 연구의 주류를 형성해 온 전통적 리더십 이론의 발전과정을 살펴보면 다음과 같다.

1 특성이론 Trait Theory

일반적으로 리더십이란 무엇인가라는 생각을 할 때 떠오르게 되는 용어로는 지성, 카리스마, 결단력, 열정, 파워, 용기, 집중력, 자신감 등일 것이다. 이러한 것이 바로 리더의 특성을 말하는 것이다. 이러한 특성이론Traits of Leadership은 리더와 비리더를 구분하게 되는 특성에 관한 6가지 특성이 대표적으로 논의되고 있다. 일반적으로 리더는 개인의 특성으로 리더에 대한 정의를 충족한다고 볼 수 있다. 하지만 그들은 서로 완전히 다른 특성을 가진 개인을 대표하고 있을 뿐이다.

만일 일어난 특성이 나타내는 개념이 타당하다고 한다면, 모든 리더들은 그 나름대로의 특유한 특성과 기질을 가져야만 할 것이다. 그러나 개인적으로 특이하게 보여 지는 특성을 모든 리더에 적용할 수 있다고 하는 데에는 타당성이 부족하다고 본다. 이러한 특성을 분리하고자 하는 연구, 즉 리더와 부하, 능력 있는 리더와 무 능력한 리더를 언제나 변함없이 구분할 수 있는 특성을 정의하고자 했던 연구들은 실패해 왔다.

리더가 될 수 있는 고유한 개인적 자질 내지는 특성이 존재한다는 가정 하에 리더의 외양이나 퍼스널리티Personality에서 공통적인 특성들을 찾아내고자 하는 리더십 연구의 흐름을 리더십의 특성추구이론이라 한다. 이 이론에 의하면 어떤 사람이 리더의 자질에 해당하는 개인적인 특성을 가지고 있으면 그는 처해있는 상황이나 환경에 관계없이 항상 리더가 될 수 있다. 또한 모든 사람들이 누구나가 다 리더가 될 수 있는 자질을 완비하고 있는 것이 아니므로 그러한 특성들을 소유한 사람들만 이 잠재적인 리더가 될 수 있다. 따라서 개인의 특성에 따라 리더의 자질을 갖춘 사람과 그렇지 못한 사람들로 구별될 수 있기 때문에, 리더십의 개발은 기본적으로 고유한 리더적 자질과 특성을 지닌 사람들에게만 해당된다고 볼 수 있다. 특성이론가들은 리더가 완비하고 있는 공통적인 특성을 규명하는 데 온갖 노력을 기울여 왔다. 초기에는 바아나드C.I. Barnard, 데이비스Keith Davis, 테드O. Ted 등과 같은 학자들에 의해서 이러한 연구가 이루어졌다. 바아나드는 리더의 자질로서 우선 안정적인 상황에서 냉정·침착성이 필요하다고 전제하고, 오늘날과 같은 불완전하고 격변하는 상황에서 리더는 리더십 특성을 지녀야 한다고 주장했다.

특성추구 이론 연구자들은 현재까지도 리더와 비리더를 구별할 수 있는 핵심적인 특징들을 발견해 내지 못하고 있다. 때로는 성공적인 리더의 특성으로 제시된 것이 실제로는 형편없는 리더의 특성으로 나타나기도 하였다. 예컨대 어떤 연구들에서는 큰 키가 리더가 될 자질로 되고 있는 데에 반해 리더들 중에는 키가 작은 사람이 적지 않게 나타나고 있다. 그리하여 특성추구이론은 50년 이상의 역사를 지님에도 불구하고 아직껏 리더가 구비해야 될 자질이나 특성을 일반화하는데 실패했다고 볼 수 있다. 오히려 날이 갈수록 새로운 리더십 특성이론들이 나오고 있다.

리더를 비리더로부터 구분 지어주는 6가지 특성

리더십과 관련된 특성을 구분하고자 하는 노력은 리더를 비리더와는 다르게 볼 수 있도록 하는 6가지 특성, 즉 추진력, 지도 하려는 의지, 정직과 일관성, 자신감, 지적 능력, 그리고 직무와 관련된 지식에 초점을 두고 있다. 리더를 비리더로부터 구분 지어주는 6가지 특성은 다음과 같다.

① 추진력

리더는 남보다 더 많은 노력을 한다. 그들은 비교적 높은 수준이 성취 욕구를 가지고 있으며, 야심적이고, 많은 정력과 지칠 줄 모르는 활동성과 지속성 그리고 창의성을 보여준다.

② 지도하려는 의지

리더는 다른 사람에게 영향력을 미치고 그들을 이끌고자 하는 강한 욕망을 가지고 있으며, 동시에 기꺼이 책임을 받아들이고자 한다.

③ 정직과 일관성

리더는 진실되고 기만하지 않으며, 말과 행동에 있어서의 높은 일관성을 보임으로써 자신과 부하 직원들 사이에 신뢰성 있는 관계를 형성한다.

④ 자신감

부하 직원은 신념의 상실감을 없애기 위해서 리더들을 찾는다. 따라서 리더는 목표와 결정의 정당성을 부하 직원들에게 확신시켜 주기 위해서 자신감을 보여줄 필요가 있다.

⑤ 지적 능력

리더는 많은 양의 정보를 수집, 분석 그리고 해석할 수 있는 충분한 지적 능력이 필요하다. 그리고 리더는 비전을 만들어 내고 문제를 해결하여 정확한 결정을 내릴 수 있어야 한다.

⑥ 직무와 관련된 지식

능력 있는 리더는 조직, 산업 그리고 기술적 문제에 관련된 상당한 양의 지식을 가지고 있다. 이러한 깊은 지식이 있어야만 리더는 정확한 결정을 내릴 수 있으며, 그러한 결정의 함축적인 의미를 이해할 수 있다. 그러나 단지 이러한 특성만으로 리더십을 설명하기에 충분치 못하다. 단지 특성에만 기반을 둔 리더십에 대한 설명에서는 상황적 요소가 무시되고 있기 때문이다. 적합한 특성을 가지고 있다는 것은 단지 한 개인이 더욱 더 능력 있는 리더가 될 수 있다는 사실을 확실하게 해줄 뿐이다. 개인은 상황에 따라 그에 적합한 올바른 행동을 취해야만 한다. 그리고 A상황에서는 올바른 것이 B상황에서 반드시 올바른 행동일 수는 없는 것이다. 그래서 지난날 리더의 특성에 대한 몇몇 계속 되는 관심이 있어 왔지만, 이러한 특성이론과는 다른 움직임이

1940년대에서부터 시작되었다. 1940년대 말부터 1960년대 중반까지의 리더십 연구를 리더가 선호하는 행동양식을 강조하게 되었다.

특성이론의 미비점과 기여도

특성이론이 리더의 고유한 자질 내지 특성을 일반화하는데 성공하지 못하고 결과적으로 일반으로부터 불신을 받지 않을 수 없게 된 데에는 크게 다음 두 가지 이유가 있다.

첫째, 특성추구 이론은 상황요인을 고려하지 않고 있다.

예컨대 일선 현장에서 리더가 되는데 필수적인 특성은 사무실에서는 성공적인 리더가 되는 데 맞지 않을 수가 있는 것이다. 즉, 상황이 각기 달라지면 그에 따라 리더에게 요구되는 특성도 달라질 수 있다는 것이다. 특성추구이론은 이와 같은 점을 간과한 것이다. 그래서 스톡딜R.M Stogdill 같은 연구자들은 이러한 문제점을 감안하여 상황마다 중요한 특성을 달리하는 수정 특성추구이론을 제시하고 있다.

스톡딜R.M Stogdill은 1974년 발표한 제2단계 연구에서 리더가 갖추어야 할 특성으로 책임과 과업완수에 대한 강한 충동심, 목표추구에 있어서의 활력과 집요함, 문제해결에 있어서의 과단성과 독창성, 사회적 상황에서의 주도권 행사의 충동심, 자신감과 일체감, 결정과 행동의 결과를 수용하려는 의사, 개인 간의 스트레스를 완화시킬 수 있는 능력, 목전의 목표를 위해 사회적 상호작용체계를 구성할 수 있는 능력 등을 강조하고 있다. 스톡딜R.M Stogdill은 이러한 특성들은 독자적으로 작용하는 것이 아니라 하나의 조합을 이루면서 상황에 따른 효과적 리더십 자질을 형성하게 된다고 하였다. 이러한 이론은 종래 리더의 자질로 단일적인 자질을 강조해 온 단일적 자질론Unitary Trait에 대해 성좌적 자질론星座的資質論 : Constellation of Traits Theory이라고 한다. 성좌적 자질론이란 리더십에 있어 단일적 자질이란 존재하지 않으며 리더에게는 그에게 고유한 리더십의 능력을 구성하는 자질의 유형이 있다고 본다. 즉, 자질론의 입장을 취하면서도 각각의 자질을 분석대상으로 하는 것이 아니라 몇 개 자질의 결합에 의해 리더의 개인적 특성을 특징 지우려는 이론이다.

둘째, 특성추구 이론은, 리더의 개인 특성 혹은 자질에만 초점을 맞추고 있다.
개인이 리더십상황에서 실제로 어떻게 행동하는 가를 밝혀주고 있지 못하고 있다.
즉, 이 이론은 누가 리더인가를 확인해 주기는 하나 리더가 어떻게 해서 부하들에게
영향력을 행사하는 지를 설명해 주지 못하고 있다. 다시 말해 특성추구 이론은 부하
들과 그들이 리더십에 미치는 효과를 고려하지 않고 있다. 영향력이라는 것이 2인 이
상의 사람간의 상호관계임을 감안할 때 누가 고유한 리더가 될 수 있을 것인가를 탐
구하는 특성추구이론은 리더십 과정을 완벽하게 밝혀주고 있지 못한 것이다. 아무
튼 특성추구 이론의 이 같은 이론적 미비점은 리더십 연구를 다음 단계로 이행시키
는 계기가 되었다. 그러나 이러한 미비점들이 있다고 해서 특성추구이론의 연구적 가
치가 결코 무시되어서는 안 된다. 우리는 아직도 리더가 될 수 있는 고유한 특성이나
자질이 있다는 주장을 결코 간과할 수 없는 것이다. 그런 점에서 리더십을 상황에만
좌우되는 것으로 보는 견해는, 리더십의 개인적 특성을 지나치게 경시하고 있는 것이
라는 스톡딜R.M Stogdill의 주장은 특성추구 이론의 중요성을 대변해 주고 있는 것이다.

특성이론의 평가

① 리더십 특성이론의 종합

대체로 리더란 책임감이 강하며 목표달성에 대한 열정과 인내심, 원만한 대인관계,
자신감, 지구력, 좌절극복의 인내력이 있어야 한다.

② 특성이론의 비판

상황문제를 거론하지 않고 모든 리더들을 동일한 특성으로 분류하는 점이다. 어떤
상황에서는 매우 유효하고 활동적인 특성들이 다른 상황에서는 비능률적, 비활동적
이다. 이러한 리더십 특성연구의 중요한 측면은 다음 표와 같다.

♟ 도표 2-4 **리더십 특성연구의 중요 측면**

신체적 특징	연령, 신장, 체중, 외모
사회적 특징	교육, 사회적 신분, 이동성, 사교 관계
지능	판단력, 결단력, 표현능력
성격	독립성, 자신감, 지배성, 공격성
과업관계 특성	성취욕구, 솔선력, 지구력, 책임감, 안정욕구, 인간에 대한 관심
인간관계 특성	감동능력, 협조성, 대인관계기술, 권력욕구, 청렴성

특성이론의 시사점

리더십 특성이론의 시사점은 리더의 특성들이 효과적 리더십을 발휘하도록 하는데 매우 중요한 역할을 하며, 따라서 리더 스스로가 그러한 특성을 배양하기 위한 리더십 개발 노력을 기울여야 할 뿐만 아니라, 조직도 리더의 특성을 배양할 수 있는 교육훈련 프로그램을 마련해야 한다는 것이다.

2 행동이론 Behavioral Theory

리더십이론은 미국, 영국, 독일 등 선진국 주도로 발전되어 왔으며, 미국 대공황 이후 경제를 재건할 리더에 대한 사회적 욕구가 증대되면서 리더십에 대한 연구가 더욱 활발하게 진행되었다. 1940년대 후반부터 리더의 특성과 행동에 대한 연구가 진행되면서 리더십 특성이론 대신에 리더십 행동이론이 나타나게 되었다. 리더십 행동이론을 한마디로 표현하면, '리더는 리더의 특성을 가진 사람이 아니라 리더답게 행동하는 사람이다.'라는 것이다. 즉, 성공한 리더들을 분석한 결과 공통적으로 이루어지는 행동영역들이 존재한다는 내용으로 리더들의 행동을 연구해서 다른 사람들에게 리더십을 갖출 수 있도록 교육하고 훈련하면 훌륭한 리더로 성장할 수 있도록 육성할 수 있다는 것이다.

특히 1950년대부터 리더십 연구자들은 특성이론에 실망하게 되고, 그들은 관리자들의 실제 직무에 있어서의 행동에 더 관심을 기울이게 되었다. 그들은 특성을 조사하는 대신에 부하들의 생산과 만족감과 같은 효율성을 측정하는데 있어서의 행동을 설명했다. 만약 특성론이 성공적이었다면 리더십을 필요로 하는 조직에 올바른 개인을 선택하는 근거를 제공했을지도 모른다. 반대로 행동론이 리더십의 결정요인을 파헤칠 수 있다면, 더 많은 사람을 리더로 육성할 수 있었을 것이다. 특성이론과 행동이론의 차이는 적용의 관점이다. 특성이론이 근거가 있는 것이라면 리더는 기본적으로 태어나는 것이다. 반대로 행동론적 관점에서 리더를 확인해주는 특별한 행동이 있다면 리더십을 가르칠 수 있을 것이다. 이는 리더의 공급이 확대될 수 있음을 의미하는 매우 흥미로운 개념이다.

리더십 행동이론의 탄생 배경

리더십 행동이론이 탄생한 배경은 1940년대 이후 공장 자동화 시스템을 통하여 대량생산이 가속화되는 시기였으며, 이에 반하여 인간관계 운동이 일어났던 시기로써 이러한 인간관계 운동은 리더십 이론을 특성이론에서 행동이론으로 변화하게 되는 중요한 단서를 제공했다고 볼 수 있다. 리더십 행동에 대한 연구 기반은 그 당시 대량생산에 따른 인간의 기계화, 황폐화 등과 같은 문제에 대한 관심으로 보아야 한다. 목표를 달성하기 위한 과업, 업무, 생산 등을 지향하는 것도 중요하지만, 조직 구성원들의 개개인 인간에 대한 관심이 성과에 영향을 줄 수 있다는 것을 찾아내려는 시도였던 것이다. 따라서 1950 년대 초의 특성이론에 대한 비판과 함께 특성이론의 한계를 뛰어 넘으려는 리더십이 바로 행동론적 리더십 이론이다. 즉, 리더는 '무엇을 하는가?'라는 것에 대하여 연구한 행동이론은 그 기본 가정을 '리더의 성공여부가 리더십 스타일에 따라 구별된다.'라고 하면서, 효율적 리더의 행동유형이 성과에 영향을 미친다는 주장을 하였다. 리더의 행동론적 접근방법의 특징을 살펴보면,

• 특수한 상황을 고려하지 않고 보편타당하게 효과적인 행동을 찾으려 한다.

- 행동론적 접근방법은 모든 상황에서 유일 최선의 리더십 유형을 찾으려 한다.
- 행동론에서는 리더의 훈련개발이 주된 연구과제의 하나가 된다. 특성론이 선천설에 근거한다면 행동론은 후천설에 근거하기 때문에 효과적인 리더가 되기 위해서는 교육훈련이 필요하다는 것이다.

오하이오 주립 대학교의 리더십 연구

리더십 행동이론과 관해 가장 대표적인 연구는 오하이오 주립대학교의 리더십 집단에 의해 수행되었다. 1945년 오하이오 주립대학교의 경영연구소는 스톡딜Ralph M. Stogdill의 연구에 기초하여 효과적인 리더십 행동을 밝히려고 애썼다. 특히 이 집단은 리더들이 집단이나 조직을 리드할 때 어떻게 행동하는가를 측정할 수 있는 도구로 설문지를 이용하였다. 리더의 행동을 서술한 문장을 제시하고 특정한 리더가 그러한 행동을 얼마나 자주 행하는 가에 대하여 부하들의 지각을 통해 측정하는 설문지법은 현재도 많이 사용하고 있다.

오하이오 주립대학교의 초기 연구의 하나로 햄필J.K. Hemphill은 52개 조의 300여 명의 폭격기 탑승원을 대상으로 그들 사령관의 리더십 행동을 서술하도록 하였다. 그 결과 서로 다른 리더십 행동을 설명하는 1,800여 가지의 설문항목이 모아졌다. 이 항목들은 다시 중요한 리더십 기능을 중심으로 요약한 9개 행동집단에 속하는 150개의 서술문으로 정리하였다. 이 서술문은 리더 행동기술 설문지LBDQ : Leader Behavior Description Questionnaire를 개발하는데 쓰였다. 수천 명의 부하들로부터 수집한 리더의 행동에 관한 설문지는 통계적 기법을 사용하여 분석되었고, 그 결과 리더의 행동은 두 가지의 독립적인 차원으로 나눠졌다. 리더십 행동의 한 차원은 구조주의Initiation structure이고 다른 차원은 배려Consideration이다.

구조주의는 리더가 목표달성을 위해 자신의 역할과 구성원들의 역할을 정의하여 구조화하려는 정도를 반영한다. 이 차원에서 고득점을 획득한 리더는 계획수립, 정보전달, 스케줄링 등을 통해 활동을 지휘하는데 아주 적극적인 역할을 수행한다. 배려는 리더가 상호신뢰, 구성원의 아이디어 존중, 구성원들의 느낌에 대한 배려와 같은 특성을 갖는 관계를 구성원들과 형성하는 정도를 반영한다. 이 차원에서 고득점을 획득한 리더는 좋은 '라포 Rapport : 상담이나 교육을 위한 전제로 신뢰와 친근감으로 이루어진 인간관계이다. 상담, 치료, 교육 등은 특성상 상호협조가 중요한데 라포는 이를 충족시켜주는 동인(動因)이 된다. 라포를 형성하기 위해서는 타인의 감정, 사고, 경험을 이해할 수 있는 공감대 형성을 위하여 노력하여야 한다. 따라서 효과적인 장애 학생 교육이나 부모 상담을 위해서는 라포의 형성이 무엇보다 중요하다'의 분위기를 만들고 쌍방적 의사소통을 하지만, 낮은 점수를 받은 리더는 집단구성원들과의 관계에서 매우 비인간적인 경향이 많다.

즉, 구조주의는 과업 또는 목표 지향적이고 배려는 개인의 욕구와 관계를 인정하는 것이다. 따라서 구조주의는 미시간 대학교의 직무 중심적 리더십 행동과 유사하며, 배려는 종업원 중심적 리더십 행동과 비슷하다. 그러나 오하이오 대학교의 리더십 연구는 이 두 가지의 리더 행동을 단일 차원의 두 점으로 보지 않고 두 개의 독립된 차원으로 보고 있다. 따라서 리더는 두 가지의 리더십 행동을 보여 줄 수 있다. 이를 나타내면 다음 그림과 같다.

도표 2-5 **오하이오 주립대학교의 리더십 유형**

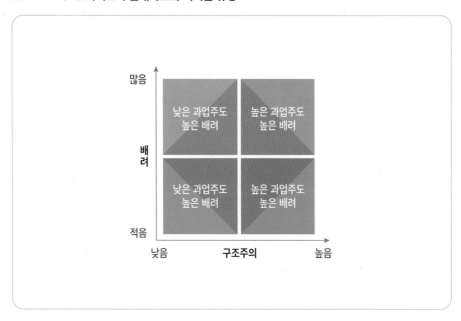

LBDQ는 초기에 150문항으로 제시되었던 것이 40문항으로 줄여 사용되고 있으며, 그 외에 다른 측정도구들이 개발되어 사용되기도 하였다. 예를 들어, 산업 환경에서 리더가 배려와 구조주의 행동을 하는 정도를 부하로부터 측정하기 위한 '관리자 행동기술 설문지SBDQ : supervisory Bhavior Description Questionnaire'와 배려와 구조주의 행동이 리더십 성공에 중요하다고 믿는 정도를 리더로부터 측정하기 위한 '리더의견 설문지LOQ : Leader Opinion Questionnaire'가 있다. 또한 배려와 구조주의 이외에 10개의 다른 리더십 행동 영역을 측정하기 위한 '리더십 행동기술 설문지 XILBDQ-XII'가 개발되었다.

이러한 측정도구를 바탕으로 리더십 행동과 집단성과나 구성원 만족도 등과 같은 리더십 효과성간의 관련성에 관해 많은 실증적 연구가 이뤄졌다. 특히 초기의 행동연구는 리더십 행동과 효과성 간 관계에 기초하여 '최선의 리더십 유형'을 찾으려 하였다. 이와 같은 맥락에서 배려와 구조주의에 초점을 맞춘 몇몇의 연구들은 두 차원의 리더십 행동이 모두 높을 때 리더십이 가장 효과적이라는 고 - 고 가설Hi-Hi Hypothesis을 주장하기도 하였다.

그러나 전체적으로 리더십 행동과 효과성간의 관련성에 대한 실증적 연구의 결과는 한결같지 않았다. 따라서 대부분의 후속연구들은 배려와 구조주의라는 리더십 행동과 리더십 효과성 간의 관계를 검토하는데 상사의 가치관, 집단규모, 과업특성, 부하의 성격특성, 부하의 통제위치 및 직무경험 등 여러 가지의 상황변수들을 고려하고 있다. 이러한 행동이론은 다양하게 연구되어 왔으며, 그 대표적인 연구 중의 하나로 오하이오 주립대학의 연구이다. 이 연구의 결론은 리더십 유형을 구조 주도Initiating structure형과 배려Consideration형의 두 가지 형태로 규명하였는데, 여기서 '구조 주도'란 리더가 구성원에게 역할을 할당하고 목표설정, 계획과 문제 해결, 수행방법과 절차 등을 명확히 규정해 주면 과업달성을 독려해 주는 등의 행동에 해당되며, '배려'는 리더의 구성원에 대한 친근·지원·위로·신뢰·의사소통 및 인정 등의 행동과 관련되어 있다. 이러한 오하이오 주립대학의 연구는 그 결과에 있어서 비판의 소리도 있었으나, 리더의 행동을 이해하고 묘사하기 위해 노력을 기울인 점에서 그 가치를 인정받았다.

미시간 대학교의 리더십 연구

미시간 대학교의 서베이 리서치 센터Survey Research Center에서는 1940년대 말부터 1950년대 초까지 효과적인 관리자의 리더십 행동을 확인하기 위한 연구를 시행하였다. 미시간 대학교의 연구팀은 보험사의 지역사무소, 대규모 제조회사, 선로 보선반 등 여러 조직의 감독자와 부하들을 대상으로 면접과 설문지를 사용한 현장연구를 시행하였다. 집단 생산성이라는 객관적 지표를 사용하여 상대적으로 효과적인 관리자와 비효과적인 관리자를 나눠 이들의 행동을 비교하였다. 연구결과, 효과적인 관리자의 행동은 비효과적인 관리자와의 차이를 발견하였다. 효과적인 관리자는 부하들이 하는 일과 같은 종류의 일을 하기보다는 계획수립, 부하들의 활동내용의 조정, 필요한 공급품이나 장비 또는 기술의 지원 등과 같은 일에 시간과 노력을 투입했다. 이런 행동은 직무 중심적 리더의 행동에 속한다.

♟ 도표 2-6 **미시건 대학교 효과적인 리더십 연구**

범주	의미
리더의 지원	리더가 추종자들에게 관심을 나타내는 행태
상호작용의 촉진	리더가 추종자들 간의 갈등을 극소화하기 위하여 나타내는 행태
목표의 강조	리더가 추종자들의 과업달성에 동기를 부여할 때 나타내는 행태
업무의 촉진	역할을 명확하게 만들고 자원을 획득, 배분하며, 조직 갈등을 완화하는 데 관심을 두는 리더의 행태

이후 연구에서는 설문지를 사용하여 효과적인 집단성과에 도움 되는 리더십 행동을 확인하려고 하였다. 연구결과, 네 개 유형의 리더십 행동이 효과적인 집단성과와 관련된 것으로 확인되었다. 이는 '<도표 2-6>은 효과적인 집단 성과와 관련된 리더 행태'와 같다. 네 개 유형의 리더십 행동은 리더의 지원리더가 추종자들에게 관심을 나타내는 행태, 상호작용촉진리더가 추종자들 간의 갈등을 극소화하기 위해 나타내는 행태, 목표 강조리더가 추종자들의 과업달성에 동기를 부여할 때 나타내는 행태, 그리고 업무촉진역할을 명확하게 만들고 자원을 획득, 분배하며, 조직 갈등을

완화하는 데 관심을 두는 리더의 행태이다. 이 두 가지 차원에 속하는 네 개 유형의 리더십 행동을 측정하기 위해 조직조사Survey of Organization라는 설문이 개발되고, 미시간 대학교의 연구자들에 의하여 광범위하게 사용되었다. 리더의 지원과 상호작용의 촉진은 종업원 중심 차원의 리더십 행동이며, 목표 강조와 업무촉진은 직무중심 차원의 리더십 행동이다. 보워스Bowers는 21개 조직을 대상으로 연구를 시행한 결과, 이러한 리더십 행동이 집단과정이나 구성원 만족에 관계가 있음을 발견하였다. 그러나 이러한 관련성의 정도는 관리자가 속한 산업이나 권한수준에 따라 다르다.

미시간 대학교 연구팀은 화학, 전자, 식품, 철도, 중기계, 보험, 병원, 석유제품, 은행, 정부 등 여러 조직에서 여러 직종과 계층으로부터 얻은 자료를 기초로 효과적인 관리자의 행동에는 직무중심 차원과 종업원중심 차원이 있다는 것을 찾아내었다. 이를 나타낸 것이 그림 '<도표 2-7>은 직무 중심적 행동과 종업원 중심적 행동의 연속선'과 같다.

♟ 도표 2-7 **직무중심적 행동과 종업원 중심적 행동의 연속선**

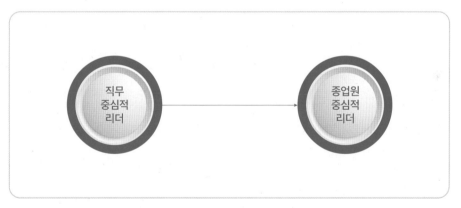

직무중심적 리더는 직무의 기술적 측면과 생산측면을 강조하며 리더의 공식권한을 많이 활용하고, 치밀하게 감독하는 리더를 말한다. 그리고 조직구성원 중심적 리더는 조직구성원에 대하여 인간적 관심과 그들의 개성을 중시하며, 개개인의 욕구에 특별한 관심을 보이고, 권한을 위임하고 직원중심적 업무환경을 조성하는 리더이다.

미시간 대학교 연구에서 직무중심적 행동과 구성원 중심적 행동을 리더십 행동의 하나의 연속선상에 있는 양 극단으로 개념화하였다. 따라서 리더는 이론적으로 직무 또는 조직구성원 중심적 행동 중 하나를 명확히 드러내며, 이 두 가지 차원의 행동을 모두 명확하게 드러낼 수는 없다고 여기는 것이다.

미시간 연구의 주된 목적은 오하이오 연구처럼 어떤 유형의 리더행동이 업무집단의 성과와 구성원의 만족을 가져오는가를 찾아내는데 있는데, 상호관계가 있는 리더십 행동을 찾아내어 그 효과성을 검토하는 방법으로 접근하여 직무 중심적 리더십 유형과 구성원 중심적 리더십 유형 두 가지를 확인하였다. '직무 중심적 리더십'은 세밀한 감독과 합법적이고 강제적인 권력을 활용하며 업무계획표에 따라 이를 실천하고 업무성과를 평가하는데 초점을 두고, '구성원 중심적 리더십'은 인간지향적이며 책임의 위임과 구성원의 복지, 욕구, 승진, 개인적인 성장에 대한 관심을 강조한다. 이 연구 결과는 구성원 중심적 리더십 행동을 보이는 리더가 더 높은 집단 생산성과 더 높은 직무만족과 관련이 되어 있는 반면 직무 중심적 리더들은 더 낮은 집단 생산성과 더 낮은 직무만족과 관련되는 경향을 보이고 있다는 것이다. 즉, 만족감이 낮은 집단 중에서도 생산성이 높은 집단들이 있었고 만족감이 높은 집단 중에서도 생산성이 낮은 집단들이 포함되어 있음으로써 리더 스타일 - 생산성 - 만족감 간에 일관성 있는 결과가 나타나지 않았다.

미시간 대학의 조사 연구소에는 리커트R. Likert, 1967가 중심이 되어 리더의 목표 지향성을 중심으로 인간지향적 리더십과 과업지향적 리더십으로 구분하고 있으며, 이는 리더가 리더십을 필연적으로 수행해야 하는 두 가지 기능, 즉 과업을 완수하면서 집단 구성원의 요구를 충족시켜야 하는 기능을 전제로 하고 있다. 리더의 과업과 인간에 대한 차원은 상호 배타적이 아님은 이미 알려진 사실이다. 행동이론가들은 인간과 과업이 상호 독립적인 것으로 생각한 대부분의 리더는 이러한 양상을 동시에 나타낸다고 보고 있다. 미시간 대학의 연구는 리더를 효과적인 리더와 비효과적인 리더로 구분하고, 두 리더의 행동을 유형화하고 있다. 이 연구의 결론은 리더십의 성과에 대한 측정은 성과 척도로만 가능한 것이 아니고, 구성원의 만족과 같은 종업원 관련 척도가 포함되어야 하며 인간 중심적 리더가 효과적이라는 결론에 이르게 된다.

3 상황이론 Situational Theory

　상황이론은 1970년대 들어 주목받았던 리더십이론이다. 조직이론의 전개 과정에서도 상황이론이 존재하는데, 이 상황이론도 기본 의미는 다르지 않다. 상황에 따라서 조직화 전략이 변동되며, 절대적인 최선의 조직관리 전략이 존재하지 않는다는 것이다. 리더십이론에서의 상황이론이 리더십에 대한 절대 기준이나 행동 유형이 존재하지 않음을 강조한 것처럼 조직이론에서도 양시론兩是論, 맞서서 내세우는 두 말이 모두 맞았다는 주장이나 이론이나 양비론兩非論, 맞서서 내세우는 두 말이 모두 틀렸다는 주장이나 이론처럼 어떤 일방적인 기준이 존재하지 않음을 강조한다. 효과적인 리더십의 유형은 주어진 상황이나 여건에 따라 다르며, 그 주변 상황이 리더를 키워준다는 것을 골자로 하는 상황이론은 그 이전의 이론이었던 특성이론과 행동이론에서와는 달리, 모든 상황에서 언제나 바람직한 리더의 특성이나 행동유형을 찾아내려고 하지 않고 어떤 상황하에서 그 상황이 요구하는 리더의 특성이나 행동 유형을 알아내기 위해 노력한다. 이처럼 상황이론은 '상황이 리더를 필요로 한다.'라는 가정하에 연구되었던 이론으로, 여러 가지 상황에 따라 가장 적합한 리더십의 유형을 찾아내려는 접근 방법을 통해 제기되었다.

　대표적인 이론가로는 F. E. 피들러Fiedler와 P. 허쉬Hersey, K. H. 블랜차드Blanchard, R. J. 하우스House 등이 있다. 상황이론은 기본적으로 종속변수로서의 조직구조를 독립변수로서의 상황이 결정한다는 관계에 대한 이론화이다. 이것은 단 하나의 보편적으로 합리적인 조직구조의 추구가 아닌, 상황적 조건에 따라 이에 적합한 조직구조가 달라진다고 보는 이론이다. 상황이론에서 조직구조에 영향을 미치는 가장 핵심이 되는 상황적 변수로 무엇을 중요시하는가는 이론가들에 따라 많은 차이가 있다. 여러 연구를 통해 나타난 결과는 리더의 보편타당한 특성이나 행동이 존재하기보다는, 특성과 행동이 리더십의 유효성에 미치는 영향은 상황적 요인에 따라 달라진다는 사실이었다. 보편타당한 리더십 특성과 이론을 규명하려는 연구가 실효성을 잃어감에 따라 1960년대 후반부터는 "리더십 유효성은 상황에 따라 달라진다."라는 전제하에 리더십을 연구하는 사람들의 관심의 초점이 상황으로 옮겨지게 되었다.

　상황이론은 리더십 특성이나 행동보다는 리더십 특성과 행동에 영향을 미치는 상황 그 자체의 특성을 분석하는 데 관심을 두는 이론과 리더 특성 또는 행동이 하위자나 조직에 미치는 영향을 조절해 주는 변수를 파악하여 특성이나 행동과 상황간의 적합관계를 설명하는 이론으로 구분될 수 있다. 전자를 상황 이론이라고 부르고, 후자를 상황적합이론이라고 부르는데 이를 구분하지 않는 경우도 많다. 상황이론은 1960년대 이후의 사회학자나 사회심리학자들에 의해 지지를 받았으며, 리더십 연구의 초점을 리더에게 두는 것이 아니라 리더가 처해있는 그때의 상황에 두고 분석하는 연구방법이다. 따라서 상황이론은 주어진 상황에 따라 리더십의 유효성이 판단되고, 또한 리더의 행동은 상황에 따라 결정되는 것이다. 상황이론에서 매개 변인으로 작용되는 상황은 조직의 인력, 장비, 규모, 자연적 조건, 문화적 구조와 조직 구성원의 성격구조에 이르기까지 광범위한 내용을 포괄하며, 상황구조 요소의 하나 또는 그 이상을 조합시켜 보고 그 상황에서 가장 적합한 리더십을 발견하는데 그 특징을 둔다. 리더의 행동에 영향을 미치는 행동요인은 다음과 같다.

- 관리특성 : 이는 리더 개인의 특성을 분석하는 측면으로 리더의 성격, 욕구, 동기, 과거의 경험 등이 포함된다.
- 조직구성원에 관한 요인 : 이는 주로 부하에 관한 사항에 대하여 연구하는 것으로 종업원의 동기, 욕구, 특성 등이 포함된다.
- 집단요인 : 이는 집단의 특성이 리더의 행동에 미치는 영향을 분석하는 것으로서 집단의 발달단계, 집단의 구조, 집단이 수행하는 과업의 특성 등이 이에 속한다.
- 조직요인 : 이에는 조직 내에서의 리더십의 권한, 규정과 절차, 정책, 전문성 정도, 시간_{의사결정이나 행동이 이루어져야 할 시기까지 필요한} 등이 포함된다.

　이러한 여러 상황적 요인에 의하여 리더의 행동이 영향을 받으며, 이에 따라 조직 구성원의 행동도 변화한다. 따라서 상황적 요인을 분석하고 리더가 주어진 상황에 적응해 나가는 과정이 중요하다. 즉, 상황에 유리한 리더의 유형을 상황의 변화에 따라 적절히 구사함으로써 리더십의 효과성을 높일 수 있게 된다는 것이다.

♟ 도표 2-8 **리더십에 대한 4가지 상황이론의 핵심내용**

리더십 이론	핵심 내용
Fiedler의 상황 적응이론 (Contingency Theory)	• 효과적 리더십을 그룹 효과성의 견지에서 정의 • 3가지 상황요소 - 리더의 지위권력, 리더-부하간의 관계, 과업구조 • 리더는 자연적 또는 고정적 유형을 가지고 있음.
House의 경로-목표 이론 (Path-goal Theory)	• 효과적 리더십을 부하의 목표설정과 목표달성에 대한 리더의 노력으로 정의 • 상황변수 - 환경요소, 부하 개인적 특성 • 리더는 4가지 리더십 유형에서 자기유형을 선택 : 지시적, 후원적, 참여적, 성취 지향적
Hersey & Blanchard 의 상황대응이론 (Situational Theory)	• 효과적 리더십을 상황에 적합한 리더십 유형의 대응으로 정의 • 부하의 성숙도(직무관련, 심리적) • 리더는 4가지 리더십 유형에서 자기유형을 선택 : 지시형, 설득형, 참여형, 위임형
Vroom & Yetton의 규범 이론(Normative Theory)	• 효과적 리더를 부하들의 참여로 정의 • 상황변수 - 의사결정의 질, 의사결정의 수용성, 적시성(Timeliness) • 리더는 5가지 유형 중에서 의사결정수를 이용하여 적절한 리더십 유형을 선택 : A1, A2, C1, C2, G1

Chapter 03

현대
리더십
이론

CONTENTS

1 새로운 리더십 이론의 등장

리더십 귀인 이론 Attribution theory of leadership

리더십이란 단지 다른 사람에 대한 탓에 불과하다고 주장한다. 조직이 큰 성공을 기록하거나 큰 어려움을 겪으면 사람들은 그 원인을 리더십에서 찾는다. 조직의 성과나 직업만족도의 원인탓을 리더십으로 돌리는 것이다. 상황에 대한 고려는 거의 하지 않고 리더의 어떤 특성이 그런 결과를 만들었다고 믿는다. 일반적으로 '좋은 리더'는 머리가 좋고, 쾌활하며, 외향적이고, 말도 잘하고, 사려 깊고, 근면할 것이라는 생각을 갖고 있다. 그것이 실제 업무성과나 직업만족도와 관련이 있는지 없는지는 특성이론 부분에서 밝힌 것처럼 정확히 알 수 없다. 그런데도 일반적으로 그런 특성을 바람직한 리더의 특성이라고 생각을 하고 있으며, 일이 잘 되거나 잘 안 되는 경우 리더가 그런 특성을 갖고 있어서 그렇다고 생각한다.

예컨대, 어떤 회사가 유동성 위기에 처했다. 그 위기가 실제로는 외부환경 변화가 심해서 일어난 것인데도 직원들은 그것이 리더 탓이라고, 리더의 어떤 특성 때문에 이런 일이 벌어졌다고 생각하려 한다. 어떤 회사가 큰 실적을 내며 성장을 지속하는 경우 사람들은 원인을 리더에게서 찾으려 하며, 리더의 어떤 특성 때문에 그런 결과가 나타났다고 생각하려 한다. 실제 리더의 어떤 점이 그런 결과들을 낳았을 수도 있다. 하지만 상황에 관계없이 사람들은, 특히 어떤 큰 변화가 일어난 경우, 리더에게 원인을 돌리려 한다는 것이고, 이때 일반적으로 생각하는 바람직한 리더십의 특성에서 그 원인을 찾으려 한다.

또한 리더십 귀인 이론의 연구 결과에 따르면, 일반적으로 일관성Consistent있는 리더를 훌륭한 리더로 받아들이는 경향이 있다는 사실이다. 일관성의 방향이 어떤 쪽이 되었든 자주 의사결정을 바꾸거나 성향을 바꾸는 리더를 사람들은 높게 평가하지 않는다. 한 가지 입장을 일관적으로 견지해 나가는 리더를 일반적으로 좋게 받아들이는 경향이 있다. 리더십 귀인 이론은 리더십이 하나의 환상일 수 있음을 지적한 이론으로 재미있는 시사점을 주는 이론이다.

2 신조류 거래적 리더십과 변혁적 리더십

거래적·변혁적 리더십 이론은 1978년 번즈J. M. Burns에 의해 제시 되었으며 그는 정치적 리더십을 거래적Transactional과 변혁적Transformational의 두 형태로 나누고 변혁적 리더십의 중요성을 강조했다. 그 후 1985년 바스B. M. Bass는 기업의 조직상황에 맞춰 변혁적 리더십 이론을 구체화함으로써 널리 알려지게 되었다.

1 거래적 리더십Transactional Leadership

거래적 리더십Transactional Leadership은 리더십에 관한 초기의 특성 이론에서 부터 상황적응이론에 이르는 여러 연구가 교육체제 외부에서 오는 영향에 대처하기에는 부적절한 것으로 비판하는 것에서 시작한다. 왜냐하면 지도자가 폐쇄 체제적 관점에서 기존의 조직구조 안에서 일상적인 문제에 관심을 두고 기능 하는 것으로 보기 때문이다. 그리고 대부분 리더십을 지도자와 부하간의 타협이나 거래적인 활동으로 본다. 일을 잘하면 긍정적 강화나 승진 또는 금전적 보상을 더해주고 부하는 그것을 대가로 일을 하고, 양자간의 협의나 타협과정을 통해 이를 조정하는 관계에 있다고 본다. 이처럼 거래적 리더십은 대체로 지도자와 부하 간에 비용-효과의 거래 관계로 수행된다.

거래적 리더십의 하위 변인變因, Variable

Bass와 Avolio는 거래적 리더십 차원의 하위변인을 상황적 보상Contingent Reward과 예외에 의한 관리Management by Exception으로 구분하였다.

① 상황적 보상

Bass에 의하면 상황적 보상은 지도자가 어떤 행위나 보상, 인센티브를 사용해서 노력에 대한 보상의 거래 계약을 하고 업적이 높으면 많은 보상을 약속하고 업적수행을 인정한다. 이러한 상황적 보상에는 두 가지의 형태가 있다.

첫째, 일을 잘 한데 대한 칭찬, 급여인상, 보너스, 승진 등의 추천이 그것이며, 이 외에도 뛰어난 근무 태도에 대해 경의를 표하는 등의 형태로 나타날 수 있다.
둘째, 상황적 벌은 규범을 어긴데 대한 몇 가지 형태의 반응으로 나타난다. 관리자는 생산성이 합의된 표준에 미달하거나 품질이 허용수준 이하로 떨어질 경우와 같이 기준에서 벌어진 일탈에 대한 관심을 갖는다.

② 예외에 의한 관리

예외에 의한 관리란 부하가 실패하고 일탈된 행동을 보일 때만 지도자가 수정활동을 보이거나 개입을 하는 것을 말한다. 이는 부하가 조직의 규칙이나 기준을 일탈하는가를 경계하고 업무가 정상적으로 진행되고 있다면 개입을 하지 않고 기준에 부합되지 않을 때만 개입을 하여 규칙과 표준에 따라 수정행동을 실시하는 것으로써 지도자가 부하의 일탈된 행동에 대해서만 개입을 하기 때문에 상황적 기피강화를 의미한다.

🕸 거래적 리더십의 모델

Bass에 의하면 거래적 리더는 부하가 제공하는 계약된 서비스에 대하여 현재 부하의 물질적, 정신적 욕구를 충족시켜 주기 위한 비용 - 수익적, 경제적 교환을 성취한다고 주장하고 거래적 리더십 모델을 개발하였다. 거래적 리더는 계획된 결과를 달성하기 위해 부하가 해야 할 일이 무엇인가를 인식한 다음 부하의 역할을 명확히 해준다. 이렇게 함으로써 부하는 역할 요구를 충족하여 성공 가능성에 대한 확신을 갖는다. 또한 거래적 리더는 부하가 무엇을 필요로 하고 원하는지 부하의 욕구를 인식한 다음 과업달성 수행 결과의 대가로 부하의 욕구충족 방법을 명료화한다. 이렇게 함으로써 결국 부하는 과업달성의 유인을 인식하고 과업달성을 위한 동기화가 된다는 것이다. 이와 같이 거래적 리더는 조직 구성원의 기본적 욕구에 관심을 가지므로 현재 부하의 심리적, 물질적 욕구를 만족시킴으로써 현상태를 유지하는데 집착한다고 할 수 있다. 이상과 같이 거래적 리더십 이론에서는 종업원은 노동과 노력과 지식을 기업에 제공하고 기업은 근로자에게 인정과 물질적 보상을 제공한다.

한편 리더의 역할은 달성해야 할 목표를 설정하고 그 설정된 목표를 달성 할 수 있도록 유인을 제공한다. 관리자와 종업원간에는 유인과 기여라는 거래 관계가 성립되고 노사 당사자는 기업의 성과를 올리기 위한 타산적인 거래를 하게 되는 것이다. 이른바 줄 것은 주고받을 것은 받는다는 사무관계를 전제로 한 리더십이 바로 거래적 리더십이다. 거래적 리더는 부하의 노력에 대한 대가로 지위와 임금 등을 거래한다고 볼 수 있다. 결국 거래적 리더십은 수직적 상하관계를 더욱 강화시키는 리더십이다. 이러한 거래적 리더십에서는 부하가 조직의 목표를 달성하지 못하거나 실수를 범할 경우 리더는 부하의 잘못에 대한 책임을 묻는 방법으로 예외에 의한 관리를 선택 할 수 있는데, 이것은 소극적 거래자 리더십이라고 한다. 친정체제나 권한 회수 등의 방법으로 조직의 목표를 달성하는 관리기법으로서 리더의 효과성, 부하의 만족도와 부하의 특별노력에 크게 영향을 미칠 수 있는 것으로 리더는 소극적 거래자 리더십을 가능한 한 삼가는 것이 바람직하다. Bass는 지금까지의 리더십이론들이 거래적 교환관계에 기초하고 있다고 주장한다.

2 변혁적 리더십 Transformational Leadership

변혁적 리더십 이론은 1980년대 후기부터 이념, 정치, 경제, 사회, 인구, 문화, 기술 등 외적 변화에 종래의 리더십 이론으로 대처하기에는 부적절하다고 하여 리더십에 대한 개방체제 이론으로서 번즈Burns가 정치지도자들에 대한 연구를 발표하면서 실질적으로 연구되기 시작하였다. 즉, 변혁적 리더십은 변화를 중심으로 하는 리더십 개념을 처음으로 도입한 사람은 미국의 경영학자 번즈Burns, 1978였으며, 그는 변화형

Transforming 리더를 "부하들과 단순히 성과를 담보로 한 거래적 관계에 있지 않고 달성하기 어려운 목표라 하더라도 이들의 자기실현 욕구를 충족시켜 사기를 진작시키고, 이를 통하여 달성 불가능한 목표라도 성취할 수 있게끔 하는 리더"라고 정의했다. 그는 리더십을 과거 결정론적 특성으로써 어떤 행위의 집합으로 보지 않고 부하들을 동기부여 시키면서 일어나는 반응과 저항을 통해 이들의 행위를 수정시키려는 리더와 부하의 지속적인 상호관계 과정Process으로 봤다.

이후 배스Bass, 1985는 그의 이론을 발전시켜 변화유도형Transformational 리더의 영향력 요인을 몇 가지로 규명하였으며, 이에 대해서는 지금까지 많은 기술적 연구와 실증적 응용연구가 진행되어져 오고 있다. 특히, 이러한 연구가 기업조직을 중심으로 광범위하게 이루어지고 있는 이유는 이것이 기업조직의 유효성 기준이라고 볼 수 있는 조직몰입, 혁신성향, 조직도덕성 등을 증대시키는데 가장 영향력 있는 변수이고Yoon & Lim, 1996, 과거의 특성이론이나 행위이론과는 달리 체계적인 조직개발 훈련이나 스스로의 노력으로 학습이 가능하다는 전제를 하고 있기 때문이다. 최근 경영전략 분야의 자원기초 이론에서도 인적자원의 핵심역량 강화는 다른 어떤 자원보다 그 전략적 가치성이 높으며, 조직구성원들의 리더로서 의사결정 관행이나 지식, 그리고 이를 통해 달성되는 조직에 대한 정신적 헌신의지 등이 조직의 경쟁우위를 가져오는데 큰 공헌을 하고 있음을 지적하고 있다.

변혁적 리더십의 하위 변인

변화유도형 리더십 관련연구에서 밝혀진 주요한 핵심요인들은 다음과 같은 네 가지이다.

① 카리스마 Charisma

이것은 부하들에게 성공과 성취의 상징으로 호의를 얻고, 자신이 가진 인간적 매력을 통해 이들을 리드해 나가는 능력을 말한다. 여기서 의미하는 카리스마적 리더는 부하들에게 높은 도덕성과 합리적 인간관계, 그리고 성공 등을 통한 준거적 권력과 남들이 따라올 수 없는 전문능력과 지식 등을 통한 전문적 권력에 기초하여 부하들을 이끌어 나간다는 면에서 과거의 직위나 신분에 기초한 보상적, 강압적 권한의 부정적 리더와는 구별된다. 특히 프로세스 중심의 직접적인 경험과 행위학습Action Learning을 중요시하는 횡적 조직인 팀 조직에서는 이러한 준거적, 전문적 권한에 따른 카리스마적 리더만이 부하에게 성취, 성공의 상징으로 받아들여질 수 있다. 이러한 리더의 경우 팀내 권한위양을 통한 부하의 업무자율성 확보 시에도 자신감과 신뢰를 바탕으로 하기 때문에 위양된 권력이 상실되지 않고 오히려 부하에 의해 전보다 증대된다고 볼 수 있다. 즉, 이러한 리더는 부하와 제로섬 관계에서 상호 윈-윈Win-Win의 권한관계를 형성할 수 있으며 과거 조직내 권한의 양은 불변이라는 전통적인 사고방식에 일대 변혁을 불러일으키고 있다. 또한 이들은 부하들에게 심리적 의존대상이 되어 편안함을 제공하는 동시에 스스로도 부하들의 인정을 받는다. 이러한 과정에서 리더들은 부하들의 마음속에 성공과 성취의 절대적 상징으로 여겨져 어떤 역경이 닥쳐도 리더의 능력과 판단을 믿고 따르며, 그를 자랑스럽게 생각하는 것이다.

이러한 카리스마를 획득하기 위한 방안으로 콩거Conger, 1989는 "카리스마에 대해 학습한다는 것은 쉬운 일이 아니다. 그러나 적어도 카리스마 소유자들이 보유하고 있는 일부 행동상의 특성들은 손쉽게 배울 수 있으며, 실제생활에서 매우 유용하게 쓰일 수 있다."고 지적하고, 카리스마를 보유한 인물의 주요 특성을 다음 다섯 가지로 설명하고 있다.

첫째, 복잡한 생각을 간단한 메시지로 풀어내는 능력이 뛰어나다. 이들은 상징과 비유를 즐겨 사용함으로써 복잡한 논리보다 명쾌한 설명으로 추종자들의 이해를 높이며 자발적인 참여 동기를 이끌어 낸다.

둘째, 위기를 최대한 활용한다. 이들은 위기가 없으면 제 능력을 발휘하지 못하며, 심지어는 위기에 일부러 처하기도 한다.

셋째, 현상유지를 거부한다.

넷째, 상대방 관점에서 사물을 본다.

다섯째, 끊임없이 사람들을 채근질 하여 최선을 다하도록 한다.

카리스마적 리더십에 대해서는 아직도 부정적인 견해를 가진 학자들이 많다. 즉, 조직이 너무나 많은 권력을 카리스마적 리더에게 제공함으로써 허황된 비전을 가진 리더의 경우 조직을 위험에 처하게 만들 수 있으며, 아직 학문적으로 이러한 리더십을 배양하기 위한 구체적인 구성요소가 무엇인지 입증되지 않았다는 것이다. 오늘날처럼 급변하는 경영환경에서는 조직에 적합한 비전을 한사람이 제시하기도 어려우며, 훌륭한 비전은 구성원들에 의해 공유된 리더십 과정에서 발생한다는 측면에서 최근 몇몇 학자들은 카리스마적 리더십의 대안으로 최고경영자 팀TMT: Top Management Team에 의한 관리를 대안으로 내놓고 있다.

② 영감Inspiration의 호소

영감은 리더가 향상적 목표를 설정하고 부하들이 그 목표를 성취할 능력이 있다는 데 대한 자신감을 갖도록 하는 것으로서 변혁적 리더가 임무를 간단한 방식으로 표현해 부하로 하여금 동기를 갖도록 하는데 사용된다. 변혁적 리더는 공유 목표가 무엇이 옳고 중요한지에 대한 상호이해를 발표함으로써 부하들에게 영감을 제공하고, 자극을 주는 이야기를 함으로써 부하들에게 영감을 제공하고 자극을 주는 이야기를 함으로써 부하들이 낙관주의적 사고와 비전이 제시하는 미래에 대한 열정을 갖도록 하며, 획득 가능한 미래에 대한 비전을 유창하고 자신 있게 전달함으로써 보다 높은 수준의 성과 달성과 발전을 위한 에너지를 제공한다. 영감적 리더십에 의하여 지도자는 부하들이 비전의 성취를 위하여 무엇을 해야 할 필요성과 의미를 향상시킨다.

③ 개인에 대한 고려 개별관리, Individualized Consideration

이것은 조직구성원들을 모두 획일적인 기준으로 생각하는 것이 아니라 개인 한 사람 한 사람의 감정과 관심, 그리고 욕구에 대해 존중함으로써 부하들을 동기유발시키는 것을 말한다. 스포츠 팀과 마찬가지로 기업의 팀 조직에서도 리더가 지녀야 할 가장 중요한 스킬 중의 하나는 코칭Coaching 스킬이다. 즉, 팀원 개개인에 대한 세심한 관심을 통하여 변화의식을 북돋우고, 새로운 스킬개발에 필요한 훈련을 제공하여 일에 대한 자신감을 가지게 하는 것이다. 한국은 그 문화적 가치와 사회적 규범이 화합을 중요시하는 대인관계를 강조하는 집단 지향적 사회이기 때문에 조직구성원들은 항상 자기 자신의 욕구에 앞서 타인과 집단의 이해를 우선적으로 고려하는 의식에 익숙해져 있다. 더욱이 한국인의 경우 서구에 비해 조직내 리더에 의한 소외감을 느낄 때는 심한 자신감의 상실과 집단에 대한 부정의식을 가져오게 된다. 이러한 측면에서도 부하에 대한 리더의 관심과 배려의 강화는 한국 기업의 리더십에서 다른 어떤 요인보다 조직 유효성을 증대시킬 수 있는 주요 요인이라고 볼 수 있다.

예를 들면 따돌림 받는 부하들에게 개인적인 관심을 보이는 것, 부하들을 조직의 한 단위로서가 아니라 개인적으로 대우해 주는 것 등은 부하 자신으로 하여금 집단 내 가치 있는 일원으로 느끼게 함과 동시에 팀내 다른 구성원간 신뢰감을 증진시켜 팀 성과에 긍정적 영향을 미치게 된다. 스프레처Spreitzer, 1996도 임파워먼트Empowerment의 중요한 영향요인 중의 하나로 동료, 리더, 그리고 부하간의 적절한 관심과 지원 등을 포함하는 조직내 사회적 네트워크 요인을 제시하고 이것이 개인의 자신감과 권한으로 인식되어짐을 지적했다. 즉, 부하에 대한 리더의 개인적 관심과 고려는 조직내 그의 영향력과 미래 경력에 자신감을 가지게 하며, 이것이 결국 조직내 임파워먼트Empowerment의 총량을 증대시킨다는 것이다.

④ 지적 동기유발 Intellectual Stimulation

과거의 구태의연한 사고방식과 업무관습에서 벗어나 항상 새로운 업무방식으로 부하들을 동기 유발시키는 것을 말한다. 이러한 리더는 부하들에게 과거의 문제점이 무엇인지 알려주고 이를 해결할 수 있는 방법에 대해 부하들과 기꺼이 고민한다. 그리고 어려운 과업의 해결과정에서 항상 부하들의 자유로운 문제해결 방식을 허용하며, 합리적인 해결방법을 찾을 수 있도록 자신의 전문적인 지식을 활용한다. 따라서 이러한 리더는 부하들의 지식과 합리성, 그리고 문제해결 능력을 제고시키기 위해 이들에게 새로운 방식으로 문제에 접근하게 하며, 늘 생각하게 하는 문제를 제시한다. 또한 과업달성에 흔히 쓰이는 전제조건과 일반적 방식을 다시 생각하게 하여 틀에 박힌 업무의 기본적인 가정들조차도 재검토하게 하는 창의적 분위기를 조성하는 리더이다.

최근 전략 연구가들은 오늘날 어떤 기업이든 치열한 경쟁에서 이기려면 내부 구성원의 지식이 풍부해야 하며, 이러한 지식이란 쉽게 모방하거나 복제할 수 없는 것으로 경쟁관계에서 우위를 선점하는 핵심역량임을 지적하고 있다. 이것은 곧 경쟁력을 유지하기 위해 조직은 지속적인 변화를 유지해야 하며, 조직내 모든 구성원이 새로운 지식과 기술을 꾸준히 학습해야 한다는 것을 의미한다. 리더십에 대한 동서양의 문화적 차이를 고려한다 하더라도 지적 동기유발 요인은 이러한 측면에서 미래 리더에게 요구되는 가장 중요한 능력이라고 할 수 있다.

창의적인 발상과 끊임없는 개혁을 목표로 하는 수평적 조직의 리더들은 부하에게 팀 빌더, 그리고 코치로서의 새로운 역할을 이행하기 위해 항상 새로운 기술을 학습해야 할 필요가 있다. 더욱 중요한 것은 혁신과정에 있는 부하들에게 적절한 코치 혹은 멘토 역할을 할 수 있는 리더로서의 학습노력과 이를 지원하기 위한 조직의 체계적 노력이 필요하다.

변혁적 리더십의 모델

변혁적 리더십을 발휘하기 위해서 Bass는 리더가 해야 할 역할과 과정을 종합적으로 개발하여 모델로 제시하였다. 변혁의 과정에 있어서 리더의 역할을 보면,

첫째, 리더는 부하의 욕구체계를 확대하고 그 수준을 매슬로우Maslow의 고차원 욕구수준으로 높여 주어야 하며,

둘째, 부하로 하여금 보다 큰 집단으로 또는 조직을 위하여 직접적이고 단기적인 이익을 초월하여 조직의 이익을 추구하도록 유도하여 부하에게 제시된 목표의 가치를 높여 주어야 한다.

셋째, 부하가 부여된 목표에 대한 자신감과 성공에 대한 확신을 갖도록 함과 동시에 조직의 문화와 분위기 혁신을 주도해야 한다.

넷째, 이렇게 하여 부하들의 조직에 대한 몰입을 이끌어내어 기대 이상의 노력과 성과를 달성할 수 있도록 부하를 동기화 시킨다.

이와 같이 변혁적 리더십은 거래적 리더십 이론에서처럼 지도자가 원하는 것과 부하가 원하는 것 간의 거래보다는 자신의 개인적인 가치관을 제시하여 부하의 신념과

가치관을 변혁시키는 데 더 많은 관심을 갖는다. 또한 변혁적 리더십은 부하의 욕구 체계와 수준, 신념, 가치체 계, 조직문화에 영향을 미치며 부하로 하여금 거래적 리더십에서 기대한 것 이상의 업적을 달성하도록 하는 리더십이다.

3 거래적 리더십과 변혁적 리더십의 비교

Burns[1978]는 리더십의 2가지 기본 형태를 구분하였다. 변혁적 리더십은 지도자와 추종자가 함께 일치된 노력을 한다는데 바탕을 둔다. 변형적 리더십은 리더와 추종자 서로가 보다 높은 수준의 동기부여와 도덕성으로 끌어올리는 것과 같은 방식으로 다른 사람과 관계를 맺을 때 일어난다. 반대로 거래적 리더십은 리더와 추종자 공통의 목적을 요구하지 않는 대신에 서로 다른 관심들이 인식되고 리더십의 과정은 분리되나 보완적인 목적을 추구하며 보상 거래가 된다. 이는 다른 사람의 필요에 따라 어느 정도 대응해주기로 서로 동의하면서 리더와 추종자 사이는 교환관계이다. 거래적 리더십은 보다 쉽고 공통적인 반면 변혁적 리더십은 보다 도전적이고 장시간이 걸리지만 관계된 모든 것에서 잠재성을 끌어내는데 보다 효과적이다. 변혁적 리더십이 보다 바람직하다고 볼 수 있는 것은 공유된 가치, 동기부여, 보다 높은 목적 같은 중요한 원리들을 강조하기 때문이다. 거래적 리더십과 변혁적 리더십의 비교를 간단하게 도표로 나타내면 다음과 같다.

♟ 도표 3-1 **거래적 리더십과 변혁적 리더십의 차이**

구 분	거래적 리더십	변혁적 리더십
현상	현상을 유지하기 위해 노력함	현상을 변화시키고자 노력함
목표지향성	현상과 너무 괴리되지 않은 목표지향	보통현상보다 매우 높은 이상적인 목표지향
시간	단기적 전망, 기본적으로 가시적인 보상으로 동기부여	장기적 전망, 부하들에게 장기적 목표를 위해 노력하도록 동기부여
동기부여 전략	부하들에게 즉각적이고도 가시적인 보상으로 동기부여	부하들에게 자아실현과 같은 높은 수준의 개인적 목표를 동경하도록 동기부여
행위표준	부하들을 규칙과 관례를 따르기를 좋아함	변혁적이고도 새로운 시도에 도전하도록 부하를 격려함
문제해결	부하들을 위해 문제를 해결하거나 해답을 찾을 수 있는 곳을 알려줌	질문을 하여 부하들이 스스로 해결책을 찾도록 격려하거나 함께 일함

4 Bennis와 Nanus의 효율적인 리더 전략

1980년대 미국의 우량기업들은 일본기업들의 맹추격으로 위기의식을 느끼게 되었다. 미국의 경영자들은 이러한 위기상황을 극복하기 위해 무엇인가를 필요로 했으며 이때 등장한 것이 변혁적 리더십이다. 변혁적 리더십이란 기존 관리방식을 철저히 배격하고, 급변하는 환경에 대한 인식과 이에 따른 조직변혁의 필요성을 인식하여, 10년 후 또는 1세기를 지탱할 수 있는 비전을 제시하고, 이러한 비전을 실현시키기 위해 구체적인 목표를 정립하여, 정립된 목표를 달성하기 위한 전략을 세우는 리더십을 말한다. Bennis와 Nanus는 90명의 효과적인 리더를 대상으로 관찰법과 비구조적인 면접을 통해 5년간 연구하였으며, 그러한 연구결과 효율적인 리더가 사용하는 전략을 다음과 같이 제시하였다.

첫째, 효율적인 리더는 조직에 바람직하고 가능한 미래의 비전을 제시한다.

효율적인 리더는 이러한 비전을 통하여 조직구성원의 관심을 확보하고 구성원의 행동에 방향을 제시한다. 분명하고 호소력 있는 비전은 몇 가지 중요한 기능을 하는데, 매력적인 비전은 일에 의미를 부여함으로써 구성원들에게 힘을 불어넣어 주고 동기를 부여시키고, 조직의 중심 목표와 목적을 알려줌으로써 조직구성원에게 방향을 제시한다.

둘째, 효율적인 리더는 이해하기 쉽고 호소력 있는 비전을 조직의 전략과 문화에 뿌리내리게 한다.

리더가 비전을 개발하는 것만으로 조직을 효율적으로 이끌어나가는 것을 불가능하며 의사소통을 통해 의미를 창출하여 조직구성원에게 비전을 이해시켜 비전이 수용되고 실현될 수 있도록 노력을 기울여야 한다. 유능한 리더는 매혹적인 웅변, 슬로건, 상징과 의식을 통하여 비전을 전달한다.

셋째, 효율적인 리더는 조직에 신뢰를 구축한다.

비전 그 자체가 명확하고 매력적이며 달성 가능한 것도 중요하지만, 비전을 제시한 리더가 믿을만하여 확고한 의지를 지니고 있는 사람으로 인식되는 것도 중요하다. 자신의 태도를 빈번하게 변경하는 리더는 부하직원의 신뢰를 받지 못하며, 신뢰를 받지 못하는 리더는 새로운 비전을 달성하기 어렵다.

넷째, 효율적인 리더는 조직학습을 촉진한다.

유능한 리더는 끊임없이 자신의 경험에 대해 성찰하며 지속적으로 학습한다. 더 나아가 효율적인 리더는 지속적인 실험, 다른 조직과의 비교, 환경 변화와 추세의 인식, 교육훈련을 통하여 조직학습을 촉진한다. Nanus는 리더가 내부환경, 외부환경, 현재, 미래라는 네 가지 중심차원의 균형을 이루어야 한다고 주장하면서 효과적인 리더십을 발휘하기 위한 핵심적인 네 가지 역할을 강조하고 있다.

리더의 첫 번째 역할은 방향 설정자이다. 리더는 미래의 외부환경에 있는 목표를 선정하여 명확하게 제시함으로써 조직이 그 목표에 노력을 집중하도록 해야 한다. 홀 훌륭한 방향 설정자가 되기 위해서 리더는 목적지로 향하는 길을 설정하여 다른 사람들이 조직이 정말로 발전하고 있다고 할 수 있도록 해야 한다.

리더의 두 번째 역할은 변화 추진자이다. 리더는 인적자원, 시스템 등의 내부환경 변화를 촉발시켜 비전이 달성될 수 있도록 한다. 훌륭한 변화추진자가 되기 위해서는 외부 세계의 발전을 예견하고, 그러한 발전이 조직에 던지는 시사점을 평가하고, 위기의식을 갖게 하고, 비전이 요구하는 변화의 우선순위를 만들어내고, 도전정신을 고취시키며, 구성원들에게 활력을 불어넣어 필요한 변화를 이룩할 수 있어야 한다.

리더의 세 번째 역할은 대변자이다. 리더는 노련한 연설가, 관심을 가진 경청자, 비전의 구현자로서 조직과 비전에 대해 최고의 옹호자 역할을 할 뿐만 아니라 외부고객들과의 관계에서 협상자의 역할을 수행한다. 리더는 조직의 미래를 표현하는 매개체일 뿐만 아니라 메시지가 되어야 한다.

리더의 네 번째 역할은 코치이다. 조직구성원들에게 활력을 불어넣는 팀 구축자로서가 아니라 열정적으로 비전을 생활화함으로써, 리더는 비전의 실현을 위해 필요한 노력을 아끼지 않고 사람들에게 본보기와 교사의 역할을 수행한다. 효과적인 코치가 되기 위해서 리더는 자신이 어느 곳에 서 있는지, 비전이 자신에게 어떤 의미를 가지는지 그리고 비전을 실현하기 위해서 자신이 무엇을 할 것인지를 사람들에게 알려주어야 한다. 또한, 모든 조직구성원들을 존중하고, 신뢰를 구축하고, 그들이 배우고 성장할 수 있도록 도와주며, 비전을 성취하기 위해 그들의 능력을 지속적으로 신장시킬 수 있는 방법을 가르쳐줌으로써, 구성원들의 성공을 위해 헌신적으로 노력해야 한다.

♟ 도표 3-2 **Nanus의 리더십 역할**

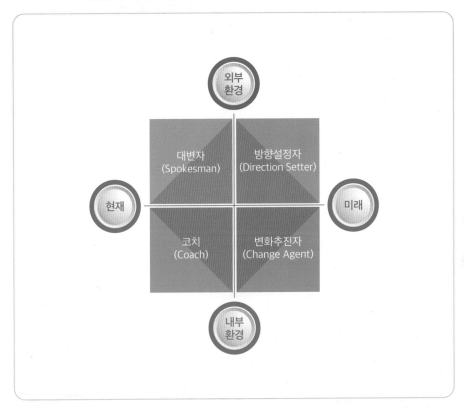

Nanus는 기존의 리더십 연구가 리더와 부하와의 관계, 동기부여와 보상체계, 카리스마와 설득의 기술 등 코치의 역할에만 초점을 맞추고 있다고 지적하면서 효과적인 리더는 이러한 네 가지 역할 모두는 훌륭하게 수행해야 한다고 주장하고 있다. Bass는 Burns와 House의 이론을 토대로 변혁적 리더십 이론을 정립하였다. 그는 Burns처럼 거래적 리더십과 변형적 리더십을 구분하기는 하였으나, 보다 심층적인 수준에서 변혁적 리더십을 개념화하였다.

Bass는 리더십 이론에 관한 전통적 연구의 기본적인 틀이 리더십 성과를 제고시키기 위한 거래관계로서는 부하의 자발적인 문제해결능력이나 창의성의 증진 등과 같은 질적인 면을 위해서는 부족하다고 지적하였다. 그 반면, 변혁적 리더들은 자유,

정의, 평등, 평화 그리고 인본주의 등과 같은 보다 높은 이상과 가치에 호소함으로써 부하들의 의식을 높이도록 추구하는 리더이다. 변혁적 리더십은 부하들이 가지고 있는 욕구수준에 대한 자신감이나 계획된 결과를 위한 욕구에 기초하여 발휘되며, 변혁적 리더는 부하들이 할 수 있는 것이나 기대된 것 이상으로 수행하도록 동기부여 시킨다. 그러한 변혁과정은 다음과 같은 방식으로 이루어질 수 있다.

첫째, 계획된 결과의 가치나 그러한 결과에 도달하기 위한 방식의 중요성에 대한 부하들의 의식수준을 고양시킨다.

둘째, 조직이나 집단을 위해 부하들로 하여금 자기 자신에 대한 이익을 희생하도록 한다.

셋째, 부하들의 상위욕구를 자극하고 충족시킨다.

변혁적 리더는 팀 구성원들에게 보다 높은 이상과 도덕적 가치를 심어주기 보다 새로운 방식으로 문제를 생각함으로써 동기부여 시킨다. 따라서 부하들은 리더에 대하여 신뢰감, 인정감, 충성심, 존경심을 가지고 있고 그들이 할 수 있는 것 이상으로 사고하고 행동하도록 동기부여 된다. 따라서 부하들에게 그들의 과업에 대한 중요성과 가치에 대한 인식을 높여주거나, 그들 자신의 이익보다는 그들이 속한 집단이나 조직을 먼저 생각하도록 동기부여 시킨다. 변혁적 리더십은 조직구성원의 태도나 기본전제를 변화시키고, 조직의 사명이나 목표, 그리고 전략을 위한 종업원들의 관심을 확대시키고자 할 때, 그리고 집단의 이익을 위해 개인의 이익을 양보하도록 하위자들을 이끌려고 할 때 발생한다.

Bass는 변혁적 리더십이 거래적 리더십보다 우월하다고 주장하였으며, 변혁적 리더십은 학습될 수 있고, 조직의 모든 계층의 리더들이 보다 카리스마적으로 보다 지적 자극을 줄 수 있는 방향으로, 개별화된 배려를 보여줄 수 있는 쪽으로, 조직구성원들을 분발 고취할 수 있는 방향으로 훈련이 되어 질 수 있다고 하였다.

3 기적의 카리스마 리더십

'카리스마'라는 말은 그리스어에서 유래하였다. 카리스마는 은혜나 은총을 의미하는 그리스어 'Kharis'에서 왔다. 그리스인들은 카리스마를 신으로부터 특별한 재능을 부여받은 사람이라고 믿었다. 그것은 신성하게 제공된 힘이었기 때문에 카리스마들에게는 열정적이며 헌신적인 추종자가 따랐다. 한편 초기 기독교인들도 '카리스마적 인물'이라는 말을 사용하였다. Conger와 Kaungo는 최근 연구에서 카리스마는 귀인적 현상이라는 가정을 기본으로 카리스마적 리더십을 주장했다. 즉, 이들의 주장은 하위자가 리더의 행동을 관찰하여 리더에게 어떤 카리스마적 자질이 있다고 여기는 것으로서, 조직내에서 관찰된 리더의 행동을 바탕으로 리더에게 카리스마를 귀인 시킨다는 것이다.

1 카리스마 리더십 개념과 관점

카리스마는 기적을 행하거나 앞일을 예언하는 능력과 같은 신이 부여하는 재능을 뜻하는 그리스어에 어원을 둔 신학적인 개념이었다. 이후 카리스마 리더십은 여러 학자들에 의해 개념이 정립되는데 그것을 종합하면, 카리스마 리더십은 주어진 상황과 동떨어진 비전을 제시하는 극단적인 비전, 높은 위험부담, 비관습적인 행위, 정확한 상황판단, 자신의 견해나 신념에 대해 확신을 가지고 부하에게 전달하는 리더십으로서 말할 수 있다 장태윤, 박찬식, 2001.

또한, House[1977]는 카리스마 리더십을 "주어진 상황과 동떨어진 비전을 제시하는 극단적인 비전, 높은 위험부담, 정확한 판단, 자신의 견해나 신념에 대하여 확신을 가지고 부하에게 전달하는 리더십"이라고 정의하고 있다.

카리스마 리더십의 특성론적 관점

카리스마 리더십의 특성론적 관점은 Weber1947에 의해 제기 되어졌다. 카리스마 리더십은 하위자에 의한 지각Perception이며, 리더가 남들이 갖지 못한 천부적 특성을 갖고 있다고 보는 것이다. 또한 M. E. Spencer에 의하면 카리스마는 지금까지 세 가지 의미로 사용되어져 왔다.

첫째, 카리스마는 리더의 초자연적 능력을 의미하며, 카리스마적 리더는 그의 부하들에게 어떤 증표로서 천부의 능력을 예시하고 그를 따르는 부하들은 리더에 대한 그들의 믿음에 의해 리더에게 복종한다.

둘째, 카리스마는 집단이나 역할 또는 사물들의 신성한 속성을 의미하기도 한다.

셋째, 카리스마는 일상적이고 세속적인 의미에서 리더의 개성적 자질을 의미하기도 한다Bryman, 1992.

카리스마 리더십의 행위론적 관점

카리스마 리더십 행위론적 관점은 House1977 이후 연구되기 시작했으며, 리더는 특정한 행동유형을 가지며 그것은 초월적인 비전목표을 정형화시키며, 역할모델로 봉사하며, 자신의 이미지를 구축하며, 부하들에게 강한 자신감을 보여주고, 부하들에게 업적에 대한 높을 기대를 표현하며, 성취 및 권력에 대한 욕구를 불러일으키며, 부하들에게 발전지향적인 태도를 취하는 등의 내용을 포함한다 Locke, 1991. 또한 Conger와 Kanungo 1987는 카리스마란 리더의 특성과 행동에 대한 부하들의 지각에 의해 결정되며, 부하들의 지각은 리더십이 발휘되는 상황과 부하들 개인의 욕구 및 전체의 욕구에 의해 영향을 받는다는 것이다. 즉, 리더의 자질에만 근거하기 보다는 리더의 속성과 필요, 신념, 가치, 부하들의 지각간의 상호작용에 근거한다는 것이다. Willner 1984도 카리스마 리더십을 개인의 개성을 바탕으로 하는 것이 아니면 상황적으로 결정되는 것도 아니며, 관계적 지각으로 보았다. 따라서 카리스마적 리더십은 특성이기 보다는 리더, 부하, 상황 등의 관계성Relationship이라는 관점에서 세 가지의 상호작용으로 설명할 수 있다 House, Spangler & Woyche, 1991.

2 카리스마 리더의 행동특성

하우스House 등에 의하면 카리스마 리더들은 특정한 행동유형을 갖는데 그것은 다음과 같다.

① 초월적인 비전목표을 정형화시킨다.
② 역할 모델로서 봉사한다.
③ 자신의 이미지를 구축한다.
④ 부하들에게 강한 자신감을 보여준다.
⑤ 부하들에게 업적에 대한 높은 기대를 표현한다.
⑥ 성취, 권력에 대한 욕구를 불러일으킨다.
⑦ 부하들에게 발전지향적인 태도를 불러일으킨다.

또한 트라이스Trice와 베이어Beyer는 카리스마 리더의 행동특성을 다음과 같이 설명하고 있다.
① 카리스마적 리더는 반드시 비범한 개인적 특성을 소유해야 한다.
② 그는 급진적 메시지나 사명을 보여주어야 한다.
③ 그러한 메시지와 사명은 널리 인식된 위험, 사회적 동요의 근원과 관련이 있어야 한다.
④ 리더의 개인적 특성이 부하들을 유인하고, 그들을 흥분, 경외, 존경의 상태로 야기 시켜서, 리더의 급진적 사명을 따르기 위해서라면 기꺼이 전통적인 규범들을 어길 수 있도록 하여야 한다.
⑤ 카리스마의 유효성을 위해 사명의 명백한 성공을 보여주어야 한다.

3 Weber의 카리스마 리더십 이론

Weber는 사람들이 특정한 인물이 지니고 있는 특별한 속성을 목격하고 그 사람에게는 초자연적, 초인적 능력이 있다고 인정할 때 카리스마가 발현된다고 보았으며, 카리스마적 인물은 기존의 확고한 관행에 도전하고 사람들에게 비전을 제시해 줄 수 있는 획기적인 혁신 방안을 지니고 있어서 긴급 상황이나 위기상황에서 비롯된 집단 구성원들의 불안과 동요를 가라앉힐 수 있는 해결책과 직접적인 관련이 있기 때문에 집단구성원들에게 수용된다고 했다.

카리스마 리더십의 근거

카리스마의 개념을 최초로 도입 사용한 Weber는 카리스마를 권한의 유형 중의 하나로 보았다. 그는 법적인 권한의 기반을 세 가지로 구분하여 카리스마적 리더십의 근거를 찾고 있다.

① 카리스마적 권한Authority Based on Charismatic Grounds
② 전통적 권한Authority Based on Traditional Grounds
③ 합리적 권한Authority Based on Rational Grounds

카리스마 리더 특성

카리스마 리더는 항상 숭고한 사명을 내세우며 다른 사람들로 하여금 그를 믿도록 하는 능력이 뛰어나다. 자신이 내세우는 사명과 자신의 운명을 동일시하며 사람들로 하여금 고귀한 사명의 달성을 위해서 자신에 복종하고 따르도록 요구한다. 흔히, 리더의 사명은 조직원들이 간절히 바라는 욕구와 꿈을 내용으로 하고 있는 경우가 많다. Weber에 따르면, 가리스마를 갖는 리더는 이러한 사명을 최우선시 하여 기존의 관행, 법 그리고 전통 등의 모든 가치 체계를 쉽게 무력화시킨다. 리더는 비범한 성과나 사건을 만들어 냄으로써 자신의 카리스마를 추종자들에게 수시로 입증해야 한다. 카리스마 리더십은 추종자들의 인식의 틀 속에서 실제보다 상당히 부풀려진 상태로 존재하는 리더에 대한 이미지다. 그러므로 그들의 능력과 힘에 대한 인식이 소멸하면, 카리스마도 자연스럽게 수명을 다하게 된다. 기적이나 마술에 해당하는 전설적 사건과 이야기들을 적절한 시기에 공급해 줌으로써 그러한 인식을 유지할 수 있게 된다. 뿐만 아니라, 추종자들은 사명을 추구함으로써 얻는 혜택이 있어야 카리스마에 대한 신뢰를 유지한다. Weber에 따르면, 카리스마 리더가 이끄는 집단의 추종자들 중 몇몇은 그들의 리더에 준하는 카리스마를 갖게 된다고 한다. 결국, 이 경우 종교집단 내의 계층처럼 카리스마 리더를 정점으로 나름대로의 질서를 가지게 되며, 이를 Weber는 '카리스마 집단'이라고 칭하고 있다.

4 House의 카리스마 리더십 이론

카리스마 리더 특성

카리스마적 리더는 부하들에게 특유의 카리스마적 영향을 미치는 독특한 방법으로 행동한다. 카리스마적 리더의 개인적 특성으로 지배적이며 자신감에 차 있고 다른 사람들에게 영향을 미치려는 강한 욕망을 가지고 있으며 도덕적 가치에 대한 강한 신념을 지녔다. 카리스마적 리더는 부하들이 받아들이기를 원하는 가치관과 신념의 확실한 역할모델이 된다. 카리스마적 리더는 부하에게 유능한 사람으로 비춰진다. 그들은 도덕성을 함축하고 있는 이념적 목표를 알아들을 수 있도록 분명하게 말한다. 카리스마적 리더는 부하들에게 높은 기대를 표시하고 그 같은 기대에 부응할 수 있는 부하들의 능력에 대한 강한 신뢰를 나타내 보인다. 그리고 부하들 스스로가 해낼 수 있다는 강한 믿음을 갖게 한다. 이러한 행동은 부하들로 하여금 업무에 대한 자신감과 자기 유능감을 증진시키고, 그것은 결국 부하들의 업적 증진으로 이루어진다. 카리스마적 리더는 부하들의 마음속에 내재되어 있는 협력_{제휴}, 권력 또는 자존감 등 과업과 관련된 동기요인을 일깨운다.

카리스마 리더 행동

① 역할 모델링

카리스마 리더는 구성원들이 받아들이기를 원하는 가치관과 신념의 확실한 역할 모델이 된다. 역할모델링Role Modeling은 구성원들이 매진해야 할 가치관과 신념을 전달하는 행위를 의미한다. 구성원들이 리더를 숭상하고 동일시한다면 구성원들은 리더의 가치체계를 모방하고 수용하며 이 과정을 통해 성과를 향상시킨다.

② 이미지 구축

카리스마 리더는 구성원들에게 유능한 사람으로 비추어지도록 행동하고 이를 통해 리더에 대한 신뢰, 충성심, 무조건적 수용, 그리고 자발적 복종 등을 이끌어낸다.

③ 목표의 명확한 제시

카리스마 리더는 도덕성을 내포하고 있는 이념적 목표를 구성원들이 알아들을 수 있도록 분명히 표현한다. 즉, 리더는 미래에 대한 비전을 제시하고 구성원들이 수행해야 할 과업에 의미를 부여하는 등의 행동을 통해 카리스마적 효과를 얻는다.

④ 높은 기대 및 신뢰의 표현

카리스마 리더는 구성원들에게 높은 기대를 표시하고 그 기대에 부응할 수 있는 그들의 능력에 대해 강한 신뢰를 나타내 보인다. 그리고 구성원들 스스로가 해낼 수 있다는 강한 자신감을 갖도록 한다.

⑤ 동기유발 행동

카리스마 리더는 부하들의 마음속에 내재되어 있는 협력, 권력 또는 자존감 등의 과업 관련 동기요인을 자극한다. 경쟁의식과 공격적인 행동을 필요로 하는 과업의 경우 구성원들의 권력 욕구를 자극하고, 복잡한 과업과 도전적인 과업의 경우 성취 욕구를 자극하며, 응집력과 동료 간 협력을 요하는 과업의 경우 친교욕구를 자극한다.

5 Bass의 카리스마 리더십 이론

배스B. M. Bass는 하우스의 이론에 추가적인 선행조건과 리더의 속성, 카리스마적 리더십의 결과를 포함시켜 하우스의 이론을 더욱 확장시켰다. 그는 군이나 업계에 속해 있는 많은 하위자들로부터 얻어 낸 설문조사 결과를 종합하여 카리스마적 리더의 행동패턴을 확인했다. 그에 의하면 부하들 중 일부는 자신의 리더에게 카리스마가 있다고 확신하고 있었으며 그런 리더의 부하들은 자신의 리더가 어떤 장애라도 극복할 수 있는 능력을 지니고 있다고 확신을 갖고 있었다.

그리고 카리스마적 리더는 부하들이 리더의 감정적 호소 및 합리적 호소의 기반이 될 수 있는 규범과 신념, 환상 등을 공유하고 있을 때 출현하며 그러한 카리스마적 리더는 독단성, 융통성, 임기응변, 호소방식 등을 각기 달리 한다고 주장했다. 또한 카리스마적 리더는 조직이 불안상태나 과도기에 놓여있을 때 출현할 가능성이 높으며, 공식적인 권한만으로는 심각한 위기에 대처할 수 없거나 기존의 가치관과 신념이 의문시될 때 카리스마의 출현가능성이 높아진다고 보았다. 따라서 카리스마적 리더십은 성공적으로 운영되고 있는 역사가 오래된 조직보다는 생존을 위해 엄청난 노력을 필요로 하는 신생조직이나 쇠퇴기에 접어든 오래된 조직에서 나타나기 쉽다고 하였다.

6 Conger & Kanungo의 리더십 귀인 이론

귀인Attribution이란 어떤 사람의 행동에 대해 그 원인을 이해하고 찾으려는 것을 의미한다. 귀인이론적 관점에서 카리스마 리더십은 어떤 특정한 상황에서 리더의 행동을 관찰한 구성원들이 만든 귀인현상으로 본다. 즉 구성원들이 귀인의 기초를 형성하는 것이 리더의 행동이기 때문에 구성원들이 카리스마 귀인에 영향을 주는 행동이 곧 카리스마 리더십 행동이다.

♟ 도표 3-3 **Conger & Kanungo의 카리스마와 비카리스마 리더의 행동요소 비교**

행동 요소	카리스마적 리더	비카리스마적 리더
현상에 대한 태도	근본적으로 현 상태에 반대하여 변화시키려고 노력함	근본적으로 현 상태에 동의하고 그것을 유지하려고 함
미래의 목표	현 상태와 크게 차이가 나는 이상적 비전 제시	현 상태와 크게 차이가 나지 않는 목표 제시
호감성	관점과 이상의 비전을 공유함으로써 부하들이 동일시 또는 모방의 대상으로 호감을 갖고 존경하게 함	관점을 공유함으로써 부하들이 호감을 갖게 함
신뢰성	개인적 위협과 비용을 감수하고 사욕 없는 주장	설득하기 위해 사욕 없는 주장
전문성	기존의 질서를 초월하는 관습에 얽매이지 않는 수단을 사용하는데 있어 전문가	기존 질서의 틀 내에서 목표를 달성하는 데 필요한 수단을 사용함에 있어서 전문가 임
행동	비관습적, 반규범적	관습적, 기존규범에 동조
행동 요소	카리스마적 리더	비카리스마적 리더
환경에 대한 민감성	현 상태를 변화시키기 위해 환경에 대한 민감성의 욕구가 높음	현 상태 유지가 목적이므로 환경적 민감성의 욕구가 낮음
명확성	미래비전의 명확한 제시와 리더십 동기가 모두 강함	목표의 정확한 제시와 리더십 동기가 모두 약함
힘의 원천	개인권력(전문성, 존경, 특출한 영웅에 대한 감복)	직위권력과 개인권력(보상, 전문성, 유사한 사람에 대한 호의)
리더 구성원의 관계	• 엘리트주의, 기업가, 모범적 • 급진적 변화를 공유하도록 사람들을 변화시킴	• 행동주의, 합리 추구, 또는 지시적 • 자신의 관점을 공유하도록 부하들에게 명령함

👥 카리스마 리더십 상황

카리스마 리더십은 위기상황이나 구성원들이 긴장감을 심하게 느끼는 상황에서 카리스마 리더가 출현할 가능성이 더 높다. 그러나 Conger & Kanungo는 초기 카리스마 리더십 이론과는 달리 객관적 위기상황을 카리스마 리더십의 필요조건으로 간주하지는 않는다. 즉, 상대적으로 평온한 기간에도 리더는 구성원들에게 현 상황에 대한 불만족을 불러일으키거나 변화의 필요성을 창출하는데 중요한 역할을 한다. 따라서 상대적으로 평온하거나 심리적으로 곤란하지 않은 상황에서도 카리스마의 귀인을 지원하는 리더의 행동은 카리스마 리더의 출현을 촉진시킨다.

7 Shamir의 카리스마 리더십 자아개념 이론

Shamir 1991 는 카리스마적 리더가 추종자들에게 영향을 미쳐 출중한 성과를 내는 데에 작용하는 심리적 과정을 밝히는데 초점을 맞추었다. 카리스마의 자아개념 이론은 네 가지 핵심요소들을 축으로 하고 있다. 개인적 동일화, 사회적 정체성Identity, 내면화, 그리고 자기효능감Self-Efficacy이다 백기복 2000.

① 개인적 동일화

개인적 동일화는 추종자가 자신과 리더를 동일시함으로써 리더가 갖고 있는 화려한 영광을 공유하게 된다. 따라서 추종자는 훌륭한 리더와 함께 한다는 긍지를 갖게 되며 다른 사람들로부터 존경과 부러움을 사고 있다고 믿기에 이른다. 이렇게 되면 리더의 추종자에 대한 영향력은 매우 강력해진다.

② 사회적 정체성 Identity

사회적 정체성의 형성은 개인과 집단 전체의 문제이다. 개인이 특정집단과 동일시하는 것을 의미한다. 카리스마적 리더는 자신의 조직을 다른 조직들과 현격히 차별화시켜 매력적인 정체성을 확립함으로써 사람들로 하여금 같이 참여하고 싶도록 만든다. 즉, 카리스마적 리더십은 근본적으로 집단현상이므로 사회적 정체성의 형성이 중요한 역할을 한다는 것이다.

③ 내면화

카리스마적 리더의 추종자들은 리더의 비전을 자신의 것으로 하고 그가 대변하는 가치관과 이념을 내면화한다. 리더는 항상 현재의 보상보다는 미래의 더 크고 달콤한 보상을 강조한다. 외적인 보상보다는 일과 비전을 성취함으로써 얻게 되는 내적 보상이 중요시 된다. 이렇게 하여 현실적인 외적 보상에 대한 기대를 뛰어넘어 원대한 사명을 내면화하도록 유도한다 백기복, 2000.

④ 자기 효능감 Self-Efficacy

자기 효능감과 집단 효능감을 향상시켜 기대 이상의 성과를 내게 한다. 효능감이란 개인이나 집단이 주어진 과업을 얼마나 잘 수행할 수 있는가에 대한 믿음이다. 카리스마적 리더가 추종자들의 효능감을 향상시키고 그로 말미암아 기대이상의 성과를 낸다는 가설은 몇몇 연구들에서 입증되었다 House & Shamir, 1993.

8 카리스마의 유형 6가지

강력한 카리스마를 발휘하면서도 권위적이지 않은 리더십은 불가능한 것일까? 혹시 우리가 너무 부정적인 리더십의 영향 탓에 진정한 카리스마 리더십을 이해하기도 전에 거부했던 것은 아닐까? 한국 전통의 세계관 중에는 강력한 카리스마에 대한 염원이 있다. 21세기를 살고 있는 신세대도 마찬가지이며 이들의 톡톡 튀는 카리스마가 없다면 어떻게 될까? 카리스마 리더십은 아직 끝나지 않았다. 이제부터 진정한 카리스마 리더십이 요구되고 시작된다고 봐야 할 것이다. 우리는 한국적 상황에 맞는 새로운 카리스마를 탐색하고 카리스마에 대한 바른 이해를 통해 도덕적 가치를 가진 새로운 카리스마의 등장을 기대할 수 있을 것이다.

① 도덕성을 갖춘 카리스마 - 리더의 가장 중요한 덕목

21세기에는 진정으로 자기를 따르는 사람들을 생각하고 그들의 의견을 존중해 주며, 그들의 만족과 성공을 기쁨으로 여기는 도덕적인 카리스마가 반드시 등장할 것이다. 변혁적 리더십의 대명사 번즈는 지도자의 가장 중요한 덕목은 도덕성이며 행동상의 도덕적 가치, 도덕성을 가진 올바른 목적과 가치 그리고 자유로운 대화와 비판을 허용할 수 있는 개방적인 가치관이 변혁적 리더십의 근본이 되어야 한다고 주장했다. 21세기 새로운 경영 리더십의 패러다임을 논하면서 20세기의 기업 경영이 3S -전략Strategy, 구조Structure, 체계System은 통제와 관리를 위한 권위주의적 리더십이었다면, 21세기의 기업 경영은 3P -목적Purpose, 과정Process, 사람People 즉, 목적과 과정 그리고 사람을 중요시 여기는 가치 중심의 리더십이 중요하다. 진정한 도덕적 카리스마를 가진 리더십은 강력한 카리스마가 되어 체험과 삶을 나누기를 원하는 추종자들에게 더없이 큰 영향을 끼치는 가치 중심의 리더십 이 될 수 있다.

② 전문성을 갖춘 카리스마 - 리더에게 꼭 필요한 능력

이제는 능력 없는 지위는 '왕따' 당하는 시대가 되었으며 전문성이 힘이다. 우리는 이것을 '전문성의 권위'라고 부르며, 전문성을 가지고 그 분야에서 아마추어가 아닌 프로가 되었을 때 그것이 바로 우리에게 영향력을 행사할 수 있는 권한을 가져다준다. 그래서 우리가 가지고 있는 지위는 신분사회에서 서열을 가리키는 것이 아니라 우리가 감당해야 할 전문성의 역할로 보아야 하며, 자기 지위에 관계없이 모든 사 람들이 최고 경영자가 된 것처럼 결정을 하며, 그 결정에 책임을 져야 한다.

③ 후계자를 키우는 카리스마 - 리더가 준비하는 비전

한 개인이 마치 구세주인 양 모두를 감당하지 않으면 안 된다는 강박관념에 사로잡혀 엄청난 스트레스와 착각에 빠져 있는 상태인 '메시아 콤플렉스' 군사정권 이후, 한국의 리더십은 모두 이 메시아 콤플렉스를 가진 사람들에 의해 형성되었다. 우리는 어느덧 메시아를 기다리는, 그리고 그 메시아에 의존하는 습관을 통해 자기 발전을 도외시 했다. 이제는 중간 리더들에게 더 많은 힘과 권한을 주는 분산적인 리더십 필요하다. 그러므로 21세기 신 카리스마 리더십은 힘을 나눠주고 남을 키워주는 과정을 통해 더 큰 힘을 가지는 풍성한 공급의 개념이다. '풍성의 개념'을 가진 리더에게 권력은 공기와 같은 것으로, 권력은 얼마든지 있기 때문에 나눠준다고해서 자신의 영향력이 감소하지는 않는다. 도리어 권력을 나눠주고 세워줄 때 더 큰 권한과 영향력이 되돌아온다.

④ 신뢰성을 갖춘 카리스마 - 리더를 가장 돋보이게 하는 모습

지금은 신뢰가 모든 것을 결정하는 시대이며, 신뢰는 곧 사회적 자산이라고 할 수 있다. 진정한 신뢰를 만들 수 있는 카리스마만 새로운 카리스마 리더가 될 수 있다. 지도자의 신뢰가 추종자들에게 자신감이 되어 줄 수 있고, 추종자들의 자신감은 그들의 지도자를 향한 신뢰로 이루어지기 때문이다. 새로운 카리스마의 원천은 두려움이 아니라 바로 신뢰이다. 두려움은 존에 생존에 대한 연민을 갖게 하고 생존을 위해 자기보호에 빠져들게 한다. 그리고 자기보호 과정을 통해 공동체를 망치기도 하고 서로에게 상처를 주어 결국 분열을 초래한다. 그러나 신뢰는 서로 의지 할 수 있는 단합을 가져와 조직의 응집력과 목적을 향한 초점을 증진시켜 주며, 사람들에게 자신감을 심어줌으로써 문제를 지혜롭게 해결하고 성장할 수 있는 발판을 마련한다.

⑤ 팀워크를 갖춘 리더십 - 가장 리더다운 자세

강력한 카리스마 리더가 존재하는 팀워크도 필요하겠지만, 모든 멤버들에게 제왕으로 군림하는 리더십이 아니라 자신의 역할을 제대로 이해하고 원칙에 따라 신뢰를 받을 수 있고, 희생하는 리더로서의 카리스마도 필요하다. 팀 리더의 개념이 너무 약하지 않으며 한사람의 리더가 전체를 제어하는 팀워크도 아닌 강력한 리더에 의한 리더십이 발휘되면서도 원칙에 의한 신뢰가 있고, 그 신뢰와 원칙에 의해 팀이 운영되어야 한다.

⑥ 비전을 갖춘 카리스마 - 리더를 선택하는 최고의 기준

팀 리더십 가운데 가장 중요한 것이 바로 비전이다. 구체적인 비전이 리더십의 가치관과 의사결정에서 원칙으로 강조되며, 말과 행동을 통한 실천적인 헌신이 뒷받침되어야 한다. 새로운 카리스마의 팀 리더십은 확실한 비전의 중요성만큼 선명하고 타당한 대화가 동반되어야 한다. 그것은 리더를 따르는 팀원들에게 그들만이 이해할 수 있는 특유의 감정으로 그들이 보지 못하는 것을 볼 수 있게 만들고 그것을 봄으로써 그들로 하여금 앞으로 나아갈 방향과 목표에 대해 소망을 가지도록 격려 한다.

결론적으로 새로운 카리스마 리더에게 필요한 것은,

첫째, 항상 주어진 상황을 제대로 보는 현실적인 눈을 가지고 있어야 한다.

둘째, 미래를 향한 소망을 가지고 있어야 한다.

셋째, 현실의 필요와 미래의 소망을 적절하게 연결하여 변하지 않으면 안 되는 강한 충동과 신뢰를 팀원들에게 줄 수 있어야 한다.

9 비카리스마 리더와 카리스마 리더

일반적 리더십과 카리스마 리더십에는 어떠한 차이가 있을까? 다음 8가지 요소들을 통해서 알아 보고자 한다.

첫째, 호감도의 차이를 통해 보면, 비카리스마 리더들은 직관력의 공유를 통해 리더에 호감을 보이는 반면, 카리스마 리더들은 직관력의 공유 뿐 아니라 비전의 구 체화를 통해 호감을 갖고 존경받는 영웅을 모방하려고 한다.

두 번째로 신뢰도의 차이를 통해 보면, 비카리스마 리더들은 신뢰도에 대해 설득적 시도 자체에 관심이 없으나, 카리스마 리더들은 개인적 위험과 비용을 지불하면서도 적극적으로 관심을 유도 한다.

세 번째로 현상 유지 관계의 차이를 통해 보면, 비카리스마 리더들은 안정을 추구하며 현상을 유지하기 위해 집중하지만, 카리스마 리더들은 변화의 분위기를 조성함으로 변혁적이고 개혁적인 변화를 시도하고자 한다.

네 번째로 미래 목표의 차이를 통해 보면, 비카리스마 리더들은 안정적 현상 유지로 인한 현재와 큰 차이 없는 제한된 목표를 가진데 반해 카리스마 리더들은 현재와 많은 차이가 있는 맹목적인 변화가 아닌 명료하고 구체적인 비전을 가지고 있다.

다섯 번째로 명료화의 차이를 통해 보면, 비카리스마 리더들은 목표가 불명확하고 현상 유지에 집중함으로 어떠한 일을 추진하겠다는 의욕이 많이 약하지만, 카리스마 리더들은 구체적이고 명확하고 강한 비전을 제시함으로 비전 실현에 대해 강한 추진성을 보인다.

여섯 번째로 경쟁력의 차이를 통해 보면, 비 카리스마 리더들은 기존 질서 내에서 목표를 달성 할 수 있는 수단을 강구함으로 그 자체에 한계성을 가지고 있는데 반해 카리스마 리더들은 현 질서를 초월하는 비전통적인 수단을 강구함으로 비 카리 스마 리더들 보다 더 넓은 경쟁력을 가지고 있다.

일곱 번째로 행동적의 차이를 통해 보면, 비카리스마 리더들은 전통적이고 규범을 준수하며 제한된 틀 안에서 행동을 하지만 카리스마 리더들은 비전통적이고 규범에 대항하며 제한된 틀을 벗어난 비제한적 행동을 함으로 행동의 규약이 없다.

마지막으로 영향력의 차이를 통해 보면, 비카리스마 리더들은 직위와 보상에 기초해서 영향력을 보여주지만, 카리스마 리더들은 직위를 초월해서 자신의 전문성과 리더로서의 존경에 기초해서 영향력을 발휘한다.

10 긍정적 카리스마와 부정적 카리스마

긍정적 카리스마

긍정적 카리스마는 리더가 사회화된 권력지향성을 갖는 경우에 발생한다. 긍정적 카리스마 리더들은 개인적 동일시보다는 가치의 내면화를 강조하며, 부하가 리더에게 헌신하기보다는 이념에 헌신할 것을 강조한다. 이들은 상당한 부분의 권한을 부하들에게 위임하고, 정보를 공개적으로 공유하고, 의사결정에 참여하도록 격려하며, 조직의 미션과 목표에 일치하는 행동을 강화하기 위해 보상을 사용한다.

카리스마의 긍정적 효과로는

- 긍정적 카리스마 리더의 부하들은 심리적 성장을 경험하고 자신의 능력을 개발할 것이며, 조직은 역동적이고, 적대적이거나 경쟁이 치열한 환경에 잘 적응함.
- 긍정적인 카리스마 리더는 성취 지향적 문화, 고성과 체계, 참여 및 가치 지향적 조직을 창조함.
- 모든 계층의 구성원들은 전략을 실행하고 일을 수행하는 방법에 대한 중요한 결정을 내리도록 활력이 부여되어 있고, 의사소통은 개방적이고, 정보가 공유되며, 조 직구조와 시스템은 미션을 지지함.

🎎 부정적 카리스마

부정적 카리스마는 리더가 개인화된 권력지향성을 가지는 경우를 말한다. 이들은 내면화보다는 개인적 동일시를 강조하며, 부하들에게 이상보다는 리더 자신에 헌신할 것을 의도적으로 강조함. 이념을 사용해서 호소할 수도 있지만, 단지 권력을 획득하기 위한 수단으로서만 그렇게 행동한다. 권력을 획득한 후에는 이념을 무시하거나 임의로 변경시켜서 리더의 개인적 목표를 위해 헌신하도록 함. 또한 부하들을 약하게 만들고 리더에게 의존하게 하여 부하들을 지배하고 복종시키고자 한다. 부정적 카리스마 리더가 내린 결정은 부하의 복지보다는 자기미화나 권력유지에 더 많은 관심이 반영된 것이다.

11 카리스마 리더십 사례

🎎 칼리 피오리나 Carly Fiorina

칼리 피오리나는 전 휴렛팩커드의 최고 경영자로 경제분야에서 카리스마적 리더에 속하는 인물로 잘 부합하는 인물이다. 칼리 피오리나는 여성 CEO로서 과학기술의 혁명과 산업구조의 변화, 급속히 진행된 세계화, 세계적인 민주화의 물결에 맞춰서 등장한 여성의 리더십의 한 모델이다. 이런 여성 리더의 조건은 높은 자신감과, 정확한 목표, 도전 정신, 준비된 자세, 제로$_0$에서 시작한다는 마음가짐, 전문가, 적극 적 자세를 들 수 있다. 이런 면에서 칼리피오리나는 효율적인 업무를 위해 부서 통 합을 실시하였으며, 혁신을 강조하면서 하루에 최소 하나의 특허를 만들게 하였다. 이런 업무의 혁신을 통해 회사는 하루 최고 11개의 특허를 신청 할 만큼 높은 효율 성을 보이게 된다.

샤를르 드골 Charles De Gaulle

드골은 드골리즘에 입각해서 자신이 옳다고 믿는 신념이나 정책에 대해서는 절대로 타협하지 않았다. 그는 1940년 영국으로 망명하면서까지 독일과 싸웠으며, 자유 프랑스군과 레지스탕스를 이끌었다. 특히 그는 망명 중에도 프랑스를 복종시키려는 미국과 영국의 전략을 단호히 거절했다. 드골은 '위대한 프랑스' 건설을 위한 프로 젝트를 만들고 강력한 시행을 원했다. 그래서 그는 자신이 국가 중요정책에 대해 국민투표를 실시하는 권한을 갖도록 개헌을 추진했으나 실패하자 1946년 1월 미련 없이 수상직을 버렸다. 하지만 잦은 정변과 알제리 혁명을 기회로 1958년 대통령에 게 강력한 권한을 부여한 제5공화국 드골헌법을 제정, 대통령에 취임하여 프랑스를 이끌었다. 그는 '위대한 프랑스' 건설에 걸림돌이 되는 모든 장애물은 과감히 제거 했다. 드골의 카리스마 리더십은 유럽공동체시장 결성, 세계 네 번째 핵개발, 인공 위성 발사 성공 등 많은 업적을 남겼다. 그러나 그의 장기집권과 강력한 통치에 염 증을 느끼고 있는 가운데 관료주의 병폐 등 심각한 부작용이 발생하여 1968년 5월 대학생과 노동자들이 5월 혁명을 일으켰다. 이들의 시위에 파리에서 900만 명이 참여, 혁명을 성공을 거두는 듯했다. 그러나 드골은 의회를 해산시키고 총선거를 실시, 무정부 상태의 위험성과 무력동원 가능성을 위협하자 국민들은 불안감을 느껴 드골에게 손을 들어주었다. 이에 자신감을 얻은 드골은 정적들을 제거하기 위해 지 방자치제도와 상원개혁안을 마련하여 개헌을 강력히 추진했지만 1969년 4월 국민투 표에서 부결되자 즉시 대통령에서 사임했다.

마하트마 간디_{Mahatma Gandhi}

간디는 대영제국의 기존질서에 대한 비폭력적 저항과 동포애 그리고 자기희생을 역설_{逆說}하면서, 자신의 해박한 법률적 경험과 지식을 포기하고 평범한 농부로서 생활했으며, 단식을 하고 다른 사람들이 제공하는 편의도 거절한 채, 사회저항 운동을 주도하므로, 자기희생의 행동양식을 끊임없이 보여주었다. 이와 같이 고도 역할 원형화가 추종자들의 자아 존중에 큰 영향을 미치므로, 리더를 존경하게 되는 것이다.

마틴 루터 킹 목사_{Martin Luther King Jr.}

미국 흑인 인권 운동의 강력한 리더였던 마틴 루터 킹_{Mari Luther King Jr.}도 흑인 평등의 실현이라는 분명한 로고스를 강렬한 파토스로 승화시킨 연설로 파토스 적 카리스마를 보여준 인물이다. 그의 유명한 연설 "나에게는 꿈이 있습니다_{I have a dream}"에서 나타나듯이 그는 목표와 로고스적 가치를 시각적인 비전으로 승화시 킴으로써 '머리에서 눈과 가슴으로 팔로워들과의 접촉점을 감성화 시킨 리더였다. 음성의 강약과 고조, 시각적 어휘의 사용, 표정, 제스처, 말의 완급, 비전적인 인용 등의 탁월한 실행으로 그는 파토스의 리더십을 가질 수 있었다.

케네디_{John F. Kennedy}

케네디_{John F. Kennedy} 대통령은 "나라가 당신을 위해 무엇을 할 수 있는가를 묻지 말고, 당신이 나라를 위해 무엇을 할 수 있는가를 물어보라."는 연설을 통해 미국민의 인간적 가치관에 호소하였다. 케네디는 1960년 2차 세계대전이 끝난 지 얼마 안 된 시점에서 극심한 불황을 겪고 핵전쟁으로 냉전의 시대를 예감하고 있었 다. 그러나 케네디는 취임 후 미국인과 전 세계인들에게 자유의 확산이란 희망을 제시했고 포괄적이고, 낙관적이며, 그 스스로 비전의 상징이 되는 등 미래의 이상적 인 모습, 즉 비전을 제시하는 데 성공을 이룬다. 위기는 늘 발생하게 마련이고, 일단 발생하면 지도

Chapter 03

현대 리더십 이론

자는 반드시 눈앞에 놓인 주된 과제에 집중해야만 한다. 일단 위기에 어떻게 대처할지 결정했다면 반드시 자신감 있고 단호하게 행동해야 한다. 케네디의 용기, 인내, 냉정함, 결단력이 핵시대의 세 계평화에 가장 큰 위협이 된 사건을 해결했다.

4 인재양성을 위한 슈퍼 리더십과 셀프 리더십

1 슈퍼 리더십의 개요

슈퍼 리더십Super Leadership 이론을 처음 주장한 Manz와 Sims1980는 리더십에 대한 전통적인 개념과는 근본적으로 달리 접근했으며, 슈퍼 리더십은 사람들의 셀프리더십을 자극하고 활성화하는 데에 주요 목표가 있으며, 외부 영향력은 셀프리더십을 이끌어내기 위해 과정상 필요한 것으로 본다. 자기 영향력은 외부 통제나 권위를 위협하는 것이 아니라 높은 성과를 낼 수 있는 중요한 능력으로 간주된다.

자기 밑에 뛰어난 인재가 없다고 말하는 리더를 보게 된다. 성공적인 리더가 되기 위해서는 평범한 사람을 인재로 키울 수 있는 능력이 있어야 하며, 이것이 바로 슈퍼 리더십의 요체이다. 슈퍼 리더십은 리더십에 대한 전통적인 개념과 근본적으로 다르며, 셀프 리더십의 배양과 실행을 자극하고 활성화하는 데에 주요 목표가 있으며, 외부 영향력은 셀프 리더십을 이끌어내기 위해 과정상 필요한 것으로 본다. 자기 영향력을 외부 통제와 권위에 대한 위협이 아니라 높은 성과를 내기 위한 중요한 능력으로 간주하는 리더십이다. 리더는 부하 직원들이 더욱 높은 실적을 올리도록 하고 싶으면 직원들 스스로가 더 많은 업무를 수행할 수 있도록 자율성과 책임을 부여해야 한다.

슈퍼 리더십은 평범한 자기 부하를 Self Leader인재로 키우는 리더이다. 자율관리능력스스로 문제를 파악하고 해결할 수 있는 능력을 배양해 주는 리더이다. 부하직원의 잠재능력이 최대한 발휘될 수 있도록 자극을 주고 스스로 모범을 보이며, 궁극에는 관리가 필요 없는 그러한 수준으로까지 조직의 힘을 키우는 리더이다.

슈퍼 리더십 이론에서 슈퍼리더란 다른 사람들로 하여금 스스로를 리드하도록 이끌어주는 사람이다. 슈퍼리더는 다른 사람들로 하여금 다른 사람들을 도와 마침내 그들이 리더 없이도 자신들 스스로 일할 수 있게 만드는 사람이며, 세계의 무게를 홀로 떠맡지 않고 다른 사람들과 함께 나누는 리더이다Manz & Sims, 2001.

장애를 극복한 헬렌 켈러Helen Adams Keller의 전기에서 헬렌 켈러가 위대했지만 그녀를 그렇게 할 수 있도록 열성적으로 지도했던 앤 설리번Anne Sullivan 선생이 더 위대했다. 피겨 여신 김연아를 창조한 건 엄마박미희이다. 올림픽 피겨 챔피언의 탄생 뒤에는 위대한 모정이 있었다. 어린 김연아가 재능을 보여 본격적으로 피겨 스케이팅을 시작한 이후 그녀의 엄마는 자기 인생을 모두 딸에게 바쳤다. 고된 훈련동안 엄마는 딸의 곁을 떠나지 않았다. 딸의 운전기사 역할은 물론 김연아가 게으름을 부리면 사정없이 질책하는 매서운 코치가 되기도 했다.

♟ 도표 3-4 전통적인 리더와 슈퍼 리더의 행동상의 차이점

전통적인 리더의 행동들	슈퍼 리더의 행동들
• 목표를 강조한다.	• 자기 강화를 격려한다.
• 팀들을 감독하고 정보를 제공하며 해결방법을 제시한다. • 문제를 일일이 꼬집어 말한다.	• 자기 관찰 및 평가, 자기기대, 자기목표 설정을 격려한다. • 리허설을 격려한다.
• 영향력을 행사한다. • 대화를 자주한다.	• 자기비판을 격려한다.

자료: Manz & Sims, 1989.

👥 슈퍼 리더십의 효과

슈퍼 리더십의 효과로는 종업원의 열의와 동기, 능력으로부터 얻어지는 성과의 향상과 혁신성의 증가를 들 수 있다. 슈퍼 리더십이 현대의 각 기업에서 뛰어난 종업원들셀프 리더들을 배출하기 위한 가장 실행 가능한 메커니즘을 제공한다고 믿는다면 진정한 탁월함은 각 개인 내부에서 작용하는 셀프 리더십 시스템을 촉진함으로써, 즉 각 개인으로 하여금 잠재력을 이끌어내도록 자극함으로써 성취될 수 있다. 종업원의 순종만으로는 부족하다. 다른 사람들로 하여금 스스로를 리드하도록 이끌어 주는 것이야말로 활기, 창의성, 열정, 그리고 무엇보다도 개개인의 고유의 무한한 잠재력을 발굴하기 위한 열쇠이다. 어떤 경영자, 혹은 어떤 야망을 가진 슈퍼리더도 자신을 둘러싸고 있는 사람들의 뛰어난 능력을 키워주는 것 이상의 좋은 전략을 발견할 수 없을 것이다. 슈퍼 리더십이란 바로 종업원의 상상을 초월할 정도의 뛰어난 능력을 발굴해 내는 것을 의미한다.

2 슈퍼 리더십의 제반 요소

Manz와 Sims[1991]는 슈퍼 리더십을 달성하기 위해 단계별로

① 셀프리더가 되어라
② 셀프 리더십의 모델이 되어라
③ 자신의 목표를 설정하게 하라
④ 긍정적인 사고를 하게하라
⑤ 보상과 건설적 질책을 통해 셀프 리더십을 개발하라
⑥ 팀워크를 통해 셀프 리더십을 증진시켜라
⑦ 마지막으로 셀프 리더십 문화를 촉진하라

는 7단계 과정을 소개하였다. 아래 그림은 슈퍼 리더십 달성을 위한 7단계를 셀프 리더십을 중심으로 각 요소들을 하나의 틀 속에 넣은 것이다. 슈퍼 리더십의 각 요소는 슈퍼리더가 셀프리더를 육성하고 그렇게 육성된 셀프리더는 다시 슈퍼리더가 되는 것이다. 이의 효과는 슈퍼리더가 되면 또 다른 셀프리더를 만들어 냄으로써 부하의 조직몰입과 동기유발, 능력을 증대시킴으로써 업무 성과를 높이고 혁신을 이끌 수 있는 조직으로 발전해 나간다는 것을 보여준다.

도표 3-5 **슈퍼 리더십 모델**

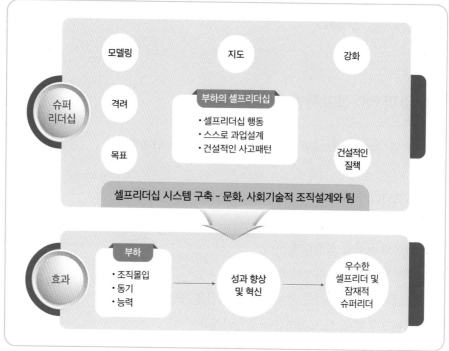

자료: Manz & Sims, 1989

① 모델링

모델링은 슈퍼 리더십의 첫째이자 여러 면에서 가장 중요한 단계이다. 관리자는 다른 사람들을 성공적으로 리드할 수 있기를 기대하기 전에 자기 자신부터 효율적으로 리드하는 방법을 배워야 한다. 결국 리더 자신의 셀프 리더십 행동이 다른 사람들에게 효과적인 영향력을 미칠 수 있는 강력한 모델이 되는 것이다.

② 목표 설정

부하의 셀프 리더십 발현을 위해 목표설정 역시 중요한데 목표 설정은 성과 목표뿐만 아니라, 독창성, 책임 의식, 자율적인 동기부여 및 지시를 지향하는 목표 또한 슈퍼리더십의 중요한 요소이다. 이 목표는 도전할 만하면서도 성취가능하고, 부하들에게 구체적이면서 의미 있는 것으로 설정되어야 한다.

③ 격려와 지도

효율적인 셀프 리더십 발휘를 위해서는 격려와 지도를 필요로 한다. 리더는 부하들의 독창성과 자율성을 격려하고 확신시켜야 한다. 따라서 셀프 리더십 기술을 발전시키도록 지도하고 돕는 것이 리더의 역할이다.

④ 보상과 질책

슈퍼리더는 보상과 질책을 능숙하게 이용할 수 있어야 한다. 부하들이 독창성을 발휘하거나 자기설정 목표, 자기관찰, 자기보상 등과 같은 셀프 리더십 전략들을 효율적으로 이용했을 때는 적절한 보상이 주어져야 한다. 특히 셀프리더로 발전시키려는 목표와 균형을 이루어야 한다.

3 슈퍼리더의 3가지 역할

① 슈퍼리더는 스스로 훌륭한 셀프리더의 모델이 되어야 한다.

슈퍼리더가 효과적인 셀프 리더십을 보이게 되면 하급자들은 그들을 자신의 모델로 생각하고 관찰과 실습을 통해서 그것을 터득하게 된다. 이를 위해서 리더는 자기개발을 통해 자질과 능력을 개발하여 부하들로부터 인정받고 신뢰받는 리더가 되어야 한다.

② 리더 자신이 셀프리더가 되는 것과 함께 부하들을 셀프리더로 만들어야 한다.

이를 위해서는 부하들 스스로 목표를 설정하게 하여 목표 달성에 대한 의욕과 책임의식을 심어 주어야 한다. 그러나 부하가 목표 수행에 필요한 능력이 없으면 자율적인 목표 설정은 물론 이를 자율적으로 통제할 수 없다. 따라서 부하들을 셀프리더로 만들기 위해서는 부하들의 능력의 육성 및 개발이 특히 중요하다. 하급자들은 효과적인 셀프 리더십을 시도하는 단계에서 슈퍼리더의 안내Guidance와 격려를 필요로 한다. 슈퍼리더는 하급자가 스스로 과업에 대한 방향을 설정하며 개선방안을 고안해내고 과업을 재설계할 수 있는 역량을 갖추도록 유도해야 한다.

♟ 도표 3-6 **슈퍼리더의 3가지 역할**

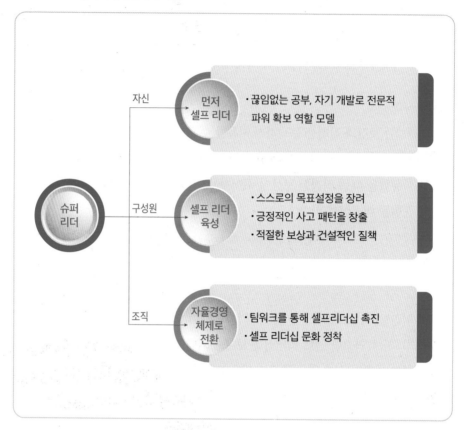

자료: 최호승(2004) 「교사의 슈퍼·셀프 리더십과 학생의 자기주도적 학습 간의 관계에 관한 연구」 공주대학교 교육대학원 논문 재수정; 김정희(2009))

③ 집단을 부하들의 자발적 활동을 격려하고 자극할 수 있는 자율적인 운영체제로 전환시키는 변화담당자로서의 역할이 필요하다.

조직구성원들이 자발적 리더가 되고자 하지만 조직의 문화나 사회-기술 시스템, 조직구조상의 권한관계, 자원공급 등의 조직체계가 이러한 성향을 용인하지 않는다면 조직 구성원들의 자발적 리더십은 현실화되기 어렵다. 따라서 이러한 자율적인 풍토를 용인할 뿐만 아니라 이를 고무하는 조직내부의 여건 조성이 필요하다.

4 셀프 리더십의 개요

월마트 샘 월튼(Sam Waiton) 회장은 늘
"우리 일은 전적으로 인간 사업이다."며
"우리는 우리 모두가 잠재력을 최대한 실현할 때까지
서로 나누고, 보살피고, 동기를 부여하고, 감사하고,
봉사함으로써 서로를 북돋아야 한다."고 말했다.
그는 또 "성공의 열쇠는 매장에 들어가서 직원들의 얘기를
들어보는 것이다."고 강조하며 현장의 목소리에 귀를 기울였다.
월마트에서는 '직원(Employee)'이라는 용어대신
'동료(Associate)'라는 단어를 사용한다.
직원들에게 우리는 한 가족이라고 떳떳하게 말할 수 있도록
솔선수범의 셀프 리더십을 발휘하며 자기경영을 해온 것이다.

- 월마트 샘 월튼(Sam Walton) 회장 -

셀프 리더십은 참여와 Empowerment를 넘어서는 개념이며 Self-Management를 포함하는 개념이다. 셀프 리더십은 자신을 변화시키고 기준을 평가할 수 있게 하며 조직이 무엇을 해야 하고, 왜 해야 하며 또 그것을 어떻게 할 것인지를 알 수 있게 해준다. 셀프 리더십은 "스스로 자기 자신에게 영향을 미치기 위해, 즉 자기 영향력을 행사하기 위해 사용되는 행위 및 인지전략을 통틀어서 일컫는다C.Manz & P.Sims." 즉, 사람들로 하여금 높은 성과를 올리도록 이끌어주는 자율적인 힘을 셀프리더십이라고 한다.

- Manz1986 : 셀프 리더십이란 자아 발견과 자기만족을 향한 여행이고, 스스로에게 영향력을 행사하는 방법이며, 자기효능감을 위한 기술이고, 행동 통제의 기초이며, 자아완성의 학습 과정이라고 정의 하였다.
- Manz & Sims1995 : 셀프 리더십은 스스로 자기 자신에게 영향을 미치기 위해, 즉 자기 영향력을 행사하기 위해 사용되는 행위 전략 및 인지전략을 통틀어서 일컫는다고 했다.

- Neck, Stewat & Manz[1995] : 셀프 리더십이란 과업수행에 필요한 자기지시와 자기 동기 부여를 고양시키기 위해 스스로에게 영향력을 행사하는 과정이다.

♟ 도표 3-7 **전통적 관리기능과 셀프 리더십의 차이**

전통적 관리기능	셀프 리더십
외부관찰	자기관찰
주어진 목표	자기설정 목표
과업 수행에 대한 외부 강화	셀프 리더십 행동에 대한 자기강화와 외부강화
외부 보상에 의거한 열의	일 자체의 자연적 보상에 근거한 열의
자기로부터의 비판	자기비판
외부로부터의 문제해결	스스로의 문제해결
외부로부터의 직무할당	스스로의 직무할당
외부로부터의 과업계획	스스로의 과업계획
부정적 관점	긍정적 관점
조직의 비전에 의존	조직구성원이 함께 창조한 비전에 헌신

자료: Charles C. Manz & Herry P. Sims, Jr, *Super Leadership ; Leading Others to Lead Themselves*, New York : Berkley Books, 1980)

5 셀프 리더십의 중요성

기업교육에서 셀프 리더십과 Fun 경영에 관심이 많다. '셀프 리더십'이란 자기 스스로 자신의 인생의 방향을 설정하고 자신에게 주어진 일에 최선을 다하는 자기경영 마인드이다. 최근 기업이나 대학에서 자기계발에 대한 관심과 필요성이 높아지면서 '셀프 리더십'이란 말을 많이 사용하고 있다. 자신을 바꿈으로써 다른 사람도 변화하게 할 수 있다는 셀프 리더십은 사실 매우 중요한 개념인 것이다. 지구상에 성공한 사람들을 관찰해 보면 그들이 셀프 리더십을 실천해왔다는 것을 알 수 있다. '셀프 리더십'이란 스스로 자기 자신에게 영향을 미치기 위해, 즉 자기 영향력을 행사하기 위해 사용되는 사고 및 행동전략을 통틀어 일컫는다. 즉, 리더가 상대방에게 영향을 미치는 것에 관련된 일반적 리더십과는 달리 한 개인이 자기 자신에게 스스로 영향을 미치며 리드하기 위해 취하는 행동으로서, 책임 있는 행동이라고도 할 수 있다. 즉, 자율과 책임이 주어질 때 셀프리더가 될 사람들이 스스로 책임지고 행하는 독특한 행동이 바로 셀프 리더십인 것이다.

일본에는 '코이Koi'라는 잉어가 있다. 일본인들이 관상용으로 즐겨 기르는 이 물고기는 작은 어항에 넣어두면 5~8cm 정도 밖에 자라지 않지만, 연못에 넣어두면 15~25cm까지 자란다고 한다. 하지만 더 놀라운 사실은 커다란 강물에 풀어 주면 90cm~1.2m 이상 자란다. 코이는 자기가 숨쉬고 활동하는 세계의 크기에 따라 피라미가 될 수 있고 대어가 되기도 한다. '꿈'은 코이가 자라는 환경과도 같다. 어떤 크기의 꿈을 꾸느냐에 따라 미래는 달라질 수 있다. '코이'의 크기를 결정하는 것은 환경이지만 스스로 어떠한 환경을 선택할 것인지를 결정하는 것은 '우리 자신'이다. 따라서 셀프 리더십은 자신 스스로를 리드해 가도록 하는 것이며, 무엇보다도 자율이 강조되고 있다. 이러한 자율에 의한 자발적 참여를 이끌어 내는 것이야 말로 최근 기업들이 지속적인 경쟁력 확보를 위해 가장 중요하게 생각하고 이를 위해 많은 노력을 기울이고 있다. 이는 조직구성원을 지속적인 가치개혁에 적극적으로 동참시키는 것이야 말로 경쟁력 확보를 위해 필수적이라는 것을 인식하기 때문이다. 많은 기업들에게 팀제를 앞 다투어 도입하고 있는 현상은 바로 자율팀의 근원적인 가치를 잘 이해하고 있는 데서 나타난 것으로 볼 수 있다. 자율팀은 구성원의 자율성과 자발성을 강조하는 오늘날의 작업환경의 방향과 부합된다. 조직 구성원에게 활력을 불러일으키는 일이야말로 조직의 경쟁우위 확보의 필수요건이며, 자율팀은 그 가치가 입증된 가장 강력한 임파워먼트 전략의 하나이다.

셀프 리더십에서 말하는 통제는 궁극적으로는 구성원 스스로가 자신에게 부과하는 자율통제이다. 통제가 어디로부터 나오든 그 효과는 전적으로 구성원들의 평가와 수용 여부, 그리고 의욕에 달려 있기 때문이다. 조직이 구성원들에게 부여하는 목표와 평가, 보상 등의 요소를 구성원 자신이 자율적으로 설정한다. 구성원들은 스스로 실행 목표를 설정하고, 자기 평가에 따라 적극적으로 아니면 소극적으로 반응한다. 즉, 구성원에 대한 모든 통제는 궁극적으로 자율 통제라는 것이다. 과거 조직에서 행하는 통제의 전형적인 특징은 구성원의 '자아Self'를 중요시하지 않았다는 점이다. 따라서 만족스러운 효과를 얻으려면 리더는 사람들이 스스로에게 영향을 미치는 방법을 파악해서 그것을 효과적으로 활용해 나가야 한다.

6 셀프 리더십 전략

행위전략

"스스로 깨면 병아리요 남이 깨면 후라이다."라는 말이 있듯이 스스로 동기부여할 수 있도록 자신의 틀을 개발하는 것은 중요하다. 다른 사람들을 효과적으로 이끌려면 자신을 먼저 이끌 줄 알아야 한다. 셀프리더십의 첫 번째 전략은 행위에 초점을 맞춘 전략으로서 관리자와 부하들이 어렵고 내키지 않는 그러나 반드시 해야 하는 과업을 수행함에 있어 스스로를 리드하도록 돕는 것이다. 행위전략에는 자기 목표설정, 리허설, 자기관찰, 자기보상, 자기처벌, 단서端緒관리가 있다.

① 자기 목표설정 Self-Goalset Up

자기 스스로 목표를 설정하는 것은 자기 자신의 일의 결과에 대한 목표를 세우고 이들의 우선순위를 정하고 자기지시Self-Direction를 행하는 행위를 말한다. 체계적이고 의도적으로 설정한 목표만이 행동에 직접적이고 긍정적인 영향을 줄 수 있다. 실제로 1953년 미국의 예일대학교 학생들을 상대로 인생목표에 관한 설문조사를 실시해 타임캡슐에 넣었다가 30년이 지난 다음에 개봉해 보았더니 상류층3%은 문서화된 목표관리가 있었고, 중산층10%은 마음속으로 한 목표관리만 있었다. 그러나 서민층60%과 빈민층27%은 목표가 없었다. 이는 목표설정이 얼마나 중요한지를 잘 설명해 준다. 우리는 목적에 이르기 위한 목표를 설정하기 전에 우리가 원하는 것이 무엇인지 철저한 자기분석을 해야 한다. 목표가 구체적이고 도전적일 때 더욱 효과적으로 자신의 행동을 관리할 수 있다.

② 리허설 Rehearsal

리허설은 어떤 일을 실행하기에 앞서 깊이 생각하고 중요한 부분을 미리 연습하는 태도는 업무수행에 도움이 된다. 실제로 업무를 수행하기 전에 작업 활동에 대한 신체적이며 정신적인 예행연습을 함으로써 업무 수행의 성공률과 효과성을 높이는 행위를 말한다.

③ 자기관찰 Self-Observation

자기관찰은 자신의 업무 수행 결과 자신의 업무가 잘 되었는지에 관한 정보를 수집하고 관찰하여 자신의 업무활동의 효율성을 높이기 위해 바꿔야 할 것 들을 스스로 평가하고 무엇을 어떻게 바꿔야 하는지에 대한 단서를 스스로 발견하는 행위이다.

④ 자기보상 Self-Reward

자기보상은 바람직한 행동을 완수했을 때 개인적으로 가치 있는 보상을 자기자신에게 제공함으로써 일할 의욕을 북돋고 차후 행동을 선택하는데 중요한 영향을 미치는 행위로 자기 스스로에게 부여하는 내적보상은 조직이나 다른 사람들로부터 받는 외적보상 못지않게 중요하다.

⑤ 자기처벌 Self-Punishment

자기처벌은 바람직하지 못한 방법으로 행동했을 때 자신에게 일정한 징계나 비판을 가함으로써 실수를 반복하거나 습관적인 실패에 빠지지 않도록 하는데 도움을 주는 행위이다. 이와 같이 부적절한 방식으로 행동하거나 자신을 변화시키기 이전의 행동으로 되돌아갔을 때 자기 처벌을 사용하지만 지나친 자기비판이나 처벌은 의욕을 저하시키는 행위 전략으로 조심해야 한다.

⑥ 단서관리 Cue-Management

단서관리는 자신이 하고자 하는 바람직한 행동을 장려하고 그렇지 못한 행동을 억제하도록 단서가 될 만한 것들을 작업장 주위에 설치하거나 작업장을 변경하는 행위이다.

인지전략

인지전략에서는 건설적인 사고 패턴의 관리와 이것이 행동에 미치는 영향을 다룬다. 셀프 리더십의 인지전략은 서로 밀접하게 연관된 두 부분으로 나누어 살펴볼 수 있다. 첫 번째 인지전략은 과업 자체에서 자연적 보상Natural Rewards을 통한 자기존중을 추구하는 것이다. 이는 내적 보상전략으로 구체적인 전략으로 자율적 과업재설계와 환경여건 재설계가 있다. 두 번째 전략은 건설적 사고패턴을 확립하는 것이다. 결국 셀프 리더십의 인지전략은 자신의 일에서 생각의 초점을 관리하여 자연적 보상 측면을 생각해서 일의 즐거운 측면에 생각을 집중하고 어떠한 장애 요인에 집착하기 보다는 기회 요인을 찾음으로써 건설적으로 사고하도록 관리하는 자기 존중을 하게 된다.

① 자율적 과업재설계

자율적 과업재설계는 자신의 일에서 직무의 내적보상 수준을 높이기 위해 무엇을 어떻게 할 것인가를 스스로 재설계한다. 종업원의 자율적 행동은 유능감, 자기통제감, 목적의식과 의무감을 가져다주는 활동에서 초래된다. 자신의 일에서 생각의 초점을 관리함으로써 자율통제를 할 수 있다고 생각하는 자기존중 행위이다.

② 환경여건 재설계

환경여건 재설계는 인접한 업무환경에서 오는 내적 보상을 증진하기 위해 업무환경을 재설계하거나 작업의 시간과 장소를 변경하는 것으로, 숨막힐 듯한 회의실이 아니라 쾌적하고 즐거운 환경에서 회의를 열거나 작업시간이나 일정계획을 변경하는 등의 행위이다.

③ 건설적 사고패턴 확립

건설적이고 효과적인 습관 또는 사고유형을 확립하는 행위로 장애요인에 집착하기 보다는 기회요인을 찾음으로써 건설적으로 사고하도록 관리하는 것으로 신념과 가정Belief & Assumption, 정신적 상상Mental Imagery, 자기대화Internal Self-Talk 등을 사용한다.

Super Leader가 되기 위해서는 리더 자신이 우선
Self Leader가 되어야 한다. 따라서 비록 개념상으로는
'Empowering Leader = Self Leader + Super Leader'이지만 실제상 내용으로는
'Empowering Leader = Super Leader'이다.

7 슈퍼 리더십과 셀프 리더십의 관계

자기업무를 시작하는 순간부터 완전한 셀프 리더십을 발휘하는 사람은 없다. 따라서 슈퍼리더가 효과적인 절차를 통하여 셀프 리더십을 학습시키는 것이 중요하다. 셀프 리더십은 학습을 통해서 얻어져야 하기 때문이다.

도표 3-8 슈퍼 리더십과 셀프 리더십 비교

셀프 리더십	슈퍼 리더십
자기 자신의 변화	다른 사람들의 변화
자신들에게 영향을 미치기 위해 사용하는 행동과 사고방식에 초점	부하들의 기술, 자신감 특히 지식과 정보를 갖도록 하여 그들에게 자율권을 부여하는데 초점
외부적 통제나 권한에 대한 위협이라기보다는 높은 업적을 성취하기 위한 자유방임적인 효과적 노력	자유방임이 아닌 다른 사람들이 스스로 자신들을 지휘하도록 고무하는 적극적인 리더십

슈퍼리더가 부하의 셀프리더십을 학습시키는 절차는 7단계로 나뉘어진다. 이 7가지 단계를 살펴보면 다음과 같다.

① 1단계 : 스스로 셀프리더가 되는 것

다른 사람에게 셀프 리더십을 교육시키는 첫 단계는 자기가 먼저 셀프리더십을 실천하여 셀프리더가 되는 것이다. 이것은 셀프 리더십의 행동 및 인지전략을 실천함을 뜻한다.

② 2단계 : 셀프 리더십의 모델링이 되는 것

모델링이란 ⓐ 주의Attention, ⓑ 기억Retention, ⓒ 행동화Behavior Re-Production, ⓓ 동기부여Motivation의 4가지 단계로 이루어진 복잡한 단계다. 즉, 세상의 수많은 잠재적인 모델 중에 특정한 모델을 선택해서 주의Attention를 집중하고 관찰한다. 일단 관찰하고 나면 기억Retention을 위해 반복하거나 연습한다. 이러한 기억은 유사한 상황에서 기억된 행동Behavior을 실제로 할 수 있게 한다. 또한 모델행동은 정확히 기억하고 또 효과적으로 행할 수 있는 준비가 되어있다고 해도 동기Motivation가 부여되지 않으면 행동은 일어나지 않는다. 따라서 이 네 단계가 이루어질 때 모델링이 이루어지는 것이다.

③ 3단계 : 스스로 목표를 설정하도록 유도한다.

슈퍼 리더십에 있어서 매우 중요한 점은 종업원들이 개인적인 발전목표를 작성하도록 격려하는 것이다. 방법으로는

첫째, 리더가 목표를 세우는 모습을 보이거나 목표설정의 훌륭한 모델을 종업원에게 제시한다.

둘째, 종업원이 목표설정에 참여토록 유도한다. 목표설정에의 참여는 관리자의 참여와 종업원의 참여가 서로 조화를 이루어서 진행되어야 한다.

셋째, 종업원 자신이 목표로 하는 셀프 리더십 기술이 무엇인지 알도록 한다. 이런 과정에서 종업원은 종종 실수를 한다. 이 실수를 인정해 줄줄 알고 실수를 학습의 기회로 삼게 하는 것이 슈퍼리더의 역할이다.

④ 4단계 : 긍정적 사고유형을 창조한다.

이것에 대해서는 앞서 셀프 리더십의 인지전략에서 언급한 바 있다. 슈퍼리더는 종업원이 현재의 수준보다 더욱 능력을 발휘할 수 있다고 믿음을 표현함으로써 긍정적인 사고유형을 만들어 낼 수 있고 종업원의 셀프 리더십을 개발할 수 있다.

⑤ 5단계 : 보상과 건설적인 질책을 통한 셀프 리더십 개발

슈퍼리더가 종업원의 셀프 리더십을 발전시키기 위해 이용할 수 있는 가장 유력한 전략은 보상과 강화이다. 슈퍼리더로서 보상을 하는 방법은

첫째, 보상의 적절성이다. 즉, 칭찬 받을만 할 때 칭찬해야지 목표행동이 성취되지 못했을 때 칭찬은 바람직한 행동이 강화되지 않는다.

둘째, 보상의 신속성이다. 목표행동이 실행된 후 즉시 보상되어야 효과가 크다 Buchholz S. 1985.

셋째, 개개인에 따라 양과 크기도 조절되어야 한다.

넷째, 종업원이 결핍된 상태에 있을 때, 보상의 효과가 커진다. 보상은 말을 통한 보상, 물질적인 보상, 일의 조건을 개선해 주는 보상 등이 있다.

한편으로는 외재적인 보상과 내재적인 보상으로도 구분한다. 슈퍼 리더십은 '말을 통한 보상'이나 '자기 일속에서 자기 스스로 보상을 얻도록 하는 자연적인 보상, 즉 내재적인 보상'을 받도록 유도하고 격려하는 것이 중요하다.

⑥ 6단계 : 팀워크를 통한 셀프 리더십 조장

슈퍼리더는 자율개념의 확산을 조장하고 스스로 팀을 운영해 갈 수 있는 임파워먼트가 확산되도록 노력해야 한다.

⑦ 7단계 : 셀프 리더십 문화 촉진

슈퍼리더십이 최선의 결과를 이끌어내어 조직 전체의 셀프 리더십을 격려하고 지지, 강화하기 위해서는 총체적인 조직 환경을 설계하는 것이다. 따라서 슈퍼리더는 총체적인 조직 환경, 즉 긍정적인 조직문화를 창출해야 한다.

5　끝없는 사랑의 서번트 리더십

"전생애를 통한 나의 기업 활동에서 배우고 확인할 수 있었던 것은 기업의 존립기반은 국가이며, 따라서 기업은 국가와 사회발전에 공헌해야 한다는 점이다.
그래서 나는 지난 40여 년간 '사업보국'을 주창해 왔다.
나는 인간사회에서 최고의 미덕은 '봉사'라고 생각한다.
인간에게는 이것 이상으로 의의와 가치를 지니는 것이
없고, 삶의 목표로서 이토록 숭고한 것도 없을 것이다.
따라서 인간이 경영하는 기업의 사명도 의심할
여지없이 국가, 국민 그리고 인류에 대하여
봉사하는 것이어야 한다."

- 삼성을 키운 힘, 고(故) 이병철 회장 -

　눈을 뜨자마자 아침이면 수많은 사람들이 자신의 직장으로 출근길에 오른다. 그리고 해질 무렵이면 여지없이 피곤한 육체와 영혼을 이끌고 집으로 돌아간다. 사람들은 이처럼 자기 인생의 75% 이상의 시간을 직장을 위해 정열을 쏟아 붓고 있는 것이다. 직장은 그들의 삶의 터전인 동시에 한 인간으로서 자신의 가능성과 잠재력을 실현해 가는 곳이기도 하다. 그렇다면 사람들은 어떤 마음으로 자신의 직장을 향하여 발걸음을 옮기는 것일까? 직장에서 그들은 자신의 상사와 경영진에 대한 신뢰를 가슴에 안고 일을 하고 있을까? 아니면 오늘도 어쩔 수 없는 심정으로 자신의 일터인 직장을 향해 무거운 발걸음을 옮기고 있는 것일까?

1　서번트 리더

　서번트 리더Servant Leader의 최대 관심사항은 리더로서 자신이 어떻게 부하들을 서빙할 때 그들의 효율이 가장 높을 것인가에 있다. 그래서 먼저 다른 사람들의 성장욕구가 무엇인지를 살피고 그 욕구를 최대한 실현시킬 수 있는 업무환경을 조성해준다. 이러한 과정을 통해 조직의 목표달성은 물론 부하들의 개인적인 성장에도 많은 관심을 보이며 지원한다. 이처럼 조직의 과업달성과 조직 구성원 간의 관계유지라는 두 개념을 리더의 서비스 행위에 하나로 통합시킨 개념이 서번트 리더십이다. 조직 구성원들의 성장과 발전을 지원하는 가운데 조직의 목표를 달성해 가는 것이 서번트 리더인 것이다. 서번트 리더십은 1977년 AT&T에서 경영관련 교육과 연구를 담당했던 로버트 그린리프Robert K. Greenleaf가 처음 제시했다. 그러나 별다른 주목을 받지 못하다가 1996년 4월 미국의 경영학자들이 관심을 갖게 되었다. 그린리프에 따르면, 서번트 리더십은 "타인을 위한 봉사에 초점을 두며 종업원, 고객 및 커뮤니티를 우선으로 여기고 그들의 욕구를 만족시키기 위해 헌신하는 리더십"이라 정의했다. 그는 서번트 리더십의 기본 아이디어를 헤르만 헤세의 작품인 '동방으로의 여행Journey to the East으로부터 얻었다고 한다. 소설내용은 여러 사람이 여행을 하는데 그들의 '허드렛일'을 하는 '레오Leo'라는 인물에 초점을 맞추고 있다. 레오는 특이한 존재로서 여행 중에 모든 '허드렛일'을 맡아서 하던 레오가 사라지기 전까지 모든 일은 잘 되어가고 즐거웠지만, 레오가 사라지자 여행하던 일행들은 혼돈에 빠지고 흩어져서 결국 여행은 중단되었다. 그들은 충직한 심부름꾼이었던 레오 없이는 여행을 계속할 수 없었던 것이다. 사람들은 레오가 없어진 뒤에야 그가 없으면 아무것도 할 수 없다는 사실을 깨달은 것이다. 그러나 일행 중 한사람은 몇 년을 찾아 헤맨 끝에 레오를 만나서 여행을 후원한 교단으로 함께 가게 되었다. 거기서 그는 그저 심부름꾼으로만 알았던 레오가 그 교단의 책임자인 동시에 정신적 지도자이며 훌륭한 리더라는 것을 알게 되었다. 이때 바로 레오는 '서번트 리더'의 전형적인 모델이라고 생각한 것이다.

2 서번트 리더십의 특징

서번트 리더십은 몇 가지 특징을 가지고 있는데,

첫째, 지원 및 코칭을 들 수 있다. 서번트 리더는 자신의 존재를 다른 사람을 이끄는 존재가 아니라 다른 사람들이 업무를 잘 수행할 수 있도록 서비스를 제공하거나 지원하는 사람이다. 목표를 제시하고 결과를 평가하는 것이 아니라 목표달성 과정에서 발생한 장애요인을 제거하고 목표달성에 필요한 지원 및 코칭을 통해 함께 노력하고 지원해 가는 것이다.

둘째, 신뢰이다. 서번트 리더는 업무와 관련하여 부하들의 판단을 존중하고 부하들의 능력을 믿으며 상하간의 열린 커뮤니케이션을 위하여 진실성을 일관되게 보임으로써 부하들로부터 신뢰를 획득해나간다.

셋째, 가장 중요한 자원은 사람이라는 것이다. 서번트 리더는 사람의 가치를 가장 우선시하기 때문에 부하들을 위해 노력하며 봉사한다. 부하 개개인을 소중하고 가치 있는 존재로 인식하기 때문에 이들이 성공하고 성장할 수 있도록 자신의 시간과 노력을 투자하는 것이다.

마지막, 커뮤니티 형성을 들 수 있다. 서번트 리더는 팀 성과를 중요시하기 때문에 개인의 경쟁심을 부추기기 보다는 커뮤니티 형성을 통한 구성원들 간의 협력을 추구한다. 구성원들이 서로의 관심사항과 공동목표를 서로 공유하도록 배려와 협력을 바탕으로 공동체 의식을 강화시켜 팀웍의 시너지를 만들어 낸다.

실제로 경영학계에서는 서번트 리더십이라는 주제가 최근 리더십 관련 문헌에 자주 다루어지고 있다. 3M, 인텔, HP 등을 비롯하여 많은 기업들이 교육훈련 프로그램에 서번트 리더십 워크숍을 포함시키고 있다. 서번트 리더십은 그린리프 연구센터 소장인 '스피어즈Spears'는 다음과 같이 '서번트 리더의 특성'을 제시하였다.

① 경청Listening : 경청은 부하에 대한 존중과 수용적인 태도로 이해하는 것이다. 리더는 적극적이고 능동적인 경청을 해야 부하가 바라는 욕구를 명확히 알 수 있다.

② 공감Empathy : 공감이란 차원 높은 이해심이라고 할 수 있는데 리더는 부하의 감정을 이해하고 부하가 필요한 것이 무엇인가를 알아내고 리드해야 한다.

③ 치유Healing : 치유는 리더가 부하들을 이끌어가면서 보살펴 주어야 할 문제가 있는 가를 살피는 것이다.

④ 스튜어드십Stewardship : 서번트 리더는 부하들을 위해 자원을 관리하고 봉사해야 한다.

⑤ 부하의 성장을 위한 노력Commitment to the Growth of People : 리더는 부하들의 개인적 성장, 정신적 성숙, 전문분야에서의 발전을 위한 기회와 자원을 제공해야 한다.

⑥ 공동체 형성Building Community : 리더는 조직구성원들이 서로 존중하며 봉사하는 진정한 의미의 공동체를 만들어가야 한다.

3 자기희생적 리더십

동서고금을 막론하고 리더의 바람직한 속성을 들라고 하면 빠지지 않고 등장하는 것이 희생과 솔선수범이다. 그러나 자기희생적 리더십은 '왜 그런 기대가 생기는가'에 대해 물음을 제기하고 있다. 자기희생적 리더십은 '조직상황 하에서 개인의 희생은 불가피 한가', '왜 리더는 희생해야 하는가', '희생한다면 어떻게 희생하는가', 그리고 '희생이 가져오는 리더십 효과는 무엇인가'에 대한 물음에 도전하고 있다. 자기희생적 리더십론에 의하면 조직상황 하에서의 개인의 희생행위는 인간이 만든 조직의 불완전성 때문이라고 설명하고 있다.

조직의 불완전성이 불가피하고 이것을 누군가가 흡수하지 않으면, 즉 희생하지 않으면 조직의 생존이 불확실해진다면, 다음의 문제는 누가 희생해야 할 것인가가 문제가 된다. 인간은 이성적이고 또 이기적이다. 이성적 인간은 희생의 불가피성을 인정하지만, 이기적 인간은 희생의 불편을 거부한다. 이때에 떠오르는 해결책이 '공평한 희생'이다. 즉, 희생이 불가피하면 모두가 똑같이 나누자는 것이다. 그러나 공평한 희생의 원칙이 합의되었다 해서 곧바로 그것이 실천되는 것은 아니다. 누가 먼저 희생의 본을 보이느냐가 다음 문제로 대두한다. 모두들 '네가 먼저 본을 보이면 나도 그렇게 할 의향이 있다'고 생각하며 눈치 보게 된다. 모든 구성원들은 그 본을 따라서 자신에게 기대되는 희생의 몫을 담당하게 된다. '자기희생적 리더십'은 조직상황 하에서 발생하는 희생을 크게 세 가지 타입으로 나누고 있다.

첫째, 업무분장에 있어서의 자기희생
둘째, 소득분배에 있어서의 자기희생
셋째, 권한행사에 있어서의 자기희생이다.

업무분장 상의 자기희생이란 다른 업무에 비해 더 위험하거나 힘들거나 또는 기피되는 업무, 역할, 순번 등을 자청할 때 발생한다. 예컨대, 전투 상황에서 제일 먼저 적을 향해 돌격하는 행위는 그 이후의 돌격 행위보다 더 위험하고 기피되는 역할이라 할 수 있다. 한 병사가 이 역할을 자청한다면 이는 업무분장 상의 자기희생에 해당한다. 이처럼, 조직에서의 자기희생이란 '업무분장, 소득분배, 또는 권한행사 등에 있어서 자신의 개인적 이해, 특권 또는 복리를 전체적 부분적으로 포기하거나 영구히 또는 일시적으로 연기하는 행동'을 의미한다. 자기희생적 리더십은 리더가 이러한 자기희생적 행위를 통하여 다른 사람들을 이끄는 것을 보여주고 있다.

미래의 리더들에게 필요하고 바람직한 모델로서의 서번트 리더십을 소개하였다. 서번트 리더는 먼저 다른 사람을 섬기고자 하는 자연스러운 욕구에서 출발한다. 그런 다음에 의식적인 선택에 의하여 다른 사람들을 이끄는 과정은 먼저 다른 사람을 섬기는 과정이 되어야 한다. 이것을 현대적 의미로 해석하면 기업에서 관리자, 임원 및 최고 경영자는 그 자신이 훌륭한 리더이기 위하여 먼저 서번트이어야 함을 의미한다. 즉, 부하들을 섬기는 과정을 통하여 부하들이 조직의 목표를 향하여 나아갈 수 있도록 도와야 한다. 이것은 먼저 다른 사람들을 특정한 목표를 향하여 이끌어야Leading 한다는 생각과는 커다란 차이가 있다. 왜냐하면 나는 리더이기 때문에 다른 사람들을 이끌어야 한다고 생각하면 리더는 자신도 모르게 이를 위하여 힘을 사용하기 때문이다. 이러한 리더는 구성원들이 잘 따라오지 않는다고 생각되면 자신의 지위에서 비롯되는 강제력을 사용하는 것을 당연하게 받아들인다.

4 전통적 리더와 서번트 리더의 차이

♞ 도표 3-9 **전통적 리더와 서번트 리더의 차이**

범 주	전통적 리더	서번트 리더
관심영역	• 일의 결과 • 추진과정 및 방법	• 일의 추진시 장애요인 • 추진시 필요한 지원 및 코칭
가치관	• 자기 중심적 가치관을 가진 감독자 • 자기기준에 의한 지시와 감독	• 사람을 믿고 수용하며 개방적 가치를 가진 코치 • 긍정적이고 유머 감각을 갖추려는 노력
사람	• 여러 자원 중의 하나 • 과제가 우선 • 사람 : 시켜서 결과를 만들어 내도록 함	• 가장 중요한 자원 • 사람이 우선 • 사람 : 도와주어야 할 성공과 성장의 대상
관계의 질	• 복종 • 자신의 이미지 부각	• 존중, 관심 • 함께라는 공동체 이미지 강조
범 주	• 전통적 리더	• 서번트 리더
추진방식	• 자기방식 중심으로 추진 • 부하 : 상사의 방식대로 상사가 원하는 것을 원하는 시간에 수행 • 상사중심의 기준	• 추진방식에 대한 아이디어를 구함 • 부하 : 아이디어를 제안하고 검토 및 평가하며 활동 공유 • 다양한 추진 방법을 인정
생산성	• 양적인 척도(시간, 경비, 생산량) • 과제중심의 사고 및 측정 • 결과중심의 사고	• 구성원들의 자발적 행동 정도 • 자발성에 기초한 권한 위임 • 구성원들이 필요한 일을 필요한 때 수행할 것이라는 믿음
갈등해결	• 갈등과 분쟁에 대한 조정 • 판단자의 입장에서 정리	• 갈등과 분쟁 예방 • 상대방 입장에서 정리
시간관념	• 스스로 시간이 없다 • 시간이 없어 못함	• 스스로 시간을 만듦 • 사람들을 위하여 기꺼이 시간을 할애
경쟁에 대한 시각	• 내부 경쟁을 조장 • 경쟁 메커니즘을 고안하고 활용	• 모두 잘할 수 있다는 개념 서빙을 통하여 커뮤니티 형성 • 리더가 무엇을 더 해 주어야 각자 성공할 수 있는가?
평가	• 최종 결과중심의 평가 • 재무적 성과중심의 사고	• 노력의 정도에 대한 평가 • 일의 결과 = 개개인의 성장의 결과

6 권능이양의 임파워링 리더십

> GE 전 잭웰치 회장은 임파워먼트(Empowerment)에 대해 이렇게 말한다.
> "이전에 GE에서는 주로 종업원들에게 그들이 할 일을 지시할 뿐이었다.
> 그러면 그들은 지시받은 그 일만을 할 뿐 스스로 알아서 하는 일은
> 아무 것도 없었다. 하지만 지금 우리는 끊임없이 놀라고 있다.
> 경영인들이 지시하는 일을 그만두자 수많은 근로자들이 스스로
> 할 일을 찾아 최선을 다하는 모습이 쉽게 목격되고 있기 때문이다."

많은 리더들이 통제냐 신뢰냐의 딜레마에 빠져 있다. 통제를 하자니 일의 시작부터 마무리까지 모두 리더의 몫이 되어 업무량만 늘고 그렇다고 무작정 신뢰하고 위임을 하자니 원하지 않는 해결책을 들고 오는 부하들 때문에 속이 터진다. 어떻게 하면 부하들이 역량을 발휘할 수 있도록 믿음을 주면서도 결과에 대한 통제권은 유지할 수 있을까? "유능한 리더는 절대로 명령하지 않는다."는 말이 있다. 리더는 기준을 세우는 역할을 하고 해결책은 부하들이 내도록 적절한 임파워먼트를 행하는 것이다.

1 Empowerment의 이해

> "할 일은 태산 같은데 일을 맡기자니 불안하다!"
> "권한을 주면 뭘 하나? 도대체 되는 일이 없는데……"

수많은 리더들이 한결같이 부르짖는 조직관리의 딜레마이다. 결국 자신이 아니면 안 된다는 생각 때문에 폭주하는 업무에 시달리는 우리시대의 리더들!

그러나 돌이켜 보라! 혹시 부하에게 업무만 맡기고 권한은 안 주었던 것은 아닌지, 혹은 권한만 부여하고 실질적인 업무능력은 전수하지 않은 것은 아닌지······.

현명한 리더는 권한은 물론, 자신의 능력까지 부하에게 아낌없이 전수한다. 그래야만 자신도 살고 조직도 산다. 임파워먼트를 단어 그대로 해석하면 '파워Power를 부여하는 것'이라고 말할 수 있다. 그런데 여기에서 파워Power는 권한과 능력이라는 두 가지 의미를 가지고 있다. 실제로 Webster 사전은 'Empower'의 뜻을 '권한을 부여하다give authority to'와 '능력을 부여하다give ability to'의 두 가지로 설명하고 있다. 따라서 임파워먼트란 실무자들의 업무수행 능력을 제고시키고, 관리자들이 지니고 있는 권한을 실무자에게 이양하여 그들의 책임 범위를 확대함으로써 종업원들이 보유하고 있는 잠재능력 및 창의력을 최대한 발휘하도록 하는 방법이라고 말할 수 있다. 경쟁환경이 급변하는 현 상황에서는 변화를 신속하게 인지하고, 여기에 적절하게 대응하는 구성원의 능력이 기업 성공의 가장 중요한 핵심역량으로 부각되고 있다. 임파워먼트를 성공적으로 실행하기 위해서는 조직 구성원들이 능동적으로 자신의 역할 수준을 재정립하고 업무를 추진해 나갈 수 있도록 해야 한다. 요즈음 기업들이 가장 관심을 두고 있는 사항 중의 하나는 어떻게 하면 조직 구성원들이 담당 과업을 보다 의미 있게 느끼고, 자율적으로 조직에 헌신할 수 있도록 만드느냐 하는 것이다. 이러한 관점에서 중요하게 부각되고 있는 개념이 바로 '임파워먼트'이다.

'임파워먼트Empowerment'를 여기서 '권한위양權限委讓'이 아닌 '권능이양權能移讓'으로 통일하겠다. 왜냐 하면 '권한위양'은 "권한만 있고 책임은 뒤따르지 않는다."는 고정관념에 사로잡혀 있기 때문이며, '권능이양'은 "권한에는 책임이 따른다."는 것을 강조하기 위해서이다. 따라서 '권능이양'이라는 표현은 "권한을 이양하는 사람에게 권한을 이양 받을 사람의 능력을 함양시킬 책임이 있다."는 인식을 할 필요가 있다. 그렇지 않고, 권한을 이양해 놓고 잘못했을 경우 책임을 묻는다는 것은 권한을 이양하는 사람에게도 문제가 있다고 할 수 있다.

'임파워먼트'의 실행을 통해 기업은 다음과 같은 효과를 얻을 수 있다.

첫째, 구성원의 보유 능력을 최대한 발휘하게 하고 그들의 직무 몰입을 극대화 할 수 있다.

둘째, 업무 수행상의 문제점과 해결 방안을 가장 잘 알고 있는 실무자들이 고객들에게 적절한 대응을 하게 됨으로써 품질과 서비스 수준을 제고할 수 있게 된다.

셋째, 고객 접점에서의 시장 대응이 보다 신속하고 탄력적으로 이루어진다.

넷째, 지시, 점검, 감독, 감시, 연락, 조정 등에 필요한 노력과 비용이 줄어들기 때문에 코스트가 절감된다.

임파워먼트는 구미기업에서 이미 15년에 걸쳐 보편적으로 활용된 개념으로서, '변화하는 환경에 능동적으로 대처하고 고객만족을 신속히 추구하고자 상대적으로 조직의 하위계층 사람들에게 의사결정권한을 많이 위양·위임하는 것'이라고 흔히 알려져 있다. 조직의 상층부에서 권한을 쥐고 통제중심의 관점에서 조직을 운영하기 보다는 '권능이양權能移讓'을 통해 조직 구성원의 자율적이고 적극적, 능동적인 활동을 유도하는 개념이다. 임파워먼트 과정에서 파워는 한쪽으로만 이동하는 것이 아니다. 양방향으로, 나아가 360도로 퍼져나갈 수 있는 개념이다. 파워의 의미를 권한이라고만 해석하지 말아야 한다. 권한이라고 해석하기 때문에 제한된 크기의 권한이 많은 데서 적은 데로 옮겨가는 것으로 자꾸 생각하게 된다. 권한말고도 파워의 유형은 다양하다. 서로 협력하여 파워가 밑에서 위로, 위에서 밑으로, 양옆으로 퍼져나가면서 서로 서로 파워를 키워주는 것이 임파워먼트의 본질이다. '진정한 임파워먼트'란 일이 실제로 이루어지는 곳에서 의사결정이 이루어지는 것을 의미한다. 즉, 실제로 일을 수행하는 팀구성원이 일의 계획, 구성과 실행에 관한 권한과 책임을 지닌다는 것이다.

참으로 훌륭한 사부(師父)는 자기가 습득한 무예를 흔쾌히 제자에게 전수한다. 그리고 자신이 습득하지 못한 무예에 대한 비전은 물론, 자신이 갖고 있던 빼어난 보검이나 명약까지 건네준다. 마지막으로, 그의 등에 대고 자신의 내공, 즉 기(氣)를 불어넣어 준 뒤 제자를 떠나보낸다.
그러한 스승 밑에서 자라난 제자는 결국 스승의 이름을 욕되게 하지 않을 뿐더러 그 또한 장차 훌륭한 스승이 된다.
우리가 살고 있는 정보화 사회, 지식사회에서도 경영자나 관리자들이
그러한 참된 사부의 모습으로 변화되어야 한다.
또한 중간관리자(리더)들은 그러한 권능이양(權能移讓)에 힘입어
자신이 몸담고 있는 조직을 빛내야 할 의무가 있다.

2 임파워링 리더십이란?

임파워먼트는 현대적 리더십이론으로 간주되는 'Super Leadership' 또는 'Self Leadership'과 일맥상통하는 것이다. 킬만R.H. Kilmann은 모름지기 경영자는 Empowering Leader가 되어야 한다고 강조했다. 대부분의 경우 리더들은 임파워먼트의 장점을 잘 알고 있다. 하지만 현실에 있어 대부분은 거부감을 나타내고 저항하곤 한다. 겉으로 강조되는 장점과 당위성에도 불구하고 일반적으로 임파워먼트는 결과적으로 관리계층의 감축으로 귀결된다. 따라서 조직과 구성원이 임파워 될수록 관리자는 일자리를 잃게 된다는 생각 때문이다.

이와 같은 내용이 반드시 옳은 것은 아니다. 왜냐 하면 임파워먼트를 통해 관리자층이 줄어드는 것이 아니라 관리가 줄어드는 것이기 때문이다. 즉, 관리하는 사람이 줄어들지만 리더로 있던 사람들이 반드시 조직을 떠나가야 하는 것은 아니다. 리더들이 자신의 역할에서 '관리'를 줄이고 다른 역할로 보충해야만 계속 조직 내에서의 필요성과 가치를 지닐 수 있다. 즉, 임파워먼트 과정이 조직차원에서는 기업문화의 변화과정이듯이 리더들은 임파워먼트를 통해서 자신의 사고·행동의 변화를 꾀하여 새로운 역할 수행자로 다시 태어나야만 한다.

정리해 보면, 리더들이 임파워먼트를 거부하는 것은 그 내용이 싫어서가 아니라 자신들의 변화가 싫고 어려워서 혹은 두려워서라고 할 수 있다. 사실 임파워먼트는 리더들에게 매우 어려운 것을 요구하고 있다. 그들이 지금까지 산업사회의 관료제 조직

내에서 훈련받고 해 온 것과는 내용상 반대인 경우가 많음에도 불구하고 상황이 바뀌었다고 그들 사고·행동의 변화를 요구하기 때문이다. 그러나 그렇게 할 경우에만 경쟁상황에서 조직의 성과_{결과적으로 그들의 일자리}가 보장되기 때문이다.

3 임파워링 리더의 5가지 역할

① 코치로서의 역할

임파워링Empowering 관계는 마치 운전 연습시키는 것과도 같다. 어느 수준을 넘으면 초보자는 스스로 하게 되고, 훈련시키던 사람은 운전자에 대해 더 이상 통제력을 지니지 못하게 된다. 스포츠에 비유하면 더 적절한데 더 이상 코치가 시합 전까지는 훈련시키느라 무척 고생을 하지만 막상 시합이 시작되면 코치는 무대에 나서지 못하고 사이드라인 밖에 있어야 하고 선수만이 게임에 임하게 된다. 그리고 스포츠 코치의 핵심역할은 선수의 능력이 최대한 발휘되어 스스로 느끼는 능력이상의 효과가 이룩될 수 있게끔 하는 것이다. 따라서 코치로서의 리더는 비록 결과가 자신의 통제하에 자신에 의해서 혹은 자신의 이름으로 이룩되는 것이 아닐지라도 구성원이 능력이상의 결과를 이룩할 수 있게끔 최대한 노력하고 구성원에 의해서 이룩되는 결과를 뒤에서 기뻐하고 만족해 할 수 있는 사람이다.

② 상담자로서의 역할

상담자로서 리더의 역할은 구성원의 문제에 대한 해결안_답을 찾아 알려주는 것이 아니라 구성원을 도와 그가 처한 상황을 올바로 이해하고 스스로 문제를 해결해 나가도록 촉진하는데 있다. 그러므로 해결책은 구성원에 의하여 상담과정에서 도출되는 것이다. 따라서 리더는 구성원이 아무리 엉터리 같은 안을 들고 나와도 질책하거나 기죽이지 않아야 한다. 만약 그렇게 하면 구성원은 리더를 다시는 상담자로서 찾지 않을 것이다. "한번 그렇게 해봐, 그러면서 배우는 것 아니냐?"라고 문제해결 의욕을 갖게 하는 것이 바람직하다. 중요한 것은 들어주는 것이지 답을 주는 것이 아니다. 임파워먼트는 잘 듣는데서 부터 출발한다고도 할 수 있다.

③ 비전형성과 목표 설정자로서의 역할

만약 구성원들이 공통의 목적을 지니면서 그 목적을 달성하기 위해 무엇을 어떻게 해야 하는지에 관해서 공통된 견해를 지니고 있다면 그들은 명령을 받지 않고도 일을 수행할 수 있을 것이다. 따라서 리더의 역할은 명령을 내리기보다는 공통의 목적, 즉 비전을 형성하고 구성원이 이를 공유하게끔 이끌어 나가는 것이다. 리더는 팀·부서에 목표를 분명히 설정하고 목표대비 성과·업적이 어떠한지를 계속적으로 구성원에게 알려야 한다. 리더의 목표달성을 위한 개입은 심각한 문제의 발생이나 구성원의 요청이 있을 경우로 한정하는 것이 바람직하다.

④ 도전기회 창조자로서의 역할

임파워링_{Empowering} 리더의 역할은 구성원의 소극·수동·방어적 자세를 적극·능동·공격적으로 변환시켜 구성원들이 자율적으로 자신들의 일을 만들고 몰입하게 하는 것이다. 이를 위해 리더는 조직내·외의 상황에서 계획하여 구성원들이 도전감을 느낄 수 있는 계기를 만들어야 한다. 현실에 만족하는 리더는 결코 임파워링 리더가 될 수 없다.

⑤ 역량 개발자 및 필요자원 확보자로서의 역할

리더는 비전과 목표 그리고 도전기회의 창조만으로 그 역할이 완성되는 것이 아니다. 구성원이 도전감을 느껴 목표를 달성할 수 있게끔 그들의 역량을 키워야 한다. 구성원과 팀의 능력을 키운다는 것은 단지 구성원의 교육기회 확대만을 의미하지는 않는다. 위계질서나 권한을 통해 일을 이룩하려는 것이 아니라 구성원의 건강과 안정성 증진 필요자원의 확충 등 실제로 일을 수행하는 데 필요한 제자원의 확보와 방해요인의 제거를 포괄적으로 의미한다.

이러한 리더의 역할을 강조해 '하인 리더십_{Servant Leadership}'이라고도 칭하는데, 이는 구성원_{부하}들 모르게 그들이 성공적으로 일을 하게끔 도와주는 것이다. 구성원으로 하여금 리더의 노력 사실을 알거나 느끼게 하는 경우는 '하인리더_{Servant Leader}'가 아니라고 한다. 즉, 임파워링 리더는 부하가 자신에게 무엇을 해줄 수 있나 생각하기보다는 자신이 부하들에게 무엇을 해줄 수 있는지 생각하고 실천에 옮기는 사람이다. 한편으로 통제력을 줄이면서도 다른 한편으로는 구성원이 그들에게 주어진 자유자율성를 현명하게 쓸 수 있게끔 영향력 행사의 새로운 방법을 찾아내야 하는데 이러한 과정에서 리더는 자신을 점진적으로 변화시켜야 한다. 변화의 흐름과 각 단계별 핵심내용은 다음과 같다.

도표 3-10 **임파워링 리더의 변화 흐름**

리더의 유형	통제형 리더 → 후원/육성형 리더 → 임파워링 리더		
리더십의 핵심	Telling → Selling → Coaching → Enabling → Empowering		
리더십의 내용	• 옳은 제품 선택 • 옳은 직원 선택 • 과정, 표준/기준, 절차의 변경 • 목표와 가이드 라인 설정	• 다양한 훈련 강조/지원 • 계속적인 성과평가 • 대내·외 관련 조직, 부서 및 사람간의 의사소통 증진 • 팀형성과 팀웍 증진 • 구성원의 교육 및 훈련 증대	• 방향성 조정 • 제자원의 확보 • 필요시 도와줌 • 필요시 팀대표

7 조직성패의 열쇠인 팔로워십

중국 선종(禪宗)의 공안 가운데 하나로
'줄탁동시(啐啄同時)'라는 말이 있다.
병아리가 알에서 나오기 위해서는 새끼와 어미가 함께 쪼아야
한다는 뜻으로, 병아리가 알 속에서 나오려면 먼저 스스로 알을 깨기 위해
부리로 알을 쪼아댄다.
그러면 알을 품던 어미닭이 소리를 알아듣고 동시에 밖에서 알을 쪼아
안팎에서 서로 쪼아댄다고 한다. 여기서 병아리는 추종자,
어미닭은 리더라고 볼 수 있다.
이 상황에서 새끼와 어미가 동시에 알을 쪼지만,
그렇다고 어미가 새끼를 나오게 하는 것은 아니다.
어미는 다만 알을 깨고 나오는 데 작은 도움만 줄 뿐,
결국 알을 깨고 나오는 것은 새끼 자신이다.
이 말은, 리더는 깨우침의 계기만 제시하는
조력자일 뿐이고, 나머지는 추종자
스스로가 알아서 해야 한다는 말이다.

1 팔로워십Followership의 정의

커플댄스에는 팔로워Follower가 있고 리더Leader가 있다. 남자가 리더이고 여자가 팔로워이다. 사교댄스에 매료돼 있는 한 친구가 어떤 영화에 나오는 대사라며 해준 말, "리더의 역할은 팔로워를 돋보이게 하는 거야." 영화 속에서 춤의 고수가 했다는 이 말을 커플댄스를 하는 여자 팔로워들에게 하면 한결같이, "맞아, 정말 멋있는 말이야."라고 한다는 것이다. 느닷없이 커플댄스 얘기를 꺼낸 건, 팔로워십에 대해 말하기

위해서이다. 위에서 말한 영화 대사에 의하면, 리더는 팔로워를 빛내주는 사람이며, 리더와 팔로워 사이에서 우열은 존재하지 않는다. 둘이서 즐겁게 춤을 추는데, 리드하는 사람이라고 더 훌륭하고 따르는 사람Follower이라고 열등할 필요가 없는 것이다. 리더는 기러기 떼를 이끄는 우두머리나 배를 운항하는 선장과 같은 존재이다. 그러므로 모두가 어떻게 해야 할지 모를 때, 방향을 제시하고 함께 나아갈 수 있도록 하는 매우 중요한 역할을 한다.

탁월한 리더십의 이면에는 뛰어난 '팔로워십Followership'이 반드시 존재한다. 최근 많은 사람들이 앞 다퉈 리더십에 대해 연구하고 있지만 아랫사람이 갖춰야 할 덕목인 '팔로워십'에 대한 관심도 커지고 있다. 팔로워십이란 리더십과 대비되는 의미로 '제대로 따르는 일, 또는 추종자로서의 능력이나 자질'로 표현할 수 있다.

영화 속에서 주연 배우 못지않게 조연 배우의 역할이 중요하듯 어느 조직이 성공하려면 탁월한 리더와 훌륭한 팔로워가 공존해야 한다. 즉, 합리적인 권위를 바탕으로 한 리더십과 건전한 비판 의식이 전제된 팔로워십이 복합적으로 상호 작용하면 시너지 효과를 창출할 수 있다. '팔로워십'이라는 책을 펴낸 하버드대학 케네디스쿨의 바버라 캘러맨 교수는 "큰 조직의 운명은 수천 명에 달하는 일반 직원들을 얼마나 잘 이해하고, 이들을 효율적으로 활용하느냐에 달려 있다."고 지적한다. 하버드대학 케네디스쿨의 바버라 캘러먼Barbara Kelleman 교수는 경영진이 직원들을 방관자형, 참여자형, 행동가형, 다이하드형, 고립자형 등 다섯 가지 유형으로 분류해 각 유형에 따라 다르게 대해야 한다고 조언했다.

♟ 도표 3-11 **5가지 유형의 Follower**

1. 방관자형 : 상사의 일을 관찰하나 관여는 안한다.
2. 참여자형 : 적당히 참여하며 가끔 반기를 든다.
3. 행동가형 : 열정적으로 업무에 참여하지만 상사에게 맞서기도 한다.
4. 다이하드형 : 매사에 회사를 위해 헌신한다.
5. 고립자형 : 상사가 무엇을 하는지 무관심하다.

조직을 이끌어 나가는 리더들의 역량에 따라 그 조직의 성공이 결정되며, 경쟁에서의 승패가 좌우된다는 것이 일반적인 인식이다. 리더의 역할이 중요하다는데 대해서는 이견이 있을 수 없을 것이다. 그러나 훌륭한 리더의 확보에만 관심을 갖다 보면 막상 리더가 이끌어 가야 할 사람들Followers을 소홀히 하기 쉽다. 대부분의 사람들은 조직내에서 리더로서의 역할과 Follower로서의 역할을 동시에 수행하고 있으며, 이 양자의 역할은 하루에도 수없이 반복된다.

혹자는 이 두개의 역할 중 어느 한쪽을 회피 하려 하기도 하며, 또 어떤 이는 자신에게 맡겨진 역할을 받아들이기는 하나 제대로 해내지 못하는 경우도 있다. 말을 물가로 제대로 이끌고 가지 못하는 리더도 있으며, 퍼레이드의 행렬을 잘 따라가지 못하는 Follower도 있는 것이다. 조직이 지속적으로 발전하는지 여부는 조직을 이끌어 나가는 리더가 얼마나 우수한 리더십을 발휘하는지도 중요하지만, 다른 한편으로는 그의 부하Follower들이 얼마나 리더 자신을 잘 추종해 주느냐에 달려있다고 볼 수 있다. 이렇게 '부하로서의 역할Followership'이 조직생활에서 매우 중요한 요인임에도 불구하고 이것이 현실적으로 우리의 사고를 지배하지 못하고 있는 까닭은 리더십에 대한 생각으로만 가득 차 '부하로서의 역할'에 대해 생각할 여유가 없었기 때문이다.

2 Follower의 5가지 유형

① 모범형 Follower

조직 구성원의 약 5~10% 정도를 차지하고 있는 모범형 Follower는 리더나 집단으로부터 독립해 자주적이고 비판적으로 노력한다. 독립심이 강하고 혁신적이며 독창적이고 건설적인 비판을 하는 특징을 가지고 있다.

② 소외형 Follower

조직 구성원의 약 15~20%를 차지하고 있는 소외형 Follower는 독립적이고 비판적인 사고는 견지하고 있지만, 직무수행에는 그다지 적극적이지 못하다. 유능하지만 냉소적인 소외형 Follower는 리더의 노력을 비판하면서도, 스스로는 노력을 하지 않고 불만만 표출한다. 또한 소외형 Follower는 피해의식을 가지고 있으며, 부당한 대우를 받고 있다고 생각하기 때문에 조직 내에서 그들의 불만을 개선시키기 위해 조직에 반항하지만 실제로는 요구를 관철시키지 못하고 오히려 리더나 조직으로부터 배척당하는 경우가 많다.

③ 순응형 Follower

적극적인 참여라는 면에서는 높은 점수를 받고 있지만 독립적인 사고는 부족하다. 일반적으로 조직 구성원의 약 20~30%를 차지하고 있는 순응형 Follower는 리더의 판단에 지나치게 의존하고 리더의 권위에 순종하며 리더의 견해나 판단을 따르는 데 지나치게 열중한다. 그들은 Follower가 권한을 가진 위치에 있는 리더에게 복종하고 순응하는 것을 의무라고 생각한다.

④ 실무형 Follower

일반적으로 조직 구성원의 약 25~35%를 차지하고 있는 실무형 Follower들은 지시 받은 일은 수행하지만 좀처럼 그 이상의 모험은 하지 않는다. 그들은 조직의 운영 방침 등의 변동에 민감하고 자신의 이익을 위해서 다른 사람과 조직을 교묘히 이용하기도 한다. 의견대립을 최소한으로 억제하고 어떤 실패에 대해서도 언제나 변명할 수 있는 준비를 한다. 또한 새로운 직무를 수행하고 싶어 하지만, 위험을 감수하려 하지 않고 실패하려고 하지 않는다. 그들은 목표를 낮게 잡고 반드시 자기보다 남이 먼저 책임을 지게 만든다.

⑤ 수동형 Follower

조직 구성원의 약 5~10% 정도를 차지하고 있는 수동형 Follower의 생각하는 일은 리더에게 맡기고 업무를 열성적으로 수행하지 않는다. 책임감이 결여되어 있고 솔선하지 않으며, 지시 없이는 주어진 임무를 수행하지 못한다. 맡겨진 일 이상은 절대 하지 않는다.

자신이 어떤 유형에 속하는지 자문해 보자. 아마도 자신있게 답할 수 있는 사람은 많지 않을 것이다.

♟ 도표 3-12 **Follower의 5가지 유형과 주요 특징**

유형	주요 특징
羊(순종형)	• 자신감과 책임감이 결여된 상태에서 수동적으로 행동하며, 무비판적임 • 순종적이고 비진취적인 유형으로 대개 주어진 임무만 수행하는 경향이 있음
Yes Man	• 리더의 생각과 아이디어를 무비판적으로 따르며, 리더에 매우 공손 하며, 때로는 비굴해지기도 함. 판단력이 약하고 자신감이 부족한 상사가 이러한 유형을 좋아하는 경향이 있음
소 외 자	• 생각하는데 있어서는 비판적이고 독자적이지만 맡은 바 역할을 수행하는데 있어서는 피동적임. 흔히 냉소적이며, 불만이 있어도 묵인하는 태도로 일관 함
생존자 (Pragmatist Followers)	• 바람의 방향을 끊임없이 살피면서 '불이익을 당하느니 안전하게 지내는 편이 낫다(better safe than sorry)'라는 생활신조에 따라 살아가고 변화가 있을 때마다 거기에서 살아 남는 것에만 민첩함
Star Follower	• 스스로 생각하면서 자주성(일에 대한 모험을 자청하고, 자발적으로 일을 시작하여 독자적으로 문제를 해결함 • Ownership과 패기를 가지고 맡은 임무와 과제를 수행하기 때문에 동료와 상사들로부터 높은 평가를 받음

3 효과적인 Follower의 공통적 자질

첫째, 자율적인 사람

독자적으로 생각할 수 있는 능력, 즉 관리능력과 자주성을 발휘하며, 세세한 감독을 받지 않고도 일할 수 있는 능력이다. 훌륭한 Follower란 리더가 안심하고 책임을 위임할 수 있는 사람이며, 이들은 자신의 권한범위 내에서 필요한 것이 무엇인지를 미리미리 알아차린다. 이들의 또 다른 특징은 계통상의 책임을 제외하고는 리더와 자기 자신이 동등하다고 본다는 사실이다. 그들은 거리낌 없이 상위자에 대해 아이디어나 의견을 제시하는 경향이 있다.

둘째, 헌신하는 사람

효과적인 Follower들은 자신의 생활과 경력에 대한 관심뿐만 아니라 다른 그 무엇, 즉 타 분야에도 관심을 갖고 헌신한다. 간혹 리더에 따라 이와 같은 헌신을 곡해하여 자신들의 권위가 인정받고 있는 것으로 생각하며, 어떤 목적이나 대의Cause에 대한 충성심을 자신에 대한 충성심으로 오해하는 경우도 있다. 그러나 실제로는 효과적인 Follower들은 그들의 리더를 단지 보람 있는 일을 위해 함께 모험하고 있는 사람으로 여기고 있을 뿐이다. 이들은 자신이 속한 조직에서 스스로 충족되지 못한다고 생각하는 경우 충성심과 노력을 절제하게 된다.

셋째, 자격과 능력을 갖춘 사람

아무리 헌신적이라도 자격이나 능력이 부족하면 무능할 수 밖에 없으므로 Star Follower는 업무에 도움이 되는 모든 기량을 마스터한다. 일반적으로 이들은 업무가 요구하는 것보다 높은 수준의 실적을 올리며, 이들에게 있어 자기계발을 포함한 지속적인 학습은 제2의 천성이자 경력발전의 주요 원동력이라고 믿고 있다.

넷째, 패기와 자신감 있는 사람

효과적인 Follower들은 패기와 자신감에 차있고, 정직하며, 믿음직스럽다. 그들은 지식과 판단력을 갖춘 독자적이며, 비판적인 사고자로서 자신의 위치를 굳힌다. 그들은 잘못이 있으면 시인하고, 성공을 함께 나누며, 잘한 일에 대해서는 기꺼이 박수를 보낸다. 조직에서 직업적인 성공에 이르는 길은 리더로서의 지위에 오르는 것이며, 따라서 어느 기업에서나 Leadership이 Followership보다 더 중요하다고 느끼기 마련이다. 하지만 부하로서 효과적인 Followership을 다하는 것은 조직에서의 성공을 위해 필수적인 전제조건이며, 실질적인 의미에서 효과적인 리더십을 갖추기 위한 요건과 큰 차이가 없다는 것이다.

효과적인 Follower에게 필요한 자질과 효과적인 Leader에게 필요한 자질이 대동소이하다는 것을 알 수 있다. 물론 정의상으로는 Follower가 Leader의 자질을 발휘할 수는 없다. 하지만 Follower와 Leader를 구별하는 것은 지능이나 인격이 아니라 그들이 맡는 역할임을 강조할 필요가 있다. 어느 조직에서나 마찬가지로 그다지 화려하지 않은 일을 조용히 해주는 보조자의 역할에 긍지와 만족을 느끼는 사람들이 없다면 조직의 성공을 기대하기 힘들 것이다. 많은 사람들은 Follower들이 Leader에 못지않게 그 조직을 위해 기여하고 있다고 믿고 있다. 조직구조가 더욱 수평화 되고 전문성이 더욱 강조되는 현재 Follower들의 자질향상이 기업의 성공적인 운영에 중요한 관건이 될 것은 분명하다.

♟ 도표 3-13 Leadership과 Followership의 요건

Leadership의 요건	• 앞장서서 이끌어 나가려는 의욕 • 기업의 목표와 전략을 설정할 수 있는 비전 • 통일된 의견을 이끌어 낼 수 있는 대인관계 요령 • 다양하고 큰 집단의 사람들에게 열의를 불어넣을 수 있는 화술 • 여러 갈래의 노력을 상호 조정할 수 있는 조직적 수완
Followership의 요건	• 공동의 목적을 달성하기 위해 단체노력에 참여하고자 하는 의욕 • 나무와 함께 숲을 볼 수 있는 비전 • 남들과 잘 어울려 함께 일할 수 있는 사교력 • 주인공적인 지위를 차지하지 않고서도 활약하여 충분히 능력을 발휘할 수 있는 성격적 강점 • 다른 어느 한 쪽에 부담을 주지 않으면서 개인 목표와 조직의 목표를 추구할 수 있는 도덕적-심리적인 균형 감각

Cherster I. Barnard는 말하기를 "어떤 명령에 권위가 있고 없고는 '권력자'나 명령을 내리는 사람에 의해 결정되는 것이 아니라 그 명령을 받는 사람에 의해 결정되는 것이다." 결론적으로 팔로워십Followership이란, 리더의 지도력을 이끌어내고, 리더의 의욕을 고취시키는 힘이며, 탁월한 리더십의 이면에 반드시 존재하는 현장의 실천력이다. 조직에서의 역할이나 지위고하와 관계없이 자율적인 의식을 지니고 행동하는 프로 직업인의 힘이다. 자신이 속한 조직과 그 조직을 이끌어가는 리더에게 성실하게 공헌하고 건설적으로 비판하면서 따라가는 무명 주역들의 위대한 힘이다. 인간이 인간으로서 빛나는 것을 전제로 하는 21세기형 조직을 창조하기 위한 불가결한 요소인 것이다.

8 공감대를 이끌어내는 감성 리더십

인간에 대한 이해가 없는 경영은 매우 위험할 수밖에 없다.

"도대체 이 빌어먹을 자식은 지가 뭐라도 된 줄 아는 모양이지?

확 저걸 그냥……."

리더라면 이런 감정을 가져보지 않은 사람이 어디 있겠는가?

이런 감정이 적과의 사이에서 일어나는 것이 아니라

부하와 상사, 동료와 동료, 선배와 후배,

부서와 부서 사이에서

매일 일어나는 일이라면,

우리가 어떻게 함께 비전을 공유하고

그것을 이루는 과업에 더불어 참여할 수 있겠는가?

요즘 들어 감성지수EQ = Emotional Quotient라는 말을 자주 듣는다. 예전에는 우리 아이는 아이큐가 얼마니 하면서 이런 이야기를 자주 했는데, 요즘에는 감성지수가 얼마니 하면서 자주 이야기를 하고 있고 어린아이 때부터 감성지수를 키우기 위해 노력하는 부모님들이 많이 늘어나고 있다. 이러한 추세를 보면 감성지수가 그만큼 중요해지고 있다는 것을 느낄 수 있다. 감정지수인 EQ는 자신과 다른 사람의 감정을 이해하는 능력과 삶을 풍요롭게 하는 방향으로 감정을 통제할 줄 아는 능력을 의미한다. 즉, 마음의 풍요, 인격, 인간성, 사람 됨됨이 등 자신의 감정을 잘 이해하고 동시에 다른 사람의 감정이나 기분까지 조절하며 그들을 공감시킬 수 있는 능력을 말한다. EQ가 높은 사람이란 자기의 감정을 다스릴 줄 아는 능력, 즉 감정통제능력, 인내심, 지구력, 충동 억제능력 만족을 지연시킬 수 있는 능력, 용기, 남의 감정을 받아들이는 능력 등이 높은 사람이다.

1 가장 위대한 감성의 힘

위대한 리더 앞에서 우리의 마음은 쉽게 움직인다. 그들은 우리의 열정에 불을 붙이고 우리가 가지고 있는 최고의 것을 끄집어내고 충성심을 발휘케 한다. 그 거역할 수 없는 힘의 근원을 사람들은 전략이니 비전이니 또는 사상이니 하는 것들을 말하지만, 실제로 그 힘의 실체는 보다 깊은 데 있다. 위대한 리더는 그의 '감성'을 통해 지도력을 행사하는 것이다. 이와 같이 감성의 에너지인 감성 리더십은 부하들의 마음을 헤아려 부하들이 가지는 감정의 주파수를 맞추어 공감대를 형성함으로써 부하들로부터 호응을 얻는 리더십을 의미한다. 현대사회에서 카리스마적이고 논리적이며, 이성적인 리더의 필요성은 당연하지만, 상황에 따라서는 때론 감성적인 리더십을 발휘하는 것이 더욱 효과적으로 조직을 이끌어 나갈 수 있다. 달리는 말馬에게 당근과 채찍이 필요하듯이 조직 구성원들의 마음을 헤아려주고 작은 일에도 칭찬을 해주며 격려해주는 것이 진정한 감성 경영이자, 감성 리더십인 것이다.

영국의 BBC 방송 뉴스국은 원래 시험 삼아 개설되었는데, 차츰 규모가 확장되어 어느덧 200여 명의 기자와 편집자들을 거느리게 되었다. 그러나 경제상황이 악화되자 경영진은 결국 뉴스국을 폐쇄하기로 결정하고 말았다. 경영진의 결정을 전달하기 위해 간부가 파견되었는데, 그는 처음 이야기를 시작할 때부터 경쟁사는 잘하고 있다는 둥 상대를 자극하는 소리만 하다가 뉴스국을 폐지하기로 했다는 소식을 전했다. 뉴스국 사람들은 경영진뿐만 아니라, 그 소식을 전달한 사람에게도 격분했고, 분위기가 어찌나 살벌했던지 간부가 뉴스국을 빠져나오기 위해서는 경비를 불러야 했다.

다음날, 다른 간부가 다시 뉴스국을 찾았다. 그는 허심탄회하게 사회에 미치는 언론의 영향력의 중요성을 언급하면서, 이제 모두가 최전선에 나서야 한다고 말했다. 그는 경제 불황과 함께 언론인의 위치가 최저 수준으로 곤두박질쳤지만, 뉴스국 직원들에게 언론의 공익성을 향한 열정과 헌신의 마음을 간직하라고 당부하면서 이야기를 마무리했다. 간부가 이야기를 마치자 직원들은 환호를 보냈다.

위의 두 간부는 경영진의 의사를 전달하는 과정에서 감정과 어조에 큰 차이가 있었다. 한 사람은 사람들 사이에 적대감과 반발심을 불러일으켰고, 다른 사람은 어려움 속에서도 희망과 감동을 느끼도록 만들었다. 이 일화는 리더십에 있어서 '드러나

지 않은 매우 중요한 차원'을 보여준다. 그것은 리더의 언행이 감성에 미치는 영향력을 말한다.

리더라는 존재는 원래부터 사람들의 감정에 큰 영향을 미쳐왔다. 초기 인류의 리더들인 부족장이나 주술사들이 많은 영역에서 자신들의 입지를 확보할 수 있었던 까닭은 그들의 지도력이 감성적 차원에서 권위를 갖고 있었기 때문이다. 동서고금을 막론하고 어떤 집단에서든 리더란 불안하거나 위협적인 상황에서, 혹은 수행해야 할 과업이 있을 때 사람들에게 확신과 명쾌함을 주는 존재들이었다. 리더란 이처럼 집단의 감성을 이끌고 가는 존재이다.

한편, 감성은 전염되는 성질을 가지고 있다. 연구 결과에 의하면 사람들이 설사 언어에 의한 교류를 완전히 배제한다 할지라도 서로 끌리는 감정을 느끼는 상황에서는 마치 봇물이 터진 것처럼 감성이 퍼져나가는 것을 보여주었다. 가령 서로 모르는 세 사람이 몇 분간 말없이 마주 앉아 있어도, 그 중에서 가장 감정 표현이 풍부한 사람이 다른 두 사람에게 자신의 감정을 전염시키게 된다. 재능 있는 사람들은 즐거움을 만끽하며 일하기 위해 감성지능이 높은 리더에게 몰려드는 경향이 있다. 기분이 좋으면 최선을 다해 일에 집중할 수 있다. 즐거운 기분은 윤활유와도 같아서 정신 활동의 능률을 높이고 정보 판단을 잘할 수 있게 해주며, 사고의 유연성을 증가시키는 작용과 더불어 복잡한 판단을 내릴 때 중요한 원칙들을 제대로 활용할 수 있게 해준다. 마음이 즐거우면 다른 사람이나 사물을 긍정적인 관점에서 바라보게 된다.

2 마음을 움직이는 감성 리더

BBC의 뉴스국 이야기로 다시 돌아가 보자. 나쁜 소식을 전하면서 사람들을 격분시켜 경비의 보호 없이는 빠져나올 수 없었던 첫 번째 간부는 우리가 공감할 수 없는 리더의 본보기다. 그는 직원들의 감정을 헤아리지 못하고 오히려 그들의 좌절감을 분노로, 유감을 격분으로 만들었다. 이처럼 리더가 사람들의 처지를 이해하지 못하고 그들의 감정을 헤아리지 않으면 오히려 사람들 사이에 불화만 조장하고 급기야 불필요한 자극만 하게 된다. 두 번째 간부는 공감의 분위기를 조성하는 지도자의 좋은 본

보기다. 그는 사람들의 감정에 동조했고, 그 감정을 긍정적인 방향으로 이끌었다. 주관이 뚜렷한 나름의 가치관을 바탕으로 사람들의 감정에 공감하는 말을 하면서 자신이 이야기하고자 하는 요지를 전달했다. 그의 말은 어려운 상황에도 불구하고 사람들의 마음에 용기와 희망을 불어넣었다. 리더가 공감을 이끌어내면 사람들의 눈빛이 희망과 용기로 불타오르는 것을 볼 수 있다.

이처럼 리더가 사람들의 감정을 잘 다스리고 목표를 성취할 수 있도록 이끌고 나가기 위해서는 그의 감성지능이 중요하다. 공감은 감성지능이 높은 리더에게서 자연스럽게 흘러나오는 것이다. 사람들의 감정에 공감할 줄 아는 리더의 감성능력은 그가 이끄는 집단 내에 열정과 함께 일체감을 불러일으킨다. 왜냐하면 감성지능이 높은 리더의 공감은 사람들로 하여금 자신들이 이해 받고 보살핌을 받고 있다는 느낌을 갖게 해주기 때문이다. 반면, 불협화음이란 음악적 의미에서 불쾌하고 귀에 거슬리는 소리를 말한다. 음악적 차원에서뿐만 아니라 인격적 차원에 있어서도 불협화음은 조화가 깨진 상태를 의미한다. 불협화음을 만드는 리더가 있다면 그 집단은 감성적으로 뭔가 조화를 이루고 있지 못하다는 느낌을 준다. 그렇게 되면 집단 내 구성원들은 뭔가 계속 겉도는 느낌을 가질 수밖에 없다.

조직의 리더라면 우선적으로 업무의 구석구석을 파악할 수 있는 충분한 지능을 갖추고 있어야 하며, 분석적이고 개념적인 사고를 바탕으로 과감한 결단을 내릴 수 있는 능력을 갖춰야 한다. 우리는 지능과 명료한 사고능력은 리더십을 발휘하기 위해 갖춰야 할 기본적인 속성이라고 본다. 하지만 지능 하나만으로는 결코 좋은 리더가 될 수 없다. 리더는 자신의 비전을 실현시켜 나가는 과정에서 사람들에게 동기를 부여하고, 그들을 이끌고 격려하며, 귀 기울이고 설득할 줄 알아야 한다. 그리고 무엇보다 중요한 것은 이 모든 것을 사람들의 공감을 바탕으로 해야 한다는 것이다.

아인슈타인은 다음과 같이 말했다.
"지능을 우리의 신으로 받드는 일이 없도록 주의하십시오.
지능은 우리를 인도할 수 없습니다. 그것은 그저 우리에게 봉사를
할 수 있을 뿐입니다."

어느 다국적 회사에 새로 부임한 CEO가 회사의 사업 전략을 바꾸고자 했다. 그러나 그는 실패했고 결국 일 년도 안 되어 그 자리에서 물러났다. 그 회사의 수석 부사장은 이렇게 말했다. "그는 직원들을 감정적으로 설득하지 않은 채, 자신의 지적 능력만으로 회사를 바꿀 수 있다고 생각했다. 그는 새로운 전략을 수행할 주체인 직원들로부터 동의를 구하는 과정도 거치지 않고 전격적인 전략 수정에 돌입했다. 간부들에게 사장의 독불장군식 리더십에 대한 불만을 호소하는 직원들의 e-mail이 쇄도했고, 결국 사장은 쫓겨나고 말았다." 물론 기업의 리더에게는 사업적 안목과 함께 결단력 있는 사고능력이 절대적으로 요구된다. 하지만 지성만 가지고 조직을 이끌려고 하는 리더는 방정식을 풀기 위해 거쳐야 하는 중요한 단계를 하나 빠뜨리는 셈인 것이다.

3 감성의 힘과 리더십

새로운 활로를 모색하기 위해 체인점 대표들이 모인
어느 기업의 대표자 회의에 참석한 마케팅담당 부사장은
모두에게 나눠준 시장조사 자료를 보면서
막대한 광고비용 지출에 대해 혼자 엉뚱한 결론을 내렸다.
그의 말을 듣고 그 자리에 모인 사람들은 자료만 뚫어지게
들여다보면서 아무 말도 하지 않았다.
그 침묵은 마케팅담당 부사장의 판단이 틀렸다는 것을 의미했다.
드디어 팽팽한 긴장감을 깨고 중역진 가운데 한 사람이
다음과 같은 재치 있는 말을 마케팅담당 부사장에게 던졌다.
"안경을 안 쓰고 보셨나 봐요." 모두가 웃음을 터뜨렸다.

이 가벼운 농담 덕에 두 가지 문제가 쉽게 해결되었다. 첫 번째는 자칫 노골적인 비판으로 살벌한 분위기를 만들 수도 있었던 문제를 부드럽게 처리했다는 것이고, 또 하나는 그곳에 모인 모든 사람들이 마케팅담당 부사장의 판단이 틀렸다고 생각한다는 것을 은연 중에 보여 주었다는 것이다. 유머를 적절히 잘 구사한다는 것은 유능한 리더십의 대표적인 특징이다. 그것이 곧 반박이나 논쟁 자체를 아예 회피하라는 것을 뜻하지는 않지만 유능한 리더는 분명 시간을 내서 문제점을 일일이 지적하는 것이 필요할 때와 필요하지 않을 때를 판단할 줄 아는 감각이 있어야 한다. 그렇다고 적절한 유머를 구사하기 위해 코미디언이 되어야 할 필요는 없다. 별 볼일 없어 보이는 사소한 농담도 긴장된 상황에서는 팽팽한 긴장을 해소시키기는 큰 힘을 발휘할 수 있기 때문이다.

결국 뛰어난 감성지능이야말로 훌륭한 리더십을 수행하기 위한 도구라고 할 수 있다. 그런데 이러한 감성지능은 자기인식 능력, 자기관리 능력, 사회적 인식 능력, 그리고 관계관리 능력의 네 가지 능력으로 구성되어 있다.

♟ 도표 3-14 **감성의 힘, 4가지 능력**

개인적 능력 = 자기인식 능력 / 자기관리 능력

1. 자기인식 능력

자신의 감정, 능력 한계, 가치, 목적에 대해 깊이 이해하는 것

감성적 자기인식 능력	자신의 감정, 능력 한계, 가치, 목적에 대해 깊이 이해하는 것
정확한 자기 평가 능력	자신이 장점과 한계를 아는 것
자기확신 능력	자신의 가치와 능력에 대해 긍정적으로 생각하는 것

2. 자기관리 능력

목표를 성취하기 위한 구체화 된 힘

감성적 자기제어 능력	파괴적인 감정과 충동을 통제하는 것
솔직할 수 있는 능력	솔직히 있는 그대로를 보여주는 것, 진실함
적응력	상황의 변화에 적응하고 잣대를 극복하기 위해 유연하게 대처하는 것
성취력	나름대로 정해놓은 최선의 기준을 충족시키기 위해 노력을 아끼지 않는 노력
진취성	주도적으로 먼저 나서고 기회를 포착할 수 있는 능력
낙천성	모든 사물을 긍정적으로 보는 능력

사회적 능력 = 사회인식 / 관계관리 능력

3. 사회적인식 능력

감정이입의 능력

감정이입의 능력
다른 사람의 얼굴과 목소리를 통해 감정을 읽어내고, 대화 도중에 상대방의 감정이 동조하여, 그들의 생각에 적극적인 관심을 표현할 줄 아는 능력

조직적인 인식 능력
조직 단위에서의 흐름과 의사결정 구조, 경영방식 등을 읽어내는 능력

서비스 능력
부하직원과 고객의 요구를 알아차리고 부응하는 능력

4. 관계관리 능력

설득, 갈등관리, 협동

영감을 불러일으키는 능력
확고한 전망으로 사람들을 이끌고 동기부여를 하는 능력

영향력
다양한 설득의 기술을 구사할 줄 아는 능력

다른 사람을 이끌어주는 능력
적절한 피드백과 지도로 다른 사람의 능력을 지지해주는 능력

변화를 촉진하는 능력
새로운 방향을 제안하고 관리하며, 사람들을 그곳으로 이끄는 능력

유대형성 능력
관계의 말을 만들고 유지하는 능력

팀워크와 협동을 이끌어내는 능력
팀을 구성하고 협력 체제를 조성하는 능력

4 감성 리더로서의 새로운 출발

어느 다국적 통합 에너지 회사에서 일하는 '알리'는 나름대로의 인생 계획을 갖고 있었다. 아이들이 다 성장하고 직장에서 은퇴하게 되면 그는 아내와 함께 케냐로 돌아가서 모국이 절실하게 필요로 하는 수자원 관리의 비법을 사람들에게 가르치고 고향에서 지하수를 개발하는 일을 도와주고 싶었다. 그러던 어느 날 상사가 알리에게 다음과 같이 제안했다.

> "알리, 무얼 망설이나? 혹시 케냐나 동아프리카 지역에서
> 수자원 관리를 담당하고 있는 다국적 회사는 없나?"
> 알리가 그런 회사는 없다고 대답하자,
> 상사는 "회사가 지역 공동체에 이익을 환원하는 형태로
> 그런 지사를 조직하는 방안을 한번 계획해보게."라고 말했다.

상사의 제안을 듣고 알리는 아주 치밀하게 동아프리카 수자원 관리 계획이 회사에 가져다 줄 전략적 이점을 나열하기 시작했다. 이는 현재 그의 회사에서 추진 중인 '세계 사회 재건 계획'의 일환으로 아주 좋은 프로젝트인 셈이다. 그는 마치 홀린 듯 청중들 앞에서 열정적으로 자신의 계획을 설명했다. 그 순간 알리는 자신의 꿈과 하나가 되었던 것이다. 이것은 알리에게 있어서 첫 번째의 중요한 발견이다. 바로 이때 변화가 시작되는 것이다. 그는 자신의 열정을 이끌어내기 시작했고 자신의 꿈을 추구하고자 하는 그의 마음은 그 어느 때보다 강렬하게 불타올랐다. 전에는 자신의 계획을 실천하기 위해서는 은퇴할 때까지 열심히 일해서 돈을 모으는 것밖에 없다고 생각했는데 이제 갑자기 그의 앞에는 수많은 가능성과 길이 열린 것이다.

어떤 리더가 되고 싶은가? 꿈의 추구에는 삶에 대한 열정, 에너지, 설렘임 등이 수반된다. 리더들은 그러한 열정을 통해 자신이 이끌고 있는 사람들 사이에 열광적인 분위기를 조성한다. 여기서 중요한 것은 자신의 이상적 자아를 드러내는 것이며 이것이 바로 '첫 번째 발견'에 해당된다. 이상적 모습을 그려보기 위해서는 자신의 가장

깊은 곳에 있는 밑바닥까지 들어가 봐야 한다. 알리의 경우처럼 자신의 삶에 스며있는 가능성에 대해 갑작스러운 열정을 가지게 된다면 바로 그때 자신의 이상적 자아의 모습을 본 것이다. 감성지능을 키워나가거나 혹은 유지하기 위해서는 무엇보다 먼저 자신의 이상적 자아로부터 힘을 끌어와야 한다. 왜냐하면 습관을 바꾼다는 것은 매우 힘든 일이기 때문이다. 습관이란 것은 오랜 세월에 걸쳐 반복적으로 되풀이됨으로써 형성된 고정관념으로 자리 잡고 있다. 그렇기 때문에 꾸준한 변화를 지속시키기 위해서는 앞으로 만들어갈 자신의 모습에 더 강하게 열정적으로 매달려야 한다.

리더십 훈련을 '직무 수행능력 개선'의 일환으로 치부하는 경우가 많다. 하지만 학습 목표를 달성하기 위해 필요한 것은 더 나은 지도자로 교정하는 기계적인 방법이 아니라 그 사람이 갖고 있는 꿈을 실현시킬 수 있는 계획을 세워 실천하는 것이다. 그러므로 가장 바람직한 학습 계획은 다른 사람이 생각하는 자신의 미래가 아닌 자기 자신이 되고 싶어 하는 스스로의 비전에 집중하도록 하는 것이다. 구체적이고도 자기제어가 가능한 학습목표는 자신에게 동기를 부여하고 자신의 모든 재능을 끌어모아 목표를 향해 나아가도록 한다. 그러나 만약 내가 아닌 다른 누군가가 나의 업무 수행 목표를 제시한다면 그것은 오히려 부정적인 결과를 가져올 수 있다. 그것은 내가 과연 그 일을 잘 해낼 수 있을까 하는 불안감과 우려를 갖게 만들기 때문에 결과적으로 동기부여에 방해가 될 뿐이다. 가장 바람직한 학습계획이나 목표는 다음과 같은 원칙하에 세워져야 한다.

첫째, 목표는 자신의 약점이 아닌 장점을 바탕으로 세워야 한다.
둘째, 목표는 자기 자신의 것이어야 하며 다른 사람이 부과한 것이어서는 안 된다.
셋째, 계획을 세울 때는 그 계획을 실천에 옮겨야 할 사람들이 나름대로 준비할 수 있도록 배려해야 한다.
넷째, 계획은 통제 가능한 수순에 따라 실행에 옮길 수 있는 것이어야 한다.
다섯째, 계획이 자신의 학습 스타일과 맞지 않으면 오히려 동기를 박탈할 뿐만 아니라 집중력을 떨어뜨릴 수도 있다는 점을 명심해야 한다.

5 감성 리더는 어떤 능력을 갖추어야 하는가?

감성리더가 되기 위한 능력으로 리더의 개인적인 측면과 조직 구성원들과 함께 생활하는데 있어서의 공동체적인 측면으로 나누어서 살펴보자.

우선 개인적인 측면을 보면,

첫째, 리더는 성실함을 갖추어야 한다.

조직을 이끌어가는 리더는 자기가 맡고 있는 업무는 물론이거니와, 업무외적인 면에 있어서도 성실한 모습을 보여야 한다. 인간의 행동은 주위사람들에게 전염되기 마련이다. 친구지간에도 독서를 좋아하는 친구가 곁에 있으면 자기 자신 또한 자연스레 책을 가까이 하게 된다. 반대로 주위에 욕설을 잘하는 친구가 있으면 자기 자신도 모르는 사이에 욕쟁이가 되어 버리는 수도 있다. 이러한 현상은 조직 내에서 리더와 부하들 간에 더욱더 확연히 일어날 수 있다.

둘째, 리더는 원칙과 일관성이 있어야 한다.

구성원들을 이끌어 가는 리더는 자기 자신의 원칙과 믿음이 있어야 일관되게 업무를 처리할 수 있다. 일관성 있는 리더십은 조직 구성원들에게 신뢰를 구축함으로서 리더를 믿고 의지할 수 있게 만든다. 즉, 조직 구성원들은 아무리 힘들고 위험한 상황에서도 리더에 대한 신뢰를 통해 마음의 안정을 찾고 자신의 업무에 충실할 수 있다는 것이다.

다음으로 공동체적인 측면에서 보면,

첫째, 리더는 이해심을 가져야 한다.

조직을 운영하는 데 있어서 가장 이상적인 것은 조직의 목표를 성공적으로 달성하는 것이다. 하지만 때로는 실수도 있을 것이며 실패도 있을 것이다. 리더는 조직 구성원이 비록 목표를 달성하지 못하고 실패했다하더라도, 이를 용납하고 포용할 줄 알아야 한다.

두 번째, 역지사지의 능력을 갖추어야 한다.

리더가 조직 구성원들의 마음을 헤아리기 위해서는 상대방의 입장이 되어서 생각할 줄 알아야한다. 이러한 역지사지의 능력은 특히 군대조직에서 더 큰 효과를 발휘할 수 있다. 이등병이 막 처음 자대에 배치되었을 때 낯선 환경에 대해 두려움과 외로움을 많이 느끼게 된다. 이런 힘든 상황을 이미 겪어보고 이해하는 선임병의 따스한 말 한마디나 격려가 이등병에게는 큰 힘이 될 수 있고, 주눅들지 않고 자신의 업무를 처리해 나갈 수 있다.

세 번째, 커뮤니케이션 능력을 갖추어야 한다.

감성적인 리더가 되기 위해서는 조직 구성원들과의 관계에 있어서 커뮤니케이션 능력을 갖추어야한다. "말 한마디로 천 냥 빚을 갚는다."는 말이 있듯이 리더의 말 한마디로 조직 구성원들의 업무에 막대한 영향을 미친다.

구성원들은 부하들의 감정을 헤아려 주는 '관계 중시형 리더'를 좋아한다. 감성 리더십은 물론이거니와 어떤 다른 리더십을 발휘하기 위해서도 조직 구성원들과의 관계강화는 필수적이라 할 수 있다. 구성원들의 감정을 헤아려 호응을 얻는 감성 리더의 경우 상호간의 밀접한 관계를 유지함으로서 조직 구성원들의 욕구나 불만 사항을 인식할 수 있다. 요즘은 기업의 CEO가 기업 내 식당을 이용한 경우가 많다. 이는 조직 구성원들과의 거리감을 좁히고, 관계를 강화함으로써 노사의 대립을 막고, 직원들의 고충을 들어주는 관계 중시형 리더십의 한 예라고 할 수 있다.

또한 현대의 故정주영 회장도 회식을 하면서 젊은 사람들과 같이 노래 부르고 춤도 추면서 분위기 맞추는 모습은 언론에서 많이 접할 수 있었다. 그 뿐 아니라 명절 땐 시차에도 불구하고 해외건설 현장에 꼭 전화를 걸어 격려했다고 한다. LG의 故구인회 회장은 새벽에 공장을 찾아와 철야한 사람들을 보고 "잠 좀 잤나. 욕 본다."는 말을 잊지 않았다고 한다. 이렇듯 관계를 중시하는 리더는 조직 구성원들의 마음을 헤아리기 쉽고, 그에 따라 조직 구성원들 또한 리더를 더욱 신뢰하며 공감대를 형성할 수 있다. 이와 같이 관계 중시형 리더가 조직 구성원들의 감정을 헤아려 호응을 얻을 수 있는 이유라고 할 수 있다.

리더십에 관한 논의는 인간의 지성, 즉 지능지수IQ와 관련이 깊은 기술적, 혹은 인지적 능력을 주로 다루어 왔다. 그러나 감성지능EI·Emotional Intelligence이야말로 위대한 리더십의 핵심이라는 것이다. 그렇다면 과연 뛰어난 감성을 지닌 리더들이 만족할 만한 성과를 달성할 수 있을까? 감성리더십에 관한 연구는 1970년대 이후 꾸준히 이루어졌다. 하버드대 매클레랜드David McClelland 교수의 연구에 의하면 성과가 높은 스타급 리더들은 평균 수준의 다른 관리자들보다 훨씬 높은 EI를 갖고 있었다. 21세기 인터넷혁명·디지털경제의 새로운 신천지가 전개되고 있다는 것을 부정할 사람은 거의 없을 것이다. 감성지능을 갖춘 리더는 적절한 사람을 대상으로 적절한 방법을 가지고 적절한 시간에 능력을 발휘할 줄 아는 사람이다. 그러한 리더십을 통해 열정적이고 유연한 분위기가 만들어지는데 그러한 분위기에서 일하는 사람들은 자신들이 최고의 능력을 발휘할 수 있는 가장 좋은 공간에 있는 듯 한 느낌을 받는다. 업무 환경은 조직의 효율적인 업무 수행에 없어서는 안 될 인간적 요소라는 새로운 가치를 만들어낸다. 감성적 리더는 인간적인 요소를 잘 활용하여 조직 구성원들의 능력을 최대한 발휘하게 만들어서 조직의 목적을 달성할 수 있도록 만들 것이다.

9 자아실현을 서포트하는 코칭 리더십

100년 전에 살던 사람이 평생 받아들이던 정보의 양보다
뉴욕타임스 1부가 더 많은 정보를 가지고 있으며,
지식이 생산물보다 더 중요한 시대가 되고 있다.
새로운 것들을 어떻게 취득할 수 있는가?
사람들은 자기 스스로 코치가 되어야 한다.

개인 코치… 타이거 우즈와 도널드 트럼프와 같은 사람들은 자신에게 맞는 코치 한두 명씩은 보유하고 있는데 왜 당신은 없는가? 코치는 친구, 직장 상사, 법조인, 직업상 동료 혹은 조언자가 아니라, 어떤 개인이 특수한 혹은 중요한 업무를 수행하는 데 도움을 주기 위해 사적으로 1:1 방식으로 지도해주는 사람을 의미한다. 회사 생활에 있어서 코치가 필요한 분야는 리더십 개발, 비즈니스 에티켓, 개인능력 향상, 자신감 회복, 의사소통 능력, 사람을 다루는 능력, 사적 또는 공적 관계, 경영능력 향상 등이 있다.

1 코치가 더 필요해진 시대

21세기를 살아가는 현대 CEO, 팀장, 구성원들에게 있어 가장 중요한 화두는 무엇일까? 그것은 바로 급변하는 경영 환경 속에서 팀에 활기를 불어넣고 보다 확고한 조직으로 탄생시키는 '리더십'의 구현일 것이다. 기존의 '명령'과 '질책'시스템 아래서는 조직원을 관리하는 데 있어 한계 상황에 봉착할 수밖에 없으며, 이제는 새로운 형태의 리더십을 필요로 하게 되었다. 새로운 형태의 리더십이란 무엇일까? 그것은 최근 비즈니스계에서 폭발적인 이목을 끌고 있는 '코칭'에서 찾을 수 있다. 코치는 우승을

향해 달리는 선수를 이끌어 공동의 목표를 달성시키는 숨은 공로자이다. 이제 명령, 질책, 회유로 대변되는 전통적인 기법으로만 일관한다면 자발적으로 행동하고 실천하는 인재를 키워낼 수 없다. 이러한 조직의 딜레마를 가장 효과적으로 변화, 발전시킬 수 있는 새로운 인재관리의 코칭은 새로운 대안을 제시하고 있다.

오늘날 경쟁적 비즈니스 환경에서 비즈니스 코치는 사치가 아니라 필수적인 것이다. 급격히 변하는 세계에서는 새로운 업무습관이 요구된다. 오늘날 좋은 평판을 지니고 있는 사람일지라도 그것이 내일의 성공을 보장하지는 않는다. 자신의 업무 스타일과 행동에 지속적으로 동기를 부여하고 늘 새롭게 갱신하는 것이 필요하다. 지난 500년보다 최근 30년 동안 더 많은 정보가 쏟아져 나왔다. 100년 전에 살던 사람이 평생 받았던 정보의 양보다 오늘날 뉴욕타임스 1부가 더 많은 정보를 담고 있다. 오늘날의 기업들은 기계산업, 광산업, 농업, 건설 장비보다는 컴퓨팅Computing과 커뮤니케이션에 더 많은 돈을 쓰고 있다. 지식이 눈으로 보이는 생산물보다 더 중요한 시대가 되고 있는 것이다. 그러나 사람들은 매주 워크숍이나 세미나에 참석할 시간이 없다. 그렇다면 반드시 배워야 하는 새로운 것들을 어떻게 취득할 수 있는가? 바로 개인 코치이다. 그러나 모두 개인 코치를 가질 수는 없다. 따라서 사람들은 자기 스스로 코치가 되어야 한다.

2 코칭과 코치

코칭이란 한 마디로 말하면 '상대의 자발적인 행동을 촉진하는 커뮤니케이션의 기술'이다. 대부분의 경우 목표를 달성하거나 장해를 타개하기 위한 대답이나 능력은 그 사람 자신이 가지고 있다. 코칭에서는 질문이나 제안, 승인 등에 의해 상대의 생각이나 능력, 정보, 지식 등을 끌어내 목표를 달성하기 위한 최선의 방안에 대해서 이야기 한다. 그리고 확실하게 행동으로 옮길 수 있도록 계속적인 지원Support을 하게 된다. 코칭스킬은 조직의 매니저에게 있어서 필수적인 스킬로 비즈니스에 있어서 도입되어 활용되고 있다. 코칭은 클라이언트코치를 받는 사람와 커뮤니케이션을 교환함에 따라서 클라이언트가 실현하고 싶은 목적을 명확히 하고, 단시간에 달성할 수 있도록 지원하고 있는 시스템이다.

♟ 도표 3-15　**코칭(Coaching)이란?**

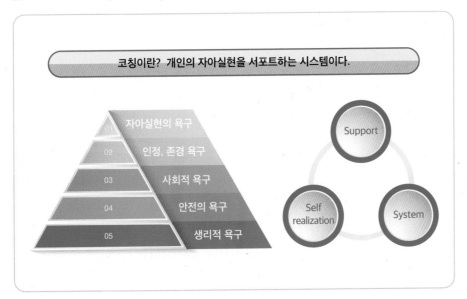

'코치Coach'란 말이 등장한 것은 1500년대로 '마차'라는 의미로, '중요한 사람을 그 사람이 바라는 곳까지 배웅한다.'라는 의미로 파생되었다. 1840년대에는 영국 옥스퍼드대학에서 학생의 수험지도를 하는 개인교사의 일을 '코치'라고 부르게 된다. 스포츠 분야에서 사용하게 된 것은 1880년대의 일본 보트경기의 지도자가 '코치'라 불리고 있었다. 매니지먼트 분야에서 코치라는 말이 사용되기 시작한 것은 1950년대 Myles Mace하버드대학 조교수가 "The Growth and Development of Executives, (1959)"란 책 속에서 "매니지먼트의 중심은 인간이고, 인간중심의 매니지먼트 속에서 코칭은 중요한 스킬이다."라고 평가하고 있다. 1992년 후반에는 미국에서 코치를 육성하는 기관 Coach University가 탄생했으며, 코치의 육성 프로그램을 제공하게 된다. 코칭은 코치가 코칭을 받는 사람에게 직업적 또는 개인적인 성과를 향상시키고, 삶의 질을 높이는 데 도움을 주는 지속적인 파트너십이다. 코치는 경청하고 관찰하는 데 있어서 전문적으로 잘 훈련을 받은 사람이며, 개개인의 특성에 맞게 그들의 필요에 접근해가는 방법에 숙련된 사람들이다. 코치는 사람들이 스스로 전략과 해결책을 도출하도록 한다.

 ## 코칭 진단

코칭은 기본적인 리더십 및 경영의 기술로 다른 사람들의 성장과 개발, 변화를 돕는다. 코칭은 직장에서, 친구들 사이에서, 그리고 가정에서 관계를 수립하는 데 유용하게 사용할 수 있다. 숙련된 코치는 다른 이들이 목표를 달성하고 생산성을 증진하며 자아 존중감을 높이도록 도울 수 있다. 코칭 진단은 자신이 코칭 할 때 어떤 행동을 하는지 스스로 살펴볼 수 있는 자기진단 도구이다. 이 진단 결과에 따라 자신의 코칭 기술을 개발시킬 수 있다. 자신이 바람직하게 생각하는 행동이 아니라 실제 자신의 행동에 기초해서 진단지를 작성해야 한다. 스스로에게 솔직할수록 더 많은 유익한 정보를 얻을 수 있을 것이다. 이제 코치가 취하는 행동과 관련된 30개의 문항이 나오는데 각 문항을 주의 깊게 읽어보고, 아래의 척도 1에서 5까지를 사용하여 자신이 얼마나 자주 각 문항에 나타난 행동을 하는지 생각해 보고 해당숫자에 표시를 한다. 자신이 일대일로 코칭 할 때의 행동을 떠올리면서 답변을 작성해주시기 바란다.

▶ 답안

1 : 나는 거의 이런 행동을 하지 않는다.

2 : 나는 이따금씩 이런 행동을 한다.

3 : 나는 때에 따라서는 이런 행동을 하는 편이다.

4 : 나는 자주 이런 행동을 하는 편이다.

5 : 나는 거의 언제나 이런 행동을 한다.

문항	질 문 내 용	척도
1	코치받는 사람이 편안하게 느낄 수 있도록 비언어적 의사소통에도 신경 쓴다.	1 - 2 - 3 - 4 - 5
2	코칭시에 객관적이고 측정 가능한 자료를 활용한다.	1 - 2 - 3 - 4 - 5
3	코치받는 사람이 성취하고자 하는 목표에 걸림돌이 되는 요소가 무엇인지 스스로 직면할 수 있도록 돕는다.	1 - 2 - 3 - 4 - 5
4	내가 코치하고 있는 사람의 생각과 관점, 가치를 이해하기 위한 질문을 한다.	1 - 2 - 3 - 4 - 5
5	코치받는 사람이 원하는 것이 무엇인지 스스로 분명하게 파악할 수 있도록 도와준다.	1 - 2 - 3 - 4 - 5
6	코치받는 사람이 구체적이고 행동에 옮길 수 있는 계획을 세우도록 돕는다.	1 - 2 - 3 - 4 - 5
7	코치받는 사람이 얘기하고자 하는 바를 내가 제대로 이해했는지, 내가 말로 설명해봄으로써 확인한다.	1 - 2 - 3 - 4 - 5
8	코치받는 사람의 성격이나 선호 경향을 이해하려고 노력한다.	1 - 2 - 3 - 4 - 5
9	코치받는 사람이 무의식적으로 가지고 있는 가정 및 추론의 방식을 스스로 점검해 볼 수 있도록 돕는다.	1 - 2 - 3 - 4 - 5
10	코치를 받는 사람에게 힘과 에너지가 충전될 수 있도록 격려한다.	1 - 2 - 3 - 4 - 5
11	코치받는 사람이 코칭 세션 동안 설정한 목표에 어느 정도 도달했는지 측정할 수 있도록 돕는다.	1 - 2 - 3 - 4 - 5
12	코치받는 사람이 학습에 의해 반드시 변할 수 있다고 확신을 준다.	1 - 2 - 3 - 4 - 5
13	코치받는 사람이 적어도 할애된 시간의 반 이상 이야기 하도록 한다.	1 - 2 - 3 - 4 - 5
14	목표성취도는 업무수행 지표 등과 같은 객관적인 자료를 사용하여 실제행동과 바람직하게 생각되는 행동 사이의 차이를 설명한다.	1 - 2 - 3 - 4 - 5
15	코치받는 사람의 말과 행동 사이에 모순되는 점이 있는지 살펴보도록 한다.	1 - 2 - 3 - 4 - 5
16	코치받는 사람이 편안하게 느끼도록 눈을 맞추며 따뜻한 목소리로 이야기한다.	1 - 2 - 3 - 4 - 5
17	코치받는 사람이 실현가능한 목표를 설정하도록 돕는다.	1 - 2 - 3 - 4 - 5
18	코치받는 사람이 향상된 목표를 설정하도록 돕는다.	1 - 2 - 3 - 4 - 5

문항	질문 내용	척도
19	코치받는 사람이 방어적인 자세가 되지 않도록 조심스럽게 질문한다.	1 - 2 - 3 - 4 - 5
20	코치받는 사람이 설정한 목표에 달성하기 위해 다양한 피드백을 받을 수 있도록 돕는다.	1 - 2 - 3 - 4 - 5
21	코치받는 사람이 상황을 다른 각도와 시각에서 볼 수 있도록 돕는다.	1 - 2 - 3 - 4 - 5
22	코치받는 사람이 감정적인 상태가 될 때 비판적으로 받아들이지 않도록 무조건인 지지를 보내준다.	1 - 2 - 3 - 4 - 5
23	코치받는 사람에게 지난 성과와 업적들을 지적함으로써 긍정적인 사고를 하도록 한다.	1 - 2 - 3 - 4 - 5
24	코치받는 사람이 단계별로 목표를 달성할 수 있도록 계획과 목표의 우선순위 정하는 것을 돕는다.	1 - 2 - 3 - 4 - 5
25	말하는 중간 잠시 쉬거나 침묵함으로써 코치받는 사람의 생각을 끌어낸다.	1 - 2 - 3 - 4 - 5
26	코치받는 사람의 현재 모습과 앞으로 되고자 하는 모습간에 어떤 차이가 있는지를 스스로 파악할 수 있도록 돕는다.	1 - 2 - 3 - 4 - 5
27	코치받는 사람이 역기능적인 태도로 행동할 때 어떤 결과를 가져오게 되는지 이해할 수 있도록 돕는다.	1 - 2 - 3 - 4 - 5
28	코치받는 사람이 할 수 있다는 자신감과 힘을 얻도록 노력한다.	1 - 2 - 3 - 4 - 5
29	코치받는 사람이 변화를 어느 정도 수용 하는지에 대한 자료를 수집하여 실행계획 세우는 것을 돕는다.	1 - 2 - 3 - 4 - 5
30	코치받는 사람이 버려야 할 행동과 생각을 분명하게 지적한다.	1 - 2 - 3 - 4 - 5

점수표 작성 요령

작성한 답안을 가지고 동그라미 표시한 숫자를 아래의 표에 옮겨 적는다. 질문에 대한 답변이 세 개의 칸 안에 있는 문제번호는 왼쪽에서 오른쪽으로 나열되어 있음에 유의한다. 숫자를 다 옮겨 적은 후에는 각 열에 있는 숫자들을 합산하여 총계란에 적는다.

♟ 도표 3-17 **점수표 작성 요령**

지지하는 행동	평가하는 행동	도전하는 행동
1.	2.	3.
4.	5.	6.
7.	8.	9.
10.	11.	12.
13.	14.	15.
16.	17.	18.
19.	20.	21.
22.	23.	24.
25.	26.	27.
28.	29.	30.
총계 :	총계 :	총계 :

🧑‍🤝‍🧑 코칭 결과 분석표

자신의 결과 분석표를 통해 코칭의 세 가지 차원에 대해 자신이 얻은 점수를 다른 사람의 점수와 비교해 볼 수 있다. 분석표는 또한 이 세 가지의 기술을 스스로 비교해 볼 수 있는 시각적인 틀을 제공해 준다. 이전 페이지의 점수표를 보면서 우선 평가하는 행동의 점수를 확인하고 아래의 막대그래프의 '평가표'에 자신의 점수만큼을 표시한다. 점수표시가 끝난 후에는 점수 총합을 페이지 맨 아래에 있는 '자신의 코칭 스타일 그림표'에 점으로 표시하고 각 점을 선분으로 연결한다. 삼각형의 모양을 통해 자신의 코칭 스타일을 파악한다.

♟ 도표 3-18 **코칭 결과 분석표**

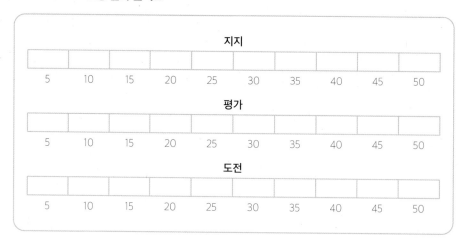

♟ 도표 3-19 **자신의 코칭 스타일 그림표**

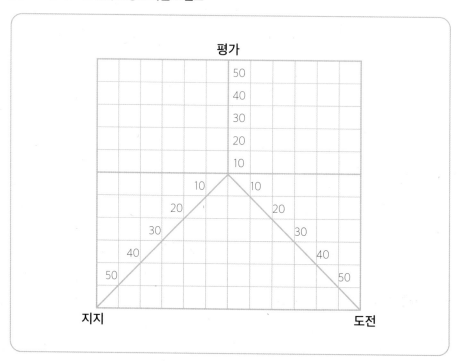

3 코칭이 지향하는 시스템

일반적인 코칭에서는 코치하는 상대와 코칭계약을 맺어, 맨투맨으로 실시한다. 코치는 코칭스킬을 사용해서 상대가 실현하고 싶거나 바라고 있는 목표를 명확히 하여, 그것을 달성하기 위한 전략을 함께 세우기도 한다. 일방적으로 지시를 하는 것이 아니라, 효과적인 질문을 던짐으로써 상대방이 스스로 대답을 찾아낼 수 있도록 촉진한다. 생각한 것이나 느낀 것을 자유로이 이야기할 수 있게 해준다. 또한 스스로 생각지 못한 질문이나, 제3자로부터 본 피드백을 받으면 새로운 아이디어가 떠오르기도 한다. 스스로의 지식이나 아이디어, 네트웍을 효율적으로 활용하는 것이 가능하기 때문에 상대는 자연히 목표로의 지름길에 다다를 수 있는 것이다.

도표 3-20 **코칭(Coaching)이 지향하는 System**

코칭에서 취급하는 테마에는 주로 다음과 같은 것이 있을 수 있다.

- 매니지먼트 능력의 향상
- 리더십 능력의 향상

- 문제해결과 의사결정 능력의 향상
- 효율적인 시간관리 능력의 향상
- 체계적인 경력개발과 경력관리
- 미래설계와 목표관리를 통한 비전체계 수립
- 인간관계와 커뮤니케이션 능력의 향상

대부분의 리더들은 지금 급격한 변화 속에서 수많은 테마로 고민하고 있다. 전례 없었던 경영환경 변화 합병, 해외자본을 신규시장에 도입, 조직개편의 개혁, 인사제도의 개정 등 속에서 관리자의 업무량은 종전에 비해 압도적으로 늘어나고 있고 게다가 업무의 추진방법이나 부하육성 방법도 종전과 달라졌다. 다음의 제시된 사항은 대부분의 리더가 직면해 있는 환경일 것이다.

① 유능한 인재를 육성해야 한다.

이런 상황 속에서 리더들은 탁월한 스피드로 업무를 처리해야 함과 동시에 성과를 올릴 수 있는 유능한 부하를 육성해야 한다. 지금 사원에게 가장 필요한 능력 중 하나로 환경 변화에 민감하게 반응하고 그 취지에 맞는 적절한 행동을 선택, 솔선하여 행동할 수 있는 소위 상황 대응력을 들 수 있다. 예를 들어 상사의 지시가 애매할 때에는 더 필요한 정보가 무엇인지를 알아 본인이 행동할 수 있는지 여부를 판단하고 그래도 불명확한 부분에 대해서는 정보를 수집하여 몇 가지의 행동으로 좁힌다. 그래도 일이 잘 진행되지 않는다면 다른 방법을 모색한다. 상사에게 의견이 있으면 그것을 요구나 제안이라는 건설적인 형태로 상사에게 건의한다. 이런 인재는 교훈적인 말이나 일시적인 트레이닝으로 육성되지는 않는다. 평상시 상사가 부하들과 어떻게 관계하고 있는지가 큰 영향을 미친다. 이런 관계의 방법이 코칭이다.

② 질문으로 부하의 아이디어를 이끌어낸다.

"부하가 자발적으로 움직이지 않는다.", "부하에게 이런 저런 질문을 하는데 효과가 별로 없다."라며 한숨 쉬는 상사가 있다. "스스로 생각하는 부하"를 키우고 싶다고 말하면서 아직까지도 상사의 생각대로 움직여주는 부하를 바라는 상사가 의외로 많다. 프레젠테이션 자료를 만드는데 헤매고 있는 부하에게 "우리가 꼭 전달하고 싶어하는 메시지는 무엇일까?", "그렇게 하기 위해서 어떤 항목을 몇 개 포함시킬 수 있을 것인가?"라는 질문을 통해 부하가 이 질문에 답변하는 사이에 "아, 이런 방법도 가능하군. 아니 그것은 어려울 것 같은데…" 따위의 행동을 위한 아이디어를 생각할 수 있게 한다. 상사가 부하와 관계하는 방법이 평가적이고 질문은 늘 "이것을 제출하기 전에 상대에게 충분히 확인했는가?", "우리가 전달하는 메시지는 이 전의 기획서와 다른가?"와 같이 상사가 확인하는 식의 질문만 하면 부하는 어느새 "이것만 하면 되는 거군"이라고 생각해 버린다. 요소요소에서 부하의 능력을 인정하고 생각하게 할 질문을 하면서 부하의 마음속에 "이렇게 하자.", "나라면 이렇게 하겠다."라는 관점을 만들어 주어야 한다. 부하는 질문을 받아야 이야기하고 생각하는 것이다.

③ 의욕 있는 부하를 만들어 낸다.

상사의 질문에 부하는 항상 반응해 오느냐? 그런 것은 아니다. 상담을 하러 갔는데 어느 사이에 상사의 설교 시간이 되어 버렸다. 그렇게 되면 안 된다고 말하듯이 상사가 자기 방식을 강요해버리면 말할 마음이 들지 않을 것이다. "지금 내가 하고 있는 일을 알아 준다.", "상사는 무슨 일이 생기면 자기 이야기를 충분히 들어주는 사람이다."라는 대전제가 없으면 중요한 이야기는 하기 힘들어진다. 부하가 상사에게 "자기가 현재 하고 있는 일을 알아 준다.", "지원 받고 있다."라는 편한 마음을 갖고 팀 내에서 자신의 존재를 실감할 때, 부하는 건설적인 행동을 취할 가능성이 높아진다. 그렇기 때문에 상사는 평소에 부하의 존재를 인정해주는 행동을 취할 것을 명심해야 한다. 이것이 승인Acknowledgment의 스킬이다. 부하육성에 뛰어난 사람이 자주 사용하는 말로는 "오~ 바로 기획을 시작했군", "오늘은 빨리 출근해서 일하고 있네", "오늘은 바쁠 것 같군" 자기가 하는 일을 상사가 알고 있다는 부하의 편안함이 상사에게 '듣는 귀'를 갖게 한다.

④ 조직문화를 바꾸는 기회

조직문화를 바꾸어 나가려는 움직임이 활발하다. 문화란 무엇인가, 그것은 그 회사의 직원이 취하는 행동이고, 여러 사람이 모였을 때의 커뮤니케이션 자세이다. 예를 들어, 상사가 부하에게 경영자의 의사를 전달할 때 부하가 받아들이기 쉬운 표현으로 바꾸었는지, 부하는 불만 등이 있을 때 그 불만을 건설적인 형태로 상사에게 전달할 수 있는지 등을 들 수 있다. 어떤 커뮤니케이션이 이루어지고 있는가에 따라서 회사 분위기는 크게 달라진다. 코칭이란 최종적으로는 커뮤니케이션의 형태를 바꾸고 새로운 문화를 구축해 나가는 것이다. 문화는 오랜 시간에 거쳐 길러지는 것이다. 그러나 시대의 스피드에 맞추려면 이를 기다릴 여유가 없다. 그리고 커뮤니케이션 스타일을 바꿀 때에는 단기간 안에 성공 시켜 그 행동을 지속 시켜줄 '동기부여 시스템'도 필요하다. 회사로부터의 '동기부여 시스템'이 사원에게 새롭고, 매력적이면 매력적일수록 사원은 늘 그것을 의식할 것이다.

4 참된 멘토 Mentor 로서의 코칭

누가 당신에게 다가와서 당신을 좋아하고 신뢰하며 장래의 비전을 나누며 당신이 승리하는 것을 보고 싶어 후원자가 되어 계속 돌봐주겠다고 제안한다면 당신의 삶에 어떤 변화가 일어나겠는가?

> '멘토(Mentor)'란 그리스 신화, 오딧세이에 나오는 이름으로서
> 기원전 1250년대 고대 그리스의 이타이카 왕국의 왕.
> 오딧세이가 트로이 전쟁에 출정하면서 그의 사랑하는 아들을
> 가장 믿을만한 친구에게 맡기고 떠나게 되는데 그의 이름이 멘토였다.
> 오딧세이 전쟁에서 돌아오기까지 무려 10여년 동안 멘토는
> 왕자의 친구, 선생, 상담자, 때로는 아버지가 되어 그를 잘 돌보아 준다.
> 이후로 멘토라는 그의 이름은 지혜와 신뢰로 한 사람의 인생을
> 이끌어 주는 지도자의 동의어로 사용되어왔다.

따라서 여기에서는 멘토를 후원자라는 용어로 통일하여 사용하겠다. 참된 후원자란 부하가 기업의 규범과 경영방침에 따라 행동할 수 있도록 도와주는 사람이다. 참

된 후원자로서의 재능은 다른 역할에 필요한 재능과 비교하여 미묘하고도 훨씬 어렵다. 왜냐하면 부하가 이미 지니고 있는 재능이나 능력을 더욱 심화시키고 향상시켜 주는 것과 관련되어 있기 때문이다. 입을 다물어야 할 때, 손을 빼야 할 때, 상대에게 양보해야 할 때, 혹은 맞서야 할 때 등 후원자로써의 기량이 중요할 때가 많다. 이러한 요령은 경험을 쌓는 과정에서 자연히 익히는 것이며, 학교 교육에서 지식으로써 배울 수 있는 것은 아니다. 리더는 후원자의 역할이 갖는 미묘함을 충분히 터득하여 부하에게도 그 비결을 가르치지 않으면 안 된다. 훌륭한 후원자는 '왜' 그러한 결정이 내려지게 되었는지, 그렇게 하지 않고 다른 대안을 선택하게 되면 '왜' 문제가 되는지를 부하와 앉아서 자세히 이야기해 준다. '어떻게' 그러한 결정을 내리게 되었는가가 중요한 것이 아니라 '왜'가 중요한 것이다.

왜 후원자의 역할이 그토록 중요할까? 그것은 리더로서의 궁극적인 역할이 우수한 후배 리더를 양성하는 데에 있기 때문이다. 경영방침을 중요하게 여기면서 그 방침이 현실에 적합한 것인지를 항상 테스트하면서 수정을 해가는 능력을 갖춘 그러한 후배 리더를 만들어내는 것이다. 관리자나 간부의 언행에 일관성이 있고 활기가 넘친다면 그 기업은 우수한 기업이다. 최고 경영층의 뛰어난 리더는 거의 예외 없이 일찍부터 후원해줄 부하를 찾았던 사람들이다. 그들은 처음부터 자신의 뒤를 잇게 될 촉망되는 엘리트 부하를 찾고 있다. 된 멘토 후원자가 되기 위해서는 무엇보다도 두툼한 배짱이 필요하다. 후원자로서 가장 용기있는 태도는 자신의 바로 아래 부하에게 실력을 발휘할 기회를 제공하고 격려하는 코치가 되는 것이다. 이것은 자신의 자리가 빼앗길 수 있는 다분히 위협적인 일이다. 그러나 인재가 풍부한 기업을 꾀한다면 이 밖에는 방법이 없다는 사실을 깨닫는 코칭이 되어야 한다.

♟ 도표 3-21 **참된 멘토(후원자)로서의 특징**

- 부하를 동료로 생각한다.
- 부하가 다른 일이나 새로운 직무에 적응할 수 있도록 도울 수 있는 기회를 찾는다.
- 경영방침이나 규범을 명확하고 평이하게 표현한다. 현재의 일이 어떻게 경영방침이나 규범의 실현 과 관계를 맺고 있는지 부하가 납득할 수 있도록 해준다.
- 최근의 성공이나 실패를 함께 이야기하면서 진로 계획이나 장래 목표에 관하여 부하와 함께 이야기 를 나눌 기회를 정기적으로 마련한다.
- 부하가 월등한 기술이나 능력을 가지고 있어도 거기에 위협을 절대 느끼지 않는다.

10 블랜차드와 허시의 상황대응적 리더십

1 상황대응적 리더십 모델의 개념

경영자나 상사가 조직 구성원들에게 영향을 미쳐 경영의 목적을 달성케 하기 위한 리더십의 발휘는 사람마다 각기 독특한 개성과 가치관에 따라 다르기 마련이다. 인간은 누구나 자신이 생각하고 있는 방식이 최선책이라고 믿고 있기 때문에 그렇게 행동하는 것이다. 아마 자기 나름대로의 방식이 옳지 않다고 생각하면서도 실제로 그렇게 행동하는 사람은 없을 것이다. 그러나 훌륭한 리더가 되기 위해서는 내가 취하는 리더십의 방식보다 더 좋은 방식이 있을 수 있다는 사실을 깨닫는 겸허한 자세야말로 우리들의 리더십을 향상시키는 중요한 과제이다.

일반적으로 경영자나 상사들의 리더십 유형은 크게 네 가지로 분류할 수 있는데 설득적 리더십, 지시적 리더십, 위임적 리더십, 참여적 리더십이다. 이것을 상황대응적 리더십Situational Leadership; 이하 SL이라 부름모델이라고 하며, 효과적인 리더십을 규명하기 위해서 리더의 행동양식이나 태도뿐만 아니라 집단이나 조직의 성질, 작업의 내용들을 포함하는 상황요인들을 함께 고려해야 한다고 허어시와 켄 블랜차드P. Hersey & K. Blanchard는 주장했다.

리더십 유형

"당신의 리더십은 어떤 유형입니까?" 쉬운 질문이지만 특별히 어떤 스타일로 규명해 보지 않은 사람이 더 많을 것이다. 이제 자신의 리더십 유형을 결정해 보고 자신의 강점과 약점을 파악하여 미래 리더십을 향상시키는 방법을 생각해 보자.

리더십 유형은 리더가 조직 구성원들에게 어떻게 비쳐지는 가에 달려있다. 그것은 스스로 자신을 어떻게 보느냐에 있지 않고, 다른 사람들이 자신을 어떻게 보는가가 핵심이다. 스스로의 착각과 독선에서 벗어나야만 진정한 엘리트리더가 될 수 있는 것이다. 리더의 특징은 여러 가지로 표현될 수 있다. 즉, '카리스마가 있다.', '열정적이고 추진력이 있다.', '박력이 있지만 거만하다.', '권력을 남용한다.', '부드럽고 자상하다.' 는 등의 각종 표현으로 리더들의 특징이 조직 구성원들의 입에 오르내리고 있다. SL 모델은 리더의 말과 행동_{리더의 행위}, 완전 자율형과 완전 통제형의 유형이 두 가지 극단 사이에 존재하는 것이다. 이러한 행위에 근거한 리더십 유형 분류에 좀 더 현실적인 의미를 부여하기 위해서 리더십을,

① 업무 중시 _{과업행동} : 리더가 직접적으로 일을 챙겨서 이끄는 리더십
② 인간관계 _{관계성 행동} : 조직구성원들을 격려하고 지원해서 목표를 성취하려는 리더십
③ 부하가 어떤 특정한 과업이나 목표의 수행을 위해서 나타내 보이는 준비성, 즉 성숙도 수준

이들 세 가지간의 상호작용관계에 기초를 두고 있다.

2 상황에 따라 변하는 리더십의 4가지 유형

성공적인 리더십은 지위, 권한을 부여한다고 해서 발휘되는 것이 아니라 미래 리더들은 여러 가지 상황에서 업무성과와 인간관계를 적절히 조화시켜서 성공했다고 볼 수 있다. 따라서 업무성과_{과업행동}와 인간관계_{관계성 행동}에 대한 리더의 행위를 2차원적 요소로 나누어 분석해 보면,

첫째, 업무중시 행위_{과업행동}
리더가 개인이나 조직 구성원들의 임무나 책임에 대해서 관여하는 정도, 즉 성과를 중시하는 리더들은 조직 구성원들에게 누가, 무엇을, 언제, 어디서, 어떻게 하는가

를 직접 제시하며 독려하고 결과를 주의 깊게 관찰한다.

둘째, 인간관계중시 행위관계성 행동

리더가 개인이나 조직 구성원들과의 커뮤니케이션에 관여하는 정도, 즉 인간관계를 중시하는 리더들은 동기부여를 중요시 여기며 조직 구성원들이 무엇을 원하는지에 대해 관심을 기울이며 상호신뢰감을 강조하며 의견을 들어주고, 격려하고, 조정하고, 그리고 그것들에 대한 전적인 지원을 아끼지 않는다.

♟ 도표 3-22 **리더십 유형 분류도**

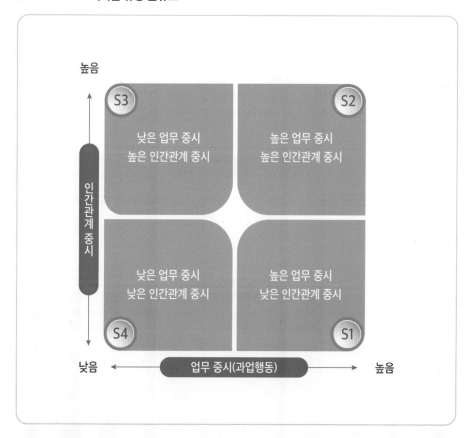

♟ 도표 3-23 **SL모델에 관한 개념의 상호작용 통합**

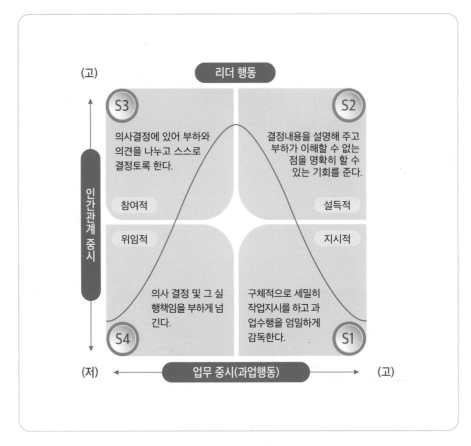

부하의 성숙도

부하 주도적		리더 주도적	
高	中정도		低
M4	M3	M2	M1

구 분	S4	S3	S2	S1
리더십	위임하는 관찰하는	참여, 협동하는 복돋아 주는 몰입케 하는	설득하는 설명하는 명확화 하는	지시하는 지도하는 명령하는
의사결정	리더의 위임 부하가 결정	리더·부하 함께 또는 부하가 결정	대화·설명 후 리더가 결정	리더가 일방적 결정

3 상황대응적 리더십 유형 정의

리더십을 연구하는 많은 학자들은 어떤 리더십이 부하직원들의 동기를 유발하고 성과를 높이는지에 대해 연구해 왔다. 이들 중에서 상황이론을 주장하는 학자들에 따르면 부하직원의 성과를 최고로 높이는 리더십유형이 존재하는 것이 아니라 상황에 따라 적합한 리더십 유형이 있다는 주장이다. 그럼에도 불구하고 관리자·간부가 가지는 리더십은 일반적으로 어느 일정 기간 동안 변하지 않는 속성을 가지고 있다. 즉, 지시적인 리더십을 발휘하는 리더는 상황에 관계없이 항상 부하들에게 구체적으로 업무를 지시하고 통제하게 되며, 참여적 리더십을 발휘하는 리더는 항상 친절하게 대하고 인간적인 문제에만 관심을 기울여 주게 된다. 그러나 동일한 리더십 유형이 모든 상황에서 동일하게 효과적이지는 못하다. 따라서 리더는 자신의 리더십 스타일대로 모든 부하직원들에게 행동할 것이 아니라 부하직원들이 수행하는 업무가 어려워 좌절감을 느끼고 있는지, 능력과 의지를 가지고 있는지에 대한 상황을 파악하여 그 상황에 맞는 리더십을 발휘해야 부하직원들의 성과를 높일 수 있다는 점을 명심해야 한다.

① 설득적 리더십S2

높은 업무/높은 인간관계성의 리더행동으로써, 이 유형에서는 아직도 많은 지시가 리더에게서 나오지만 지시적인 행동과는 다르기 때문에 "설득 시킨다." 라는 용어로 압축시켜 개념화할 수 있다. 왜냐하면 리더가 여전히 부하에게 대부분의 지시를 하지만 이를 납득시키기 위해 리더가 대화를 통한 쌍방적 의사소통two way communication 이나 설명을 통하여 부하들로 하여금 심리적으로 요구되는 행동을 실천하려는 의지를 불러일으키게 하는 한편 리더가 바라는 바를 부하가 쌓아가도록 리더가 노력하기 때문인데 이와 같은 리더 행동을 우리는 『설득적 리더십』이라고 부른다. 이 유형은 성숙도 수준 M2인 부하와 짝을 이룬다. 즉, M2의 부하들은 여전히 업무수행 능력은 부족하나 자발성이 있기 때문에 리더는 높은 과업행동을 취하되 동기부여나 업무몰입Commitment을 위해 설득하고 납득시키는 지원적인 관계성 행동을 높이는 것이 중요하다.

업무부장이 업무부 신입사원에게 "당신은 강의실 밖에서 대기하고 있다가 교육생들이 시끄럽지 않게 하거나 함부로 들락거리지 않도록 해요."라고 단순히 일방적으로 말한다면 이것은 지시적 행동이다. 반면에 인사부장이 "건강 신바람을 일으키고 있는 황교수께서 모처럼 특강하시는데 바깥이 시끄럽고 들락거리면 예우가 아니니까 다른 교육생들을 안내하기 위하여 강의실 문밖에서 대기해 주면 어떻겠어요?"라고 말한다면 이것은 설득적인 리더행동이 된다. 인사부장이 지시를 했다 하더라도 부하는 질문이나 의문을 제기할 수도 있고 일의 명확화를 위해 설명을 얻을 수도 있다. 일을 수행하는 이유, 즉 왜Why에 대한 설명을 위한 리더십의 노력이 과업행동과 관계성행동을 이어주는 다리의 역할을 하고 있는 것이다. 이 점이 지시적 행동과의 차이이다.

② 지시적 리더십S1

높은 업무/낮은 인간관계성의 리더행동으로써 많은 지시감독과 적은 협력적 행동을 "지시 한다."라는 용어로 압축하여 쓸 수 있다. 왜냐하면 이 유형의 특징은 리더상사가 부하의 역할을 일방적으로 정해 상대방에게 무엇을What, 어떻게How, 언제When, 그리고 어디서Where 수행해야 할 것인지를 지시하고 감독하는 행동으로 특징 지울 수 있기 때문에 이것을 우리는 『지시적 리더십』이라고 부른다. 이 유형은 성숙도 M1인 부하와 짝을 이룬다. 책임을 맡을 능력도 없는 지시를 필요로 하는 부하들은 수행해야 할 일에 대한 불안감으로 자신감이 없으므로 명확하고 구체적 지시와 감독을 수

반하는 지시적 리더행동유형S1이 이와 같은 성숙도 수준M1의 부하들을 위해 그 리더십의 효과성이 가장 높은 리더행동 유형이 된다. M1의 부하들에게 너무 많은 지원적 행동을 하게 되면 열등한 업무수행을 용인하는 것이 되어 서투른 업무수행에 대해 보상 내지는 이를 강화하게 되는 결과를 초래할 수 있다.

③ 위임적 리더십S4

낮은 인간관계성/낮은 업무의 리더행동으로써 이와 같은 리더행동은 결국 부하에게 업무를 맡기게 되므로 "위임 한다."는 말로 개념화시킬 수 있다. 왜냐하면 부하가 높은 성숙도를 지니고 자기 스스로의 행동을 자율적으로 할 의욕과 능력을 함께 지니고 있기 때문에 리더행동은 거의 지시적이 아니고 또 거의 지원적인 행동이 필요 없는 『위임적 리더십』이 된다. 이 유형은 성숙도 수준이 가장 높은 M4인 부하와 짝을 이룬다. 즉, M4의 부하들은 임무수행을 언제, 어디서, 어떻게 수행할 것인가에 대한 리더의 지시가 필요 없게 되는데 이는 부하가 이 같은 능력을 이미 보유하고 있기 때문이며, 이와 마찬가지로 리더의 평균수준 이상의 격려나 지원적인 배려 행동이 요구되지 않는데, 이는 부하가 자신의 업무에 대해 확신에 차있고 몰입되어 동기화 되어 있기 때문이다. 리더는 이와 같은 부하에게 공Ball을 주어 그것을 가지고 놀게 하면 된다.

④ 참여적 리더십S3

높은 인간관계성/낮은 업무의 리더행동으로써 이 유형에서는 리더와 부하가 함께 의견교환을 하고 부하 측에서 업무수행능력과 지식이 갖추어져 있으므로 부하의 행동을 주로 촉구만 하게 되므로 "참여 시킨다."는 용어로 압축하여 대신할 수 있다. 왜냐하면 리더와 부하가 함께 의사결정과정에 참여하여 의견을 나누게 되는데, 이때 리더의 주된 역할은 부하의 아이디어가 나오도록 의사소통을 촉진하기 때문인데 이와 같은 리더행동을 우리는 『참여적 리더십』이라고 부른다. 이 유형은 성숙도 수준 M3인 부하와 짝을 이룬다. 즉, M3의 부하들은 업무능력을 익혀서 이제 업무수행능력이 갖추어졌고 다소간 자발성도 보이고 있으나 이제 자기책임으로 추진해 본다는 데에 따른 염려라든가 일에 재미가 없어졌다든가 상사와 궁합이 맞지 않다든가 등으로 하려고 하는 동기유발 측면에서 좀 떨어져 있다. 이때는 리더가 언제·어디서·어떻게 업무수행을 할 것인가에 관련된 과업행동에 대하여는 비지시적으로 임하는 한편, 의사소통 문호를 활짝 열고 쌍방적 의사소통과 적극적인 경청자세로 부하의 노력을 지원 격려하고, 부하가 스스로 동기유발 할 수 있도록 노력한다. 이런 아이디이가 나올 수 있도록 하는 높은 수준의 인간관계성 리더행동이 그 유효성을 가장 높일 수 있는 것이다. 이것이 리더가 지시를 주고 또 의사결정을 하는 지시적인 S1나 설득적인 S2와 다른 점이다.

4 리더십 유형을 파악하는 자가 진단

허어시와 블랜차드P. Hersey & K. Blanchard의 네 가지 리더십 유형은 리더가 업무성취와 인간관계를 어떠한 시각에서 보느냐에 따라서 구분된 것이다. 예컨대 '설득형'은 임무와 인간관계를 직접 챙기려는 리더이므로 본인이 원하는 방향을 제시하고 항상 대화할 자세를 보여줌으로써 조직 구성원과 자주 접촉하려고 하는 것을 의미한다. 반대로 '위임형'은 임무측면에서나 인간관계측면에서 전적으로 조직 구성원을 신뢰하여 방향 설정이나 임무 수행과정에 크게 관여하지 않는 리더십 스타일을 설명하고 있다.'지시형'은 임무 달성을 강조하며 인간관계에는 크게 연연하지 않는 리더십 스타일이다. '참여형'은 가능한 한 동기부여를 통해서 사람의 마음을 움직이게 하려고 한다. 물론 모든 유형이 다 장단점이 있으므로 자신의 유형에 대해서 좋고 나쁨을 가리는 것은 바람직하지 못하다. 상황에 맞는 올바른 리더십을 어떤 방법으로 보여주느냐가 오히려 성공을 좌우하기 때문이다.

① 자신의 리더십 유형 파악

우리는 앞서 리더십 유형을 네 가지로 분류하였다. 이제 당신은 "나의 리더십 유형은 어떤 것일까?"하는 조그만 궁금증이 생겼을 것이다. 그리고 그보다 더 큰 의문이 "과연 그러한 나의 리더십이 얼마나 효과적일까?" 이제 함께 그와 같은 궁금증을 풀어 보자.

1단계 : 리더십 분석 설문 답변

리더십 분석 설문은 당신이 리드하고 있는 조직에서 발생할 만한 12가지 의사결정 상황을 설명하고 각 상황에 대해서 4가지 가능한 대응 방안이 주어져 있다. 각 상황을 읽어보고 당신이 선호하는 대응 방안을 선택해서 해당 번호에 동그라미 표시를 하라. 이 설문의 핵심은 '가장 바람직한 대응 방안을 찾으려고 하지 말고 당신이 실제로 취했음직한 판단을 선택해야만 올바른 리더십 유형 분석이 가능하다'는 것이다. 신중히 대답하되 이 점을 꼭 명심하기 바란다. 따라서 적당히 빨리 직감으로 답변하는 것이 효과적일 것이다.

2단계 : 리더십 유형 설문 분석

이 단계에서는 답한 결과를 가지고 리더십 유형을 분석할 수 있다. 아래에 있는 리더십 유형 분석표의 각 설문항목에 대한 당신의 응답 결과를 동그라미 치고 리더십 유형에 체크된 동그라미 숫자를 세어서 '합계 숫자'를 적으면 리더십 유형별 점수가 된다.

주의할 점

표시해야 할 행동은 당신이 행할 것이라고 예상되는 행동이지, 당신이 이상적으로 생각하는 행동이 아니다. 이 질문지의 목적은 당신이 실제로 행하고 있는 행동이 무엇인지 파악하고자 하는 것이며, 정답을 구하려는 것은 아니다. 제시된 상황에서 당신이 취하고자 하는 행동이 없다면, 당신이 취하려는 행동과 가까운 행동에 표시하면 된다.

도표 3-24 리더십 유형 설문 분석

설문 항목	상황	당신의 대응 방안
1	부하직원들은 최근에 당신이 보여주는 부드러운 지시나 발전적인 지적에 대하여 반응을 보이지 않고 있다. 그들의 업무실적은 급속히 떨어지고 있다.	A. 업무절차를 일관되게 따를 것과 업무 달성의 필요성을 강조한다. B. 대화를 유도하지만 강요하지는 않는다. C. 직원과의 대화를 통해서 목표를 정한다. D. 상관하지 않는다.

설문 항목	상황	당신의 대응 방안
2	당신이 지도하는 부서의 가시적인 성과는 향상되고 있다. 당신은 모든 구성원들이 자신의 책임과 자신에게 주어진 업무의 기준을 확실히 이해하고 있다고 확신한다.	A. 우호적인 관계를 갖지만, 그들로 하여금 각자의 역할과 업무표준을 재차 인지시킨다. B. 특별한 조치를 취하지 않는다. C. 구성원들이 중요하고 모두 관심의 대상이 되어 있다는 것을 느낄 수 있는 무엇인가를 한다. D. 업무 및 마감시간의 중요성을 강조한다.
3	당신의 부하직원들이 문제를 스스로 해결 못하고 있다. 일반적이라면 그대로 놔둔다. 이제까지의 업무추진과 직원들 사이의 업무실적과 인간관계는 좋다.	A. 그룹에 관여해서 함께 문제해결에 동참한다. B. 그룹이 자체로 해결하게 한다. C. 빨리 강력한 조치를 취해서 조정하고 방향을 수정한다. D. 그룹이 그 문제를 해결하도록 격려를 하고 언제든지 상의할 수 있도록 대화의 장을 열어 둔다.
4	당신은 큰 변화를 고려하고 있다. 부하직원들은 이제껏 좋은 업무 수행 능력을 가지고 있다. 그들도 역시 변화의 필요성을 인식하고 있다.	A. 변화를 계획하는데 있어서 부하직원들을 참여시키지만 강요하지 않는다. B. 변경된 사항을 단독 발표하고 그 실행 정도를 세밀하게 관리한다. C. 그룹의 제안을 참고하지만 변화를 주도한다. D. 그룹으로 하여금 스스로 방향 설정을 하도록 한다.
5	당신의 그룹은 지난 몇 달 동안 생산성이 떨어지고 있다. 직원들은 목표달성에 관심이 없다. 과거에는 역할과 책임을 재조정하면 도움이 되었었다. 업무를 제시간에 마쳐야 한다는 사실을 그들에게 계속해서 주지시킬 필요가 있다.	A. 그룹으로 하여금 스스로 방향 설정을 하도록 한다. B. 그룹의 제안을 참고하지만 그들의 목표가 달성되는지 주시한다. C. 목표를 재정립하고 관리를 강화한다. D. 목표 재정립에 그룹을 참여시키지만 강요하지는 않는다.
6	당신은 조직이 효과적으로 운영되도록 참여하고 있다. 전임자는 상황을 엄격하게 통제했다. 그렇지만 당신은 생산적인 분위기를 유지하면서도 부드러운 분위기로 시작하기를 원한다.	A. 그룹이 중요하고 모두 관여되어 있다는 것을 느낄 수 있도록 하는 조치를 취한다. B. 업무 및 마감일의 중요성을 강조한다. C. 변화를 꾀하지 않는다. D. 구성원으로 하여금 의사결정에 참여하게 하지만 목표가 달성되는지 파악한다.

설문 항목	상황	당신의 대응 방안
7	당신은 부서의 구조에 획기적인 변화를 고려하고 있다. 부서의 구성원들은 필요한 변화에 대해서 제안을 해왔다. 부서 그룹은 일상업무에 있어서 유연성을 보여왔다.	A. 변화를 정립하고 세밀한 관리하에 이행 시킨다. B. 변화에 대한 그룹의 동의를 얻고 구성원들로 하여금 그것을 추진하도록 한다. C. 제안된 대로 변화를 기꺼이 시도하지만 이행 상태는 잘 관리한다. D. 대립을 피하고 모든 것을 그대로 놔둔다.
8	당신 그룹의 업무실적과 인간관계는 좋다. 당신은 자신이 그룹에 방향제시를 제대로 하지 못하고 있다고 생각하고 있다.	A. 그냥 놔둔다. B. 그룹과 그 상황을 논의하고 필요한 변화를 시도한다. C. 직원들을 잘 정리된 방법으로 업무에 유도할 수 있는 절차를 따르도록 한다. D. 지나친 방향제시로 직원과의 관계를 망치지 않도록 주의한다.
9	당신의 상사가 당신을 변화에 대한 제안 마감일을 훨씬 지나치고 있는 실무 추진 팀의 팀장으로 임명했다. 그 그룹은 자신들의 목표에 확신이 없다. 회의 참석률이 낮았고 회의가 친목으로 바뀌고 있다. 그들은 충분한 잠재력을 갖고 있다.	A. 그룹 스스로 해결하도록 한다. B. 그룹의 제안을 참고하되 목표달성을 주시한다. C. 목표를 재정립하고 감독을 강화한다. D. 목표수립에 그룹을 참여시키지만 강요하지는 않는다.
10	당신은 새 자리에 승진했다. 전임자는 구성원의 의견을 반영하여 업무를 수행하고 추진 방향을 설정했다. 그룹간의 관계는 좋다.	A. 새로운 업무표준을 재정립하는데 그룹을 참여하도록 하지만 강요하지 않는다. B. 업무표준을 재정립하고 관리를 강화한다. C. 강요하지 않고 갈등요인을 피한다. D. 그룹의 제안을 참고하지만 새로운 업무 표준이 달성되는지 주시한다.
11	당신은 새 자리로 승진했다. 전임자는 그룹의 업무에 직접적으로 관여하지 않았다. 그룹은 적절하게 업무를 수행하고 적절하게 추진방향을 설정했다. 그룹간의 관계는 좋다.	A. 구성원들을 잘 정리된 방법으로 업무에 유도할 수 있는 절차를 따르도록 한다. B. 그룹으로 하여금 의사결정에 참여시켜서 기여하도록 한다. C. 그룹과 함께 과거의 업무수행에 대해 토론하고 새로운 업무의 필요성을 조사한다. D. 그룹을 계속 그대로 놔둔다.
12	최근 정보에 의하면 그룹의 구성원들간에 내부 갈등이 있는 것으로 나타났다. 구성원들은 장기 목표를 효과적으로 유지하고 있었다. 지난해에 그들은 잘 협력해서 일 했었다. 모두 그 충분한 업무 수행 자질을 가지고 있다.	A. 당신의 해결책을 가지고 직원들에게 시도해서 새로운 해결책에 대한 필요성을 타진한다. B. 그룹 스스로 해결하도록 한다. C. 빨리 강력한 조치를 취해서 조정하고 방향 설정을 한다. D. 대화의 문을 열어 놓지만 직원과의 관계를 망치지 않도록 조심한다.

♟ 도표 3-25 **리더십 유형 자가진단 분석표**

설문항목 (상황)	리더십 유형 분석표			
	설득형	지시형	위임형	참여형
1	C	A	D	B
2	A	D	B	C
3	A	C	B	D
4	D	B	C	A
5	B	C	A	D
6	D	B	C	A
7	C	A	D	B
8	B	C	A	D
9	B	C	A	D
10	D	B	C	A
11	C	A	D	B
12	A	C	B	D
합계 숫자				

♟ 도표 3-26 **리더십 지수 분석표**

설문 항목 (상황)	설득형(a)	지시형(b)	위임형(c)	참여형(d)
1	D	B	C	A
2	B	D	C	A
3	C	B	A	D
4	B	D	A	C
5	A	D	B	C
6	C	A	B	D
7	A	C	D	B
8	C	B	D	A
9	A	D	B	C
10	B	C	A	D
11	A	C	D	B
12	C	A	D	B
합계 숫자				

▶ 리더십 지수(LQ) 계산 공식 :

$$(-2 \times a) + (-1 \times b) + (1 \times c) + (2 \times d) = LQ$$

11 여성 리더십과 젠더 통합리더십

우리나라 여성의 경제 활동 참가율이 지속적으로 증가하고 리더의 위치에 오르는 경우가 과거보다 늘어나면서 지도자로서의 여성에 대한 논란이 한 부분이 된 것이다. 이러한 관심은 과연 여성이 리더로서의 자질이 있는가, 남성과 비교할 때 여성의 리더십 스타일은 다른가, 부하들이 보는 상사에 대한 태도는 성_{性, Gender}과 관계가 있는지 등의 많은 논쟁을 불러 일으켰다. 그러나 우리 사회에서 여성 인력의 활용이 매우 소극적인 수준에 머물고 있으며, 이미 활용되고 있는 여성의 지위도 남성에 비해 열악한 편이다. 특히 리더십을 발휘해야 하는 직위에 진입한 여성은 매우 적고 그 역사도 짧다. 뉴욕의 리서치 회사인 카탈리스트_{Catalyst}는 '포춘'이 선정한 1,000대 기업의 CEO와 여성 임원을 상대로, 여성이 고위직에 오를 때 직면하는 장애 요인에 대해 조사했는데, 야망이나 리더십 기술의 부재가 아니라, 관리 경험의 부족, 비공식적 연결망에서의 배제, 여성의 승진에 대한 고위 관리자들의 의지 부족 등이 문제로 나타났다. 따라서 앞으로는 여성들이 고위직에 진출할 때 경험하는 실질적 장애 요소를 제거하고, 인식의 차이를 좁히려는 노력이 필요하다.

1 여성 리더십이란?

여성 리더십의 개념은 1960년대 일어난 여성운동의 영향으로 여성리더의 수가 증가되자 남성리더와 여성리더의 행동비교에 관한 연구가 필요하게 되면서 Loden. M.₁₉₈₅에 의해 제기 되었다. 그는 전통적 리더십과 여성적 리더십의 차이를 권력에 대한 개념을 통하여 설명하였는데, 권력을 얻는 근원을 지위에 대한 권력과 개인적인 권력으로 나누고 남성적 리더십을 지위에 의존해서 물적 기술적 자원에 대한 통제 및 조직 내 위계에 따른 권력행사라고 하였다. 반면 여성적 리더십은 개인의 능력을 중시하여 대인관계와 카리스마 등에 초점을 두고 위계조직 대신 팀 중심으로 운용되므로 권력을 조직 구성원이 공유하는 경향이 있다는 것이다.

전통적인 리더십 모델은 가부장적인 것으로 리더 개인에게 상당한 책임을 부여하고 있다. 이 모델에서 조직을 통제하고 권위를 행사하는 카리스마적인 리더는 자신의 신념과 확신으로 구성원들을 집단의 과업에 동원시키려고 한다. 이와는 다르게 여성적 리더십은 가부장적인 리더십과는 차이가 있다. 여성적 리더십 활동 스타일은 경쟁이 아니라 협동이며, 조직구조는 위계조직 대신 수평적인 팀 중심이 된다. 여성적 리더십의 기본 목적은 질적 결과물에 있고, 직감과 합리성에 의해 문제해결이 이루어진다. 결국, 여성적 리더십 모델에서는 직급 간 통제요소를 최소화하고, 조직 구성원 간의 협동과 감정 이입을 통해 높은 수준의 수행 결과를 추구한다고 볼 수 있다.

여성리더는 급변하고 불확실성이 높은 환경에 처한 조직의 효율성을 높이는데 효과적인 직관적인 사고를 지녔으며, 경쟁보다는 팀 구성원의 참여를 권장하며, 의사소통이 활발하게 이루어지도록 지원한다. 또한, 기존의 권위적인 리더십과는 달리 권한 위임을 통해 조직의 효과성을 극대화시키며, 비즈니스 윤리에 있어서 배려와 관계를 중시한다. 여성적 특질인 배려와 관계의 중시는 고객의 처우에 대한 관심, 문제해결에 대한 창조적인 접근, 대인관계 업무에서의 신뢰 등을 통해 효과적인 인간관계를 구축하고 조직의 분위기를 향상시킬 수 있다.

♞ 도표 3-27 **여성적 리더십 모델**

활동 스타일	협동
조직구조	팀
기본목적	질적 결과물
문제해결 스타일	직감, 합리성
주요 특성	낮은 통제, 감정 이입, 협동적, 높은 수행기준

자료 : Loden, M. (1985), *Feminine Leadership of How to Succeed in Business Without Being One of the Boys*, New York Time Books.)

2 여성 리더십의 접근 모델

1970년대 이후의 여성과 리더십에 대한 문헌들은 그 접근 방식에 따라 적응 모델, 양성적 모델, 조직문화 모델, 수정주의 모델로 분류된다.

적응 모델

적응 모델의 연구는 여성의 커리어 개발에 초점을 두고, 비즈니스 세계가 남성적 가치와 규칙에 의해 지배되기 때문에 여성은 거기에 적응해야 한다고 본다. 대부분의 조직에서 비공식적 시스템은 남성의 문화를 기초로 하고 있으며, 의사소통 스타일과 행동규범, 관계적인 측면도 등도 남성의 경험에서 비롯된 것이지만 적응 모델에서는 이를 좋거나 나쁘다고 보지 않는다. 반면 여성의 어릴 적 경험은 비즈니스 세계 활동에 영향을 미친다고 본다. 즉, 자긍심과 적극성, 경쟁적인 스포츠 활동 경험의 부족, 나보다 타인을 먼저 배려하는 성향, 기대되는 바에 따르는 경향 등이 훗날 여성이 리더십 지위를 획득하고 유지하는 것을 어렵게 한다는 것이다. 따라서 이 모델의 주요 접근 방식은 여성에게 남성 중심의 조직 환경을 이해할 수 있는 전략을 알려주고 그 안에서 성공하도록 하는 것이다. 예컨대 여성에게 감정을 자제하고, 공사를 구분하며, 비판에 민감해하거나 불평하지 말고, 비즈니스에 맞는 태도를 가지라고 강조한다. 이 모델은 리더십의 전통적 정의를 철저하게 수용하는 것으로 보이지만, 변화를 이루려면 우선 내부에 들어가서 그 안의 규칙을 알아야 한다는 면에서 볼 때 전적으로 수동적인 수용만을 강조한다고 치부할 필요는 없다.

양성적 모델

양성성이라는 개념은 성역할 고정관념에 얽매이지 않고 전통적인 남성성과 여성성을 혼합하여 균형을 이룬 상태를 나타낸다. 사전트Thomas J. Sargent 뉴욕대 교수에 의해 주장된 '양성적 관리자'는 도구적남성적 특성과 표현적여성적 특성을 고루 갖춘 관리자이다. 여성성과 남성성을 상호 보완한 것으로 보는 이 입장을 옹호하는 사람들은 여성이 리더십 위치에 들어옴으로써 조직에서 리더 행동의 범위가 보다 다양하고 풍부해질 것으로 기대한다. 이 모델은 적응 모델과 달리 여성이 근무 현장을 변화시킬 수 있는 기술을 가지고 있다고 보고, 자신의 가치를 포기하기보다는 적극 표현할 것을 강조한다. 단일하게 여성적이거나 남성적인 리더십은 성공적일 수 없다는 전제 아래, 종전의 리더십 개념이 남성적이었다면 여성적 개념을 통합하는 것으로 확장될 필요가 있다고 본다. 최근 양성적 모델과 유사하게 조직에서 여성과 남성의 속성과 기술이 모두 중요하다고 보는 입장이 '통합적 리더십Inclusive Leadership'이라는 이름으로 제기되고 있다.

조직문화 모델

조직문화 접근에서는 조직 내 정책과 관행, 문화가 체계적으로 여성의 리더십 기회를 제한한다고 본다. 그러한 요인에는 성역할 고정관념과 여성에 대한 편견, 커리어 계획의 부재, 비전통적인 리더십에 대해 부정적인 환경, 조직 경험과 기술의 부족, 일과 가정 사이에서 균형을 이루는 데 직면하는 어려움 등이 포함된다. 조직문화 접근의 대표적인 예로, 여성이 조직에서 리더십 지위에 오르는 데 보이지 않는 장벽이 존재한다는 '유리 천장Glass Ceiling' 이론을 들 수 있다. 이 모델에서는 조직 내 고위직에 여성이 부재한 이유는 여성의 성격이나 행동이 남성과 달라서가 아니라 '단지 그들이 여성이기 때문'이라고 본다. 그나마 유리 천장을 뚫고 올라간 일부 여성들은 남성에 비해 더 많은 장점과 더 적은 단점을 입증해야 하는 공격적인 조직 환경에서 일하게 된다. 즉, 성역할 고정관념에서 비롯된 기대 때문에 여성 리더가 조직에서 승인을 받기 위해서는 그들에게 기대 되는 바 여성다운 행동을 충분히 보이는 동시에 기대 되지 않는 행동, 즉 전통적 개념의 리더 행동도 보여야 한다는 것이다. 이 모델은 리더십 논의의 초점을 여성 개인에게 그를 둘러싼 조직의 구조와 시스템으로 어느 정도 이동시킨 것이라고 볼 수 있다.

수정주의 모델

수정주의 모델은 조직에서 작동하는 남성 중심의 패러다임에 근본적인 도전을 가하면서 그에 기초한 가치와 시각, 규범과 체계에서 여성을 평가하는 데 문제를 제기한다. 여성주의적인 관점에서 파생된 이 모델은 여성의 경험 자체를 인정하고, 이것을 남성의 기준에 의해 판단할 수 없으며 이렇게 해서도 안 된다고 본다. 이 모델의 이론가들은 조직 연구에 새로운 시각을 가져와서 여성주의적 리더십 패러다임을 제안하기도 했지만, 아직 체계적인 이론으로 자리 잡았다고 보기는 어렵다.

3 여성리더십의 유형

모성적 유형

조직에서 어머니, 언니, 누나와 같은 역할을 하는 리더이다. 이들은 부하 직원들에게 푸근하고 따뜻하고 수용적이며 지원을 아끼지 않는다. 이런 역할과 이미지 덕분에 상사, 동료, 부하에게 경쟁상대로 보이지 않으면서 생존해 나가기 쉽다. 대부분의 구성원들이 편안해 하고 좋아하지만, 카리스마, 결단력, 성과 창출, 조직 장악력 등에서 부족하다는 평가를 받을 수 있다.

전사형 유형

전형적인 남성적 스타일의 리더십을 가지고 리더가 된 사람들, '여성임에도 불구하고', 불굴의 의지와 개인의 피나는 노력으로 자신의 입지를 굳힌 사람들이다. 스스로도 여성으로 보이는 것을 지독히 두려워하며, 주변에서도 여성으로 보지 않는다. 탁월한 능력에 비해 주변에 적이 많아 대로 어려움을 겪기도 한다. 존재 자체로 기존의 조직이나 질서에 긴장감을 주기 쉬우며, 특히 남성의 자존심을 자극하기 때문에 불편한 존재가 되곤 한다.

여성적 유형

리더의 자리에서도 여성적 매력이 그래도 드러나 보이는 경우이다. 능력이나 업적보다 '여성'으로서의 매력이 먼저 보이기 때문에 때로는 기대 이상의 호감과 호의를 받기도 하지만, 때로는 '여자'라는 바로 그 매력 때문에 평가절하, 왜곡되기도 한다. 불필요한 오해와 루머의 대상이 되는 일도 종종 있다.

4 젠더 통합 리더십

젠더Gender란, 1995년 9월 5일 북경 제4차 여성대회 GO정부기구회의에서 결정했다. 젠더와 섹스는 우리말로 '성'이라는 같은 뜻이지만 원어인 영어로는 미묘한 어감차이가 있다. 젠더는 사회적인 의미의 성이고, 섹스는 생물학적인 의미의 성을 뜻한다. 유럽연합EU과 미국 등 다수 국가가 주장하는 젠더는 남녀차별적인 섹스보다 대등한 남녀간의 관계를 내포하며 평등에 있어서도 모든 사회적인 동등함을 실현시켜야 한다는 의미가 함축돼 있다. 성性과 리더십 스타일의 관계를 탐구한 대부분의 연구에서 여성은 남성에 비해 민주적이며 참여적인 스타일을 보인다. 전통적 리더십은 위계적 구조와 전제적 의사결정에 의존하는 가부장적 리더십이지만 여성적 리더십은 협동과 팀워크를 중시하고 참여적 관리와 합의 추구를 특징으로 한다. 이 때문에 창의 자본이 중요한 현대 지식경제 사회에서 여성적 리더십이 새로운 시대가 요구하는 대안으로 부각되고 있다. 중요한 것은 여전히 남성 위주로 짜여 진 조직 속에서 여성을 어떻게 통합하느냐이다. 젠더 통합Gender-Inclusive 리더십이 중요한 이유다. 여성과 남성이 서로에 대한 이해를 높이고 서로를 동등한 주체로 인정하고 존중하며 파트너 관계를 구축할 수 있도록 학습의 기회를 제공하고 문화를 조성하는 노력이 필요하다.

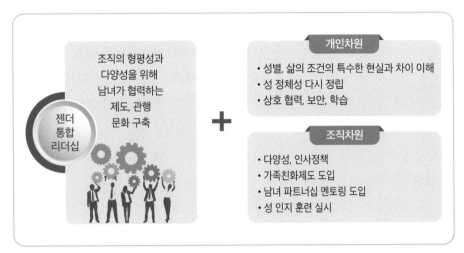

도표 3-28 **젠더 통합 리더십의 실천과제**

젠더
통합
리더십

조직의 형평성과
다양성을 위해
남녀가 협력하는
제도, 관행
문화 구축

+

개인차원

• 성별, 삶의 조건의 특수한 현실과 차이 이해
• 성 정체성 다시 정립
• 상호 협력, 보안, 학습

조직차원

• 다양성, 인사정책
• 가족친화제도 도입
• 남녀 파트너십 멘토링 도입
• 성 인지 훈련 실시

1980년대에서 1990년대 초반으로 넘어오면서 리더십과 경영분야에서 여성, 또는 여성적 리더십에 관한 많은 문헌이 출간되기 시작했다. 거시적인 차원에서 볼 때 여성 리더십에 대한 관심은 산업구조의 변화를 반영한다. 과거의 농경사회와 산업사회에서는 경쟁력의 원천이 육체노동과 물적 자원에 있었다. 반면 정보화 사회에서는 정보와 지식의 힘이 중요해졌다. 더욱이 지금의 지식기반 시대에는 정보나 지식의 생산 자체보다 이를 관리하는 역량과 네트워크를 통한 교류가 더 중요하다.

환경변화와 리더십 요구의 변화

산업의 변화와 함께 조직의 일하는 방식도 달라졌다. 과거에는 계·과·부·실·국 등 관료적이며 위계적인 체제로 운영됐던 조직이 구성원 간 자율과 다원성이 존중되는 방향으로 수평화 되었다. 경직적이며 영구적인 부서체계를 두기보다는 문제 해결을 위해 수시로 헤쳐모여를 반복하는 태스크포스나 팀과 같은 임시 조직의 활용이 보편화하고 있다Alvin Toffler, 1990. 개인은 하나의 부서에 적을 두면서 구성원이 서로 다르고 각각 시작과 끝이 다른 여러 개의 프로젝트팀 또는 태스크포스에 속해 다중 업무를 수행하는 식이다. 변동이 잦고 고도로 다양화된 현대 조직은 구성원 상호 간의 결속이나 조직에 대한 동일시의 정도가 낮을 수밖에 없다. 그런 가운데 조직 구성원들은 복잡다단한 문제를 비용과 시간 면에서 가장 효율적으로, 방법측면에서는 가능한 다각적으로 접근해 풀어야만 한다. 이러한 상황에서는 다양한 배경의 전문성과 경험을 가진, 서로 낯선 이들이 일사불란하게 협동하는 게 중요하기 때문에 리더의 조정능력과 대인관계 기술이 중요하다. 앨빈 토플러가 "헤쳐 모여를 반복하는 단기적 임시조직의 활용이 일상화되면 지배적이고 카리스마적인 리더보다는 직관적인 감수성과 감정이입을 위한 정신역량에 기초한 자연스러운 권위를 가진 리더가 필요하다."고 말한 것도 이와 같은 맥락에서다.

어느 조직이나 고유의 가치를 창출하기 위해 노력한다. 그런데 가치 창출에 기여하는 요소에 대한 하멜Hamel, 2007의 분석은 조직 리더십에 대한 새로운 요구를 암시한다. 그가 다양한 요소들이 가치를 창출하는 데 상대적으로 기여하는 정도를 비교한 결과, 열정의 기여도가 35%로 가장 높았으며 두 번째는 창의성25%, 그 다음 추진력20%, 지적 능력15%, 성실성5% 순이었고 복종의 기여도는 0%로 나타났다. 성실성이 중요하지 않은 것은 아니지만 '기본'에 속하는 것으로 다른 요인들과 비교하면 상대적 중요도가 매우 낮았다. 지적 능력 또는 지력知力의 중요도가 예상보다 낮은 이유는 상당량의 지식이 인터넷을 통해 접근 가능할 뿐 아니라 독창성과 부가가치가 높은 지식을 창출하려면 열정과 창의성이 중요하기 때문이다. 이 결과는 명령하고 통제하는 리더십보다 그들의 열정과 창의성을 북돋워주는 민주적 리더십의 중요성을 암시하고 있다. 뿐만 아니라 최근 창의자본Creative capital의 중요성이 강조되듯이 지식경제, 더 나아가서 창의경제Creative Economy)로의 전환Florida, 2005은 조직 구성원들의 끊임없는 학습과 창조적 실험을 요구한다. 지시와 통제에 의존하는 전통적 리더십으로는 이를 촉진시키기 어렵다. 시대는 창조력과 직관, 수평적이고 비구조적이며 유연한 사고와 경계를 초월해 일할 줄 아는 리더, 문화와 생명에 대한 감수성을 가진 리더, 사회통합을 위한 리더십을 요구하고 있다.

나이스빗과 애버딘Naisbitt & Aburdene, 1985도 이에 주목, 이제 조직은 경쟁력을 향상시키기 위해 끊임없이 학습하고 향상하는 조직으로 전환해야 하며 이러한 전환은 구성원 간의 끊임없는 상호작용과 관계적 리더십, 구성원의 참여와 권한을 증진시키는 민주적, 참여적 리더십 스타일을 요구한다고 주장했다. 특히 여성들은 이러한 현대조직의 리더 역할에 적합하며 남성 관리자들도 여성적 리더십 스타일을 키울 필요가 있다고 보았다. 아들러Adler, 1997 또한 글로벌화, 문화적 다양성과 창의 자본, 혁신 잠재력의 가치 증대, 지속가능성 추구 등 끊임없는 변화 속에서 리더십의 패러다임도 바뀌어 여성의 섬세함과 의사소통 능력, 위계적 지위보다 비전을 중시하는 점 등의 속성이 장점으로 작용할 수 있다고 주장했다. 여성은 원칙을 중시하는 점, 경계에서 일하는 능력, 여러 가지 과제를 동시에 처리할 수 있는Multitasking 능력 등에서도 강점을 가질 수 있다. 무엇보다 중요한 점은 남성에 비해 친밀한 관계와 정신적 성장을 중시하는 여성의 특징이 구성원의 본유적 동기자극추구 동기를 유발하고 잠재력을 신장하는 데 효과적일 수 있다.

'월드 소싱World sourcing'이라는 말이 함축하듯이 이제 지식과 기술, 자본이 모든 대륙으로부터 다른 모든 대륙으로 국경을 초월해 이동한다. 가장 좋은 인재가 가장 적절한 비용과 시간에 작업을 할 수 있는 곳으로 일이 움직여 다니는 시대에 기업의 다양성 관리와 광범위한 네트워크에 대한 요구가 더욱 증대되고 있다. 종합하면 글로벌 변화에 따라 다양성과 여성적 감수성이 중시되고 리더십에서도 관계적이며 민주적, 참여적인 리더십 스타일이 주목을 받고 있다. 여성 리더십에 대한 관심이 높아지는 것도 이러한 맥락에서다. 여성은 사회적 역할을 통해 타인을 이해하고 배려하도록 사회화되는데 이 같은 특성이 새롭게 요구되는 리더십에서 중요하다고 본다.

5 바람직한 여성 리더의 역할

현대 사회 조직 관계에 따른 바람직한 여성 리더의 역할은 어떠한 것들이 있는지 살펴보자. 우리나라 대부분의 여성의 경우 대내적으로는 조직의 지위 상 중간계층 이하에 위치하고, 그에 따른 의사결정권 및 권한 행사가 제한 받고 있다는 점은 주지의 현실이다. 그러므로 우선 여성 리더는 비공식적 조직Informal Organization의 형성과 효과적인 통솔을 비롯하여 공식조직내의 비공식적인 관계형성에 관심을 기울여야 한다. 또한 여성 리더도 남성 관리자와 다름없이 업무수행의 기준을 엄격하고도 분명하게 설정하는 능력을 갖추고 있어야 한다. 특히 상사와 부하 직원 간의 중매 역할을 담당해야 하는 지위일 경우는 더욱 그러하다. 평판 좋은 관리자는 부하와 상사 양편의 지지를 받으며 양측의 요구사항을 통합해 줌으로써 종국적으로 양측을 공히 도와주는 위치에 서게 된다. 이런 역할은 양측의 목적과 이익을 동시에 추구하는데 필요한 진지한 노력으로 비춰져야 한다. 그리고 여성 관리자는 상사와의 수직적 협력관계를 유지하는 데 있어서 충성심을 발휘할 줄 알아야 한다는 점을 잊지 않아야 한다.

유능한 관리자는 상사의 지시를 어기지 말고 만족스런 성과를 거둬 상사의 기대에 부응한다. 상사를 자주 무시하거나 지시에 불응하는 관리자는 상사로부터의 협력이나 지원을 얻기 어렵고 상사에 대한 영향력도 그만큼 상실한다. 여성 리더는 조직사회에서 동료들과의 관계를 돈독히 하여야 한다. 대외적으로 여성 리더는 조직의 구성원으로서 내적으로 관리의 중추 역할을 수행해야 한다. 상하 직급의 의사소통 경로 및 완충역할 그리고 상충되는 의사와 이해를 조종 통합하는 능력이 곧 대내적 리더십의 요체라고 할 것이다. 더욱이 여성이라는 특성으로 말미암아 리더는 조직에서 부여하는 대외적 대표기능 또한 수행하여야 할 경우가 적지 않다. 또한 외부인이 여성 리더가 속한 조직을 어떻게 평가하고 있는지를 감지하는 일방, 조직 내부의 강점과 약점을 숙지하고 조직변화의 필요성과 그 내역을 명확히 인식하고 있을 때 보다 용이한 대외적 리더십을 발휘할 수 있다. 대개의 경우 대외적 관계에 따른 역할은 알력과 갈등 그리고 경쟁으로 특징 지워진다. 요컨대, 대외적 관계에 있어 여성 리더의 역할이란 이율배반적인 각종 문제들을 직급이나 권위가 아닌 친화력과 적응력으로 스스로의 영향력 행사를 강화시켜 나갈 때 보다 효율적인 대외적 관리에 이르게 된다는 점이다.

12 자본주의 4.0 시대의 새로운 언리더십

'자본주의 4.0'이란 영국의 언론인이자 경제평론가인 아나톨리 칼레츠키_{Anatole} Kaletsky가 2010년 6월에 낸 "자본주의 4.0, 위기 이후 새로운 경제의 탄생"이라는 책에서 나온 말이다. '자본주의 4.0'은 국가가 시장에 일정부분 개입하고 복지적인 면을 강조하여 극빈층과 저소득층의 생활수준을 끌어올리는 것에 초점을 맞추고 있다. 세금의 한계로 인하여 기업의 사회 공헌도 적극적으로 요구하게 된다. 극빈층의 비율을 줄이고 삶의 만족도를 높인다는 장점이 있지만 역으로 기업의 성장이 느려질 경우 경기가 침체될 수 있다는 위험을 가지고 있다. 따라서 '자본주의 4.0'에서는 유능하고 적극적인 정부가 있어야만 시장경제가 존재할 수 있다는 인식에 기초하고 있으며, 정부의 역할은 커지더라도 정부의 크기는 줄어들어야 만들어질 수 있는 형태다. 이런 점에서 자본주의 4.0은 정부와 시장의 역할 가운데 하나만 강조했던 이전 시대의 경제 인식과는 달리 정부와 시장이 모두 잘못될 수 있다는 사실에 기초하여 정치와 경제를 적대적인 관계가 아니라 서로 협력하는 관계로 인식하고 있다.

1 20세기 리더십을 버려라

사람은 자발적으로 일할 때 창의적 에너지가 나온다. 경영혁신 전도사인 게리 하멜_{Gary Hamel} 런던비즈니스스쿨 교수는 20세기 방식인 관리와 통제로부터 직원을 해방시켜야 가치를 창출할 수 있다."라고 말했다. 세계적인 리더십 전문가이자 상담가인 닐스 플레킹_{Niels Pflaging}은 우리가 알고 있던 기존의 리더십, 즉 낡은 리더십은 가고 언리더십_{Un-Leadership}의 시대가 올 것을 예견하고 있다. 이는 현재 몰아닥치고 있는 경제위기에 대하여 그 원인을 이론경제학과 정치이데올로기의 새로운 상호작용이라 규정하고, 자본주의 시스템의 구조적 전환을 통하여 이를 극복해야 한다고 주장하는 자본주의 4.0 시대에서 승자로 자리매김할 수 있는 방법이기도 하다. 자본주의 4.0 시대는 기존의 경제이론으로는 설명할 수 없는 예측 불가능한 시대라 말해도 과언이 아닐 정도로 기존의 수많은 고정관념들과 방식들에서 벗어나게 될 것이다. 기업의 경영진이라고 하면 우선 힘과 권력이라는 단어가 자연스럽게 떠오르지만 올바른 리더십은 권력과 아무런 상관이 없다는 것이다. 언리더십Un-Leadership의 개념은 말 그대로 리더십이 아닌 것 같아 다소 받아들이기 힘든 부분도 있다. 과연 자신을 한 없이 낮추고, 자신에 대해 비판의 화살을 멈추게 하지 않을 뿐만 아니라 자신을 무력화시키는 것에 가까운 언리더십의 개념이 생소하기도 하다. 그렇지만 알파 기업이 아닌 베타 기업이 지배하게 되는 자본주의 4.0의 시대에서 이제 기존의 리더십의 개념은 전혀 중요하지 않을뿐더러 타파되어야 하는 낡은 관습에 불과하다는 것이다. 그럼으로 인하여 권력에 집착하는 리더들은 베타 기업으로 전환하지 못하고, 결국에는 도태되고 만다는 것이다.

언리더십Un-Leadership은 다음의 12가지 원칙을 강조하고 있다.

제1원칙, 직원들을 관리하지 말 것

제2원칙, 부서를 나누는 것은 헛된 일

제3원칙, 경영자가 아닌 리더로서 이끌 것

제4원칙, 고객을 지향하는 기업을 지향할 것

제5원칙, 규모에 대한 환상을 버릴 것

제6원칙, 정보를 투명하게 공개할 것

제7원칙, 장기적이고 개괄적인 목표를 세울 것

제8원칙, 보너스와 인센티브를 무기로 삼지 말 것

제9원칙, 계획을 세우지 말 것

제10원칙, 결정은 현장에서 이루어 질 것

제11원칙, 자본과 비용을 경영하지 말 것

제12원칙, 조직의 협력관계를 조직하지 말 것 등이다.

과연 파격적이지 아니할 수 없다. 많은 조직들을 살펴보았을 때 상식선에서는 이해하기 힘든 부분들이 아직도 많다. 인센티브가 직원들의 성과와 아무런 관련이 없다는 연구 결과도 있다. 책임을 맡고 결정을 내리는 것이야말로 즐겁게 일할 수 있는 동기가 된다는 것이다. 인센티브 그 자체로써 동기부여의 수단으로 삼지 말라는 것이다. 자기 결정 능력은 즐거움을 주고, 책임감은 기쁨을 준다고 한다. 이것은 누구나 직장 신입사원 시절 또는 사회생활 초년병 시절을 떠올려 보면 더 잘 이해할 수 있다. 말단 직원이라고 밖에는 표현할 수 없는 나에게 어떠한 책임 내지 의사결정 권한이 있다면 그보다 더 큰 희열을 느끼기 힘들 정도였다. 즉, 나에게 책임을 맡기고 의사결정을 내릴 수 있는 권한이 부여된다는 것은 그에 대한 부담감을 넘어서 남들로 하여금 나를 신뢰하게 만들기 위해 최선을 다하는 모습을 견지하게 되었던 것이다. 지금껏 리더십은 곧 리더를 지칭하고 그는 곧 경영자라는 생각을 머릿속에 공식화 해 왔었다. 그렇지만 이러한 조직은 위계질서는 확립될지 모르나 그보다 더 큰 병폐를 불러오게 마련이다. 저마다 책임을 지지 않으려는 모습이 가장 대표적인 단점이라고 하겠다. 스스로의 운명을 개척하거나 스스로 책임지려는 사고방식이 결여되어 있기 때문에 상호 의존도가 낮을 수밖에 없으며, 스스로 개척해 나가려는 의지 또한 부족하게 된다.

닐스 플래깅Niels Pflaging은 "창의적이고 열정적인 조직을 원한다면 '리더십'을 버리는 '언리더십Un-leadership'을 발휘하라"는 것이다. 즉, 현대 기업의 수직 조직구조는 동일한 제품을 대량생산하던 산업혁명 시절에나 적합한 것이며, 창의성과 열정이 필요한 현대의 기업에서는 계급을 떠나 직원 하나하나가 CEO처럼 스스로 생각하고 일할 수 있도록 해야 한다는 것이다.

2 한 명의 리더십보다 세 명의 리드십이 낮다

몸을 움직일 수 없는 장애가 있는 사람도 눈동자만 움직일 수 있다면 컴퓨터를 쓸 수 있다. 올 초 삼성전자가 한국장애인개발원을 통해 보급하기 시작한 '안구 마우스 아이캔EyeCan'은 특수 안경테 아래에 동작 감지 센서를 달았다. 눈동자가 움직이면 마우스가 움직이는 것으로, 눈동자가 깜빡이면 마우스 버튼을 클릭하는 것으로 인식한다. 기존 장애인용 PC들은 감지 센서를 모니터에 부착했다. 눈과 센서가 멀리 떨어져 있어 고성능 부품을 사용해야 하므로 가격이 수백만 원을 훌쩍 넘어섰다. 하지만 삼성전자 제품은 원가가 약 5만 원에 불과하다. 눈과 가까운 안경에 센서를 달면 비교적 저렴한 부품으로도 눈동자의 움직임을 정확히 인식할 수 있다는 혁신적 발상을 한 것이다. 그런데 이 프로젝트는 삼성 경영진의 지시로 시작된 것이 아니다. 병상에 누워 있는 동료 직원의 아버지를 위해 몇몇 엔지니어들이 자발적으로 아이디어를 구상하고 개발했다. 조직의 위계질서에 의존하지 않고도 얼마든지 혁신이 가능하다는 것을 보여 주는 사례이다. 삼성전자의 아이캔도 'TEDx Samsung테드엑스 ; TED스러운 경험을 공유하기 위한 조직 이라는 비공식 모임에서 시작되었다. 아이디어를 들은 경영진은 실패해도 책임을 묻지 않겠다며 이 프로젝트를 공식 업무 활동으로 인정해 줬다. 그 결과 경직된 대기업의 조직문화에서는 나오기 힘든 혁신적이면서 저렴한 제품을 만들 수 있었다.

특히 많은 사회에서 컨퍼런스 형태로 활동하고 있는 테드엑스TEDx에 대해 이해를 구하고자 추가 설명을 덧붙여 본다. TED는 Technology, Entertainment, DesignTEDx, x = independently organized event ; 독립적으로 기획된 행사라는 뜻의 약자로, 매년 미국 캘리포니아에서 주최되는 지식 컨퍼런스이다. "Ideas Worth Spreading널리 펴져야 할 아이디어"라는 모토이념 아래 1984년부터 기술, 오락, 디자인 분야 뿐만 아니라 의학, 환경, 예술, 과학, 종교, 교육 등 여러 분야에서 활약하고 있는 전문가들이 모여 발표를 해왔다. TED의 운영조직은 뉴욕과 밴쿠버에 있으며, TED는 미국뿐만 아니라 유럽, 아시아 등에서도 개최하고 있으며, TEDx란 형식으로 각 지역에서 독자적인 강연회를 개최하기도 한다. 이 사상가와 실천가들은 세상을 바꿀 수도 있는 혁신적인 아이디어와 독창적인 계획에 관해 18분이라는 함축된 발표 시간 동안 청중에게 가장 열정적인 경험을 선사하며 전 세계인들과 공유 되고 있다. 과거 강연자들 중에는 Bill Gates, Al Gore, Jane Goodall, Elizabeth Gilbert, Sir Richard Branson, Nandan Nilekani, Philippe Starck, Ngozi Okonio-Iweala, Isabel Allende, 그리고 영국 수상 Gordon Brown등 유명 인사들이 있다. TED의 강연회에서 논의되는 주제는 태도와 삶, 그리고 궁극적으로는 세상을 바꾸는 힘을 가진 아이디어를 발표하고 나누기 위해 선정된다. TED를 현재 이끄는 기획자는 크리스 앤더슨Chris Anderson으로 전직 컴퓨터 저널리스트이자 잡지발행자였으며 새플링 재단에 속해 있다. 2005년부터는 매년 3명의 TED상이 수여되는데 '세상을 바꾸는 소망'을 가진 이들에게 수여된다. 트위터나 페이스북은 많은 SNS 중 하나의 온라인 프로그램이지만, TED는 온라인에서 출발한 것이 아니고 오프라인에서 출발한 것이다.

3 리드십, 세 명이 모이면 새로운 변화를 창조한다

창의적, 열정적 조직을 만들기 위한 또 다른 키워드는 '리드십Leadship'이다. '리더십'은 한 명의 리더가 나머지 무리에게 명령을 내리는 방식이다. 반면 '리드십'은 여러 명의 선도자가 모범을 보이며 일종의 '팬덤Fandom'을 형성하는 것을 말한다. 반복적인 업무를 하는 조직에서는 리더십이 효율적일 수 있지만 새로운 일에 도전해야 하는 조직에서는 리드십이 효과적이다. 2009년 미국의 '사스쿼치 뮤직 페스티벌Sasquatch Music Festival'에서 있었던 일이다. 록 공연이 벌어지는 야외무대 외곽에 많은 사람이 앉거나 누워서 음악을 즐기고 있었다. 갑자기 한 청년이 일어나 음악에 맞춰 우스꽝스러운 춤을 추기 시작했다. 처음엔 그에게 신경 쓰는 사람이 없었다. 그런데 지나가던 사람 하나가 장난삼아 그를 따라 하기 시작하고, 잠시 후 두 번째 사람이 춤에 동참했다. 이렇게 세 명이 같은 춤을 추는 모습을 보자 근처에 있던 사람들과 지나가던 사람들이 흥미를 느껴 이 동작을 따라했다. 춤추는 군중은 순식간에 100명 이상으로 불어났다. 음악이 끝나자 이들은 서로 박수 치고 환호한다. 이 과정을 담은 영상은 인터넷 공유사이트인 유튜브Youtube에서 600만 번 이상의 클릭을 받았다. 또한 한국의 대중가수 싸이의 '강남스타일'뮤직비디오가 인터넷 동영상 공유 사이트인 유튜브에서 10억 명 이상이 시청하는 역사적인 기록을 돌파했다.

처음 춤을 추기 시작한 청년이 '리더십'을 발휘한다고 주변 사람들에게 자신의 동작을 따라하라고 강요했다면 어떻게 됐을까. 친구 몇 명은 참여했을지 모르지만 큰 집단으로 퍼지지는 못했을 것이다. 하지만 그는 자발적인 동조자들이 생길 때까지 기다리며 뭔가 재미있는 일이라는 인상을 주었다. 이것이 '리드십'이 되어 큰 매력을 불러일으켰다. '리드십'이라고 반드시 성공하는 것은 아니다. 특히 첫 두 명의 동조자를 어떻게 끌어들이느냐가 중요하다. 일단 세 명의 팀이 형성되면 이후의 참가자들에게도 이 그룹에 참여하는 것이 더는 위험하거나 모험적이지 않다는 인식을 만들 수 있기 때문이다.

적자생존의 법칙이 지배하는 자연계 경쟁이 어떻게 협력으로 바뀔 수 있는가? "더 빨리 가려면 혼자 가라. 그러나 더 멀리 가려면 함께 가라." 협력을 강조하는 이 말은 온난화로 위기에 처한 지구 환경 구하기에 헌신한 공으로 노벨평화상을 받은 앨 고어 전 미국 부통령이 수상 수락 연설에 인용한 아프리카 속담이다.

수학자이면서 진화생물학자인 마틴 노왁Martin Nowak 미국 하버드대 교수의 '초협력자원제 Supercooperators'는 경쟁과 협력이라는 상반되는 충고를 '살기 위해 협력한다.'는 결론으로 수렴한다. 저명한 과학기자 로저 하이필드Roger Highfield는 '유전적 다양성을 일으키는 변이'와 '주어진 환경에 가장 적합한 개체'를 솎아 내는 선택만 강조해 온 전통적 진화론을 넘어 진화의 제3법칙으로 협력을 제시한다. 유전자에서 세포, 유기체, 언어, 복잡한 사회적 행동에 이르기까지 40억년 지구 생명의 역사에서 건설적이고 창조적인 것들은 협력에서 비롯됐다는 것이다.

생존 투쟁의 정글인 자연 세계에도 수많은 협력이 있다는 것은 이미 알려져 있다. 가장 원시적 생명체인 박테리아조차 다른 세포에게 질소를 영양소로 공급하기 위해 자살하는 세포를 가졌고 집단으로 먹잇감을 찾아 나서기도 한다. 서로 협력하고 희생해서 집단을 유지하는 개미와 벌, 공동 서식지를 지키기 위해 목숨을 걸고 번갈아 보초를 서는 미어캣Meerkat : 짐바브웨 등 아프리카 일부 지역에서는 마을의 지켜주는 '태양의 천사'를 의미, 굶주린 동료를 위해 제 피를 헌혈하는 흡혈박쥐 등 사례 등도 많다.

마틴 노왁Martin A. Nowak은 진화의 제3법칙으로서 협력의 메커니즘을 다섯 가지로 설명하고, 각 메커니즘의 작동 원리를 밝혔다. 직접상호성, 간접상호성, 공간 선택, 집단 선택, 혈연 선택이 그것이다. 직접상호성은 '네 등을 긁어줄 테니 내 등을 긁어 달라'는 주고 받기식 협력이다. 간접상호성 협력의 뿌리는 '내가 당신 등을 긁어주면 다른 누군가가 내 등을 긁어줄 것'이라는 믿음이다. 집단 선택은 협력자들로 구성된 집단은 배신자들로 이뤄진 집단보다 더 성공적으로 살아남는다는 규칙이다. 혈연 선택은 유전자 보존을 위해 자기희생도 할 수 있게 하는 힘으로, 피는 물보다 진하다는 것이다. 공간 선택은 사회적 네트워크나 공간적 요인이 협력의 성패를 좌우한다는 원리다. 이때 각 메커니즘은 저마다 잘 돌아가게 해 주는 윤활유 같은 것이 있는데, 예컨대 간접상호성에는 사회적 평판이 중요하다. 너무 이기적인 행동이나 배신을 하면 평판이 나빠져 불리해질 것을 두려워하는 계산이 간접상호성에 따른 협력의 기제機制 ; 인간의 행동에 영향을 미치는 심리의 작용이나 원리이다. 노왁이 찾아낸 각 메커니즘의 작동 원리는 진화를 이해하는 열쇠일 뿐 아니라 인간 세상의 바람직한 발달을 위한 처방이기도 하다.

Chapter 04

미래
핵심리더를 위한
현장 리더십 개발

CONTENTS

1 핵심리더에게 주어지는 조건과 역할

리더가 해야 하는 가장 중요한 역할은 무엇인가?

'칭찬은 고래도 춤추게 한다', '경호' 등으로 유명한 블랜차드 교수는

이 질문에 대해 피터 드러커의 말을 인용해 대답한다.

"누가 무엇을 할 것인가를 결정하는 것"이

리더의 가장 중요한 역할이라는 것이다.

블랜차드는 '다른 사람들을 끌어들이고 발전시킨다.'라고 말한다.

다른 사람을 제대로 끌어들인다는 것은 알맞은 자리에

알맞은 사람을 선발한다는 것을 의미한다.

그리고 이런 단순한 선발에서 한걸음 더 나아가

그의 손과 머리, 가슴까지 얻는 것이

중요하다고 강조한다.

1 지도자의 조건과 역할

리더에게 주어지는 3박자가 있는데

첫째, 일 할 수 있는 자리가 주어지고,

둘째, 자리에 따른 역할이 있고,

셋째, 역할에 대한 책임이 뒤따르게 되어있다.

인간은 사회를 떠나서는 존재할 수 없는 사회적 동물이다. 그러므로 인간은 사회의 여러 가지 상황에 반응하고 적응하게 된다. 결국 사회의 규범, 습관 등과 작용에 따라 인간 행동을 규제 받게 된다. 그리고 사회의 규범과 습관들을 습득하게 되는 과

정을 통해서 사회행동이 형성되고 이에 따라 인간관계가 이루어진다. 그리하여 인간은 인간관계의 중요성을 절감하고 인간관계의 잘못으로 인한 갈등을 격지 않고 바른 인간관계를 통해 창조적이고 생산적인 삶을 영위하기 위하여 효과적인 관계를 발달시키고 능력을 터득하고자 한다. 그러나 인간관계 속에서 사람들은, 때로는 만족스럽고 생산적인 인간관계를 발전시키지 못하여 스스로 좌절하고 고민하며 많은 문제를 일으킨다. 이러한 과정에서 인간은 인간관계에서 일어나는 문제들을 해결해 줄 사람, 즉 지도자가 있어야 한다고 생각했다. 지도자란 '집단의 통일을 유지하고 구성원이 행동하는데 있어 방향을 제시하는 역할을 하는 인물'이다.

 ## 지도자의 조건

지도자의 조건은 무엇인가? 미국의 실패한 대통령 닉슨이 자기 성찰의 입장에서 말한 '지도자론'이 그 좋은 사례이다. 닉슨은 국민에게 필요한 것이 무엇이며 자기가 무엇을 할 수 있는 가를 알고 있어야 한다고 말했다. "지도자는 신념과 비전, 이상과 사명감을 가지고 있어야 한다. 그렇게 하려면 고도의 지성과 용기, 끈기, 앞을 내다보는 통찰력, 강한 의지, 시선한 판단력 그리고 개인적 매력을 가지고 있어야 한다."고 말한다. 워터게이트 사건으로 대통령 자리에서 물러난 닉슨의 말이기에 더욱 절실하게 들린다. 마키아벨리는 '군주론'에서 충고한다. "민중의 지지를 받아서 군주가 된 사람은 늘 민중을 자기편으로 만들어야 한다. 민중에 바탕을 두고 지도력과 판단력을 발휘하고 나라를 꾸려나가는데 항상 적절한 정치를 한다면 민중은 결코 등을 돌리지 않을 것이다. 민심의 편에 서야 하는가, 인기의 편에 서야 하는가가 문제이다. 민심은 깊은 강물과 같기 때문에 움직이지 않는듯 하지만 항상 움직이고 있음을 간파해야 한다."라고 했다. 또한, 그는 지지자를 배반하고 신의와 자비심을 갖지 않는 것은 군주의 미덕이라 할 수 없다고 말했다.

지도자의 역할

우리나라 사람들이 제일 좋아하는 것이 있다면, '역할이 무엇인가?'라는 것을 많이 들먹인다. '사원의 역할, 관리자의 역할, 임원의 역할, 강사의 역할, 교수의 역할, 남편의 역할, 정치인의 역할, 선생님의 역할' 등 참으로 많음을 알게 된다. 그럼에도 불구하고 아직 자기 역할도 제대로 모르는 사람이 많고, 역할을 알고 있으면서도 제 역할을 못하는 사람도 많다. 대한민국 대통령에 당선되면 예외 없이 국민의 기대와 관심 속에 대통령으로서 역할을 잘 수행하겠노라고 선서를 하기도 한다. 무엇보다도 유구한 역사와 전통을 가진 우리 민족의 자긍심과 저력이 활짝 피어나 대한민국의 밝은 미래를 열어간 성공한 대통령으로 역사에 새겨지기를 바라는 마음 가득하다. 어떠한 리더의 역할이 가장 바람직한가에 대해서는 그 조직이 처한 공간적 특성과 시간적 위치에 따라 다르다고 할 수 있지만 어느 시대나 리더가 꼭 갖추어야 할 기본 덕목은 있다. 그 해답은 역사의 교훈을 통해 찾을 수 있다.

대한민국 역사상 최고 지도자로 불리는 조선왕조 제4대 임금 세종대왕 리더십에서 가장 중요한 핵심은 '인간을 아끼고 사랑하는 따뜻한 가슴'이었다. 그가 재위했던 32년 동안 '세종의 정치 철학은 인간주의 정신과 합리주의 정신이다.'라고 할 수 있다. 탁월한 학자이며 행정가인 세종은 밤낮으로 일하면서 그 많은 업적을 이루어 낼 수 있었다. 세종의 리더십을 통해서나 역사 속에서 성공한 리더들에게서 공통적으로 보이는 지도자의 제일 우선되는 덕목은 첫째, 투철한 역사의식 속에서 정확한 현실 진단과 시대적 통찰력을 통해 미래에 대한 방향을 올바르게 제시하는 혜안이 있었다. 세종은 원칙을 세워 준수하되 유연하게 대처하여, 많은 사람에게 상처 주지 않고 모두를 살리는 리더십을 발휘했다. 지도자는 신뢰를 통한 광범위한 지지기반을 확보하여 역할 분담의 효율성을 극대화할 수 있어야 한다. 아무리 좋은 시스템이 구축되어도 그 중심에는 사람이 있기 때문이다. 세종은 적재적소에 유능한 인재를 등용하고, 그들을 믿음으로 키워주면서 잠재된 능력을 최대한 발휘하게 하여 모두가 신바람나게 자기 역할을 수행할 수 있는 분위기를 조성해 주었다. 지도자에게 무엇보다 중요한 덕목은 조직과 인간에 대한 애정과 배려이다. 세종의 인간에 대한 사랑은 약자에 대한 배려에서부터 출발했다. 그럼으로써 한글 창제도 가능했고, 시대를 뛰어넘는 노비 출산휴가, 농업 정책의 효율성과 실용성 등을 추진해 민본정치의 틀을 확고히 하면서 백성들에게 희망과 용기를 불어넣으며 더불어 살아가는 세상을 만드는 데 정성을 기울였다.

2 성과를 내기 위한 리더의 역할

관리자는 효율적인 업무처리와 혁신활동에 방해가 될 뿐이라는 엽기적인 주장도 있다. 그러나 다른 한 편에서는 우수한 관리자야말로 기업의 경영성과를 결정짓는 주된 요인이라는 실증 연구 결과도 많다. 리더의 중요한 10가지 역할들 중 3가지대표자, 관리자, 섭외자는 대인관계에 관련이 있다. 또 다른 3가지 유형정보 탐색자, 정보보급자, 대변인은 정보처리 활동에 관련이 있다. 나머지 4가지 역할기업가, 혼란 수습자, 자원 배분자, 협상자은 리더의 의사결정 행동에 관한 것이다. 리더들의 행동이 각기 그 중요도에 있어서 어느 정도 차이가 있다 하더라도 이러한 역할들은 리더들에게 하루일과의 어느 측면에 있어서 상호관련이 있는 것이다.

① 대표자 역할

리더들은 어떠한 조직 또는 그 하부 조직의 우두머리로서의 공식적인 권한을 가지는 관계로 법적 그리고 사회적 성격을 지닌 특정한 상징적 의무를 수행해야만 한다. 이러한 의무에는 예를 들어 계약서류, 지출서류, 승인서류를 결제한다든가, 특정한 회합이나 의식행사, 예를 들어 하위자의 송별파티를 주관한다든가, 의례나 의식에 참가한다든가, 공적인 내방객을 접견한다든가 하는 등의 일이 포함되어 있다.

② 관리자 역할

리더들은 조직의 구성요소들을 조직의 기본목적을 달성할 수 있도록 전체적으로 통합되어 운영될 수 있게 만들어야 할 책임이 있다. 따라서 리더는 하위자들에게 방향을 제시하여 주어야 하며, 구성원들의 동기부여를 최대화하고, 직무수행에 적절한 환경을 마련해 주어야 한다. 리더의 활동 중 많은 부분이 특히 이러한 관리자의 역할과 관련이 있는데, 관리자의 역할에는 조직구성원을 채용·훈련·지휘·칭찬·승진·힐책하는 등의 역할이 포함되어 있다.

③ 섭외 역할

섭외 역할에는 리더가 관리하는 조직구성단위 외부의 사람들이나 집단과 여러 가지 관계를 맺고 유지하는 행동이 포함된다. 이러한 여러 가지 관계들은 정보와 지지를 얻는 데 있어 필수불가결한 것이다. 그러한 접촉과 관계를 발전시켜 나가는 것은 자신의 조직을 외부환경과 연결시키는데 있어서 최고경영자 책임의 일환이다. 중간 및 하위관리자들이 정보를 얻고 납품업자나 고객, 서비스 단위 조직들에게 영향력을 행사하는 데에는 수평적인 관계가 없어서는 안 되는 것이다. 섭외 역할의 본질은 새로운 접촉을 갖고, 그러한 접촉을 계속 유지하며, 상대방의 부탁을 들어줌으로써 그 대가로 지지를 확보하는 것이다.

④ 정보 탐색자 역할

리더들은 여러 가지 정보원으로부터 끊임없이 정보를 구한다. 이러한 목적으로 하는 활동에는 보고서와 메모를 읽는 일, 회의나 브리핑에 참석하는 일, 현장시찰을 하는 일 등이 포함된다. 그러한 정보의 일부는 하위자들에게 전달되거나_{정보 보급자 역할} 외부인들에게 전달된다_{대변인 역할}. 대부분의 정보는 문제점과 기회를 발견하기 위해 분석, 평가, 판단되고 또한 외부의 사건과 관리자가 책임지고 있는 조직구성단위의 내부 작용을 이해하기 위해 분석, 평가된다.

⑤ 정보 보급자 역할

리더들은 여러 가지 정보를 손에 넣을 수 있다. 이러한 정보 중 일부는 사실에 근거한 것이지만 일부는 높은 권한을 가진 사람과 리더들에게 영향을 주기 바라는 것이다. 사실에 근거한 정보는 하위자에게 그대로 전해주든지, 아니면 리더가 그 뜻을 해석하고 적절히 편집한 뒤 전달해 주어야 한다. 선호에 관한 정보는 그 정보의 영향력 정도에 따라 융합되어야 하며, 하위자에게 전달할 때에는 규칙, 목표, 방침, 표준

등을 천명한 형태로 하거나 아니면 하위자의 질문에 대한 특정한 대답의 형태로 전달되어야 한다.

⑥ 대변인 역할

리더들은 자신의 하위자들뿐만 아니라 관할하는 조직단위 외부인들에게 정보를 전달하고 조직의 가치를 반영하는 일련의 사항들을 천명해야만 한다. 중간 및 하위 관리자들은 자신의 상사들에게 보고해야만 하고, 최고 리더는 이사회에 보고해야만 한다. 모든 리더들은 상위자 및 외부인 예를 들어 납품업자, 고객, 정부, 언론 등을 대할 때 자신이 관할하는 조직단위를 대표하는 로비스트나 공보담당자 역할을 해야만 한다.

⑦ 기업가 역할

조직 또는 조직구성단위의 리더는 기존상황을 개선할 기회를 포착하기 위해 통제된 범위 내에서 변화를 창출하고 시도한다. 그러한 변화는 신제품 개발, 신장비 구입, 공식구조의 재정비 등 개선계획의 형태로 일어난다. 이러한 개선계획의 일부는 리더가 직접 관리하기도 하고 부하 직원에게 위양하기도 한다.

⑧ 혼란 수습자 역할

혼란 수습자 역할에 있어서 리더는 기회를 이용하여 의도적으로 해결하는 문제점들과 구분되는 상당히 중요한 위기상황을 다룬다. 위기상황은 부하 직원들간의 마찰, 주요 하위자의 이직, 화재나 사고 등 예기치 못한 사건으로 말미암아 발생한다. 리더들은 대개 이러한 역할을 다른 역할보다 중시하는데, 리더들은 자신의 시간 중 많은 부분을 갈등 조정 등 갑작스런 혼란을 수습하는 일에 할애함으로써 심사숙고가 필요한 계획수립이나 전략수립 같은 일에 몰두할 시간이 거의 없다고 한다.

⑨ 자원 배분자 역할

리더들은 자금, 인력, 자재, 장비, 설비, 용역 등의 자원을 배분하는 일에 자신들의 권한을 행사한다. 자원배분은 취해야 할 조치에 관한 리더의 의사결정과 부하의 의사결정에 관한 리더의 승인 및 예산 수립, 리더 자신의 시간 배분에 의한 일정 수립 등과 관련이 있다. 리더는 자원배분에 따른 권력을 유지함으로써 전략수립에 따른 통제력을 유지하고 전략적 목표를 밑받침해 줄 수 있도록 부하들의 활동을 조정·통합한다.

⑩ 협상자 역할

협상에는 상당한 자원이 소요되는데, 이러한 자원의 소요를 결정하는 권한을 지닌 리더가 있음으로 인해 협상이 보다 원활해질 수 있다. 또한 리더는 자신의 조직이나 조직구성단위를 대변하는 일에 전문가이므로 이 또한 협상을 원활히 해 줄 수 있다. 그 외에도 리더가 자신이 관할하는 조직단위의 대표자로서 협상에 참가하면 협상에서 높은 신뢰도를 얻을 수 있다. 따라서 어떤 리더가 자기 조직의 총대표로서 협상에 임하게 되면 그 리더의 활동은 자원 배분자·대변인·대표자 등의 역할을 동시에 수행하는 것이다.

리더의 역할을 제대로 수행하기 위해서는 변화의 엔진이 되어야 한다. 엔진이 좋으면 기계는 아주 오래간다. 그리고 변화를 추진할 때 엔진의 성능은 시간과 열정과 초점의 곱으로 정해진다. 리더가 공부를 하지 않으면 부하 직원들에게서 훌륭한 아이디어가 올라와도 그 중요성을 깨닫지 못한다. 리더는 항상 새로운 것을 배우고 공부해야 한다. 다양한 혁신 기법들에 대해서도 충분하게 숙지를 하고 있어야 한다.

즉, 배우는Learning 속도가 변화Change의 속도보다 빨라야 한다. 먼저 배우고Learning, 먼저 사용해 보고Use, 이후에 직원들에게 가르쳐 주고Training, 직원들이 잘 사용하고 있는지 관찰하는Inspect 것이 필요하다.

2 핵심리더의 카운슬러 역할과 자질

같은 일이라도 역할이나 태도에 따라 성과는
하늘과 땅만큼 차이가 난다.
리더라는 자리는 맨 꼭대기에 올라 군림하는 자리로
오해하는 경우도 있다.
반면 조정자 역할을 하는 리더는 늘 가운데 앉아 있다.
사람의 가운데, 일의 가운데에 위치한다.
중심은 아무리 움직여도 늘 한 자리를 지킨다.
리더가 열린 마음으로 다양한 사람들의 의견을 조율하고
통합 시켜야 조직이 발전할 수 있다.
훌륭한 리더는 자신이 갖고 있는 시스템을 200% 발휘해
조정자 역할을 잘 수행하는 자이다.

　　카운슬링Counseling이라 함은 '인사상담제도Personal Counseling' 혹은 '산업상담제도'
와 같은 것으로, 직원이 직장내외에서 개인적으로 당면하고 있는 일신상의 문제를 인
사문제 담당자 혹은 상담전문가인 Counselor상담사가 면접 상담하게 함으로써 문제
점을 발견하고, 그 해결을 돕기 위해 실시되는 종업원 복지제도 내지 인간관계관리의
한 방법이다. 이 상담을 통하여 일신상의 고민이나 불안에 대해 적절한 조언을 하거
나 해결책을 제시하여 그들로 하여금 생활과 직장환경에 적응케 하여 감정상의 불안
정으로 인한 직무수행능률의 저하를 막고 종업원의 사기를 높이려는 것이 그 목적이
다. 또 상담사는 인사상담을 통하여 얻는 자료를 통하여 경영내의 인사문제에 대한
개선책을 조언할 뿐만 아니라 직장내의 사기에 대한 이해를 돕는다.

1 카운슬러Counselor의 역할

카운슬러는 주로 일상생활에서 나타나는 문제와 심리적인 문제를 해결하고 지원하며 자기 통제력을 가지고 자율적인 태도로 현실생활에 적응하도록 돕는 역할을 하는 것이 주된 과업이다. 무엇보다도 중요한 것은 상담자도 한 삶의 인간으로서 자신의 삶을 살아가는 과정 속에서 이루어지는 상호성장을 위한 협력 작업을 수행하는 사람이라는 것이다. 이러한 작업을 수행함에 있어서 상담자로서의 구체적이고 다양한 역할은 상담자 개인뿐 아니라 구성원들의 정신적인 성장을 도모하는데 윤리적인 책임을 가지게 된다.

① 치료자로서의 역할

상담자는 기본적으로 내담자의 치료자의 역할을 수행해야 한다. 여기에 상담자는 내담자 자신에 대한 이해를 증진시키면서 내담자 자신을 수용할 수 있도록 도와야 한다. 상담자는 내담자 자신을 존중할 수 있도록 도와 자신의 내적인 힘을 발견할 수 있도록 도와야 한다. 이러한 과정으로 내담자 자신의 삶에 대한 책임을 받아들이도록 도와 궁극적으로 자신의 문제해결 방법을 스스로 찾아 실행하도록 해야 한다.

② 교육자로서의 역할

상담자는 내담자와의 상담을 통해서 치료적인 측면뿐만 아니라 교육을 통해서도 발달 및 생활적응상의 도움을 줄 수 있다. 또한 상담자의 역할 중 중요한 것은 문제가 발생한 후에 처치를 하는 문제해결 뿐 아니라 예방적 차원에서 문제해결 방법을 배울 수 있도록 돕는 것이다. 또한 상담을 통해서 도움을 주는 데는 많은 제한이 따르게 된다. 우선적으로 시간상의 문제, 제한적인 인원에게 도움을 제공한다는 문제 등을 고려할 때 상담자는 문제 발생 후의 도움도 중요하지만 예방차원에서의 정신건강 및 자신에 대한 심리적인 이해, 그리고 일상생활에서 나타날 수 있는 생활상의 적응문제 등을 교육을 통해서 도움을 주는 역할도 소홀히 하지 않아야 할 것이다.

③ 연구자로서의 역할

상담자는 치료자로서의 역할 및 교육자로서의 역할을 수행하면서도 내담자에 대한 더 깊은 이해를 위해서 늘 관심을 가지고 연구해야 한다. 그가 경험하고 있는 문제가 내담자에게 삶의 어떤 측면을 성장하게 하는지, 그리고 성장을 방해하는 측면은 어떤지와 내담자의 자원을 어떻게 활용할 수 있는지 등에 대한 연구가 선행되어야 내담자를 잘 도울 수 있게 될 것이다. 따라서 상담자에게는 인간에 대한 이해를 돕기 위한 연구 작업이 요구된다. 내담자를 더 잘 도울 수 있는 학문적인 그리고 실험적인 연구를 통해서 인간에 대한 이해와 발생하는 문제를 더 효율적인 해결을 위한 적응양식을 인식하고 있어야 한다.

④ 자문가로서의 역할

우리 사회 주변에는 다각적인 측면에서 발생하게 되는 심리적인 문제들이 있다. 내담자에게는 종종 상담자가 치료도 하고 교육도 하지만 자문자로서의 역할을 했을 때 더 빨리 변화되어 질수 있는 부분들도 있다. 그리고 상담자로서의 상담자역할 수행이 원활해질 때 질적인 삶을 현실 속에서 발견하게 될 것이다. 자문자로서의 상담자는 개인의 변화뿐만 아니라 사회전반적인 변화를 가져오는데 전문가로서의 책임을 수행하게 된다.

⑤ 지역사회개발 지원자로서의 역할

상담의 특성 중 하나는 인간 삶의 질적인 변화를 가져오도록 돕는 것이다. 그래서 상담자가 개인을 돕는 것은 지역사회의 발전을 돕는 것이기도 하다. 개인의 성장은 결국 지역사회의 질적인 성장을 가져오는데 중요한 요인이기 때문이다. 이에 상담자의 치료자로서, 교육자로서, 자문자로서의 역할은 상담 상황에서 뿐 아니라 지역사회 활동의 참여를 통한 지역사회의 개발지원자로서의 역할이 요구되기도 한다.

2 카운슬러Counselor의 자질

인간이 존재하는 현실의 삶 속에서 발생하게 되는 삶의 문제는 매우 다양하다. 그리고 이러한 문제에 시달리는 사람들을 도와줄 수 있는 사람들 또한 무수히 많다. 특히, 현대사회에서는 타인의 문제해결을 돕는 직업으로는 성직자, 사회사업가, 심리학자, 정신의학자, 상담자, 컨설턴트, 변호사, 의사, 교사 등이 대표적이라고 할 수 있다. 각자의 고유한 전문성을 바탕으로 접하게 되는 사람들의 문제해결의 도움을 요청받고 있으며, 실제로 도움을 주는 행위들을 하고 있다. 이렇게 도움을 주는 상담자는 자신이 소유하고 있는 고유한 자질과 태도로서 역할에 임하게 된다. 상담자의 자질과 태도는 상담의 과정에 있어서 내담자의 변화를 가져오는데 매우 중요한 자료가 될 수 있기 때문이다.

① 인간적 자질

교육의 목적 중 하나는 학습자의 인격형성에 도움을 주는 것이다. 교육을 통해서 많이 아는 사람, 좋은 인격이 갖추어진 사람이 되도록 돕는다. 즉, 훌륭한 사람이 되도록 가르치는 역할을 한다. 인간적인 자질이 상담에서 특히 중요한 이유는 내담자를 한 사람의 인간으로 이해할 수 있어야 한다는 것이다. 내담자를 한 사람의 인간으로 이해한다는 것은 인간적인 신뢰감과 존중, 배려하는 태도로써 만나는 것을 전제하기 때문이다. 상담자는 자신을 이해할 수 있는 만큼만 내담자를 이해할 수 있고, 자신의 문제를 해결할 수 있는 만큼만 내담자의 문제를 해결할 수 있으며, 자신이 성장할 수 있는 만큼만 내담자를 성장시킬 수 있다. 인간의 성장은 무엇보다도 모방을 통해서 이루어지기도 한다. 상담자의 인간적인 자질을 요약하자면 다음과 같다.

첫째, 자기에 대해서 이해하고 수용하는 것이다.
둘째, 타인에 대한 열린 마음으로 타인의 복지에 관심을 가지는 것이다.
셋째, 삶에 대한 진지함과 용기를 가지고 경험에 개방적이다.
넷째, 정체감을 가지고 불확실성을 잘 견디는 것이다.
다섯째, 현재에 살며 자신을 재창조할 수 있도록 삶을 선택한다.

여섯째, 문화의 영향을 인식하는 것이다.

② 전문적 자질

상담의 목적은 우선 내담자로 하여금 자기 삶에서 일어나는 문제에 보다 효율적으로 대처하게 하고, 제대로 활용하지 못했던 기회를 최대한 살릴 수 있게 하는 것이다. 또 하나는 내담자가 일상생활에서 자기 문제에 보다 잘 대처해 나갈 수 있도록 돕는 것이다. 우리 주변에서 일어나는 '일반적 상담'에서는 자신의 개인적인 경험을 토대로 도움을 제공하는 것이다. 겉으로 드러난 문제에 관심을 기울임으로써 도움을 요청하는 사람 스스로가 문제해결 능력을 확보하도록 돕는데 많은 어려움이 따른다. 그러나 '전문적 상담'의 경우는 상담자가 상담이론과 방법에 관한 체계적인 지식을 가지고 상담실습과 훈련지도의 과정을 거쳐 자격을 갖춘 사람들에 의해서 이루어지는 것이다. 즉, 자격을 갖춘 상담자가 내담자가 호소하는 문제에 대해서 체계적인 평가 및 이해와 변화를 위한 구체적인 목표와 전략을 가지고 규칙적으로 진행하는 것을 말한다. 상담은 전문적 지식과 경험 뿐 아니라 이해를 제대로 갖추는 것이 우선적인 과제이다.

3 카운슬링Counseling의 운영

실제로 카운슬링을 어떻게 운영하면 좋을까? 휴렛패커드, 고어 어소시에이츠, 피플 익스프레스의 매니저들로부터 모은 이야기를 토대로 구체적인 절차를 살펴보면 그들의 특징이 엿보인다. 또한 독특한 점은 구체적이고 실행 가능한 해결방법을 찾는 것과 그리고 한없는 애정을 주고 있다는 것이다.

① 준비 단계

실제로 카운슬링에 들어가기 전에 우선 해두어야 할 것은 그 사람의 이슈를 파악하는 일이다. 즉, 인간관계의 문제인지, 프로젝트 일정진행이 문제인지, 고객관리가 문제인지를 찾아내야 한다. 문제 상황을 막연하게 알고 있는 것만으로는 반드시 착오가 발생하며 도움 될 만한 해결책을 제시할 수 없다. 그렇지 않으면 당신이 모처럼 손을 내밀어도 부하는 움츠러든 채 당신을 가까이하지 않을지도 모른다.

② 상담시간을 정한다

카운슬링에는 적합한 시간, 적합하지 않은 시간이 있다. 상담할 시간을 정한 다음에는 바쁜 일정과 어려움을 물리치고서라도 약속을 지키겠다는 마음가짐이 필요하다. 당신과 당사자 양측이 의논하여 가능한 편리한 시간을 선택하는 것이 중요하다. 특히 당사자의 근무시간 중에 하는 것이 좋다. 능숙한 카운슬러는 만나는 시간을 통보하는 데에도 관심을 가지며, 너무 일찍 통보해 주는 것도 좋지 않다. 예를 들어 목요일에 다음 주 화요일이나 수요일에 만나자는 약속을 했을 때, 부하는 문제가 있음을 직감하고 온통 주말을 불안하게 보낼 것이다. 대개의 경우 그날 이른 아침에 약속을 청하는 것이 가장 좋다.

③ 먼저 말을 이끌어가야 한다

만나게 되면 당신 쪽에서 먼저 말문을 열어야 한다. 왜 당신이 부하와 의논하고 싶어 했는지 간결하고 숨김없이 말해야 한다. 이 단계에서는 아직 문제의 핵심을 언급할 필요는 없다. 다만 마음의 문을 열기만 하면 된다. 클라이막스는 아직 미루어 둔 뒤 부하의 태도를 살펴보는 것이 좋다.

④ 부하가 하는 말을 열심히 경청해 준다

카운슬링에서 가장 중요한 점이 부하가 하는 말에 관심을 갖고 열심히 들어주는 것이다. 이때 당신은 온 신경을 상대방의 이야기에 집중시켜 듣지 않으면 안 된다. 당신은 부하가 말하는 내용에서 무엇을 알아낼 것인지, 문제의 핵심 뿌리를 찾도록 노력해야 한다. 당신 자신에게도 문제의 원천이 있을 수도 있기 때문 겸허하게 관심을 갖고 경청하여야 한다.

⑤ 부하의 개인적인 문제일 경우

결혼문제, 가족문제, 건강, 금전적인 문제 등 개인적인 문제가 이슈가 되었을 때에는 카운슬러는 특별한 주의감를 갖고 상대방에 대한 존중의 자세를 잃지 말아야 한다. 너무 관심을 보이면 프라이버시의 침해라고 오해받을 수도 있고 그렇다고 거리를 유지하면 이번에는 냉담하다고 실망할 수도 있다. 그러므로 당신이 가능한 범위내에서 도와주고 싶다든가, 내가 도와줄 일이 없겠느냐고 물으면서 솔직한 마음을 알리고 상대를 안심시키는 것이 중요하다. 성실하게 부하의 이야기를 들어주는 태도, 부하가 가벼운 마음으로 당신의 사무실로 들어설 수 있도록 문을 활짝 열어주는 것, 이것이 부하에 대한 최대의 배려인 것이다.

⑥ 상담 중에 실천계획을 생각 한다

무엇을 어떻게 도울 수 있는지가 명확해진다면, 그 다음에 구체적인 실천계획을 수립할 필요가 있다. 상대방과 합의하여 언제 무엇을 할 것인가, 당신은 어떤 역할을 담당할 것인가? 결정하는 것이 좋다. 그리고 상담의 마지막에 다음 상담 시간을 결정한다. 카운슬링이란 일이 어떻게 진행되고 있는지, 원활하게 일을 처리하기 위해 당신이 할 수 있는 일은 없는지 체크하기 위해 면담하는 것이라는 것 명심해야 한다.

♟ 도표 4-1 **카운슬링에 뛰어난 핵심리더**

- 가벼운 마음으로 이야기할 수 있게 분위기를 조성한다.
- 상대방이 하는 말을 열심히 잘 경청한다.
- 문제에 관하여 의논하고 있을 때 공감을 나타내며 표시한다.
- 부하가 감정적이 되어 이성을 잃더라도 그것을 대범하게 보는 관대함이 있다.
- 부하가 도움을 필요로 하면 신속하게 알아차린다.
- 부하가 하는 일이 성공하기를 바라고 있다.
- 부하의 자존심과 자신감을 키워 주려고 노력한다.
- 상대방을 존중하며 관심이 많다는 것을 보여준다.
- 차분히 충분한 시간을 갖고 이야기한다.
- 상대방의 사고방식을 받아들일 수 있는 마음자세를 갖고 있다.
- 상대방을 위하여 관심과 온 정성을 기울인다.
- 다시 한 번 도전할 수 있는 기회를 부여한다.

3 핵심리더의 효율적 시간관리

전날 밤에 준비한 일은 다음날 평소 절반의 시간으로
일을 할 수 있으며, 노력도 최소한으로 든다.
- 엘리노아 루즈벨트 부인 -
아침 9시 전에 하는 일은 낮에 하는 것보다
2배나 능률이 오른 다는 사실을 발견했다.
- 마가렛C스미스 -
짧은 인생은 시간의 낭비에 의해서 더욱 짧아진다.
- 샤뮤엘 죤슨 -
대부분의 일은 사용하고 있는 시간의 66%까지
절약할 수 있다.
- 릴리안 길프레드 박사 -

1 시간의 중요성과 표현

어떤 분야에서든지 앞서가는 사람이나 성공하고자 하는 사람은 시간의 중요성을 잘 알고 있으며, 시간은 우리가 소유하고 있는 자원 중에서도 빼놓을 수 없는 귀중한 자원이다. 우리에게 시간이 없다면 다른 것들은 모두 무의미 할 수 있으며, 어떤 면에서 시간은 우리가 소유하고 있는 모든 것이라고 할 수 있다. 우리의 삶이 얼마나 시간과 연관되어 있는가를 생각해 보면, "오늘 아침 6시에 일어났다."거나 "그 일은 며칠이 걸렸다."거나 "즐거운 식사시간"이라든가 "아~ 오늘은 참 좋은 아침이구나", "아~ 오늘은 참 지루한 하루였다."거나 "아~ 세월이 너무 빨리 지나 가는 구나…"

위와 같은 말들은 모두 시간과 관계된 말이다. 우리는 시간을 소비하며, 시간을 만들기도 하고, 시간을 주기도 하고, 시간을 받기도 하고, 시간을 사기도 하며, 시간을 관리하기도 한다. 현대인들은 전자시계로 시간을 측정하지만, 시계가 없었던 옛날에 사람들은 해나 달이 뜨는 것을 보고 시간을 측정했다. 어느 경우건 시간은 사건과 사건의 연속인 것이 분명하다. 그래서 사람들은 자기 나름대로 시간의 개념을 사물과 비교해서 말하기도 한다. 예를 들면,

'(보이지 않기 때문에)' --- 시간은 바람과 같다거나
'(흘러가기 때문에)' --- 시간은 강물과 같다거나
'(사람을 얽매이게 하기 때문에) --- 시간은 족쇄와 같다거나
'(다시 사용하지 못하기 때문에) --- --- 시간은 1회용 라이터와 같다'거나
'(좋기 때문에) --- 시간은 애인과 같다'거나 하는 것들이다.

시간이 귀중하다는 것은 모두 인정하고 있지만, 각자가 느끼는 정도는 위와 같이 각 개인마다 다르게 표현하고 있다. 또한 연령층에 따라 시간의 개념도 다르게 표현하고 있다.

'어릴 때는 시간이 기어간다고 표현하고'
'젊었을 때는 시간이 꿈꾸고 대화하며 걸어간다고 표현하고'
'어른이 되었을 때 시간은 뛰어간다고 표현하고'
'노인이 되었을 때 시간은 날아간다고 표현한다.'

2 우선순위의 중요성

시간관리란, 시간 자체를 관리하는 것이 아니라 시간 속에 흐르는 자신과 관리 가능한 모든 것들_{자기 자신, 일, 조직}을 총체적으로 관리하는 것을 뜻한다. 직장에서의 경우는 근무시간을 다음의 다섯 가지로 구분해 볼 수 있다. 상사와의 시간, 동료와의 시간, 부하와의 시간, 고객과의 시간, 자유 시간 등으로 구분해 볼 수 있다. 우리는 목표들을 신중히 설정해야 함과 동시에 우선순위도 잘 정해야 한다. '우선순위'라 함은 근본적

으로 우리의 삶에 있어서 '언제'라는 시간과 '무엇을'이라는 과제에 집중하는 것이다. 우선순위라는 것은 우선적인 것, 먼저 해야 할 일들을 먼저 배열하는 것이다. 더 중요한 목표를 고르는 작업이라 할 수 있다. 그러면 왜 우리는 우선 순위를 세워야 할까?

첫째 이유는, 우리들이 설정한 목표들이 모두 동등하게 중요할 수 없기 때문이다. 어떤 목표는 다른 것에 우선할 수 있다. 목표들이 모두 중요하다면 목표들 간의 충돌로 인하여 갈등을 면할 수 없게 된다. 즉, 모든 것이 중요한데 무엇을 먼저 해야 할지 몰라 고민하게 된다. 늘 바쁜 것 같으나 성과를 거두지 못하는 사람을 보면 그는 틀림없이 우선순위를 정하지 못하고 닥치는 대로 일을 하는 것을 발견하게 된다.

둘째 이유는, 우리들의 시간과 정력과 자원은 제한되어 있다는 점이다. 우리는 하루 동안 사용할 수 있는 시간과 발휘할 수 있는 능력이 제한되어 있다. 시간과 정력이 무제한으로 있다면 우선순위를 정할 필요성이 별로 없을 것이다.

셋째 이유는, 어떤 가치 있는 일을 이루기 위해서는 우선순위를 계속 지켜야 하기 때문이다. 우선순위가 자꾸 바뀌면 시간과 정력을 낭비할 뿐만 아니라 일을 완성하지 못한다. 모든 일에는 우선순위가 있으며 일생을 통해서 각 시절별로도 우선순위가 있다는 것을 인식할 필요가 있다.

우선순위를 정하지 않으면 어떻게 될까? 마구잡이로 행동하게 될 것이다. 우선순위를 잘못 정하면 어떻게 될까? 매일 손해 보는 삶만 살게 되고 인생전체로 볼 때 적자인생을 면치 못할 것이다. 우선순위를 깊이 생각하지 않아도 될 경우가 있다.

손님 순서대로 닦는 구두닦이, 번호표에 의해 순서대로 처리해 주는 업무, 손님이 온 순서대로 음식을 제공하는 일일 것이다. 그러나 우리들은 대부분의 경우에 있어서 깊이 생각해서 우선순위를 정해야 한다. 성공자와 실패자의 뚜렷한 특성 중의 하나는 성공자는 실패자가 하기 싫어하는 일을 할 수 있다는 것이다. 즉, 실패자는 자기가 좋아하는 일, 혹은 재미있는 일만 하지만 성공자는 자기가 좋아하지 않더라도 해야 할 일이 중요한 일이라면 기꺼이 하는 것이다.

3 우선순위를 정하는 원칙

우리들의 과거습관, 성격, 감정, 시간에 대한 자세 등이 우리 마음속에 깊이 뿌리박혀 있어서 우선순위를 제대로 정하기란 참으로 어렵다. 일의 우선순위 결정에는 중요성, 긴급성, 효과성, 주체성을 고려하여 결정한다. 뿐만 아니라 우리가 사는 사회 환경은 수시로 변화되기 때문에 우선순위도 자꾸 바뀐다. 그럼에도 불구하고 어떤 원칙을 정해 놓는 것은 우리가 우선순위를 정하는데 도움을 준다. 여기 몇 가지 원칙을 제시한다.

① 독립의지를 가져라

남의 의견은 참고는 될지언정 최종의 표준은 될 수 없다. 신중히 생각한 후에 자기 자신이 결단을 내려야한다. 반드시 항상 최선의 순위가 정해진다고는 보장할 수 없지만 자신이 깊이 생각한 후에 결정하면 당연히 그 결과는 좋게 될 것이다. 자신의 문제를 자기만큼 깊이 생각해 줄 사람은 없을 것이다.

② 가장 중요한 목표를 정하라

목표를 주목표_{중요한 목표}와 부속목표_{덜 중요한 목표}로 나눌 수 있고, 또한 긴급한 것_{단기성}과 긴급하지 않은 것_{장기성}으로 나눌 수 있다. 따라서 필연적으로 네 가지 목표가 생긴다.

- 중요하고 긴급한 것
- 중요하나 긴급하지 않은 것
- 중요하지 않으나 긴급한 것
- 중요하지 않고 긴급하지도 않은 것

어떻게 행동할 것인가? 다음의 우선순위에 의한 목표설정 시간관리 매트릭스를 활용해 보면 좋을 것이다. 평소 '중요하고 - 긴급하지 않은 일'에 소홀히 하면, '중요치 않고 - 긴급한 일'에 시간을 낭비한다. '중요'하다는 말은 목표와 관계된 개념이며 '긴급'하다는 말은 시간과 관계되어 있는 것이다.

♟ 도표 4-2 **시간관리 매트릭스**

	중요함	중요하지 않음
긴급함	· 위기 · 다급한 문제 · 건강악화 · 기간이 정해진 프로젝트 ▶ 우선적으로 당장 실천(20~25% 적당) → 2% 차지	· 일부 전화 받기 · 방문객 만나기 · 눈앞의 급박한 상황 · 잠깐의 급한 질문 · 인기 있는 활동 ▶ 신속하고 효율적으로 끝내기 위해 선별 처리(적극적 책임자 중요) (15% 적당) → 50~60%차지
긴급하지 않음	· 연구&개발 · 건강관리 · 새로운 기회 발굴 · 인간관계 구축 · 중장기 계획 ▶ 마감 일을 정해 계획을 세우고 프로젝트를 진행(65~80% 적당) → 15% 차지	· 하찮은 일 · 전화 걸기 · 우편물 정리 · 자료정리나 반복적인 일이 많음 · 바쁜 일 · 시간 낭비거리 · 즐거운 활동 ▶ 당신이 할 수 있는 일 내일로 미루지 말라(1% 이하가 적당) → 25% 차지

③ 바람직한 표준을 정하라

표준을 잘 정하면 일의 우선순위를 잘 정하게 된다. 기분대로 처리하지 않게 되고 극단에 치우치는 것을 예방하게 된다. 상담을 하러 온 후배가 있었다. 부모님이 권하는 신부감과 자기가 원하는 이상형의 신부감과는 거리가 멀다는 것이다. 그래서 그에게 이런 제안을 했다. 자신이 원하는 신부의 갖출 조건을 우선순위대로 몇 가지 적어 보고 그 표준에 70%만 도달하면 결정하라고 했다. 이 표준은 사람마다 각각 다를 것이다. 어떤 사람은 인격을 우선으로, 어떤 사람은 학력이나 직업을 우선으로 여길 것이다. 그것은 각자의 가치관이나 다르기 때문에 상관없다.

④ 단기적인 효율보다는 장기적인 효과를 선택해라

단기적으로 이익을 주는 것 같지만 장기적으로 보아 손해가 나는 일이 얼마든지 있다. 우리들이 대부분의 성향은 멀리 보지 못한다. 당장에 손해나 희생이 된다할지라도 장기적으로 희망이 있는 일이라면 우선순위를 높이 둘 필요가 있다.

⑤ 원인과 결과를 생각해라

이것을 하면 어떤 결과를 가져오며 이것을 하지 않으면 어떤 결과가 돌아올 것인가를 생각하고 우선순위를 정해야 한다. 예를 들어, 자기가 중요하게 생각하는 일일지라도 그것이 별로 신통한 결과를 가져오지 않는다면 생략할 필요가 있다. 자기 자신의 큰 만족감을 주고 회사의 목표달성에도 큰 영향을 미치는 일이라면 우선순위가 높은 것이다.

⑥ 목표들 간에 균형을 항상 생각해야 한다

너무 우선순위에만 치중하게 되면 불균형을 초래하기 쉽다. 예를 들어, 회사 일이 중요하다고 거기에만 치중하게 되면 건강도 가정도 자기발전도 무시하게 된다. 삶의 영역은 다양하며 각 영역별로 독특한 중요성이 존재한다. 또한 작은 일이라고 무시하게 되면 나중에 큰 손해를 보게 되는 경우도 허다하다.

⑦ 자기의 중요한 우선순위를 지켜라

이렇게 하기 위해서는 내적으로는 자신의 변덕스러움을 극복하여 일관성을 유지하고 외적으로는 거절을 적절히 사용하는 일이다.

4 시간관리의 문제점과 개선방안

① 할 일은 많으나 시간이 부족하다

- 일 전제를 검토하여 핵심적인 사항만 다룬다.
- 방법과 과정을 될 수 있는 대로 단순화한다.

- 타인에게 위임하거나 시간을 절약하는 도구를 이용한다.

② 상사로부터 요구하는 일이 많아서 자신의 일을 못한다

- 상사로부터의 하달된 일이 조직목표를 달성하는데 중요한 것이라면 이를 최우선순위에 놓고 자신의 일을 조정한다.

- 자신이 기본적으로 해야 할 일은 항상 염두에 둔다.

- 시간표를 짤 때, 계획되지 않은 시간이라는 공백을 남겨두어 예기치 않은 일이 발생 할 경우에 미리 대처한다.

③ 주의가 산만하여 주의집중해서 일하기가 힘들다

- 중요한 일이라면 상사에게 말하여 조용한 장소를 찾아서 일을 마친다.

- 주의를 산만케 하는 요소들을 줄인다.

- 평소에 목표에 집중하는 훈련을 한다.

④ 예기치 않은 방문객으로 인하여 시간낭비가 심하다

- 갑자기 방문하는 사람이 자신에게 유익을 줄 경우에는 이를 시간낭비로 생각하지 않아야 한다. 그러므로 우선 유익한가, 무익한가를 판단한 후 대처한다.

- 무익한 방문객이라고 생각하면 거절하거나 면담시간을 제한한다.

- 면담을 거절하기 힘든 상대라면 이야기 도중에 시계를 자주 보아서 시간이 없다는 무언의 행동을 한다.

⑤ 업무가 많아서 자기 개발을 위한 시간을 낼 수가 없다

- 아무리 바쁜 사람이라도 하루에 한 시간 정도의 시간을 더 낼 수 있다는 확신을 갖는다.

- 하루에 15분이라도 반드시 자기발전을 위한 시간을 낸다. 적은 시간을 할애해도 자기계발은 우선순위를 높이 두어야 한다.

- 타성에서 벗어나 늘 새로운 자극을 받도록 한다.

4 인간관계와 커뮤니케이션 핵심리더

내가 매번 같은 이야기를 한다고
나를 바보라고 생각하지 마십시오!
정말 중요하다고 생각하는 일은 모든 사람들의 뇌리에
새겨질 수 있도록 100번이라도 반복해야 합니다.

- 퍼시 바네빅, ABB 회장 -

잭 웰치는 10번을 얘기하지 않으면
한 번도 얘기하지 않은 것과 같다고 말함으로써
반복적 커뮤니케이션의 중요성을 설파한 바 있다.
조사 결과에 의하면 직원들은 CEO가 7번 이상
같은 말로 비전을 이야기해야 비로소
그 뜻을 이해하기 시작한다는 것이다.
리더는 부하직원들이 싫어할지 알면서도
중요한 사항은 반복해서 말할 줄 아는
용기를 가진 사람이어야 한다.

동전의 양면two sides of the same coin이란 떨어질레야 떨어질 수 없는 필연적인 관계를 비유한 것으로서 '인간관계와 커뮤니케이션'은 동전의 양면성을 지니고 있다. 좋은 인간관계의 핵심은 원활한 소통疏通의 수단인 커뮤니케이션이 필수적이다. 커피를 갈아 금으로 만드는 기업, 천년의 커피 역사를 뒤집은 성공 신화, 전 세계 매장 1만 2,000여 개, 지난 10년간 주가 1,500% 상승, 한 달 평균 18회 매장을 방문하는 수천만 명의 충성고객을 가진 세계 최대 커피 할인점, 스타벅스에 대한 수식어들이다. 하워드 슐츠Howard Schultz 스타벅스 회장의 성공 신화는 커피를 서빙하는 사람에게 투자함으로써 인간관계 중심의 경영철학을 공개 천명했다. 회사의 최우선 순위는 직원들이다. 그 다음 순위는 고객만족이다. 종업원이 행복하면 고객도 행복하다. 직원이 고객과의 관계가 좋으면 고객은 다시 찾아올 것이고, 바로 이것이 사업 수익의 진정한 원천이다. 조직내에 원만한 인간관계와 커뮤니케이션 없이는 애사심이나 노·사 협력이 있을 수 없으며 어떤 개혁이나 혁신운동도 성공시킬 수 없다. 우리가 지속적인 변화를 추구해야만 살아남을 수 있다는 환경 속에서 기업경영이 엄격해 질수록 인간관계가 무너지는 현상이 사회 각층에서 많이 일어나고 있지만 '애사심'이 기업의 경쟁력을 키우고 끈끈한 노·사 관계를 만들어 주고 있다.

1 인간관계의 중요성

데이브스K. Davis교수는 인간관계를 "조직의 한 구성원으로서 상호 협동적이고 생산적으로 어울릴 수 있도록 하는 것", "서로가 상대의 경제적, 사회적, 심리적 욕구를 충족시켜 주는 것", "전체적인 조직상황에 적응할 수 있도록 구성원들을 통합시키는 작용을 한다."라고 주장했다. 인간관계란 인간과 인간 사이에 상호 의존적 존재로서 다른 사람과의 화합을 유지형성 발전하는 것을 의미하며 더 적극적인 의미는 일정한 집단내에서 공동체적 목적을 위하여 집단의 협동관계를 구축하는 기술이라고 할 수 있다. 혼자서 삶을 영위할 수 있는 사람은 아무도 없다. 인간은 의도적이든 그렇지 않든 사람은 다른 사람과의 관계 속에서 살아간다. 인간관계는 사람의 삶에서 피할 수 없는 것이며 인생의 성공과 행복을 좌우한다. 뿐만 아니라 나의 성공과 행복은 나와 인간관계를 맺고 있는 다른 사람의 성공과 행복에 지대한 영향을 미친다. 한 개인의 성공과 행복은 관계하고 있는 다른 사람의 성공과 행복에 영향을 미치는 연속적인 과정을 통해 사회 전체에 영향을 미치게 된다.

카네기 공대는 사회에서 실패한 사람 대상으로 원인을 조사해 보았더니, 능력부족 5%, 인간관계 실패 95%라는 사실을 발견했다. 또한 모 그룹에서 퇴직자들을 상대로 앙케이트 조사를 실시해 보았더니, 70~80%가 인간관계 불만 때문에 퇴직한다는 것이다. 그런데 우리가 직장에서 사직서를 쓸 때 보면 퇴직하는 이유에 대해 적어놓은 내용을 보면 가사형편이나 개인사정 등 특별히 회사에서 직원들을 관리하는데 참고될 만한 사항이 눈에 띄지 않는다. 그렇다면 왜 이 구성원들은 퇴직하는 진정한 이유를 감추고 있을까? 인간관계쯤이야 어디까지나 개인적인 문제이고 내가 말없이 퇴직해 버리면 그것으로 모든 것이 해결된다고 생각하기 때문인데 다른 직장에서 이런 문제가 생기지 말라는 법이 어디 있겠는가?

커뮤니케이션이란 자신의 느낌, 생각, 의견, 감동을 상대방에게 언어 또는 비언어로 전하는 일련의 과정으로써 어떤 메시지를 상대에게 전해준다. 즉, 커뮤니케이션이란 용도에 따라 그 의미는 다르지만, 일반적으로 정보를 전달, 통신, 연락, 의사소통하는 과정이라고 할 수 있다. 조직에서 구성원들은 커뮤니케이션에 많은 시간을 보내고 있다. 특히, 리더들은 70~90%의 업무시간을 각종 커뮤니케이션에 보낸다는 연구결과도 있다. 리더들은 구성원들과의 직접적인 대화는 물론 회의와 전화 그리고 메모 등 여러 가지에 커뮤니케이션 방법을 사용하고 있다.

2 커뮤니케이션의 중요성

'경영의 신神'으로 불렸던 마쓰시타 그룹 창업주 '고故 마쓰시타 고노스케'는 기업가로 성공한 비결은 하느님이 주신 3가지 은혜 덕분이라고 밝혔다. "몹시 가난해서 어릴 때부터 구두닦이, 신문팔이를 하면서 많은 경험을 쌓을 수 있었고, 태어날 때부터 몸이 매우 약해 항상 운동에 힘써 왔으며, 초등학교도 못 다녔기 때문에 세상의 모든 사람을 다 스승으로 여기고 열심히 배우는 일에 게을리 하지 않았다." 역경을 하늘이 내린 선물로 삼아 세계 최고의 리더로 성장할 수 있었던 것은 긍정적 사고방식의 커뮤니케이션을 중요성을 보여주고 있다. 조직의 목적을 달성하는 데 있어서 효과적인 커뮤니케이션이 필수불가결한 요소라는 사실을 대부분의 리더들은 잘 알고 있지만 실제로 조직을 관리하다보면 커뮤니케이션 잘못으로 인해 여러 가지 난관에 봉착하는 경우가 상당히 많고, 심각한 문제를 발생시키기도 한다. 즉, 상사의 지시사항을 부하직원이 잘못 이해하는 경우, 별다른 뜻 없이 사소한 농담을 던졌는데 상대방이 격노하는 경우, 경영자가 사석에서 지나가는 말로 이야기 한 것이 상부에서 지시한 내용인양 부하에게 왜곡되어 전달되는 경우가 있다.

뛰어난 리더는 실력도 있고 인품도 탁월하다는 것은 새삼 말할 필요조차 없다. 그러나 그것만으로는 불충분하다. 실력도 중요하고 인품도 중요하지만 리더는 자신이 통솔해야 할 사람들에게 자신의 장점을 이해시키지 못하면 종이에 그려진 호랑이와 같은 꼴이 되어 아무 힘도 발휘하지 못하게 된다. 경영자들의 자서전이나 회고록을 읽어보면 자기를 지도 편달해 준 상사나 선배들의 이야기를 많이 등장시키는데, 이들은 상사가 일에 대해서는 엄격했지만 인간적인 면에서는 매우 인정이 많았다고 술회하고 있다. 상사가 엄격하기만 하다면 부하들은 절대로 따르지 않을 것이다. 사랑과 인정이 있는 리더는 우선 꾸중을 할 때에도 총론적으로 하지 않고 각론적으로 한다. 즉, "자네, 이 서류는 잘못된 곳이 있어서 다시 써주기 바라네"하고 말하는 것이 바람직하다. "이걸 보고서라고 썼나! 자네는 참으로 머리가 나빠"하는 식의 인격을 매도하는 질책의 커뮤니케이션은 삼가는 것이 좋다. 꾸중을 하더라도 그가 잘못을 뉘우치고 일어 설 수 있도록 패자부활의 기회를 남겨 두어야 한다. 성공하는 리더의 인간적인 매력은 외향적인데다가 밝고 정열적인 성격의 커뮤니케이션을 사용하고 있다는 것이다.

3 조하리 창Johari Window의 이해

조하리 창Johari Window은 교류분석과 함께 대인관계에서 널리 활용되고 있으며, 이는 조셉 루프트Joseph Luft와 해리 잉검Harry Ingham에 의해 만들어진 개념으로써 널리 활용되고 있다. 즉, 인간이 가지고 있는 마음을 노출시키는 정도와 다른 사람에게 갖는 관심의 정도를 가지고 마음의 창에 대하여 연구한 것이다. 이는 우리의 마음을 네 가지로 분류함으로써 우리 마음의 문을 여는 방법을 쉽게 가르쳐 주고 있다. 세상을 살아가다 보면 우리는 '나도 내 자신을 잘 모르겠다.'고 느끼는 경우가 있으며, 나도 깨닫지 못했던 내 자신의 참모습을 다른 사람들이 일깨워주는 경우가 종종 있다. 조하리 창Johari Window은 대인관계에 있어서 자기 표현력과 상대방에 대해서 갖는 관심의 정도에 따라 대인 관계에서 크게 네 가지 유형의 창_窓이 만들어진다.

첫째, '미지의 창_{Un-Known Window}'

자기 자신도 모르는 영역으로 잠재의식이나 무의식과 같은 부분을 말한다. 예를 들면 물에 빠진 사람을 구출하는 영웅적인 행동, 또는 살신성인 등 자신도 모르는 신비스럽고도 초인적인 힘을 발휘하는 것이 바로 이 부분에 해당된다. 이러한 상태에서는 상호간에 오해가 발생하는 것이 거의 필연적이라고 할 수 있으므로 거의 항상 갈등이 발생한다.

둘째, '감추어진 창_{Hidden Window}'

자기 자신은 알지만 상대방은 모르는 부분을 말한다. 자신만이 가지고 있는 은밀한 부분이나 비밀 등이 여기에 해당된다. 또 자기 합리화, 동일화, 보상, 투사 등의 자아방어 행동이나 모략, 계략을 가지는 행동, 자신만이 알고 있는 비밀 등이 여기에 해당된다. 이러한 상태에서는 자신의 숨겨진 부분이 다른 사람들에게 노출될 때 다른 사람들이 어떻게 반응할지를 두려워하여 자신의 감정과 태도를 숨기는 경우가 많으므로 맹목적인 창과 마찬가지로 갈등이 발생할 가능성이 잠재해 있다.

셋째, '맹목적인 창_{Blind Window}'

자기 자신은 모르지만 상대방은 아는 것을 말한다. 즉, 무의식중에 나타나는 자신의 버릇이나 습관 등이 여기에 해당된다. 상대방과 대화할 때 눈을 껌벅인다든지 머리를 긁는다든지 하는 것으로 자기가 모르는 면이기 때문에 실수하기 쉬운 것이기도 하다. 이러한 상태에서는 나의 감정이 상할까봐 상대방이 나에게 어떠한 말을 꺼리기 때문에 의사소통이 원활하지 못하여 갈등이 발생할 가능성이 잠재해 있다.

넷째, '개방된 창_{Open Window}'

자기 자신에 대하여 자신도 알고 상대방도 아는 창을 말한다. 초면이라도 주소나 성명, 직업 등을 알게 되면 쉽게 사귈 수 있는 것이 그 예이다. 이러한 상태에서는 타인에 대해 개방적이고 조화를 잘 이루기 때문에 타인과 갈등을 일으킬 소지가 거의 없다.

♟ 도표 4-3 **조하리 창(窓)(Johari window)**

	자신이 알고 있는 부분	자신이 모르고 있는 부분
다른 사람이 알고 있는 부분	개방된 창	맹목적인 창
다른 사람이 모르고 있는 부분	감추어진 창	미지의 창

4 성공적인 인간관계와 커뮤니케이션 기법

첫째, 먼저 대접하라

인간관계는 주고받는 관계이며 메아리처럼 주는 대로 받는 관계이다. 물질적인 것이든 정신적인 것이든 플러스 전파좋은 것, 사랑하는 마음, 아름다운 말, 칭찬…를 보내면 플러스 전파를 되돌려 받는다. 따라서 무엇을 보내는가가 무엇을 받는가를 결정한다. 사랑을 주면 사랑을 되돌려 받고, 미움을 주면 미움을 되돌려 받는다. 여기에 모든 인간관계에서 적용되는 황금률the gold rule이 등장한다. 그런데 황금률을 분석해보면 두 가지 상이한 자세로 구분된다. 첫째, "하지 말라Do Not"는 소극적 자세, 즉 "스스로 받고 싶지 않은 대접을 남에게 하지 말라"는 자세이다. 즉, 마이너스적인 전파는 보내지 말라는 것이다. 되돌려 받고 싶지 않기 때문이다. 둘째, "하라Do"는 적극적 자세, 즉 "내가 대접받고자 하는 대로 남을 대접하라"는 자세이다. 남이 나에게 해주었으면 하고 바라는 것을 내가 상대방에게 "하라"는 것이다. 언젠가 그의 도움이 필요할지 모르니 그에게 도움을 주라는 것이다. 인간관계는 메아리 현상과 같은 것이어서 원만한 인간관계, 바람직한 인간관계를 위해서는 먼저 상대에 플러스 전파를 많이 보내야 한다.

둘째, 마음의 문을 먼저 열고 적극적·긍정적으로 상대를 수용하라

마음은 행동으로 표현되기까지는 마음속에 있기에 볼 수도 만질 수도 냄새 맡을 수도 없는 성질을 지닌다. 또한 마음은 수시로 쉽게 바뀔 수 있는 가변적인 성질을 지닌다. 삶을 성공적으로 그리고 행복하게 살아가는 사람의 공통점은 바로 마음을 잘 관리한다Management of Mind, Mind Control는 것이다. 사람의 마음은 실로 놀라운 위력을

갖고 있어서 잘 관리하면 성공을 보장한다. 현명한 사람, 인간관계에서 성공하고 스스로 행복한 사람은 마음을 잘 관리하는 사람이다. 마음을 어떻게 관리할 것인가가 인생의 성공·불행에 깊이 관련된다. 마음관리는 매우 중요하므로 몇 가지 실천지침을 살펴보면 아래와 같다.

- 감사하는 마음을 표현하는 "감사합니다괜찮습니다."
- 겸손하고 겸허한 마음을 표현하는 "미안합니다실례합니다."
- 동의와 의지 그리고 봉사의 마음을 표현하는 "그렇게 하겠습니다."
- 소박하고 긍정적인 마음을 표현하는 "예, 알겠습니다."

셋째, 상대방 그대로를 인정하라

성공적인 인간관계를 하고 싶다면 상대방 그대로를 인정해야한다. 상대가 먼저 날 위해서 무엇인가를 해주기를 바라기보다 내가 상대방을 위해 무엇을 해줄 수 있는가를 먼저 생각해야 한다. 그것은 자신의 모자람을 인정하는 것이 아니라 자신도 발전할 수 있는 밑거름이 된다. 사람은 누구나 완전할 수는 없고 같을 수 없다. 나 역시 그럴 수 없으며 상대도 마찬가지인 것이다. 그렇다면 우리는 서로 부족한 점을 보완하여 차이점을 이해하려고 노력해야한다. 일방적으로 상대방이 모든 것을 이해해주고 이루어주기를 바래서는 안 된다. 사람에 대하는 것이 많은 노력을 요구하기에 때로는 지치고 그래서 소홀해지고 그러다 보면 점점 더 그 관계가 꼬이는 일을 한번쯤은 경험했을 것이다. 그러나 평소에 자신이 다른 사람을 대함에 있어서 진실한 맘으로 대했다면 사람 때문에 지쳐있는 자신을 발견하게 될 때 자신을 붙들어주기 위해 애쓰는 또 다른 사람이 있음을 발견할 수 있게 될 것이다.

5 열정을 끌어내는 신뢰경영 핵심리더

신뢰경영의 권위자인 로버트 레버링 교수는
경영진과 구성원간 신뢰, 구성원들의 일에 대한 자부심,
구성원간의 즐거운 관계를 신뢰 경영의 3요소로 제시하고 있다.
이 중에서 특히 구성원들의 경영진에 대한 신뢰가
가장 중요하다고 강조하였으며,
신뢰 수준이 높은 기업일수록 재무성과가 좋을 뿐만 아니라
구성원들의 이직률도 낮고 여러 기업들로부터
더 많은 스카우트 제의를 받는 것으로 나타났다고 한다.

흔히 사람을 가르쳐 사회적 동물이라 한다. 이는 사람은 절대로 혼자서 살아갈 수 없다는 말이기도 하다. 원시시대에도 사냥을 하기 위해서, 그리고 안전한 삶을 위해서는 협력이 필요했고, 오늘날처럼 복잡한 사회에 살고 있는 우리는 더더욱 그러하다. 좁게는 친구, 연인, 가정에서 넓게는 학교나 단체, 나라에 이르기까지 사람들은 끊임없이 어딘가에 소속되고 싶어 하고 거기서 안정감을 얻는다. 그래서 우리가족, 우리학교, 우리지역, 우리나라처럼 '우리'라는 말에 친근감을 느끼고, 지나친 혈연, 지연, 학연 등이 사회문제로 대두되기도 한다. 이처럼 중요한 사람과 사람과의 관계를 더욱 긴밀하게 연결시켜주는 것에도 기본이 있다. 그것은 리더십에서의 '믿음', 즉 '신뢰'라는 것이다.

1 신뢰와 존중을 받는 리더십

새로운 리더는 존중 받기만을 원하며 높은 직위에 앉아 있는 리더가 아니다. 직원

들의 열정을 끌어 내 줄 수 있는 그래서 신뢰와 존중을 받을 수 있는 리더, 즉 신뢰의 리더십을 가진 리더이다. '신뢰'는 말 그대로 상대방을 믿고, 의지하는 것이다. 어떤 사람들은 가까운 사이라고 느끼면 욕을 함부로 한다든가 아무렇게나 감정 표현을 하는 등 서로에 대해 무례해지는 경우가 있는데 아무리 가까운 사이라도 바탕에 신뢰가 없다면 그 관계는 머지않아 깨어질 것이다. 신뢰는 다른 사람을 존중하고, 각 개개인을 진지하게 대하기로 결심하는 데서부터 시작된다. 신뢰의 리더십이란 무엇이며 어떻게 발휘할 수 있는가? 신뢰의 리더십은 사려 깊게 상대를 관찰한 뒤 그에 맞는 적절한 통제와 압력을 가하기도 한다. 그러면서도 직원들을 철저히 믿어준다. 그러면 직원들은 책임감을 가지고 스스로를 통제할 수 있는 수준에 이르게 된다. 또한 직원들에게 존중 받기를 원한다면 먼저 직원들을 존중해 줘야 한다. 믿음을 바탕으로 한 상호 존중이 이루어질 때 발휘되는 것이 진정한 신뢰의 리더십이다. 신뢰와 존중을 받는 리더가 되기 위해,

첫째, 사려 깊은 관심을 보여 준다.

목표달성을 위해 팀을 이끌어야 하는 리더는 어쩔 수 없이 직원들에게 압력을 행사할 수밖에 없다. 그러나 무조건적이고 터무니없는 압력은 좌절과 스트레스의 악순환만 불러 올 뿐이다. 직원들이 원하는 것이 무엇인가, 또 그들의 열정을 이끌어 내기 위해서는 어떤 부분을 존중해 줘야 하는가, 사려 깊은 관찰을 통한 이해를 바탕으로 적절한 압력을 가해야 한다.

둘째, 믿음은 통제보다 힘이 세다.

통제는 조직을 이끄는 데 없어서는 안 될 요소이다. 이 통제는 위에서부터 아래로 무조건적으로 행해질 수도 있지만, 오히려 믿음을 통해 더 강하게 가해질 수도 있다. 직원들은 자신을 믿어 준다고 느낄 때 책임감을 발휘한다. 바로 이 책임감이 해결책인 것이다. 책임감을 느낀 직원들은 자발적으로 통제를 강화시키고 스스로를 발전시킬 수 있다.

셋째, 리더십은 공포심이 아닌 상호 존중심에서 온다.

다른 사람들로부터 존중 받기를 원하는 사람은 다른 사람들 역시 존중 받기를 원한다는 사실을 알아야한다. 신뢰를 바탕으로 상호 존중을 얻을 때 진정한 신뢰의 리더십은 발휘되는 것이다. 비단 개인과 개인뿐 아니라 어떤 조직이나 단체라도 그것이 영리기관이든 비영리기관이든 신뢰가 바탕이 되지 않는다면 그 조직은 존속될 수 없다. 서로 신뢰하지 못한다면 의심하게 되고 분열이 일어나게 되고 그렇게 되면 그 조직은 사라지고 말 것이다.

2 존 맥스웰의 불변의 법칙

존 맥스웰은 리더십의 21가지 불변의 법칙에서 이렇게 기술하고 있다. "나는 1989년 가을에 굳건한 토대의 법칙의 힘을 몸소 알게 되었다. 이 일은 산디아고에 스카이라인 교회에 담임목사로 있으면서 바쁜 시간을 보내고 있을 때 발생했다. 매년 교회는 대대적인 크리스마스 행사를 주관했다. 이 크리스마스 행사는 참으로 굉장했다. 무대는 가장 세련된 제품들을 사용하여 꾸몄다. 그러므로 매년 25,000명의 사람들이 이 행사를 관람했고, 이 행사는 20년 이상 매년 연출되는 산디아고의 전통이 되었고, 그 해 가을에 나는 매우 정신없고 바쁜 시간을 보내고 있었다. 교회는 몇 가지 새로운 프로그램을 시작했으며, 크리스마스 행사는 한창 준비중이였다. 그런데 매우 바빴기 때문에 나의 성마른 본성이 발동해서 나는 커다란 실수를 했다. 나는 세 가지 주요한 결정을 성급하게 결정하여 올바른 리더십을 취하지 않고 곧바로 이 일은 시행하였다. 즉, 한 주 후에 나는 크리스마스 행사 가운에 몇 가지 순서를 바꾸어 버렸고, 주일 저녁 예배를 폐지했으며, 교회 사역자 한 사람을 해고시켰다. 흥미로운 것은 세 가지 결정 중에 어느 것도 나쁘지 않았다. 크리스마스 프로그램을 몇 가지 바꾼 것은 더 은혜로운 것이었다. 주일 저녁예배는 교회를 세워주거나 이미 그밖에 다른 곳에서 충족하지 못한 욕구를 채워주지는 못했다. 그리고 한 사람의 사역자를 해고시킨 것은 마땅히 그래야 했고, 내가 그를 해고시키지 않고 질질 끄는 것은 좋지 못했다. 그런데 내가 저지른 실수는 이 세 가지 결정을 시행하는 방식이었다. 교회에서 모든 것이 잘 되어가고 있었기 때문에 나는 이런 결정을 시행하기 전에 점검해야할 단계를 거치지 않고 일을 추진했던 것이다.

일반적으로 나는 리더들을 모아놓고, 비전을 제시하고, 질문을 받고, 문제가 있는지를 살폈다. 그 다음에 이 문제로 인해 다음 단계의 리더들에게 있을 수 있는 영향력들을 살폈고, 마지막으로 적절한 시기가 오면 모든 교인들에게 공적인 발표를 하였다. 이 발표 내용가운데는 사람들에게 결정한 내용을 알게 하고, 확신을 주며, 새로운 비전이 될 수 있도록 용기를 북돋아주었다. 그러나 조금 전에 언급한 세 가지 결정은 이 가운데 어느 단계도 취하지 않았다. 나는 오래지 않아 사람들 가운데 동요가 있음을 직감했다. 투덜대는 소리도 들렸다. 처음에 나의 태도는 사람들이 그냥 잊어버릴 것으로 생각했으나 그렇지 않았다. 그때에 나는 그들이 문제가 아니라 내가 문제가 있다는 것을 깨달았다. 그 문제에 대한 나의 태도가 너무 부정적이었다. 나는 신뢰의 법칙을 깨뜨렸다. 그리하여 일생에 처음으로 사람들이 나를 완전히 신뢰하지 않았다." 존 맥스웰은 하나의 실수로 인해 신뢰를 잃었다. 이처럼 신뢰는 얻기는 힘들어도 잃기는 너무도 쉽다.

3 ㅣ 새클턴의 위대한 항해

노르웨이의 아문젠과 영국의 스콧이 경쟁적으로 남극 탐험을 시도하던 20세기 초 새클턴은 늦게야 탐험에 뛰어들어 그들의 그늘에 가려져 있었다. 스콧의 대원으로 떠난 첫 번째 탐험에서 괴혈병으로 도중 하선해야 했던 그는 남극점 최초 정복의 영예마저 아문젠에게 빼앗긴 뒤, 남극대륙 횡단을 자신의 목표로 설정한다. 1914년 12월 5일 그는 27명의 대원과 함께 '인내'라는 의미의 이름을 붙인 '인듀어런스호'를 타고 탐험에 나선다. 하지만 인듀어런스호는 거대한 남극의 빙하에 갇히고 결국 침몰하고 만다. 퍼킨스는 새클턴과 비슷한 시기에 북극 탐험을 떠났다가 역시 빙벽에 갇힌다. 스테팬슨의 탐험대는 11명의 대원이 북극의 황무지에서 횡사하는 비극을 당했다. 이유는 무엇인가? 스테팬슨의 탐험대는 고립 수개월 만에 완전히 이기적인 인간들로 변해버렸다. "거짓말하고 속이고 도둑질하는 일이 일상이 되어버렸다."

그러나 섀클턴의 대원들은 달랐다. 그들에게는 '약육강식의 이기심 대신 팀워크, 희생정신, 그리고 서로에 대한 배려'가 있었다. 섀클턴은 대원들에게 이 소중한 덕목들을 일깨우는 리더십을 발휘했다. 막상 위기에 부닥쳤을 때 그는 "낙관론이야말로 진정한 도덕적 용기"라고 강조했다. 자신의 아침 식사용 비스킷 한 조각마저 대원에게 나눠주며 그는 조직적인 위기를 관리했다. 도전정신과 믿음을 주는 인간적인 리더십, 바닥에 쏟은 우유를 빨아 마시는 동료에게 모두가 자신 몫의 우유를 조금씩이라고 나눠줄 수 있도록 이끈 팀워크의 계발, 그리고 긍정적인 사고, 그리고 무엇보다 리더에 대한 신뢰가 섀클턴의 승리의 원천이었다. 섀클턴의 대원들은 섀클턴을 신뢰했고 나아가 서로를 신뢰했다. 그 결과 그들은 위기를 기적처럼 극복할 수 있었다. 섀클턴처럼 신뢰를 받고 있는 사람이 조직이나 단체의 리더일 경우에는 더욱 신뢰가 중요한 것이 된다. 리더의 리더십이 그 조직을 더 굳건하게 만들 수도, 조직을 해이하게 만들 수도 있기 때문이다. 즉, 리더의 리더십이 그 조직이 발전하느냐 아니면 영원히 사라지느냐를 결정하는 중요한 타깃이 될 수 있다.

4 신뢰와 리더십의 관계

리더십의 정의를 살펴보면 한 사람이 다른 사람의 마음으로부터 존경, 신뢰, 복종 및 충실한 협력을 얻기 위한 방법으로 사람의 사고, 계획, 행위를 통솔하는 기술을 말한다. 리더는 다른 사람들이 볼 수 있는 비전을 창출해 낸 후 그 비전을 향해 나아가도록 사람들을 지도한다. 흔히 리더십이라고 하면 아주 거창한 것으로 여기는 것이 보통이다. 하지만 이 말은 그렇게 우리와 먼 이야기가 아니다. 가깝게는 친구들끼리라던가 작은 동아리에서도 리더십을 발휘 할 수 있다. 친구들과의 관계 속에서 살펴보면 항상 수동적인 친구가 있는 반면 주체가 되는 친구가 꼭 있을 것이다. 그리고 보통 그런 친구가 리더가 되어 앞장서서 친구들을 이끈다. 그렇다면 이러한 리더십은 언제부터 형성되고 어떤 사람이 리더가 되는 것일까? 그리고 리더의 자질은 무엇일까? 그리고 또 나이에 따라서 리더에 대한 신뢰도에 차이가 있을까?

이 궁금증을 해결하기 위해서 학생들에게 몇 가지 질문을 해 보았다. 모든 학생들이 같을 수는 없겠지만 질문에 대한 답변 내용은 이러했다. 학생들의 말에 의하면 학창시절 처음에는 리더가 뚜렷이 나타나지는 않지만, 어느 정도 시간이 지나면 쉽게 알아볼 수 있을 정도로 뚜렷해진다고 한다. 학생들은 리더를 대장이라는 말로 표현하는데 학생들도 어떤 특정한 친구를 어느 분야의 대장이라고 생각한다. 다시 말해 학생들 사이에도 엄연히 학생들이 인정하는 리더가 있으며 가끔은 교수보다 리더를 중심으로 활동해서 놀라울 때도 있다고 했다. 몇몇 학생들은 교수님 말씀보다 대장 말을 더 잘 듣는 경우도 있다고 한다. 그들 대장들은 대체로 친구들에게 약속을 잘 지킨다고 한다. 그리고 뭔가 특기가 있고 어느 분야에서 매우 잘한다는 특징을 살펴볼 수가 있다. 사람을 믿을 수 없다면 그 사람의 행동이나 말을 믿고 행동하기는 어려울 것이다.

존경은 리더십을 지속시키는데 필수적이다. 리더는 어떻게 존경을 받는가? 바람직한 결정을 함으로써, 자신의 실수를 인정함으로써, 조직을 위해 솔선수범하며 최선을 모습을 보여줌으로써 가능하다. 그리고 한 집단의 리더로써 앞을 내다볼 수 있는 통찰력 또한 리더의 중요한 자질이다. 그리고 사람들은 의욕고취, 정직, 미래지향, 능력이 있는 특성을 가진 리더를 원한다. 그리고 리더를 믿을 수 있기를 바란다. 신뢰가 없다면 리더가 제시하는 비전의 의미가 없고 관계도 무너져 간다. 그리고 신뢰와 리더십은 절대 떼어놓고 생각할 수 없는 불가분의 관계인 것이다. 리더십의 기반은 신뢰이다. 혼자서는 최고의 성과를 낼 수 없다. 다른 사람의 도움과 지원과 격려 없이, 신뢰의 표현 없이 뛰어난 성과를 내는 것은 불가능하다. 진정한 관심과 배려에서 구성원들에 대한 사랑의 표현과 따뜻함에서 신뢰는 싹트는 것이다.

기업의 경쟁력은 어디서나 나오는가라는 질문에 많은 전문가나 경영자들의 의견은 분분하다. 혹자는 가격이나 품질이라고 주장하는 사람도 있고, 혹자는 시간이나 지식이라고 주장하는 사람도 있다. 분명한 것은 이러한 요소들이 경쟁력 확보의 일부의 요인은 될 수 있어도 모든 것을 설명해 주는 전지전능한 요소는 되지 못한다는 사실이다. 즉, 나무에 비유한다면 이러한 요소들이 나무를 이루는 큰 줄기는 될 수 있어도 나무를 지속적으로 생존 유지시키는 뿌리는 되지 못한다는 사실이다. 그렇다면 기업 경쟁력의 뿌리에 해당하는 것은 무엇일까? 여러 가지 결과 등을 종합해 볼 때, 경영진과 구성원간, 구성원과 구성원간, 고객과 기업간 신뢰 수준이 높을 때 기업 경쟁력은 견고히 유지될 수 있다.

5 성공적인 신뢰경영 리더십의 조건

기업이 성공적으로 신뢰 경영을 하기 위해서는 4가지 조건을 구비해야 한다.

첫째, 인재중시 철학의 확립과 이를 인사 제도나 조직 운영을 통해서 철저히 구현해야 한다.

둘째, 부문간, 계층간 권한과 책임이 명확한 조직 체제를 구축해야 한다.

셋째, 커뮤니케이션을 활성화하여 내부 구성원들의 생각과 아이디어를 적극적으로 수렴하고 이를 경영활동에 지속적으로 반영해야 한다.

넷째, 경영진과 구성원들은 상대방이나 환경만을 탓할 것이 아니라 각자 스스로 역할 수행에 필요한 능력과 성품 개발을 통해 신뢰받을 만한 사람들이 되도록 지속적으로 노력해야 한다.

6 To-Be 모델을 향한 변화관리 핵심리더

> "우리의 변화관리는 성장할 수 있는 올바른 사업에 참여하고,
> 빨리 변화할 수 있는 조직을 만들고,
> 우리가 투입한 자본으로부터 최대한 많은 이익을 얻어내자는 것이다."
>
> — GE 잭웰치 회장 —
>
> "단순히 변화에 빠르게 적응하는 것만으로는 초일류 기업이 될 수 없다.
> 오히려 변화를 선도하고 창출할 수 있는 기업이
> 초일류 기업이다."
>
> — IBM 루거스너 회장 —

변화관리Change Management란, 현재의 상태As-Is를 조직자신이 미래의 바람직한 방향 To-Be을 향해 체계적으로 변화시키는 과정을 관리하는 것이다. 즉, 변화를 추구하는 그 과정 자체를 관리하는 것이다. 옛날 한 조그만 왕국에 임금님이 애지중지하는 작은 보물이 있었다고 한다. 그런데 어느 날 임금님이 이 보물을 꺼내서 보는 도중에 한 마리의 조그만 생쥐가 날름 이 보물을 삼키고선 도망을 쳤다. 당연히 궁궐 안에서는 온통 난리가 났다. 임금님을 호위하는 경비병들은 물론이고 대소신하들까지 생쥐를 잡아 보물을 찾으라는 임금님의 호령에 이리저리 뛰고 뒹굴면서 생쥐를 잡으려고 온통 법석을 떨었던 것이다. 그때 궁궐에서 온갖 굳은 일만 도맡아 하던 덜떨어진 마구간지기가 임금님께 자기가 그 생쥐를 잡겠노라고 말했다. 그리고는 생쥐가 지나다닐 만한 길목에서 생쥐를 기다리고 있었다. 물론 그 생쥐는 그 마구간지기에게 붙들렸고 덕분에 마구간지기는 큰상을 받아 편하게 살았다고 한다. 이 조그만 이야기가 우리에게 시사하는 점은 빠르게 지나가는 기회를 뒤쫓기보다는 그 기회가 나올만한 길목에서 기다리는 것이 더 현명하다는 것이다.

1 변화를 선도하는 100마리째 원숭이 현상

1950년 일본의 미야자키현 고지마라는 무인도에서 일어난 일입니다. 그 곳에는 원숭이가 20여 마리 살고 있었는데, 이들의 먹이는 주로 고구마였다. 원숭이들은 처음에는 고구마에 묻은 흙을 손으로 털어 내고 먹었는데, 어느 날 한 살 반짜리 젊은 원숭이 한 마리가 강물에 고구마를 씻어 먹기 시작했다. 그러자 다른 원숭이들이 하나, 둘 흉내내기 시작했으며, '씻어 먹는 행위'가 새로운 행동양식으로 정착해 갔다. 고구마 씻기를 하는 원숭이 수가 어느 정도까지 늘어나자, 이번에는 고지마섬 이외 지역의 원숭이들 사이에서도 똑같은 행위가 동시 다발적으로 나타났다. 불가사의不可思議하게도 이곳에서 멀리 떨어진 다카자키산을 비롯한 다른 지역에 서식하는 원숭이들도 역시 고구마를 씻어 먹기 시작했다. 서로가 전혀 접촉이 없고, 의사소통도 할 수 없는 상황에서 마치 신호를 보내기라도 한 것처럼 정보가 흘러간 것이다. 미국의 과학자 라이올 왓슨은 이것을 '백마리째 원숭이 현상'이라고 이름을 붙였다. 어떤 행위를 하는 개체의 수가 일정량에 달하면 그 행동은 그 집단에만 국한되지 않고 공간을 넘어 확산되어 가는 불가사의한 현상을 말하는 것이다. 이 학설은 1994년에 인정되었다. 많은 동물학자와 심리학자가 여러 가지 실험을 한 결과, 이것은 원숭이뿐 아니라 인간을 포함한 포유류나 조류, 곤충류 등에서도 볼 수 있는 현상이라는 사실이 밝혀졌다. 우리는 이 이야기 속에서 세상을 밝혀 나가는 하나의 지혜를 배울 수가 있다. 세상의 가치관이나 구조란 깨달은 10%의 사람에 의해 바뀐다고 한다. 대부분의 사람들이 깨달으려면 시간이 걸리겠지만, 먼저 10%가 깨달으면 사회와 세계를 바꿀 수가 있다는 것이다. 이것은 시공을 초월한 '공명현상共鳴現象'이 작용하기 때문이다.

어느 공장에서 일어난 일이다. 공장장은 품질불량을 잡기 위해서는 우선 공장이 청결해야 하고 서로가 친절해야 된다고 생각했다. 불결하고 불친절한 공장에서는 불량품도 많이 나오고 안전사고도 많이 난다는 것이다. 깨끗한 공장을 만들기 위해 그가 취한 첫 번째 조치는 '청소를 잘 하라', '인사를 잘 하라'는 지시가 아니었다. 그는 공장 안을 다니면서 휴지나 담배꽁초가 있으면 누구보다 먼저 그것을 주웠고, 누구를 만나든 먼저 인사를 하였다. 시간이 지날수록 공장장의 이러한 행동은 서서히 다른 직원들에게 전달되었고, 그 공장은 정말 깨끗하고 인사 잘 하고, 불량이 없고, 안전사고 없는 모범 공장으로 변해졌다. 그는 '첫 번째 원숭이'가 된 것이며, '백 마리째', 더 나아가 '천 마리째 원숭이'를 만든 것이다.

진리真짜는 참으로 잘 전달되며 시간과 공간을 초월하여 확산된다고 한다. 만물은 파동구조波動構造를 갖고 있어서 같은 파동은 유유상종類類相從으로 서로 어울린다. 다른 파동은 서로를 간섭干涉하고 상쇄相殺한다. 발산된 파동은 마치 골짜기의 메아리처럼 반드시 되돌아오고, 우위優位의 파동은 열위劣位의 파동을 제압하는 것이 자연운영의 규칙이라고 한다.

2 변화관리의 핵심은 리더의 능력

변화는 항상 우리가 부딪혀야 하는 것이다. 오늘날 산업에서의 변화는 그 어느때보다도 급격하며 예측 불가능하다. 많은 기업들이 무질서한 변화의 소용돌이 속에 휩싸여 있으며 그 변화에 어떻게 대처해야 하는지에 대해서 고민에 빠져있다. 이러한 어려운 상황에서 경쟁력을 가지려면 변화에 대해서 신속한 대처능력을 가져야 한다. 그 방법 중의 하나는 외부로부터 초빙한 전문가가 조직에 대해서 연구하고 변화에 대처할 수 있는 방법을 계획해서 지도하는 것이며, 이를 실천에 옮기기 위해서는 경영진들이 엄격한 명령으로 조정하는 것이다. 경험적으로 볼 때 이러한 독단적인 접근방법은 기껏해야 단기간의 효과만을 가져오기 쉽다. 오늘날 실질적으로 필요한 것은 내부로부터의 변화이다. 조직은 사전에 정의된 목적과 목표를 향하여 조직적이고 합리적인 내부로부터의 변화를 이끌어 냄으로써 외부적인 변화에 대처하는 능력을 스스로 길러내야 한다. 변화란 어떤 한 상태로부터 다양한 변천과정을 거쳐 최종적인 상태로 나아가는 것이다. 사람들은 여러 가지 이유로 변화에 저항한다. 무지에 의한 두려움, 기술과 지위의 상실에 대한 두려움, 자신감의 결여 등 많은 직원들은 비관적인 시각을 가질 것이다. 특히, 그들에게 돌아오는 이익은 별로 없거나 매우 적은 경우, 또는 예상치 못한 정보를 제공함으로써 변화에 대한 대처능력을 키울 수 있다.

최고경영자로부터의 지시에 의한 것이 아니라, 직원들이 자발적으로 참여하고 익숙해질 시간을 가지도록 해야 한다. 아울러 여러 가지 자료들과 업무흐름, 조직구조에 대한 벤치마킹은 변화의 방향과 정도를 결정하는데 도움이 될 수 있고, 특히 벤치마킹의 대상이 해당 분야에서 최고일 경우에는 더욱 그렇다. 변화에 대해서 성공적인 결과를 이끌어낸 회사들에서 찾아볼 수 있는 여러 가지 사례에서 나타나는 공통적인 몇 가지 요인들은 종업원들의 높은 참여의식, 유연한 프로그램, 원활한 의사소통 등이다. 리더의 능력은 변화관리의 핵심이다. 만약 리더가 변화에 대한 대처에 확신이 서있지 않다면 변화관리의 성공은 매우 힘들 것이다. 만약 리더가 참여자들을 격려하기 위하여 나타난다면 팀원들은 지금 하고 있는 일의 중요성에 대해 대화할 수 있을 것이다. 반면에 지도자가 개인적인 비전만을 가지고 변화의 과정을 지배하려 한다면 다른 이들은 불쾌하게 여기고, 더불어 유연성이 떨어지게 될 수 있다. 리더십은 확신과 동기부여와 방향을 제공하기 위한 훌륭한 지표가 되어야 한다.

3 합리성과 변화관리

합리성이란 주어진 여건하에서 어떤 목적을 가장 효과적으로 달성하기 위한 최선의 방법을 선택하는 것을 의미한다. 특히, 기업의 업무 합리성은 기업이 처한 현실에 따라 변하는 가변적인 것이다. 따라서 합리성 추구에 변화관리는 필수불가결한 요소이다.

① 합리화는 변화에 대응해 가는 과정

합리성이란 조직을 경영환경에 일치하도록 정렬시켜나가는 과정이다. 즉, 경영합리화를 이룬다는 것은 변화에 적절하게 대응하는 것과 같다. 따라서 고객의 욕구변화, 경쟁의 심화, 정보기술의 발달, 노동력 구성의 변화, 조직 구성원들의 불만 증가 등과 같은 내외적 환경특성이 바뀌면 기업은 경쟁적 우위를 확보하기 위해 조직의 전략, 구조, 시스템, 그리고 문화를 바꾸어야 한다. 이때 중요한 것은 조직의 구성 요소들을 변화된 경영환경의 특성과 적합한 방향으로 통합해 상호 조화를 이루도록 하는 것이다.

조직의 구성요소들은 상호 조화를 이루며 유기적으로 연결돼 있다. 이같이 하나의 구성요소에서 변화가 다른 구성 요소들의 균형을 파괴하는 파급효과를 관리하는 것이 변화관리에서 가장 주의를 기울여야 하는 과제이다. 따라서 이러한 변화의 시대에 변화를 생활화하고 체계적으로 관리하는 것은 기업의 성장, 아니 생존에 필수적이다.

② 결국 사람에 달려있다

1990년대 초 IBM, 코닥 등 세계적인 기업의 최고경영자가 교체됐다. 물론 이들은 합리적인 경영과 변화에 적응하기 위해 다양한 경영혁신 프로그램을 실시했으며, 이를 통해 원가절감 및 생산성 향상을 이루었다. 그러나 이러한 노력에도 불구하고 기업의 경쟁력은 위축됐고 그들은 교체될 수 밖에 없었다. 왜냐하면 리더는 점진적인 변화로 기존시스템 내에서 부분적인 개선만을 추구했을 뿐 합리성 추구라는 근본적인 혁신을 통한 기업의 재창조를 이루지 못했기 때문이다. 합리화의 핵심은 구성원 개개인들과 밀접하게 관련돼 있다. 어떤 조직이 합리적으로 변하려면 구성원 개개인들은 이전과 다르게 생각하고 느끼고 행동해야 한다. 결국 변화를 성공적으로 실행하기 위해서는 구성원들을 움직일 수 있어야 한다. 즉, 새로운 사고와 가치관을 갖도록 함으로써 변화에 대한 두려움을 없애야 하고 변화를 성공적으로 이끌 수 있는 능력을 키우며 몰입할 수 있도록 해야 한다. 그리고 성공적으로 실행되지 않는 변화프로그램의 빈번한 시도는 구성원들로 하여금 변화에 대해 면역성만을 키우도록 해주며 변화에 몰입하기보다는 변화 속에서 생존하는 법을 거꾸로 터득하게 만들 수도 있다.

③ 일시적이 아닌 지속성이 필요하다

합리적인 조직변화를 위해서는 기본적으로 3가지 요소가 필수적이다.

첫째, 현 상황에 대한 불만이나 합리화의 필요성에 대한 인식이다. 이는 조직변화를 위한 자극 또는 동기유발의 요인이 된다.

둘째, 새로운 상황에 적합한 달성 가능한 목표의 설정이다. 이는 조직변화의 방향 및 가능성을 명확히 해준다.

셋째, 성공에 대한 신념과 함께 실천을 위한 명확한 아이디어 도출이다. 이는 실천 계획과 함께 조직변화의 지원세력으로 작용하게 된다.

이들 세 가지 요소가 모두 갖춰져야만 합리적인 조직으로 변화할 수 있으며 이중 어떤 한 가지 요소라도 결핍되는 경우 조직변화는 성공할 수 없다. 사회가 복잡해질수록 리더는 더욱 정교한 기술을 지녀야 한다. '복잡성'이라는 말은 변화를 의미한다. 변화 중에서도 눈 깜짝할 사이에 일어나고, 예측 불가능하며, 비선형적인 변화를 의미한다. 변화의 속도는 갈수록 빨라지고 있다. 주변 환경이 급격히 변화할 때 그에 따라 행동하지 못하면 멸종으로 치달을 수 있다. 한편, 마음이 급하게 내달리는 상태에서 성급하게 결정 내리는 것 또한 행동하지 않는 것만큼이나 치명적이다. 이것이 바로 리더의 딜레마이다. 리더가 변화와 관련한 핵심주제를 실천하는 방법, 즉 '변화 관리 리더십'의 실천 방법을 알려주는 것이다. 결론적으로 에너지와 열정, 그리고 희망을 가지고 리더십의 핵심역량을 끊임없이 개발할 때 더욱 유능한 리더가 될 수 있을 것이다.

7 Fun Fun한 조직문화의 핵심리더

"아무 것도 안하는 것보다 무슨 일이든 벌여 실패하는 것이 낫다."
세계적인 생활용품업체인 미국 3M의 100년 역사동안
면면히 흐르고 있는
3M의 조직문화를 상징적으로 나타낸 말이다.

미국 시카고에 엄청난 화재가 난 적이 있다.
온 시가지가 잿더미로 변해버렸다.
그때 한 상점에 이런 안내문이 붙었다.
"우리 가게는 완전히 전소되고 말았습니다.
그러나 우리 가정의 비전은 아직 타지 않았습니다.
우리는 내일부터 정상 영업을 합니다."
바람직한 조직문화란 위기에 빛이 난다.
가슴을 두근거리게 하는 비전을 품고 그것을 위해
최선을 다하는 사람이 얼마나 아름다운가?

전략이나 사업환경이 아무리 좋더라도 이를 실행하는 조직적 기반이 탄탄하지 못한 기업은 성공하기 어렵다. 지속적으로 경쟁에서 승리하기 위해서는 구성원들을 하나의 구심점으로 결집시키고, 이들의 강한 열정과 에너지를 이끌어 낼 수 있는 강한 조직문화가 필요하다. 경쟁전략의 대가인 M. Porter를 비롯한 많은 학자들에 의하면, 기업 경쟁력의 핵심은 사업 포지션상의 강점에 있다고 한다. 높은 시장 진입 장벽, 규모의 경제 효과, 구매자나 공급자에 대한 교섭력 등이 사업 성패를 결정하는 핵심 요인이라는 견해가 지배적이었다. 그러나 흥미로운 사실은 흔히 일류 기업이라 불리는 성공한 기업들을 보면, 포지션상의 강점을 갖지 못한 경우도 많다는 것이다. Wal-Mart, Southwest Airlines, Tyson Foods 등이 대표적인 기업들이다. 그렇다면,

과연 이들 기업의 성공비결은 무엇인가? 그 중 하나는 구성원들의 강한 열정과 에너지를 촉발하여, 하나의 구심점으로 결집시키는 고유의 조직문화라고 한다.

1 조직문화의 중요성

오늘날 조직문화는 사람, 자본, 기술, 정보에 이은 제5의 경영자원으로 일컬어질 정도로 조직의 성장과 불가분의 관계를 갖는다. 최근에 조직변신이란 틀 속에서 조직문화의 혁신문제가 거론되는 것도 여기서 비롯된 것이다. 창립초기 조직에서는 설립자의 의지가 곧 조직문화가 되겠지만, 조직의 연륜이 쌓여 내·외부환경의 변화가 누적되면 설립자도 조직의 혁신과 함께 조직문화의 혁신문제를 검토하지 않을 수 없게 된다. 조직문화는 조직의 탄생에서부터 역사적으로 누적된 것들을 바탕으로 다양한 요소들이 결합되어 형성된다. 조직문화는 조직의 역사적 가치를 바탕으로 환경변화에 대한 적응과정의 산물이며 조직목표와 조직의 내·외부환경의 변화까지 생성되고 성장, 소멸, 재창조되는 순환성과 생명력을 지니는 것이다. 따라서 조직이 원하는 바람직한 조직문화의 형성을 위해 다음과 같은 사항에 유념해야 된다.

첫째, 설정된 비전과 사명Mission은 반드시 실천되어야 한다.
둘째, 조직문화는 업무의 특성에 맞게 정립되어야 한다.
셋째, 조직문화는 조직구성원 한 사람에 이르기까지 철저하게 스며들어야 한다.
넷째, 조직의 다양한 관리운영 시스템이 조직문화의 관점에서 재정비되어야 한다.

즉, 바람직한 조직문화의 형성은 경영이념과 사명 같은 것을 만들어 전시적인 행사와 같이 선포하는 것만으로 끝나면 안 된다. 구성원들 스스로 다음과 같은 질문을 거듭하며 진지하고 엄숙하게 대답하려는 노력을 기울여 나가야 한다.

"경영이념과 사명을 얼마만큼 숙지하고 있는가? 이러한 정신을 얼마나 깊이 생각하고 따르며 실행에 옮기고 있는가? 경영이념과 사명이 조직구성원들에게 그들의 개인적인 삶의 목표에 얼마만큼 일체감을 느끼게 해주는가?"

이러한 질문은 조직구성원들이 진심으로 동의할 수 있을 때 비로소 실감하게 될 것이며, 비전 있는 삶을 살아갈 수 있을 것이며 바람직한 조직문화를 창조하고 정착시켜 나갈 수 있을 것이다.

조직문화는 그 조직 특유의 판단 기준으로 각 구성원의 행동을 규정하고 또 만들어 가기 때문에 조직문화는 중요하다. 특히, 기업이 경영혁신을 수행하는 데 조직문화의 역할이라는 것은 대단히 중요하다. 왜냐하면 전략경영을 수행함에 있어 기업의 내부적인 효율성은 대단히 중요하며, 특히 구성원들의 신념, 가치관, 규범, 관행 등이 기업의 나아갈 방향과 일치해야만 하기 때문이다. 예컨대 공격적 경영을 지향하는 기업은 혁신적 문화가 뒷받침되어야 성공적인 기업의 성과를 이룰 수 있듯이 조직문화란 전략적 기업경영의 구체적인 실천방안이 될 수 있다. 최고경영자의 가장 중요한 임무 중의 하나는 기업문화의 중요성을 인식하여 경영전략을 그 기업만의 독특한 기업문화에 맞추어 추진하는 것이 바람직하다.

2 조직문화의 결정요인

조직문화는 다음과 같은 결정요인에 의해 저절로 혹은 의도적으로 변화하면서 새롭게 창조되고 정착시켜 나가는 것이다.

첫째, 최고경영자 또는 창업자의 경영이념

경영이념 존재 시기가 기업이 시작될 때부터인가 아니면 기업이 어느 정도 성장한 후에 발생하는 것인가에 대해서는 논란이 많다. 그러나 창업자나 최고경영자가 조직문화에 지대한 영향을 끼친다는 것은 자명한 일이다. 실제로 창업자의 경영이념이 그대로 그 기업이 지향하는 가치로 나타나는 경우가 많고, 그가 기업을 설립하여 역경을 경험해 오는 과정에서 생성된 조직의 탄생설이나 일화들이 조직문화의 요소를 이루고 있는 것을 많이 볼 수 있다.

둘째, 기업의 역사와 안정적인 멤버십

문화라는 개념 자체가 역사성을 내포하고 있는 만큼 바람직한 조직문화가 형성되려면 어느 정도의 역사와 안정적인 조직 구성원이 필요조건이 된다. 실제로 독특한 사풍을 발전시키고 있는 일본 기업의 경우 오랜 기업의 역사와 종신고용제라는 특성이 이 요건을 충족시켜 주었다고 할 수 있다.

셋째, 대체문화의 존재 여부

오랜 역사와 안정적인 멤버십이 유지된다고 해도 조직 구성원들이 상이한 문화에 노출이 될 때는 기업 특유의 문화형성이 어렵게 된다. 따라서 대체적 문화의 부재가 조직문화의 형성을 촉진한다. 그러나 이러한 조건이 유지되기 위해서는 조직구성원이 한 조직에서 조직생활을 시작하여 그 조직에서 성장해 나가면서 조직 특유의 가치관을 몸에 익히는 것이 필요하다. 또한 기업으로서도 가능한 한 동질적 부류의 신규인원을 받아들이고, 초기부터 이들에게 기업 가치를 주입시키며, 기업의 특성을 익히게 하는 것이 중요하다.

넷째, 기업이 속한 조직문화

기업이 속한 문화권이 어떠한지도 조직문화의 형성에 영향을 미친다. 한 기업은 그가 속한 문화권의 영향을 필연적으로 받게 된다. 물론 이것이 개별기업의 독특한 조직문화를 설명하는 데 중요한 변수로 작용하는 것은 아니지만 전반적인 조직문화의 특성을 추구하는 데는 중요한 요인이 될 수 있다.

3 바람직한 조직문화 리더십

조직문화를 진단하기 위해서는 조직문화유형을 규명하고 각 문화가 갖는 독특한 의사결정방식, 사람들을 일하도록 유도하는 동기부여 리더십, 직무에 관한 기본적 가치관과 신념, 구성원의 과업행동양식, 조직의 환경대응방식, 그리고 집단간의 관계유지방식 등에 관해서 개념화하고 특징을 정리하는 것이 필요하다. 여기에서 바람직한 조직문화 리더십을 역할문화, 성취문화, 지원문화 리더십으로 나눌 수 있다.

첫째, 역할지향 조직문화 리더십

역할이란 조직의 각 직위에 있는 사람들이 수행하도록 기대되는 과업행동이다. 역할은 이 기대에 대한 합리적인 조화를 위해서 구성원들의 행동을 지배하는 규칙, 절차, 원칙에 의하여 수행된다. 역할지향 조직문화는 리더의 권력을 구조와 절차의 시스템으로 대체시킨 것이다. 이 구조와 절차의 시스템이 구성원들에게는 보호를, 조직에 대하여는 안정을 제공하며, 권력투쟁은 법제적 규칙에 의하여 조절된다. 역할지향 조직문화의 기본적 가치는 질서와 의존성, 합리성과 일관성이 주를 이룬다. 직무수행은 리더의 통제에 의하여 이루어지지 않고, 구조와 절차에 의하여 잘 조직화된 역할 시스템을 통하여 리더가 멀리서 믿고 지휘할 수 있도록 하고 있다.

둘째, 성취지향 조직문화 리더십

역할지향조직에서는 구성원을 동기부여 시키기 위해 외재적 보상과 처벌에 의존하고 있다. 이들 조직에서 구성원들은 조직이 제공한 외재적 보상에 대한 대가로 개인들의 노력을 공헌하도록 요청받게 된다. 그러나 성취지향조직의 구성원들은 자신의 일을 해결하기 위해서 상호작용을 중시하며 내재적 만족에 보다 더 동기부여 되는 경향이 있다. 많은 사람들은 그들의 직무활동을 좋아하고, 사회에 대하여 가치 있는 공헌을 원하며, 동료들이나 고객들과 상호작용하기를 좋아한다. 이와 같은 내재적 보상은 양(量)적인 것보다는 질(質)적인 것이며, 직무 자체의 본질이나 그 직무가 수행되는 맥락에서 발생하는 것이다. 조직의 성취지향 조직문화가 개인적 만족을 제공하고 고도의 개인적 몰입을 유발하게 된다.

셋째, 지원지향 조직문화 리더십

지원문화는 개인과 조직의 상호 신뢰에 기초를 둔 조직문화라고 할 수 있다. 지원문화의 조직 구성원들은 자신이 기계의 일부이거나 과업을 위해서 공헌하는 사람으로 인식하기보다는 하나의 인간으로서 존중되어야 하며, 직무나 조직에 대해서 열정을 갖기보다는 개인간의 온정과 애정을 조장하려 한다. 그리고 그들은 일을 좋아하고 있으나 함께 일하는 사람들을 더 좋아하며, 서로 돌봐주기 위해서 출근하는 것을 즐거워한다. 이와 같이 구성원들은 조직에 대한 이해관계를 통해서 진실한 소속감이나 조직몰입을 갖는다. 성취지향 조직문화는 고도의 목적의식과 사명감, 직무몰입에 의하여 유발된 개인의 정력에 초점을 두며, 지원지향 조직문화는 애정과 신뢰를 바탕으로 감정적 노력을 유발하며 개인과 집단, 조직을 서로 돌보아 줄 수 있도록 함께 묶는데 초점을 둔다. 따라서 실질적으로 소속감을 느끼고 개인적인 이해관계를 갖는 구성원들은 집단이나 조직에 대해서 보다 몰입하게 될 것이다.

4 Fun Fun한 리더십

리더는 뒤에서 전장싸움터으로 부하를 내모는 게 아니라 앞장서 솔선수범함으로써 '동참'을 이끌어 내야 한다. 리더가 헌신하지 않는 일에 부하가 헌신할 리 없으며, 열정을 갖지 않은 리더가 부하에게 열정을 요구할 수는 없다. 본인이 바른 길을 가지 않으면서 부하에게 올바른 길을 가라고 요구할 수는 더더욱 없음을 명심해야 한다. 새로운 리더의 출현을 요구하는 조직의 필요성은 시장경쟁이 치열해지고 다변화하는 세계화시대에 어쩌면 생존의 필수적 요건이 되고 있다. 이러한 외부환경의 변화와 요구에 따라 필요시 되는 조직의 리더는 결코 새로운 사람 즉 외부인원의 유입을 의미하는 것이 아니라 회사나 조직을 이끌어나가는 'Fun Fun 리더십'이다. 데일 카네기의 인간관계 혁명의 10가지 메시지를 참고하면 바람직한 Fun Fun한 리더십을 창조할 수 있을 것이다.

① 대화를 하라. 의사소통은 신뢰를 바탕으로 만들어진다.
② 관심을 표현하라. 상대방에게 순수한 관심을 보여야 한다.
③ 상대방의 입장에 서라. 갇혀진 자신의 틀에서 벗어나라.
④ 경청하라. 훌륭한 경청자보다 더 설득력이 강한 사람은 없다.
⑤ 팀을 만들어라. 팀을 이루어 일하는 사람이 미래의 리더들이다.

⑥ 인정, 칭찬 그리고 보상하라. 사람들은 돈을 위해 일하지만 인정받고, 칭찬 받고 보상을 받기 위해 앞으로 더 나아간다.

⑦ 실수를 즉각적으로 인정하고 비평을 부드럽게 건설적으로 수용한다.

⑧ 높은 업무성과를 지속시키려면 일과 휴식의 균형을 맞추어야 한다.

⑨ 긍정적인 마음가짐으로 힘을 얻고, 부정적인 마음가짐으로 약해지지 말라.

⑩ 열정Passion의 힘을 평가절하 하지 말라.

이러한 원칙이나 기술을 적용해서 일상생활에 습관화하여 잘 실천해 나갈 때 진정으로 Fun Fun한 리더십을 발휘하게 된다. 디지털 시대인 요즘 많은 조직들은 엄청난 변화의 소용돌이에 휩싸이고 있고, 리더들은 장기적으로 생존할 수 있는 조직을 구축할 필요성을 인식하고 있다. 특히, 이들은 조직의 성과향상에 있어서 인적자원이 얼마나 중요한지를 새삼 느끼고 있다. 또한 과거에는 통제자로서의 역할을 수행하였으나, 이제는 조력자, 협력자, 안내자, 그리고 코치와 같은 역할을 수행하고 있다. 이와 같은 전반적인 조직변화는 결과적으로는 바람직한 조직문화를 창조시키게 된다. 또한 조직문화를 이끄는 리더십의 존재가 조직문화의 긍정적인 측면을 더욱더 배가시킬 수 있기 때문에 권위적이고 강압적인 리더십으로 조직을 관리하기보다는 민주적이고 독창성과 변화를 앞세우는 리더십으로서 조직문화를 이끌어 조직의 성과를 낳는 결과를 도출하는 역할이 중요하다 할 것이다.

8 프로젝트관리 성공을 위한 핵심리더

몸짱 프로젝트 / 얼짱 프로젝트

10억 만들기 프로젝트 / 공부 역전 프로젝트

자기경영 프로젝트 / 인생역전 프로젝트

영어 말문이 터지는 369 프로젝트

초보딱지 떼기 프로젝트

수능 대박 프로젝트

한국 남성 변신 프로젝트

프로젝트관리란, '고유한 제품 또는 서비스를 만들기 위한 한시적인 노력'이다.

즉, 목표를 달성하기 위해 구체적인 시간계획을 가지고, 상호 연관된 활동들을 잘 조정하면서 체계적인 프로세스로 접근하여 기대성과를 만들어 내는 활동이다. 프로젝트 리더는 세 그룹의 사람들에 쌓여서 프로젝트를 이끌어 가는 사람이다. 세 그룹이란 다름 아닌, 고객, 팀원 그리고 상사들이다. 프로젝트 리딩이란, 팀원들과 함께 고객이 원하는 서비스나 제품을 만들면서 상사가 상황을 파악할 수 있도록 조율하는 일종의 예술행위이다. 과거에는 연구소나 건설 현장에서 주로 프로젝트라는 용어를 사용하였다. 그러나 지금은 신사업, M&A와 같은 전략 프로젝트에서부터 물류 혁신, 경영관리 시스템 구축 등 현장 조직까지 프로젝트가 일반화 되었다. 최근 기업들은 경쟁사보다 새로운 제품, 서비스를 만들어 내고, 업무를 효율화하기 위해 여러 가지 형태의 프로젝트를 적극 추진하고 있다. 프로젝트 수행이 새로운 블루 오션을 찾기 위한 본원적 활동이 된 것이다. 경영상의 이슈를 해결하기 위한 프로젝트를 성공시키려면 여러 가지 요인들이 고려되어야 하나, 무엇보다도 프로젝트 수행 상의 난관을 돌파할 수 있는 '프로젝트 리더십'이 가장 중요하다고 할 수 있다.

1 프로젝트팀 활성화의 중요성

급변하는 경영환경에 신속하고 유연하게 대응하기 위해 대부분의 기업들은 사업부별, 기능별 혹은 전사 차원에서 한시적으로 프로젝트를 수행하는 조직인 TFT_{Task Force Team}이나 CFT_{Cross Functional Team} 등을 구성하여 다양한 문제 해결 활동을 전개하고 있다. 물론 이러한 활동을 통해 일부 기업들은 원가절감, 매출 및 이익 개선 등 가시적인 성과와 더불어 인재육성이나 조직역량 축적의 성과를 거두었다. 예를 들어 카를로스 곤이 CEO로 있는 닛산 자동차의 경우에는 CFT 활동을 다양하게 전개하여 닛산 자동차 재건의 중추적인 역할을 하기도 하였다. 앞으로의 경영환경은 경쟁이 더욱 치열해지고, 고객요구 및 기술변화의 속도가 훨씬 빨라지고 있다. 따라서 경영환경의 변화로 생기는 추가적인 업무나 신속 정확하게 대응해야 하는 중요한 업무들을 모두 라인 부서에서 수행하기에는 많은 어려움이 있다. 이에 따라 CFT나 TFT 등 프로젝트 조직의 중요성과 역할이 더욱 커지고 있다.

2 프로젝트팀 활성화의 저해 요인

성공적으로 운영되는 프로젝트팀에서는 팀 구성원들이 공동의 목표 아래 강력한 팀워크를 형성하고, 팀원 개개인이 자부심을 가지고 즐겁게 일한다. 그러나 대부분의 기업들에서 운영하고 있는 프로젝트팀의 모습을 살펴보면 성공적인 팀 운영을 저해하고 있다. 요약해 보면,

① 팀 수행 공동목표의 불명확

팀이 수행해야 할 공동목표와 아웃풋 이미지가 불명확하면 기대되는 성과를 달성하기 어렵다. 즉, 팀이 수행해야 할 공동목표가 애매하거나 불명확하면 팀 구성원들이 잦은 철야 작업, 과중한 업무 스트레스 등 고생은 실컷 하였으나 고객이나 경영진으로부터 좋은 평가를 받지 못하고 이로 인해 팀 구성원들의 사기가 크게 저하되는 등 악순환에 빠질 가능성이 높다. 따라서 팀 활동에 있어서 가장 먼저 해야 할 일은 팀 수행 공동목표를 명확히 설정하여 구성원과 공유하는 것이다.

② 비효율적인 회의

"회의하면 회의감懷疑感이 든다."는 말이 있다. 회의 모여서 토론을 하는 것인데, 모이되 토론하지 않고, 토론하되 결정하지 않고, 결정하되 실행하지 않고, 실행하되 책임지는 사람이 없기 때문이다. 팀 활동을 하다 보면 아이디어를 얻기 위한 회의, 정보를 전달하거나 공유하기 위한 회의, 의사결정을 하기 위한 회의, 팀 운영 방향이나 작업 계획을 확정하기 위한 회의 등 다양한 회의가 이루어진다. 그러나 팀 활동시 이루어지는 회의 운영 방식을 살펴보면 분명한 목적이나 성과 없이 논의만 무성하거나 의사결정없이 같은 이슈를 반복해서 다루는 등 회의가 비효율적으로 운영되어 팀원들이 일에 대한 의욕을 저하시키는 경우가 많다. 따라서 이를 해결하기 위해서는 회의 안건을 명확히 설정하고 회의 운영의 기본규칙을 설정하는 것이 중요하다.

③ 야간작업의 일상화

프로젝트 성격에 따라 상황은 달라지기는 하지만 주어진 과제를 주어진 시간내에 끝내기 위해 일정 기간 야근을 하는 것은 문제가 크게 되지 않는다. 하지만 정해진 기간까지 일을 끝마치지 못했을 때 비난 받게 될 것을 우려해서 스스로를 보호하거나 단지 아웃풋에 대한 심리적인 압박감, 프로젝트를 하면 무조건적으로 늦게 퇴근을 해야 한다는 고정관념 등에 의해 팀 활동 기간 내내 야근을 일상화하는 것은 바람직하지 않다. 이렇게 되면 팀원의 집중력과 창의력을 저하시켜 오히려 일에 대한 생산성을 떨어뜨리고 Work-life balance 상실, 팀원간의 결속력 약화, 피로 누적으로 인한 건강 악화 등 다양한 문제점을 발생시켜 성공적인 팀 운영을 저해할 수 있기 때문이다. 따라서 팀원들간의 스트레스를 풀 수 있는 시간적 여유를 갖는 것도 중요하다.

3 프로젝트팀의 성공적 운영 방안

효과적이고 성공적인 프로젝트팀 운영 방안은 다음 4가지로 요약할 수 있다.

① 팀 활동에 적합한 팀원 선발

팀 활동의 성패는 일하는 방식이나 근무 환경뿐만 아니라 팀 활동을 수행하는 구성원이 누구이냐에 달려 있다 해도 과언이 아니다. 따라서 성공적인 팀 활동을 위해서는 팀 활동에 적합한 경험과 직무 경력을 보유한 사람을 선발하여, 그들이 능력을 유감없이 마음껏 발휘할 수 있도록 만들어야 한다. 예를 들어 팀 리더의 경우에는 팀 활동 목적에 가장 부합하는 전문지식과 경험을 보유하고 있고 팀원들과 더불어 팀 작업을 원활히 지휘해 갈 수 있는 역량과 팀 경영마인드를 보유한 사람이 적합하다. 팀원의 경우에는 담당해야 할 분야에 대한 전문 지식과 경험을 보유하고 기본적으로 새로운 것에 대한 호기심과 창의력, 분석 능력 등을 보유한 사람이 적합하다. 특히, 팀 구성원 선발에서 중요시해야 하는 것은 팀장과 팀원 모두 능력과 경험은 물론 프로젝트를 성공적으로 수행하겠다는 강한 의지와 헌신의 자세를 가지고 있는지를 체크해 보아야 한다.

② 팀 공동목표의 명확화

성공적인 팀 운영을 위해서는 프로젝트 초기 단계부터 팀이 수행해야 할 공동 목표와 아웃풋 이미지를 명확히 설정하고 주기적으로 혹은 중요한 포인트마다 완급을 적절히 조절하는 것이 매우 중요하다. 이를 위해서는 팀 활동 수행 초기에서부터 시작하여 지속적으로 고객이나 경영자의 니즈를 적극적으로 파악하고, 팀원간 활발한 커뮤니케이션을 통해 이를 구현할 수 있도록 적극적으로 노력해야 한다.

③ 팀장의 역할 활성화 및 리더십 발휘

성공적인 팀 운영에 있어서 팀장의 중요성은 아무리 강조해도 지나치지 않다. 특히, 팀장은 탁월한 전문지식과 통찰력을 바탕으로 팀이 나아가야 할 공동목표와 방향을 고객, 경영진이나 팀원들에게 정확히 제시하는 전략가적 역할과 팀 구성원들에게 적정한 업무 분담을 통하여 성장 기회를 제공하는 육성가적 역할을 수행해야 한다.

④ 활발한 커뮤니케이션을 통한 신뢰관계 구축

성공적인 팀 운영을 위해서는 팀장을 중심으로 팀원들이 외부적으로는 고객이나 경영진과 내부적으로는 팀원간에 활발한 커뮤니케이션을 통해 상호 신뢰관계를 만들도록 노력해야 한다. 특히, 고객이나 경연진과의 신뢰 관계 구축을 위해서는 그들과의 잦은 미팅과 대면적 커뮤니케이션을 통해 그들이 원하는 결과와 우선순위 등을 정확히 파악하는 것이 중요하다. 그렇게 해야 그들이 원하는 것을 제공할 수 있으며 더 나아가 기대 수준을 뛰어 넘는 아웃풋을 제공할 수도 있다. 따라서 팀장을 필두로 모든 팀 구성원들은 상대방이 다가오기를 기다리기보다 스스로가 솔선수범의 자세로 먼저 다가가 커뮤니케이션을 통해 유익한 피드백을 다른 구성원들에게 주도록 노력해야 할 것이다.

4 성공하는 프로젝트 리더의 비결

성공하는 프로젝트 리더가 되기 위해서는 자신의 역할을 명확히 인식하고 효과적으로 수행해야 한다. 프로젝트 리더의 성공 비결을 살펴보면,

① 프로젝트의 업무 범위를 명확히 정의하라

프로젝트가 지향하는 비전과 목표에 대해서는 경영진과 협의하여 결정하게 된다. 그러나 프로젝트 초기에는 업무범위가 명확하게 정해져 있지 않은 경우가 대부분이다. 프로젝트 리더는 어떤 일을 통해서 어떤 결과를 달성할 것인지, 일의 내용과 산출물을 명확히 제시할 수 있어야 한다.

② 팀원을 전문가로 구성하라

프로젝트 팀은 일선 부서처럼 팀원을 육성해서 업무를 추진할 수 있는 시간적 여유가 없기 때문에, 관련 분야 전문가로 팀을 구성해야 기대하는 성과를 거둘 수 있다. 팀원의 전문역량이 부족하면 해당 업무가 지연되어 일정을 맞출 수도 없을 뿐만 아니라, 중요 부문의 대안에 대한 심층적인 검토가 부족할 수 있다. 그러나 실적을 책임지는 일선 부서장 입장에서는 우수한 인재를 다른 조직에 파견하는 것이 쉽지 않다. 리더는 프로젝트 성공에 결정적인 핵심 인재를 구하기 위해서 경영진이나 소속 팀장을 직접 설득하는 일도 주저하지 말아야 한다.

③ 통합적인 관점에서 일정과 산출물을 관리하라

프로젝트 일정, 산출물을 정확히 관리하는 것도 프로젝트 리더로서 갖추어야 할 역량이다. 프로젝트 일정 계획을 수립할 때에는 사전에 제약 조건을 고려함으로써 실행에 어려움이 생기지 않도록 주의를 기울여야 한다. 프로젝트 리더는 업무별로 정교한 관리 절차를 지키는 것보다 프로젝트 전체를 통합적인 관점에서 바라보고 업무간에 문제가 발생하지 않도록 사전 조정하는 것이 더 중요하다.

④ 리스크는 사전에 예방하라

기업경영에서 리스크 관리의 중요성은 두말할 나위가 없다. 제품 결함으로 인해 고객에게 손해를 입히고 심지어 회사가 부도의 위기에 처한 경우를 종종 볼 수 있기 때문이다. 프로젝트도 기존 시스템과의 연결이 기술적으로 불가능하다고 판명되거나, 중요한 팀원이 갑자기 이직하는 등 생각지 못한 리스크가 발생할 수 있다. 리더는 계획 단계부터 팀원과 함께 잠재 리스크를 논의하고 해결하는 회의를 자주 가지거나, 리스크 관리 기법을 활용하는 등 다양한 방법을 적용해야 한다.

⑤ 이해관계자를 참여시켜라

경영상의 중요한 현안을 추진하다 보면 여러 부문과 연계된 수많은 이해관계자가 존재할 수 밖에 없다. 프로젝트의 이해관계자로는 프로젝트를 지시한 경영진과 프로젝트의 결과로 인해 영향을 받는 일선 현장의 부서장, 사원들을 꼽을 수 있다. 때로는 부품 공급 업체, 제휴 업체, 넓게는 고객도 이해관계자라 할 수 있다. 이처럼 다양한 이해관계자가 존재하기 때문에 프로젝트 리더는 초기 단계부터 이들의 적극적인 참여를 유도해야 한다.

⑥ 사업 성과와 연결시켜라

훌륭한 목적과 과정을 통해 추진하였던 프로젝트들이 실적을 내지 못하여 실패하는 경우가 종종 발생한다. 경영컨설턴트인 나딤 마타Nadim Matta는 "프로젝트 리더는 장기적인 목적과 단기적인 실적 사이에서 균형을 유지해야 하며, 추진 과정뿐만 아니라 실제 성공을 이루어 내도록 리드해야 한다."고 주장한다. 리더 역량을 충분히 습득할 수 있도록 프로젝트 리더에 대한 조직 차원의 지원이 병행되어야 한다.

9 균형과 조화를 이루는 미래 핵심리더의 상

> 리더십은 이성과 감성 모두를 요구한다.
> 분석적인 면을 필요로 하면서도 동시에
> 원만한 대인관계를 구축할 수 있는 능력 또한 필요로 한다.
> 때로는 냉철하고, 이성적이고, 결단력이 있어야 하고,
> 때로는 온유하고, 배려하고, 더불어 함께하는
> 친화력을 보여 주어야 한다.
>
> - B. 조셉 화이트 -

소득 3만 달러를 달성하는 데 필요한 리더십은 무엇일까? 한국이 21세기 글로벌 경쟁에서 승리하려면 국가 비전을 찾고 새 정책을 세우는 리더십이 중요하다. 제8회 세계지식포럼 '정부 리더십Government Leadership'에 참석한 토론자들은 소득 3만 달러 시대를 이끌 리더십으로 비전과 변화 대응능력, 갈등을 조화시키는 균형감각 등을 제시했다. 연설자로 나선 하비브 알 물라Habib Al Mulla 두바이 정부 전략위원회 위원장은 두바이를 세계적인 금융·관광지로 이끈 경험을 토대로 세 가지 측면에서 리더십을 강조했다. 그는 "최근 두바이가 급속한 경제 발전을 이룩할 수 있었던 것도 리더십 영향이 크며, 두바이의 경험은 다른 나라에도 비슷하게 적용될 수 있을 것"이라며 연설을 시작했다.

첫째, 지도자는 미래가 어떤 모습인지 내다보고 이에 대비한 환경을 창조할 수 있어야 한다. 하비브 알 물라 위원장은 "히틀러나 카를 마르크스도 비전은 있었지만 이상주의에 불과했다."며 "현실에 근거하지 않은 이상주의는 절대적으로 부패한다."고 말했다.

둘째, 급속히 변하는 상황을 꿰뚫고 변화 추세를 끊임없이 학습할 수 있는 의지도 필요하다. 하비브 알 물라 위원장은 "두바이의 성공 비결은 리더가 의지를 갖고 변화를 수용하며 변화를 주도할 수 있었기 때문"이라고 설명했다.

셋째, 훌륭한 리더십은 비전을 국민이 받아들이도록 동기를 부여하고, 목표를 따르도록 고무하는 능력이다. 이를 위해 극단적인 방법은 피하며 다양하고 상반된 의견을 조율하는 균형감각Balance이 필요하다는 것이다. 결국 리더가 갖춰야 할 자질을 비전Vision, 실행력Implementation, 학습Learning, 균형감각Balance, 영감동기부여 · Inspiration 5가지 단어로 요약했다.

1 인(仁)과 엄(嚴)의 균형유지 리더십

우리가 남을 판단하게 된 근원에는 선악과가 있다. 하나님이 아닌 자기 스스로 판단의 주체가 되고자 하는 욕구의 핵심에 바로 선악과가 있었다. 스스로 선과 악을 판단하고자 하는 교만이 선악과의 정신이다. 선악과를 따먹는다는 것은 하나님의 눈으로 나와 내 주변을 보기보다 나의 기준으로 판단하겠다는 뜻이다. 결국 하나님의 긍휼어린 눈으로 형제자매를 보는 것이 아니라 내 기준으로 재단하는 것, 이것이 판단이다. 사서삼경 '대학'에 '격물치지格物致知'란 고사성어가 있다. 우리는 날마다 선택하고 판단하며 결정의 순간에서 살아간다. 잘 나가는 기업도 한 번 오판하면 하루아침에 망하기 마련이다. 격물치지란 이치를 알고 판단하면 성공하지만 이치에 어긋나면 실패한다는 의미다.

① 격물치지를 알아야 한다

"키스는 과학이다."라는 말이 있다. 연인들은 입을 맞출 때 코의 충돌을 피하기 위해 서로 얼굴을 약간 돌린다. 독일 루르대의 심리학자인 오누르 귄튀르퀸은 미국, 독일, 터키에서 124쌍의 연인이 키스하는 모습을 지켜본 뒤 입술을 대기 전에 머리를 오른쪽으로 기울이는 사람이 왼쪽으로 향하는 사람보다 두 배가량 많은 것을 알아냈다. 2003년 '네이처'지 2월 13일자에 발표한 논문에서 귄튀르퀸은 오른쪽으로 고개를 돌리는 사람이 많은 까닭은 어린 시절 어머니 품속에서 생긴 버릇 때문이라고 분석했다. 어머니의 80%는 아기를 자신의 왼쪽에 눕혀놓고 키운다. 따라서 아기는 어머니를 보기 위해 오른쪽으로 향하지 않으면 안 된다. 그 결과로 대부분의 사람들은 고개를 오른쪽으로 돌리면서 따뜻하고 안전한 느낌을 맛보게 되었다는 것이다. 귄튀르퀸의 연구를 지지하는 몇몇 과학자들은 키스할 때 머리를 왼쪽으로 돌리는 사람은 오른쪽으로 향하는 연인보다 사랑의 강도가 높지 않다고 주장했다.

판단을 잘하기 위해서는 개념의 정리가 필요하며 분류법을 알아야 한다. 예를 들면, 남편은 양이요 아내는 음이다. 하늘은 양이요 땅은 음이다. 양은 동動, 음은 정靜이다. 상上은 양이요 하下는 음이다. 상선약수上善若水라는 말이 있다. 윗사람이 선하면 아랫사람이 선하고 남편이 선하면 아내가 선해진다는 이치이다. 이런 과제를 푸는 자가 지혜로운 리더십이 되는 것이다.

② 직언에 귀를 기울여야 한다

리더십Leadership에서 'L'의 의미는 'Listen', 즉 경청이라는 의미로 사용되기도 한다. 즉, 상대방의 이야기를 귀담아 들어야 한다는 것이다. 리더의 커뮤니케이션에서 1-2-3 화법이라는 것이 있다. 1은 1분 말하고, 2는 상대방의 이야기를 2분 경청하고, 3은 상대방의 이야기를 2분 경청하는 동안 3번 맞장구를 치라는 의미이다. 동서고금 역사에서 영웅호걸과 수많은 황제, 제후가 실패하고 망한 원인은 참모나 신하의 직언을 외면하고 듣지 않은 것이 원인이다. 삼국지의 유현덕은 겸손한 지도자로 평소 제갈공명의 말에 귀를 기울인 지도자였다. 그러나 삼국의 세력 균형에서 약소국인 오나라와 손을 잡고 강대국인 위나라와 대항하는 것이 당연함에도 의형제 관우에 대한 복수심으로 오나라와 싸우려 했다. 제갈공명이 반대 직언을 하였으나 유현덕은 이를 듣지 않고 결국 오나라와의 전쟁 중에 사망하였다. 사람이란 원래 아첨하고 듣기 좋은 얘기를 좋아하므로 직언은 기피하기 마련이다. 중국 역사에서 진시황제를 이은 호해 황제는 아방궁에서 궁녀들과 주연을 즐기며 방탕한 생활을 일삼았다. 결국 민란이 일어나 도망가는 신세가 되었는데, 이때 측근 환관에게 "왜 이 지경이 되도록 나에게 말하지 않았느냐"고 추궁했다. 그때 측근이 말하길 "그때 사실대로 듣기 싫은 얘기를 했으면 저는 죽었을 것입니다."고 대답하였다는 예가 있다. 유한양행 창업주 유일한 회장은 사실대로 보고하라는 경영철학을 실천하기 위해 상벌과 인사고과를 네 부류로 나누었다. 즉, 아첨하는 사람奸臣, 예스맨 충신忠信, 윗사람의 오판을 바로잡아주는 양신良臣, 윗사람의 과오에 시비를 거는 쟁신爭臣이 그것이다. 양신과 쟁신은 지도자의 그릇으로 생긴다.

③ 인仁과 엄嚴의 균형을 유지해야 한다

조직하면 떠오르는 것은 조폭, 깍두기, 주먹이다. 하지만 '조직'이란 좋은 일보다 어렵고 힘든 일이 더 많은 곳이다. 조직에서 자신이 좋아하는 일만 할 수도 없고, 잘하는 일만 할 수도 없는 곳이 조직이다. 결국 조직의 생명은 규율과 기강이다. 기강이 무너지면 조직은 망하기 마련이다. 따라서 엄격한 규율과 기강은 리더십의 핵심이기도 하다. 삼국지의 제갈공명은 사마중달과의 전투에서 마속장군에게 군의 배치 등 세밀한 분야까지 지시하였으나 마속장군은 명령을 어기고 자기 멋대로 작전을 수행해 실패했다. 제갈공명은 일벌백계로 눈물을 머금고 참형으로 다스렸다. 이것이 소위 고사성어 '읍참마속'의 내용이다. 그러나 너무 엄격하면 인재를 잃기 때문에 그때의 정황과 상황을 보아 판단할 일이다. 초한지의 항우는 부하가 과오를 범하면 엄격한 규율로 극형에 처하는 잔인성을 보였다. 신하들은 항우의 엄격함에 공포심이 생겨 자신도 언제 당할지 모른다는 두려움 때문에 항우 진영에서 도망을 쳐 유방 진영으로 갔다. 이로써 유방은 많은 인재를 얻게 되었고, 유방은 외유내강의 전형적인 지도자였다. 반면 항우는 외강내유의 전형으로 두 인물이 비교된다.

사람에게는 누구나 장단점이 있고 업무를 추진하다 보면 과오도 있기 마련이다. 춘추전국시대 초나라 장왕이 장군, 신하들과 한자리에서 전승 축하연을 베풀었는데, 이때 자신의 애첩과 후궁들로 하여금 장수와 신하들을 술시중을 들게 하였다. 그런데 한 장수가 술김에 왕의 애첩을 꺼안고 성희롱을 하였다. 애첩은 그 장수의 갓끈을 끊어 왕에게 달려가 증표를 제시하며 처벌을 간청하였다. 장수가 자신의 탈선으로 처벌을 두려워하고 있을 때 장왕이 장내의 촛불을 끄고 모든 장수들은 갓끈을 끊으라고 명령하였다. 장왕은 이렇게 장수의 허물을 관용으로 용서하였다. 얼마 후 전쟁 중에 위험한 처지로 죽게 되었는데 한 장수가 온갖 위험을 무릅쓰고 자신을 구해 내었다. 이때 장왕이 어째서 도망가지 않고 나를 구해 주었는지를 묻자 장수가 말하기를 "저는 축하연에서 폐하의 애첩을 건드린 자로 그때 죽을 운명을 용서받고 그 은혜를 갚게 되었습니다."라고 말했다. 그 대답을 듣고 장왕은 "나의 관용이 나의 생명을 구했다."는 기록이 있다.

2 좋은 리더와 뛰어난 리더

리더의 수준이 올라가면 국가의 수준도 올라간다고 한다. "훌륭한 리더는 뛰어난 연기자다." 세계적 경영학자인 톰 피터스의 말이다. 요즘 최고경영자CEO는 점차 예술가를 닮아가고 있다. 멋지게 말하고, 글을 쓸 줄 아는 능력이 필요하며, 호소력 있는 자기 연출력과, 자기 브랜드가 있어야 뛰어난 CEO 대접을 받는다. 가끔 직원들을 감동시키기 위해 악기 연주를 하거나, 감동적인 이벤트를 기획할 줄 알아야 하며, 누구도 생각하지 못할 혁신적 아이디어로 세상을 깜짝 놀라게 만들 책임도 진다. 그래서 요즘 CEO 중에는 예술을 공부하는 사람이 많다. 미술과 음악을 접해 휴식을 취하면서 영감을 얻고, 기업 활동을 할 의욕을 얻는 것이다.

성공의 본질이 무엇인가? 재능이 있으면 성공할 수 있을까? 대인관계가 원만하면 성공할 수 있을까? 일반적으로 사람들은 이 두 가지가 겸비될 때 사람들은 성공에 다가갈 수 있다고 생각한다. 리더십에는 양면성이 있다. 어느 한 가지만 가지고는 진정한 리더라고 할 수 없다. 리더십의 양면성 재능과 재능을 담는 그릇 즉 칼과 칼집을 갖고 있어야 한다.

자동차왕 헨리포드가 모델 T만 고집하다 GM에게 패권을 빼앗긴 것도 잘 나가던 재벌기업이 하루아침에 무너지는 것도 바로 '자만'때문이다. 내가 가진 상품이 최고일수록 겸손이라는 바구니 속에 있어야 한다. 겸손은 나약한 자의 무기력한 선택이 아니라 강한 자만이 보여 줄 수 있는 아름다움인 것이다. 요즘 우리 사회를 보면 주위에서 일중독이라는 말이 심심치 않게 들려오는데 알코올중독이나 도박중독 만큼이나 무서운 증상이다. 단기적으로는 성과를 내는 것처럼 보이지만 결국 가정, 건강, 친구, 즐거움 등 많은 것을 희생해야 한다. 언젠가 논문 왕으로 불리던 모대학의 교수가 죽은 사건이 있었다. 그 교수는 40대 중반에 500편의 가까운 논문과 24권의 책을 냈었다. 보통 사람의 10배가 넘는 성과를 올린 것이다. 아마 그 정도 일을 하려면 모든 것을 포기해야만 했을지도 모른다. 무리한 연구가 죽음을 불렀다는 것은 누구나 쉽게 짐작할 수 있다. 일과 가정 사이의 균형, 일하는 것과 휴식의 적절한 밸런스, 좌뇌와 우뇌의 조화는 반드시 필요하다.

우리는 리더십을 너무 어렵게 생각하거나 자신과는 무관한 것으로 여긴다. 그러나 리더십은 모든 분야에서 필요하며 실제로 일상의 모든 곳에서 이루어지고 있다. 더구나 급변하고 개인 중심으로 돌아가는 현대사회에서 무엇보다 필요한 것이 바로 균형적 리더십이다. 그러나 현실은 이와 달라서 IBM의 비즈니스 컨설팅 서비스에서 전세계 CEO 456명을 대상으로 면접조사를 한 결과 성장을 가로막는 가장 큰 문제가 '리더십의 부재'에 있다는 사실이 밝혀졌다. 1997년 IMF를 맞을 당시 한국의 경제위기는 '리더십 부재'에서 비롯되었으며, 현재 한국의 리더십은 달러$보다 고갈枯渴되어 있다고 Asia Wall Street Journal은 주장했다.

'좋은 리더'가 아닌 '최고의 리더'는 비전에 기초하여 영향력을 미칠뿐 아니라, 사람의 가치를 이해하면서 자신의 역할을 다양하게 바꿀 수 있는 사람이다. 스스로 끊임없는 학습 활동과 더불어 지속적인 에너지의 투입으로 변화를 촉진시키는 사람이다. 이런 리더는 조직을 더욱 더 살아 있는 생명력으로 가득 차게 하는 사람이다.

좋은 리더는 한두 가지 목표에 자신의 노력과 열정을 집중하지만 최고의 리더는 조직을 둘러싼 모든 이해관계자들의 요구를 균형있게 만족시키는 것을 목표로 하고 있다는 것이다. 수많은 기업을 연구하고 컨설팅 한 경험에 비추어 볼 때 균형을 평가하는 4가지 질문에 대해 관찰해 보아야 한다.

- 매출이나 성장과 같은 금전적 성과를 높이기 위해 진심으로 노력하는가?
- 고객의 평가에 항상 귀를 기울이는가?
- 부하직원의 업무상 어려움에 관심을 가지는가?

- 조직을 운영하는 것이 사회에 해가 되지 않도록 조심하는가, 더 나아가 사회에 보탬이 되기 위해 노력하는가?

좋은 리더라면 이 중 두 가지나 세 가지 질문에 Yes라고 답할 것이다. 그러나 최고의 리더라면 이 네 가지 질문에 모두 Yes라고 답할 것이다. 좋은 리더는 한 두 가지 목표에 자신의 노력과 열정을 집중하지만 최고의 리더는 조직을 둘러싼 모든 이해관계자들의 요구를 만족시키는 것을 목표로 일하기 때문이다. 너무나 단순해 보이는 위의 네 가지 질문은 리더의 '균형성'을 평가하는, 간단하지만 결정적인 잣대이다. 균형성이 조직에 관련된 이해당사자가 누구도 소외받지 않고 모두 만족하는 상태라면, 리더는 균형성을 찾고 유지시키는 역할을 하는 사람이다.

3 보상과 격려의 균형 리더십

많은 조직에는 최고책임자인 CEO부터 임원, 간부, 관리자 등 의사결정과 사업 수행의 조직구조 속에 많은 리더들이 존재한다. 리더들은 항상 구성원들이 활동적으로 업무를 수행하고, 높은 책임감을 갖고, 열정적으로 몰입해 창의적 능력을 발휘할 수 있는 방안에 대해 고민한다. 특히, 성과지향성이 높은 조직일수록 구성원들의 열정과 창의성 발휘를 중요하게 생각한다. 때문에 비교적 큰 조직은 구성원들의 이러한 성과 중심의 제도적 틀과 보상 시스템을 설계하고, 역량개발을 위한 교육 프로그램을 구축하기 위해 별도의 전담 부서를 두고 있기도 하다.

대부분의 조직들이 구성원들의 역량이 집중력 있게 발현될 수 있도록 하기 위해 핵심성과지표KPI를 발굴하고, 명확하고 측정 가능한 목표중심MBO으로 경영지표를 계량화할 수 있는 효과적인 성과보상 시스템의 설계에 초점을 맞추고 있다. 그러나 조직에서 전사적 차원의 시스템이 완전하게 만들어져 있어도 구성원들과 리더, 구성원들과 조직 사이에 비전 공유에 대한 격차는 늘 존재하며 아쉬움이 있게 마련이다. 왜 이러한 격차와 아쉬움이 존재하는 것일까? 그것은 아무리 '성과측정과 보상 시스템'이 완벽하다 할지라도 이와 균형적으로 발전해야 하는 인정과 격려의 균형 리더십이 부족했기 때문이다. 이러한 '인정과 격려'의 리더십은 구성원을 내부고객으로 바라보는 고객 지향성이 높은 리더들이 많을수록 더욱 활성화돼 있는 경향이 강하다. 인정과 격려의 리더십은 어려운 것은 아니지만 훈련이 필요하며 리더의 중요한 자질 중 하나이다. '잘했어!', '수고했어!', '축하해!' 세 마디의 활용에서 출발한다고 볼 수 있다.

즉, 성과에 대한 논리적 측정과 보상 시스템을 만들고, 동시에 조직내 각 단위의 조직체계에 위치한 리더들이 격려의 메시지를 잘 활용할 수 있다면, 그 조직은 구성원들이 몰입과 열정, 창의성을 발현할 수 있는 토대를 마련한 것으로 볼 수 있다. 이러한 토대 위에 합리적이고 논리적인 성과측정 성과보상 시스템이 더해질 때 리더십의 균형은 완성될 수 있다.

10 미래 핵심리더로서 성공하는 삶의 기준은?

> 남들의 호감을 얻으려 애쓰지 말라.
> 앞으로 나아가기 위해 외적인 것에 의존하지 말라.
> 일과 삶이 최대한 조화를 이루도록 노력하라.
> 주변에 험담하는 사람들을 멀리하라.
> 다른 사람들에게 친절하라.
> 중독된 것들을 끊어라.
> 당신에 버금가는 혹은 당신보다 나은 사람들로 주위를 채워라.
> 돈 때문에 하는 일이 아니라면 돈 생각은 아예 잊어라.
> 당신의 권한을 다른 사람에게 넘겨주지 말라.
> 포기하지 말라.
>
> - 오프라 윈프리의 성공 10계명 -

'성공했다'고 말할 때 성공의 기준은 무엇인가? 여러 가지가 있겠지만 '그 사람의 성공으로 인해 세상이 얼마나 살기 좋아졌는가'하는 점도 평가항목이 될 수 있다. 환경이 급변할 때 마다 자신의 인생을 성공과 실패로 규정하는 것은 너무 성급한 생각이 아닐까? 우리가 살아가는 동안 평생 성공과 실패는 계속 되풀이해서 다가온다. 오늘날 조직은 상상력, 창의력, 아이디어, 혁신과 같은 지적자본을 토대로 움직이고 있다. 따라서 무형의 지적자본의 생산성을 극대화시킬 수 있는 현명한 리더의 필요성이 더욱 커지고 있는 셈이다. '월드컵 4강 신화'의 히딩크, '야인시대'의 김두한, '태조 왕건'의 태조, '해신海神'의 장보고, '불멸不滅'의 이순신 장군… 이상은 최근에 이르기까지 몇 년간 언론을 통해 우리에게 친숙해진 성공 리더의 일부다. 이들에 대한 관심이 집중될 때마다 그 성공 요소를 다룬 리더십 책이 출판될 정도로 세간의 관심을 모으기도 했었다. 하지만 우리는 그 본질적인 특징이나 공통점에 대해서 깊이 있는 성찰을 해 볼 생각이나 여유를 가지지 못했다. 특히, TV속에 비친 리더들의 모습에 대해서는 한 순간 반짝 관심을 보이다가 이내 시들해지곤 했던 게 사실이다.

1 나의 성공은 과연 질質적인 성공인가?

직업의 세계에서 '성공'만큼 인기가 많은 단어도 없을 것이다. 그런 까닭에 성공에 관련된 수많은 책들이 나왔다. '성공의 비결', '성공을 위한 전략', '성공을 위한 기술' 등 베스트셀러였던 스티븐 코비의 책이 원래의 제목인 '아주 효율적인 사람들의 7가지 습관들'과는 달리 '성공하는 사람들의 7가지 습관'으로 번역된 것도 이런 까닭 때문이다. 미국에서는 성공Success이라는 이름의 잡지까지 나오고 있다. 반면에 성공논리에 빠진 현대인들에게 경종을 울리는 책들도 만만치 않다. 성공의 환상The Success Fantasy, 성공의 덫Success Trap이 바로 그것이다. 그렇다면 리더들은 성공에 대해서 어떻게 받아들여야 할 것인가? 고금의 성공 리더들의 사례를 조금만 더 깊이 검토해 본다면, 우리는 몇 가지 본질적인 성공 요인이나 시사점을 찾을 수 있을 것이다. 내각이 새로 구성되거나 대그룹의 임원 개편이 단행되면 언론들은 앞 다투어 그들이 달려온 출세가도를 자세히 보도하곤 한다. 사람들은 40대의 나이에 장관이나 사장의 자리에 오른 그들을 보고 성공했다고 느끼고 있다. 10대나 20대는 억대의 개런티를 받는 영화배우나 이승엽, 박찬호, 박세리 같은 스포츠 스타들을 보면서 그렇게 느낄 것이다. 이렇듯 오늘날 많은 사람들은 재물이나 지위, 명예 등을 보고 성공했다고 생각한다. 이것을 양적인 성공이라 할 수 있는데, 이런 기준을 굳이 무시하거나 부정할 필요는 없다. 자신이 누리지 못한다는 열등감 때문에 다른 사람들의 성공을 무시하는 것은 오히려 건강하지 못한 태도일 것이다. 다만 우리가 기억해야 할 것은 양적인 성공이 성공의 전부가 아니라는 것이다. 중요한 것은 양적인 성공의 이면에 질적인 성공이 있느냐 없느냐가 중요하다는 것이다.

리더십의 본질은 아이젠하워 전 미국 대통령의 정의처럼 '당신이 성취하고 싶은 일을 다른 사람이 원해서 하도록 만드는 기술이다.'라고 할 수 있다. 이를 위해 리더는 아래 사람의 의견을 듣고Listen, 의욕과 사기를 북돋워주면서Encourage, 문제해결을 지원하고Assist, 권한은 위양해 주는Delegate 자세가 필요하다. 그런데 많은 사람들이 흔히 오해하는 것처럼, 리더가 슈퍼맨처럼 다방면에 뛰어난 사람은 물론 아니다. 만능의 리더가 있기 보다는, 환경적 상황이나 조직과 구성원의 성숙 단계, 일의 특성 등 리더에게 요구되는 역할에 따라 그에 상응하는 최적의 리더와 리더십이 있는 것이다. 피터 드러커도 "모든 환경에 잘 맞는 리더십 역량은 존재하지 않는다."라고 하였다. 훌륭한 리더의 질적인 성공은 전지전능한 사람이나 성인聖人이라기보다는, 오히려 자신이 처한 상황에서 식견과 사명감을 가지고 있으면서 아래 사람과 파트너십을 형성하여 소기의 목표를 달성하는 사람이라고 할 수 있다.

2 나의 성공은 삶 전체에서의 성공인가?

직장에서 남들보다 인정받고, 사업을 벌여서 크게 번창 했다면 성공했다고 할 수 있다. 직업이 우리 삶에서 차지하는 비중을 생각한다면 그는 분명히 성공한 것이다. 그러나 직업에서의 성공을 부정할 수는 없지만 그것을 인생에서의 성공과 동일시 할 수는 없는 것이다. 직업에서의 성공을 추구하는 것 자체가 문제되지는 않을 것이다. 자신의 일에 성실하게 임해서 세상에서 인정받는 성공을 누리는 것은 오히려 노력해야 할 일이다. 다만 그 과정에서 삶의 다른 영역을 소홀히 하거나 희생시켜서는 안 된다는 것이다. 아무리 그가 이룬 성공으로 사회에서 인정을 받더라도 가정이나 사회에서 제대로 인정받지 못한다면 그의 인생은 실패라고 해도 지나치지 않을 것이다. 'Good to Great'의 저자로 잘 알려진 짐 콜린스Jim. Collins는 위대한 기업은 자신이 열정을 가지고 있고 잘 할 수 있는 분야, 분명한 수익 창출 포인트가 있는 사업에 집중하는 모습을 보인다고 한다. 리더의 경우에도 마찬가지라고 할 수 있다. 자신의 강약점과 정체성에 대한 분명한 인식을 바탕으로 자기만의 리더십 브랜드를 구축하는 사람이 성공하는 모습을 보여주고 있다. 즉, 자신이 중요하게 여기는 가치를 바탕으로 자신이 강점을 가지고 있는 분야에서 성공의 가능성을 높이는 것이 현명한 리더의 모습인 것이다.

흔히 주변은 물론 우리 자신까지도 리더가 되기 위해서는 스스로 모든 영역, 모든 상황, 모든 역할에서 훌륭한 인물이 되어야 한다고 기대하는 경우가 있다. 이 경우 모든 일을 다 잘해야 한다는 부담감이 자칫 슈퍼맨 신드롬Superman Syndrome만을 초래할 수 있다. 사실 그런 경지는 신의 영역이다. 리더로서 성공하기 위해서는 먼저 자기 자신을 돌아봐야 한다. 자신의 강점과 한계를 인식하고 자신만의 색깔을 정하는 것이 바람직하다. 자신이 잘 할 수 있는 분야, 재미를 느끼는 분야에 집중하여 자신의 리더십 브랜드를 정하는 것이 보다 지혜로운 리더의 선택이라 할 것이다. 이순신 장군의 경우, 삼도 수군통제사라는 최고 지휘관이었지만 현장 답사를 게을리 하지 않았다고 한다. 그를 통해 남해안의 복잡한 지형과 조류를 환히 꿰뚫고 있었고, 이러한 자신의 강점을 바탕으로 치밀한 지장智將의 이미지를 보여주고 있다. 고려 태조 왕건의 경우, 카리스마나 지략에 있어서는 궁예나 견훤에 다소 밀렸으나, 부하들을 믿고 신뢰할 줄 아는 덕을 자신의 무기로 활용하여 최후의 승자로서 성공한 리더가 되었다.

3 나의 성공은 일시적인 성공인가?

성공에 대한 모습은 시간에 따라 변하고 있다. 학교 다닐 때는 좋은 성적으로 누구나 원하는 대학에 들어가는 것이 성공의 척도였지만 사회에서는 지위나 명예, 재산의 규모가 그 척도가 되기도 한다. 과거에는 조직내 연공서열로 성공을 평가받았지만 이제는 점점 개개인의 능력, 그것도 조직에 직접적으로 기여하는 능력으로 성공을 평가받고 있다. 이렇듯 성공의 모습 자체가 계속 변하기 때문에 이제는 한 사람의 성공 여부를 말하기 어렵다는 것이다. 학교 성적이 곧 사회에서의 성공을 보장하는 것은 아니다. 마찬가지로 사회에서의 성공이 인생에서의 궁극적인 성공을 보장하는 것도 아니다. 일시적으로 사업에 성공했다가 생각지 않은 일로 인해 망하기도 한다. 직장에서 승진에 승진을 거듭하다가 뜻하지 않은 상황으로 대기 발령을 당하기도 한다. 그때마다 자신의 인생을 성공과 실패로 규정하는 것은 너무 성급한 것이다. 살아가는 동안 성공과 실패는 계속 되풀이해서 다가오는 것이며 그것이 전 인생의 성공과 실패로 귀결되지도 않는다는 것이다.

유비가 제갈공명을 만났듯, 빌 게이츠가 스티브 발머를 만났듯 리더가 성공하기 위해서는 최고의 동지를 만나야 한다. 그리고 이들 2인자 그룹과 상생의 파트너십을 형성하는 경우에만 진정한 성공을 달성할 수 있다. 역사상 유례가 없는 대제국을 건설한 최고경영자 징기스칸에게는 참모 역할을 한 '4준마'와 전투 지휘관 역할을 수행했던 '4맹견'이 있었다. 이들과의 관계는 단순히 상하관계라기 보다는 평생 동지 또는 평생 친구에 가까웠다. 태조 왕건은 박유, 최응, 최지몽, 최언위 등의 책사 그룹과 신숭겸과 유금필, 박술희 등의 유능한 장수를 거느리고 있었다. 그 중 신숭겸 장군은 대구 팔공산 전투927년에서 주군인 왕건을 무사히 탈출시키기 위해 스스로 죽음을 택하기까지 했다. 태조 왕건이 숨을 거두기 직전 유언을 받아 적은 박술희 등도 마찬가지로 굳은 신뢰로 형성된 파트너라고 할 수 있다. 피터 드러커는 역대 미국 대통령 중 가장 뛰어난 대통령의 한 사람으로 해리 트루먼 대통령을 꼽은 바 있다. 트루먼 대통령은 마샬 장관의 장례식에서 "내가 죽으면 그가 나를 위해 했던 일들을 내가 그를 위해 할 수 있게 되기를 진심으로 바란다."라는 말을 남긴 적이 있다. 최고의 동지들과 파트너십Partnership을 형성하는 것이야말로 최고의 성공이라 할 수 있다.

4 나의 성공은 다른 사람과 비교해서 얻은 성공인가?

동창 모임에 가보면 성공을 정의하는 기준이 분명해지는 것을 볼 수 있다. 자신의 경우든 배우자의 경우든 다른 사람과 비교해서 그 보다 낮다고 생각하면 성공한 것이고 그렇지 못하면 실패했다고 여기고 있다. 그래서 열등감에 빠져 헤매기도 하고, 우월감에 젖어 남들을 무시하기도 한다. 이들은 스스로 자신의 인생의 성공여부를 결정하지 않고 완전히 다른 사람에게 자신의 성공을 결정하게 하고 있는 것이다. 달란트 비유에서 두 달란트를 남긴 사람이 다섯 달란트를 남긴 사람과 비교해서 열등감에 빠졌다면 자신이 성공했다고 생각하기 어려웠을 것이다. 그러나 진정으로 성공했다고 생각하는 사람은 상대적으로 작은 열매지만 자신에게 주어진 것을 가지고 최선의 노력을 기울여서 얻은 결과에 만족해 할 것이다. 자신의 모습을 솔직하게 바라볼 때 진정한 성공을 누릴 수 있다.

1997년 미국의 커뮤니케이션 이론가 폴 스톨츠Paul G. Stoltz는 지능지수IQ나 감성지능EQ보다 역경극복지수AQ, Adversity Quotient가 높은 사람이 성공하는 시대가 될 것이라고 발표했다. 지금과 같이 변화의 속도가 빠르거나, 전환기의 어수선한 상황에서는 지능IQ이나 감성지수EQ의 두 가지 지능이 아무리 높다 해도 위기를 극복하는 제3의 능력AQ이 받쳐주지 않는다면 제대로 활용할 수 없기 때문이다. 역경극복지수AQ란, 수많은 역경에도 굴복하지 않고 냉철한 현실인식과 합리적인 판단을 바탕으로 끝까지 도전하여 목표를 성취하는 능력을 말한다. 리더가 되고자 하는 사람은 우선 자신 스스로부터 "안 될 거야", "그건 안 되더라", "어려워" 등의 표현보다는 "한 번 해 보자"는 말에 익숙해질 필요가 있다. 만약 자신이 훌라후프를 돌리지 못하는 사람이라면, 30분만 훌라후프 돌리기에 최선을 다해 도전해 보라. 학습된 무력감Learned Helpless을 벗어 던지면, 훌륭하게 훌라후프를 돌리고 있는 자신의 모습을 보게 될 것이다. 높은 역경극복지수를 갖추었을 때 진정한 성공이라 할 수 있을 것이다.

5 나의 성공은 다른 사람을 배려해서 얻은 성공인가?

성공하기 위해서는 상대방을 넘어뜨려야만 한다고 생각하는 것이 무한경쟁시대 사회에서 피할 수 없는 현실처럼 느끼고 있다. 자신의 능력을 돋보이게 하기 위해서 경쟁은 필수적일 수밖에 없다. 그러나 다른 사람을 넘어뜨리는 것이 곧 진정한 성공은 아닐 것이다. 오히려 다른 사람을 배려할 만한 여유를 가지고 사는 것이 진짜 성공이 아닐까? 우리는 흔히 카리스마나 권력이 훌륭한 리더가 되기 위한 전제 조건이라고 생각하는 경우가 있다. 그러나 정작 리더에게 필수적으로 요구되는 것은 카리스마가 아니라 '비전'이다. '비전 리더'와 극단적으로 대비되는 유형이 강한 카리스마를 바탕으로 하는 '조폭형 리더'다. 이 유형도 비전 리더와 마찬가지로, 조직 구성원에 대한 관심Care, 부하의 문제를 해결해 줄 수 있는 실력Competence, 구성원의 비밀 유지Confidentiality, 일관성 있는 원칙 적용Consistency 등 신뢰받는 리더가 갖추어야 할 4가지 덕목을 갖고 있는 경우가 있다. 리더십의 대가인 워렌 베니스Warren Bennis에 의하면, 지난 세기의 수많은 리더십 실증 연구에도 불구하고, 유능한 리더와 무능한 리더를 구분 짓는 것이 과연 무엇인지에 대해 뚜렷한 기준이 존재하지 않는다고 한다. '위대한 지도자는 타고 날 수도 있지만, 효과적인 리더는 만들어진다Great leaders may be born but effective leaders are made.'라는 말이 있다.

진정한 1등 리더가 되기 위해서는 어떤 자질과 특성이 필요한 것일까요? 이에 대해서는 리더십 전문가인 Tomas J.Neff와 James M.Citrin이 'Lessons from the Top'이란 책을 통해 시장에서 사업을 1등으로 이끌고 있는 성공 리더 50명의 15가지 공통 자질을 제시하고 있다. 그런데 이들 중 단지 3가지만이 지적 혹은 기술적 능력과 관련되었을 뿐, 대부분 소프트한 차원의 감성지능EQ을 기반으로 한 태도나 의지라는 점에 주목할 필요가 있다. 감성지능이란 '자신의 한계와 가능성을 객관적으로 판단해 자신의 감정을 잘 다스리며, 상대방의 입장에서 그 사람을 진정으로 이해하고, 타인과 좋은 관계Good Relationship를 유지할 수 있는 능력'을 말한다. 우선 리더 스스로가 자신의 내면을 깊이 있게 성찰하는 데서부터 시작된다. 그리고 구성원들의 감성 및 니즈를 이해하고 배려함과 동시에 서로가 함께 추구해 가야 할 지향점으로 '공동의 선善'을 찾아 이를 향해 자연스레 구성원들을 리드할 수 있는 리더야 말로 다른 사람을 배려해서 얻은 진정한 성공이라 할 수 있을 것이다.

미래 리더 · 관리자 · 간부를 위한
CORE 핵심 리더십 개발

핵심리더를 위한
Core Leadership
시뮬레이션

CONTENTS

조직은 미래의 어떤 핵심리더의 상을 기대하는가?

'디지털 혁명'의 경영환경 변화는 원하든 원하지 않든 미래 리더에 대한 기대자체를 바꾸어 놓고 있다. 과거와 같이 담당하고 있는 부서팀를 튼튼하게 유지하면서, 상사에게서 지시 받은 업무를 성실하고 확실하게 처리해 나가는 타입의 리더에서 한 걸음 더 나아간 미래 리더의 역할이 요구되고 있다. 종합해 보면,

① 경영자 의식이 더욱 요구된다.
② 지속적인 원가의식을 요구하고 있다.
③ 글로벌마인드와 감각이 요구되고 있다.
④ 21세기형 기업가 정신을 갖추지 않으면 아무 것도 할 수 없다.
⑤ 정보수집 능력, 전문 지식, 전문 기능을 갖추지 않으면 조직구성원들을 의도하는 방향으로 움직이게 할 수 없다.
⑥ 창의적인 아이디어 제안과 오픈마인드를 가져야 한다.
⑦ 실천력과 행동력이야말로 미래 리더의 기본이다.
⑧ 새로운 상황에 어떻게 대처하면 좋겠는가 하는 견해와 사고방식을 갖고 있어야 한다.

지난 과거부터 부서팀을 이끌어 가기 위한 기본적인 자질이었던 리더십과 부하에 대한 지도력은 필수적인 것이고, 거기에다 새로운 시대의 변화에 유연하게 대응하면서 기업가 정신으로 무장해 나갈 수 있는 미래 리더상이 요구되고 있다. 그러나 새로운 변화에 어떻게 신속하게 대응할 수 있는 체제를 마련할 것인가 하는 문제가 지금 부서팀 리더에게 부과된 과제이며, 그러한 문제에 대한 견해와 사고방식을 길러낼 수 있도록 훈련하는 것이 중대한 과제이다.

부서팀의 리더라는 존재는 부하들에게 그 나름대로의 의미있는 존재이다. 겉으로는 부서팀의 리더라는 직위에 관심이 없다고 말하면서도 부하들은 여전히 부서팀의 리더라는 직위와 그것에 수반되는 업무에 대해 매력을 느끼고 있을 것이다.

조직 구성원들은 리더를 바라보면서 "나라면 이렇게 할 텐데"하며 리더의 생각과 행동을 지켜보고 있다. 부하들은 자신의 장래 모습을 발견하기 위한 하나의 지표로서 리더의 모습을 바라보고 있다. 즉, "리더 밑에서 일하면 도움이 될까 손해가 될까, 나의 능력은 향상 될 것인가"라는 단순한 가치 기준을 가지고 있다.

실제로 일선에 있는 부서팀 리더들은 "당신이 현재의 지위까지 오르게 된 이유는 무엇인가?"라는 질문에 대해 전체의 1/3에 해당하는 사람들이 실력이나 업적 때문이라는 것 이상으로 "상사들이 잘 봐주어서, 우연히 리더를 잘 만나서"라는 대답을 하고 있다. 부하가 '자신에게 도움을 줄 리더인가 그렇지 않은가', 라는 사고방식을 지니고 있는 것이 오히려 당연한 일이라고 이해해야 한다. 많은 조직에서는 부하가 리더를 선택하는 일은 드물다. 그러나 부하가 어떠한 리더를 만나는가 하는 점은 미래의 인생까지도 좌우 할 수 있다.

또한 조직 속에서 부하가 리더를 선택하기도 힘들지만 동시에 리더 자신도 제멋대로 부하직원을 선택하기도 힘들다. 능력이 없거나 능력 인정을 받지 못한 부하가 새로운 부서팀의 리더를 만났을 때 자기 나름대로 리더에게 기대를 걸고 있는 경우도 있다. 부하의 기대에 부응함과 동시에 회사의 기대에 부응해 주기를 바라고 있는 것이다.

3 Core 리더십 시뮬레이션의 중요성

누구나 리더가 될 수는 없으며, 학교에서 배운 것만으로는 리더십 능력이 향상되지 않는다. 따라서 구체적인 가상의 현실을 만들어 맞부딪치면서 실제로 연구해 봐야 한다. 리더십 시뮬레이션은 여러분이 의도했건 안했건 간에 리더십을 발휘해야만 하는 위치에 선다거나 혹은 어떤 리더를 선택해야만 하는 상황에 놓인다면 많은 가이드 역할을 해줄 수 있을 것이다. 시뮬레이션Simulation이란, 발생할 수 있는 모든 상황을 미리 상정하고, 그 상황에서 대응할 방안을 미리 마련하여 구체적으로 행동할 수 있도록 해 두는 것이다. 즉 모의실험, 모델실험이란 의미가 되겠지만 이 말을 실제적인 기능훈련에 활용하는 것이 곧 실용화인 것이다. 대표적인 예로 들 수 있는 것이 항공기 시뮬레이션의 활용을 통한 파일럿 및 승무원들의 교육훈련이다. 실제로 실험할 수 없는 일들 가운데 생각지도 못했던 사고나 비상사태에 대응할 수 있도록 시뮬레이션을 통해 구체적으로 훈련을 해 둠으로써 어떤 상황이 발생하면 신속하게 대처할 수 있도록 준비해 두는 것이다.

'사례연구Case Study'는 경영능력훈련으로써 현장에서 실제적으로 발생했거나 혹은 장래에 발생할 수 있다고 여겨지는 문제를 사례라는 형식으로 제시한다. 그 후 참가자가 개별적으로 혹은 집단적으로 토의하여 문제를 해결할 수 있는 능력을 길러내려고 하는 방법이 바로 사례연구이다.

'시뮬레이션Simulation'은 사례연구에서 행해지는 방법뿐만 아니라 한 걸음 더 나아가 실제로 발생할 수 있다고 여겨지는 장면을 여러 국면에서 상정하고 "이럴 경우에는 어떻게 하겠다.", "저럴 경우에는 어떻게 하겠다."는 식으로 다각적인 방향에서 더욱 깊이 있게 파고 들어가 문제를 파악해 보려는 방법이다. 눈앞에 보이는 사례를 잘 수습하는 것보다도 그러한 상황 속에서 오히려 잘 풀리지 않을 우려가 있는 문제를 미리 검토하고, 그것에 대응할 수 있는 반사 능력을 길러내는 것이 시뮬레이션의 중요한 점이다. 결국, 단순히 머리로만 생각하는 것이 아니라 상황이 벌어지면 구체적인 해결방안을 사용하여 그 문제와 부딪치며 해결해 나가는 수법인 것이다.

4 Core 리더십 시뮬레이션의 활용 방법

미래 리더는 실천적인 견해와 사고방식을 길러야 한다. 시뮬레이션은 모의실험이므로 여러 가지 경우를 상정할 수 있고 상황 설정도 자유롭게 할 수 있다. 실제적으로 발생한 문제에 대해서는 "나라면 이렇게 처리하겠다."는 생각을 염두에 두었다가 실제로 이루어진 해결방법과 자신의 생각이 어떠한 차이가 있는지 잘 파악해 본다. 시뮬레이션은 단순한 사례 해결에 머무르지 않고, 그 상태에서 한 걸음 더 나아가 "이렇게 되면 이런 식으로 대처한다.", "저렇게 되면 저런 식으로 대처한다."는 식으로 더욱 다각적인 국면에서 문제해결 방법과 대응책을 길러야 한다.

현실에서 발생한 사례를 아무리 많이 연구하더라도 똑같은 상황에서 똑같은 문제가 발생할 수는 없으므로 현실에서는 발생했던 사례를 응용하여 문제를 해결해 나가지 않으면 안 된다.

미래를 정확히 예측해 보라. 시뮬레이션은 현실 상황을 근거로 하면서 한 걸음 더 나아가 다음에는 어떠한 상황이 발생할 수 있는지 미래를 예측하기 위해 활용될 때만 진정한 의미가 있다. 특히, 문제 발생 소지가 있는 점에 관심을 모으고 있다가 막상 그러한 문제가 발생했을 경우에는 어떤 대책을 세워야 하는지 미리 충분히 대비해 두어야 한다. 경영계획이나 영업계획과 같이 숫자를 중심으로 한 시뮬레이션에서도 미래를 예측하는 방법에 상당히 중점을 두고 있다. 그리고 예측이 빗나갔을 경우에는 어떤 대책을 세워야 하는지 미리 치밀하게 계산하고, 그에 따른 대응책도 생각해 둘 필요가 있다. 시뮬레이션 기술을 얼마나 잘 훈련해 두었느냐의 여부가 기업경영의 성패와 격차를 만들게 된다.

5 미래 핵심리더를 위한 멀티프레임 시뮬레이션 & 사례연구

당신은 지금 부서(팀) 리더로서 자기 부서의 실정이나 부하의 행동을 보면서 반드시 만족하고 있다고는 대답하지 못할 것이다. 리더는 위대한 사람이 아니라 괴로운 사람이며, 항상 갖가지 문제에 쫓기면서 고민하고 부딪치면서 싸워나가는 것이 참모습이다. 부(팀)에는 여러 종류의 직원들이 있는데, 그 직원들 개개인에 대한 대응책은 물론이고, 부(팀) 전체를 파악한 상황에서 부(팀)의 존재방식을 생각하고 끊임없이 발생하는 문제에 대처해 나가야 한다.

지금의 부(팀)를 원하는 방향으로 바꾸려고 애쓸수록 괴롭고 힘들어지는 것은 당연하다. 그러한 상황에서 신속히 대처해 나가기 위해서는 언제나 새로운 환경을 상정한 시뮬레이션을 계속해 나갈 필요가 있다. 미래 리더는 시뮬레이션을 계속해 나가는 과정을 통해 부(팀)에 대한 자신의 행동방식을 발견하게 되고 자신이 원하는 방향으로 나가게 된다. 과거 피라미드식 조직구조가 무너지고 있는 상황에서 부(팀) 리더의 뜻대로 움직여 주는 부하는 별로 없다. 그러나 문제가 많은 부하에 대한 대응을 제대로 하지 못할 때에는 리더의 능력 자체가 문제시될 수도 있다.

하지만 사람들은 흔히 "나의 판단이 옳고 다른 사람이 틀렸다."라고 생각하는 경향이 있다. 그러나 내가 알고 있는 옳은 부분은 겨우 일부분에 지나지 않을지 모른다. 나의 판단과 가치관은 지극히 주관적이고, 모든 일은 대부분 복잡하고 명확치 않기 때문이다. 사람들은 각기 자신이 가진 프레임을 통해 세상과 문제를 바라본다. 이때 자신이 가진 프레임이 무엇인지, 자신이 어떤 프레임을 통해 세상과 문제를 투영하고 있는지 인식하는 것이 중요하다. 우리가 하나의 관점만을 가지고 있으면 상황을 한 방향으로만 바라보게 된다. 자신의 주장이 논리적이고 타당하다고 생각하지만 한 쪽으로 편향된 관점으로는 문제를 올바르게 파악하기 어렵다. 그리고 문제를 올바르게 진단하지 못한다면 적절한 처방을 기대할 수는 없을 것이다. 우리는 다양한 시각으로 문제를 바라볼 수 있어야 하며, 새로운 방식으로 사물을 바라볼 필요가 있다. 주어진 문제를 여러 시각에서 새롭게 바라볼 수 있는 능력이야말로 자신을 올바른 방향을 이끌어 가는데 매우 중요한 요건이다.

멀티 프레임Multi Frame

영국의 대표적 경영학자이자 미래학자인 핸디Charles Handy는 오늘날을 '비합리성의 세계Age of Unreason'라고 부른다. 지금 세상은 합리적으로 돌아가지 않는다는 것이다. 세상 모든 일이 합리적으로 이해할 수 있는 것이 아닌 만큼 "왜 이런 일이 일어났는가?"를 명확하게 이해하는 것은 종종 우리의 인식 한계를 넘어선다. 따라서 우리는 문제를 바라보는 시각과 정신적 지도 또는 세상을 보는 렌즈가 여러 개 필요하다. 이에 볼먼과 딜Bolman & Deal은 우리에게 필요한 네 가지 종류의 프레임을 제시하였다.

도표 5-1 **프레임이란?**

> 프레임은 개인이 가진 생각의 틀이다.

> 프레임은 정신적 지도이다.

> 프레임은 세상을 바라보는 창이다.

프레임은 한 마디로 세상을 또는 문제를 바라보는 마음의 창이다.
어떤 문제를 바라보는 관점, 세상을 향한 마인드 셋,
세상에 대한 은유, 사람들에 대한 고정관념,
어떤 문제에 봉착했을 때 그 해결점을 찾지 못하는 이유는
처음부터 문제의 본질이 무엇인지
제대로 프레임 하지 않았기 때문이다.

♟ 도표 5-2 **네 가지 프레임은 나침반 역할**

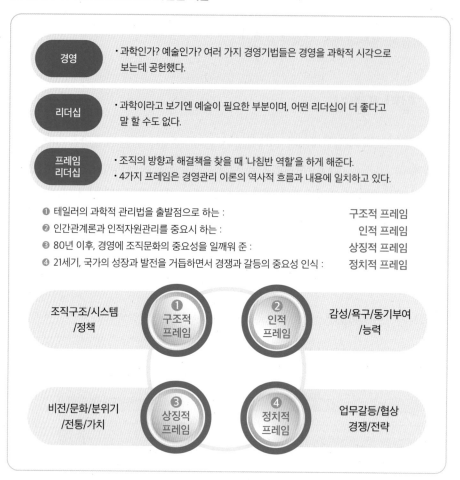

경영 • 과학인가? 예술인가? 여러 가지 경영기법들은 경영을 과학적 시각으로 보는데 공헌했다.

리더십 • 과학이라고 보기엔 예술이 필요한 부분이며, 어떤 리더십이 더 좋다고 말 할 수도 없다.

프레임 리더십 • 조직의 방향과 해결책을 찾을 때 '나침반 역할'을 하게 해준다.
• 4가지 프레임은 경영관리 이론의 역사적 흐름과 내용에 일치하고 있다.

❶ 테일러의 과학적 관리법을 출발점으로 하는 : 　　　　　　　　구조적 프레임
❷ 인간관계론과 인적자원관리를 중요시 하는 : 　　　　　　　　인적 프레임
❸ 80년 이후, 경영에 조직문화의 중요성을 일깨워 준 : 　　　　상징적 프레임
❹ 21세기, 국가의 성장과 발전을 거듭하면서 경쟁과 갈등의 중요성 인식 : 　정치적 프레임

조직구조/시스템 /정책　　❶ 구조적 프레임　　❷ 인적 프레임　　감성/욕구/동기부여 /능력

비전/문화/분위기 /전통/가치　　❸ 상징적 프레임　　❹ 정치적 프레임　　업무갈등/협상 경쟁/전략

첫째, 구조적 프레임으로서 조직의 모습은 기계로서, 합리성을 강조한다. 즉, 조직은 상호 관련된 여러 부분들로 구성되고 이들 대부분이 각자에게 주어진 명확한 기능을 수행할 때 전체가 기계처럼 빈틈없이 돌아간다고 보는 것이다.

둘째, 인적 프레임으로서 조직의 모습은 가족으로서 조직의 중심에는 사람이 있다고 믿고 있고, 인간의 욕구를 강조한다. 인간이 조직의 성공에 핵심적인 역할을 한다는 점에서 인간의 욕구를 이해하고 인간의 노력을 이끌어내는 것이 가장 중요하다고 본다.

셋째, 정치적 프레임으로서 조직을 희소자원, 이해관계의 대립이 존재하는 정글과 같은 곳으로 간주한다. 따라서 조직에는 보이는 또는 보이지 않는 구성원들 간의 협상과 거래가 존재한다는 점을 지적하면서 인간이 원하는 모든 것을 제공하기란 불가능하다. 따라서 조직을 생산적으로 관리할 줄 알아야 하며, 합리적인 선에서 적절한 타협에 도달할 수 있도록 해야 한다는 것이다.

넷째, 상징적 프레임으로서 문화나 상징적 의미에 초점을 둔다. 인간이 부여하는 의미는 종종 객관적인 사실보다 더 중요하게 작용한다. 따라서 의식, 의례, 일화, 은유 등의 상징들은 사람들의 행위와 조직의 분위기를 이해하는 데에 핵심으로 작용한다. 사람들은 어떤 상징에 대해 공통된 의미와 가치를 부여하고 이를 통해 하나가 된다. 조직은 그와 같이 공유된 가치와 신념 속에서 결속된 공동체가 되어야 한다는 것이다.

어느 하나의 사건을 보다 풍부한 관점에서 해석하고 적절한 처방을 내리기 위해서는 한 가지 이상의 프레임을 갖고 접근해야 한다. 그런데 상황에 따라서는 어떤 한 가지 프레임이 다른 프레임보다 현실을 파악하는데 더 적절한 해답을 줄 수 있다. 우리가 살펴본 네 가지 프레임으로 모든 사건들을 각각 해석할 수 있는 것은 아니다. 때론 구조적 프레임으로 접근해야만 올바른 해석과 처방이 가능한 경우가 있는 반면, 상징적 프레임이 아니면 이해하기 어려운 경우도 있을 것이다. 물론 두 가지 또는 세 가지 프레임, 그리고 네 가지 프레임으로 모두 접근 가능한 경우도 있을 것이다. 주어진 사건을 어떤 프레임을 갖고 접근할 것인가는 사건의 올바른 처방을 위해 매우 중요하다. 또한 조직 내에서 업무를 할 때에도 어떤 프레임을 갖고 접근할 것인지에 따라 다른 양상을 보일 수 있을 것이다.

♟ 도표 5-3 네 가지 프레임의 이해

♟ 도표 5-4 네 가지 프레임의 활용

구분	구조적 프레임	인적 프레임	정치적 프레임	상징적 프레임
전략계획 수립	목표를 세우고 자원을 조정하기 위한 것	사람들을 몰입시키고 참여를 증진시키기 위한 모임	갈등을 표출하고 권력구도를 재정비하는 계기	각자의 미션을 인식하고 공유가치를 개발하는 의례
평가	보상을 배분하고 성과를 통제하는 방법	개인의 성장과 향상을 도와주는 과정	권력을 행사하는 기회	성찰과 마무리 의식
의사소통	사실과 정보를 전달	정보, 필요, 감정의 교환	타인에게 영향을 주거나 조작하기 위한 수단	일화를 이야기하고, 가치의 전달

1 전임 리더가 상당한 업적을 남긴 부서_팀의 리더인 경우

 사례

• 설정된 영업목표를 달성하는 것도 어려운 시기인데 영업 2부에서는 최근 3년 동안이나 연속하여 목표를 20% 이상 초과 달성했다. 이렇게 되면 3년 연속 목표달성은 거의 틀림없을 것 같다. 무난히 목표를 달성한 부서_팀에 대해서는 매년 신년도 방침 발표회 때에 사장이 해당 부서의 부서장_{팀장}에게 우수업적 상을 수여한다.

• 영업 2부의 A부서장_{팀장}은 전체 회사를 통틀어 처음으로 3년 연속 수상을 눈 앞에 두고 있다. 그렇지 않아도 그는 사내에서 뛰어난 능력을 갖춘 부서장_{팀장} 으로 높이 평가받고 있는데 3년 연속 수상을 하게 되고 보니 그의 지위는 더욱 확고부동해진 상태이다. 내년에는 그가 더욱더 승진할 것이 거의 확실시 되고 있다. 그런데 무슨 이유 때문인지 이번 인사이동에서 내가 그의 후임으로 영업 2부의 부서장_{팀장}으로 발령날 것이라는 암시를 상사로부터 받았다.

• 영업 2부의 부서원은 과장 1명, 대리가 1명, 주임이 2명, 남자 평직원 10명, 여자 평직원 2명으로 구성되어 있다. 내가 비록 과거에 3년 동안 부서장_{팀장}을 지낸 경험이 있고 지금까지는 그럭저럭 별일 없이 업무를 수행해 왔다고는 하지만 영업 2부에서 지금까지 거둔 발군의 업적을 생각하면 나도 모르게 위축 되는 느낌이 든다.

문제점

• 화려한 영광을 누리고 있는 곳에 신임 부서장_{팀장}으로 부임한다고 하면 얼핏 영전되는 것처럼 여길지도 모르겠지만 사실상 그 당사자의 속마음은 상당히 복잡할 것이다. 사내에서도 앞으로의 활동에 주목받을 것이고, 부하 직원들 의 생각도 제 각각일 것이다.

대처방안

1. 왜 하필 당신이 임명되었는가를 자각하라.
2. 우선은 전임 부서장팀장의 방식을 답습하라.
3. 발군의 업적 뒤에는 빛과 그림자가 있다.
4. 업적과 실적은 결과로 나타난다는 사실을 명심하라.

Q. 본 상황에 대한 적용 프레임은?

☐ 구조적 프레임

☐ 인적 프레임

☐ 정치적 프레임

☐ 상징적 프레임

Q. 적용할 프레임에 따라 이 주제/상황을 어떻게 처리하고자 하는지 문제 해결방법이나 업무 추진 내용, 방침을 구체적으로 기술해 보자.

----

2 실적 미달로 낙인찍힌 부서팀의 리더인 경우

 사례

- 이번에 새로 발령 난 부서팀에 대한 회사 측의 평가가 얼마나 나쁜 것인지 알고 나서 솔직히 말해 너무 놀랐다. 팀원들의 수준이 어느 정도나 되는 지는 잘 모르지만 어쨌든 실적이 매우 저조한 것만은 틀림없다. 전체 회사를 통틀어 이곳이 언제나 실적면에서 최하위를 기록하고 있다. 전임 부서장팀장들도 최근 3년 동안 네 번이나 교체되었다. 부서팀에 대한 회사 측의 대응도 문제가 있다고 보이지만 회사 측으로서도 골머리를 썩이고 있다고 한다.
- 또한 팀원들의 퇴직률도 다른 과보다는 훨씬 높다. 상사는 "당신이라면 할 수 있을 것이라고 생각하오. 당신이 생각하는 대로 과감하게 일을 처리하시오." 라고 말했지만 이런 부서팀로 발령이 난 것은 처음이므로 부임하기 전부터 걱정이 앞선다.

문제점

- 여기에서는 실적이 저조하다는 사실만은 분명하다. 실적이 저조하다는 것만으로 문제 부문이라고 낙인찍는 것을 납득할 수 있느냐 하는 문제는 논외로 하고, 그러한 상황의 이면에 숨겨진 여러 가지 문제에 대해 살펴보기로 한다.

대처방안

1. 너무 힘든 일을 떠맡았다고 생각하면 끝이다.
2. 겸허하게 상사나 거래처에 가르침을 청하라.
3. 부하의 열등감을 재도약의 발판으로 삼아라.
4. 언제나 선두에 서 있다는 자신감으로 임하라.

Q. 본 상황에 대한 적용 프레임은?

☐ 구조적 프레임

☐ 인적 프레임

☐ 정치적 프레임

☐ 상징적 프레임

Q. 적용할 프레임에 따라 이 주제/상황을 어떻게 처리하고자 하는지 문제 해결방법이나 업무 추진 내용, 방침을 구체적으로 기술해 보자.

3 부하직원이 입사 동기생인 경우

 사례

• 과장_{팀장}이라는 자리가 절대적으로 부족하기 때문에 비록 과장_{팀장}이 될 수 있는 자격을 가진 사람이라고 하더라도 진급을 하지 못하고 있는 경우가 많다. 기업에 따라 차이는 있겠지만 어떤 경우에는 동기 중에서 가장 먼저 과장_{팀장}으로 선발된 사람과 그렇지 않은 사람과의 차이가 3년 내지 5년까지 벌어져 버리는 경우도 많다. 나는 운 좋게 동기들 중에서도 고속 진급을 한 덕분에 이번에 과장_{팀장}으로 배속되었다. 그런데 발령 받은 과_팀는 동기가 1명, 1년 선배가 1명, 1년 후배가 3명, 2년 후배가 5명으로 거의 고만고만한 연령의 사람들로 구성되어 있다.

• 발령이 났을 때 상사에게 "너무 일하기 어렵게 인원이 구성되어 있어서 신임 과장_{팀장}으로서 일해 나가기가 어렵겠습니다."라고 말했지만 "연령 문제도 있고 해서 어렵겠지만 상사들도 협조해 줄 테니까 모쪼록 과_팀를 잘 화합시켜서 좋은 업적을 내 주었으면 좋겠소."라는 말뿐이었다. 이번에 부하 직원이 된 사람들도 이전에는 함께 일하고 함께 놀던 동료들이다. 그 한 가지 사실만으로도 앞으로 과_팀의 운영을 어떻게 해 나가야 할지 고민스러운 나날의 연속이다.

 문제점

• 동년배 집단은 사업을 떠난 사적인 자리에서는 더 없이 좋지만, 바로 사업과 관련이 되면 더구나 같은 과_팀원일 경우에는 이야기는 달라진다. 남성의 질투와 라이벌 의식은 의외로 심각하다.

 대처방안

1. 불필요한 질투나 감정이 생기지 않도록 주의하라.
2. 상사 보다는 프로젝트의 리더 역할을 하라.

3. 적당한 거리를 유지하라.

4. 동년배인 부하에게 적극적으로 기회를 만들어 주라.

Q. 본 상황에 대한 적용 프레임은?

☐ 구조적 프레임

☐ 인적 프레임

☐ 정치적 프레임

☐ 상징적 프레임

Q. 적용할 프레임에 따라 이 주제/상황을 어떻게 처리하고자 하는지 문제 해결방법이나 업무 추진 내용, 방침을 구체적으로 기술해 보자.

---

4 부하직원의 연령과 경험이 많은 부서인 경우

 사례

- 이번에 생산 현장의 팀장으로 부임하게 되었다. 이 현장에서는 대부분의 부하 직원들이 나보다 연장자이다. 남자 직원 10명과 여직원이 5명이다. 그 중에서 남자 직원은 모두 나보다 연장자이고 여자도 절반이 연장자이다.
- 전임 팀장으로부터 들은 이야기로는 모두 일은 매우 잘 한다고 한다. 전임자 는 정년이 가까워진 사람이었기 때문에 다른 팀원들보다는 나이나 경험 등 이 모두 풍부한 과장이었다. 그렇지만 신임 팀장인 나는 팀원들과 5~10년이 나 연령 차이가 나기 때문에 여간 곤란한 처지가 아니다. 차라리 쉽게 접근할 수 있는 연령이라서 일하기는 쉬울 것이라는 생각은 든다. 그러나 솔직히 말 해 지금까지 이처럼 나이가 많은 부하를 다뤄 본 경험이 없는 지라 앞으로 어 떤 식으로 일을 처리해야 할지 불안하다.

 문제점

- 최근 들어 중년 내지 고령자들을 활용하는 회사가 계속 늘어가고 있다. 이러 한 사례는 우리 주변에서도 얼마든지 찾아볼 수 있을 것이다. 특히, 제조업체 의 생산현장에서는 앞으로 어떻게 그들을 단합시켜 나가느냐 하는 점으로 팀 장의 능력을 평가하게 될 것이다.

 대처방안

1. 충실하게 일하는 모습을 높이 평가해 주라.
2. 열등감이나 소외감을 느끼지 않도록 주의하라.
3. 언제나 "많은 도움이 되었습니다."하며 겸손한 자세를 보이라.
4. 조직을 위해 말해야 할 것은 정확하게 말하라.

Q. 본 상황에 대한 적용 프레임은?

☐ 구조적 프레임

☐ 인적 프레임

☐ 정치적 프레임

☐ 상징적 프레임

Q. 적용할 프레임에 따라 이 주제/상황을 어떻게 처리하고자 하는지 문제 해결방법이나 업무 추진 내용, 방침을 구체적으로 기술해 보자.

5 기강이 해이해진 부서인 경우

사례

- 업적이 향상되지 않는다는 정도라면 그런 대로 참을 수 있지만, 부서원 전체가 전혀 의욕도 없고 기강이 해이해져 규율이나 예의까지도 무시해 버리는 부서를 맡으라는 명령을 받았다. 부임하기 전부터 익히 소문은 들어서 알고 있었지만 이 정도로 심각할 줄은 몰랐다. 심지어 이곳 부서는 회사 안에서 '망나니 부대'라는 비난을 들을 정도이다.

- 지금까지 부·과장은 물론이고, 회사에서도 도저히 어떻게 할 수 없는 집단이라고 포기해 버린 상태이다. 그 원인이야 여러 가지가 있겠지만, 일단 현상적으로 볼 때 이곳 부서는 회사 내에서 골치 아픈 존재임에 틀림없다. 내가 이곳에 부임할 때 상사로부터 "당신이 해도 안 된다면 사람들을 분산시켜 다른 부서로 흡수해 버릴 수도 있습니다."라는 이야기를 들었다. 더불어 "그 대신 효과가 있을 것 같으면 무슨 일을 해도 좋소."라는 허가도 얻어 놓은 상태이다. 그렇다고는 하지만 지금까지 나는 나 자신을 중심으로 하여 통제하는 방식으로 부서를 운영해 왔다고 자부하고 있었는데 이처럼 낙인찍힌 부서를 맡고 보니 어떻게 해야 할지 난감하기만 하다.

문제점

- 어느 회사건 정도가 심한 부서는 있는 법이다. 신임 팀장은 상사에게 명령을 받아 교정담당 팀장 역할을 하러 간 것이다. 회사에서 암적 존재로서 취급받고 있는 부서를 도대체 어떤 수단을 통해 교정시킬 수 있을까?

대처방안

1. 기강이 흐트러진 원인을 찾아라.
2. 기본 방침을 명확히 제시하라.

3. 약간의 혼란이 두렵다고 타협하지 말라.

4. 악의 근원은 과감히 척결해 나가라.

Q. 본 상황에 대한 적용 프레임은?

☐ 구조적 프레임

☐ 인적 프레임

☐ 정치적 프레임

☐ 상징적 프레임

Q. 적용할 프레임에 따라 이 주제/상황을 어떻게 처리하고자 하는지 문제 해결방법이나 업무 추진 내용, 방침을 구체적으로 기술해 보자.

6 사기가 충천해 있고 활기 넘치는 부서인 경우

 사례

- 이번에 팀장으로 부임하게 된 부서는 언제나 실적도 상위권이고 매우 활기가 넘쳐 분위기도 좋은 부서로 회사 안에서 평판이 좋다. 지금까지 이 부서를 거쳐 간 전임 팀장의 일하는 방식도 좋았겠지만 그 부서의 중견그룹 중에 매우 의욕적으로 일하는 사람이 많다는 사실도 그러한 모습에 일조한 것 같다.
- 그들이 밝고 활기찬 부서를 연출하기 때문이다. 이들 중견 그룹이 팀장을 훌륭하게 보좌함과 동시에 팀원들을 활기차게 리드하는 것이다. 그러나 이들 중견 그룹에는 조만간 팀장으로 진급할 인재들이 많기 때문에 언제까지고 이 부서에 남아 있을 리가 없다. 이러한 사실들을 생각하면 한 편으로 걱정도 된다. 이처럼 좋은 평판을 듣고 있는 부서의 팀장이 되었다는 것은 얼핏 보면 매우 운이 좋은 것처럼 보이지만 사실은 그처럼 좋은 분위기를 유지해 나가면서 지금까지 보여준 뛰어난 업적도 유지해 나갈 수 있을지 염려하지 않을 수 없는 것이다.

 문제점

- 부서 전체의 분위기가 정말로 사기 충만해 있다면 더 이상 바랄 것이 없겠지만 일부 사람들의 주도로 그러한 분위기가 조성되고 있다면 앞으로 대응책을 강구하지 못하면 매우 부침이 심한 부서로 전락해 버릴 우려가 있다.

 대처방안

1. 우선적으로 분위기 메이커를 장악하라.
2. 끊임없이 사기를 높일 수 있는 일을 만들어라.

3. 팀장 스스로 분위기 메이커가 되도록 하라.

4. 치밀한 계획과 전략이 뒷받침되어야 한다.

Q. 본 상황에 대한 적용 프레임은?

☐ 구조적 프레임

☐ 인적 프레임

☐ 정치적 프레임

☐ 상징적 프레임

Q. 적용할 프레임에 따라 이 주제/상황을 어떻게 처리하고자 하는지 문제 해결방법이나 업무 추진 내용, 방침을 구체적으로 기술해 보자.

7 신세대라고 불리는 젊은 세대 층이 많은 부서인 경우

 사례

- 지금까지는 비교적 고령자 층이 많은 부서를 주로 담당해 왔는데, 이번에는 이른바 신세대라고 불리는 젊은 세대 층이 주축이 된 부서의 과장으로 배속되었다. 물론 나로서는 이런 경험이 처음이다.
- 내 나름대로 신세대에 대한 이미지는 가지고 있지만, 이곳 부서의 연령층은 20세부터 29세로 평균 연령이 약 25세 전후이다. 나와는 무려 10년 이상 차이가 나고 있다. 나는 팀장이라고는 하지만 젊은 층에 속하고 아직은 마음만큼 청춘이라고 자부하고 있지만, 이 정도로 나이차가 크게 나버리니 서로 대화가 통할지 걱정이 아닐 수 없다.
- 가치관의 차이는 어쩔 수 없다고 하더라도 현실적으로 팀장인 나의 방침을 그들에게 어떻게 이해시켜 실적을 올릴 수 있을 것인가 하는 점 때문에 매우 불안하다.

 문제점

- 고령자들은 신세대라는 말로 대표되는 젊은이들의 가치관을 잘 이해하지 못한다. 그러나 그들의 행동이 전혀 시대와 동떨어져 있는 것은 아니다. 오히려 시대와 동떨어져 있는 사람은 관리자 쪽일지도 모른다.

 대처방안

1. 신세대라고 너무 의식할 필요는 없다.
2. 소신껏 엄격하게 대해주라.
3. 신세대도 자신이 좋아하는 일은 열심히 한다는 사실을 명심하라.
4. 눈빛만 봐도 통하는 관계를 만들어라.

Q. 본 상황에 대한 적용 프레임은?

☐ 구조적 프레임

☐ 인적 프레임

☐ 정치적 프레임

☐ 상징적 프레임

Q. 적용할 프레임에 따라 이 주제/상황을 어떻게 처리하고자 하는지 문제
해결방법이나 업무 추진 내용, 방침을 구체적으로 기술해 보자.

8 **중도에 입사한 경력사원이 많은 부서인 경우**

 사례

- 우리 회사에서 경력사원들을 적극적으로 채용하기 시작한 것은 최근 2, 3년 전부터의 일이다. 신규 사업을 포함한 기업의 다각화가 진행되면서 신입사원만으로는 도저히 업무를 감당할 수 없게 되었던 것이다. 또한 외부에서 사내 인사에 자극을 주려는 의도도 있었던 듯하다.

- 이번에 내가 팀장으로 임명된 팀도 특수한 목표와 임무를 담당할 목적으로 3년 전에 신설되었다. 그러다 보니 경력사원을 중심으로 하여 구성될 수밖에 없었다. 나는 정기적인 채용 과정을 통해 입사하였으므로 지금까지 한 번도 경력 사원들과 일해 본 경험이 전혀 없다. 그러므로 그들이 지니고 있는 사고방식도 알지 못한다. 나는 신임 팀장으로서 어떠한 사고방식과 견해로 이들을 결합시켜 나가야 할지 전전긍긍하고 있는 것이다.

 문제점

- 지금까지 순결주의만_{신입사원}을 고집해 오던 대기업들도 최근 몇 년 동안 적극적으로 경력사원들을 채용하기 시작했다. 또한 중소기업에서도 이러한 경향은 다를 바가 없다.

 대처방안

1. 경력사원 입사가 당연해진 시대라는 것을 인정하라.
2. 기존 사원과 똑같은 입장에서 경쟁시켜라.
3. 적응하기 힘든 사람은 업무 지시를 내리고 결과를 확인하는 방식을 취하라.
4. 능력을 충분히 발휘할 수 있도록 과제를 주어야 한다.

Q. 본 상황에 대한 적용 프레임은?

　□ 구조적 프레임

　□ 인적 프레임

　□ 정치적 프레임

　□ 상징적 프레임

Q. 적용할 프레임에 따라 이 주제/상황을 어떻게 처리하고자 하는지 문제 해결방법이나 업무 추진 내용, 방침을 구체적으로 기술해 보자.

9 여성 사원을 중심으로 구성된 부서인 경우

 사례

- 여성의 능력을 활용해야 한다는 시대적 요청이 최근 들어 급증하고 있다. 실제로 역량 있는 여성들의 사회진출이 눈에 띄게 증대하고 있는 것도 사실이다. 인력부족과 맞물려 각 기업들도 여성의 능력 활용에 대해서는 무관심할 수 없는 실정이다.

- 그러나 우리 회사에서도 지금까지 수차례에 걸쳐 여성의 능력을 활용해야 한다고 주장하면서도 지금까지는 커다란 효과를 거두지는 못했다. 그런데 이번에는 사장의 방침에 따라 여성의 적극적인 활성화 정책이 구체화되어 여성만으로 구성된 영업팀을 신설하게 되었다. 두 명의 여성이 계장으로 발탁되었고 모두 여덟 명으로 구성되었다.

- 그러나 당분간 팀장직은 남성이 맡기로 했다. 그래서 이번에 내가 그 과의 팀장으로 부임하게 된 것이다. 지금 사람들은 처음으로 여성 사원을 중심으로 구성된 이 팀에 대해 흥미 반 기대 반으로 주목하고 있다.

 착안점

- 여성의 능력을 활용한다는 문제는 아직 현실적으로는 그다지 깊이 뿌리를 내리고 있다고 보기는 어렵다. 그러나 이와 같이 여성을 중심으로 팀을 구성할 정도가 되면 여성의 능력을 활용하지 않을 수 없다. 이제 여성의 능력을 활용하는 문제가 기업의 흥망을 좌우하게 된 것이다.

대처방안

1. 상사가 노력한 만큼 상대도 부응해 온다는 사실을 알아야 한다.
2. 여성 리더를 잘 활용하라.

3. 여성부하를 다루는 기본적인 자세를 갖추어야 한다.

Q. 본 상황에 대한 적용 프레임은?

☐ 구조적 프레임

☐ 인적 프레임

☐ 정치적 프레임

☐ 상징적 프레임

Q. 적용할 프레임에 따라 이 주제/상황을 어떻게 처리하고자 하는지 문제 해결방법이나 업무 추진 내용, 방침을 구체적으로 기술해 보자.

----

10 새로 신설된 부서인 경우

 사례

- 나는 이전부터 경영환경의 변화에 대처하기 위하여 상부에 새로운 시장을 개척할 팀을 신설해 줄 것을 제안해 왔다. 그런데 최근에 내가 말을 꺼낸 장본인이니까 신임팀장으로서 팀을 신설하는 산파역을 맡으라는 지시를 받았다. 팀의 구성원은 다른 부서에서 선발하여 구성하기로 했다. 다른 부서에서도 인력이 부족하여 곤란을 겪고 있지만 상부의 지시기 때문에 어쩔 수 없이 사람을 보내준 것 같다.

- 이 부서팀에서 할 일은 지금까지 우리 회사에서 전혀 경험이 없는 분야이기 때문에 팀장인 나를 포함하여 모든 직원이 팀의 업무내용을 잘 모르고 있다. 아직 업무내용도 잘 모르고 있지만 내가 제안하여 신설된 팀이기 때문에 어쩔 수 없이 일을 만들어 나가지 않으면 안 되는 곤란한 처지이다. 지금은 사무실에 긴장감만 가득하다. 뿐만 아니라 팀의 구성원들도 다른 부문에서 선발된 혼성팀원들이기 때문에 전체의 조화를 도모하는 일도 여간 어려운 일이 아니다.

 문제점

- 이러한 경우에 사내에서는 경험 있는 사람이 없기 때문에 어림짐작으로 팀을 운영해 나갈 수 밖에 없다. 책임을 맡게 된 팀장의 고충이 얼마나 클지 짐작할 만하다. 이럴 경우에는 어떻게든 성공시켜 보겠다는 각오와 뱃장이 무엇보다 중요하다.

대처방안

1. 회사가 기대하고 있는 것이 무엇인지 파악하라.

2. 팀원들에게 명확한 기본방침을 제시하라.

3. 당신팀원들을 신뢰한다는 말과 태도를 보여라.

4. 업적이나 성과는 반드시 나누어 갖도록 하라.

Q. 본 상황에 대한 적용 프레임은?

☐ 구조적 프레임

☐ 인적 프레임

☐ 정치적 프레임

☐ 상징적 프레임

Q. 적용할 프레임에 따라 이 주제/상황을 어떻게 처리하고자 하는지 문제 해결방법이나 업무 추진 내용, 방침을 구체적으로 기술해 보자.

6 부하를 리드하는 멀티 프레임 시뮬레이션 & 사례연구

부팀 리더라고 해서 만능은 아니다. 부팀 전체의 일과 부하에 관해 끊임없이 시뮬레이션을 반복해 나가는 것은 결국 리더로서 자기 자신이 어떤 행동을 취해야 하는가 하는 문제와 직결되어 있다. "이러한 경우는 이렇게 해야 한다.", "저런 경우에는 이렇게 부딪쳐서는 안 된다."라는 식으로 시뮬레이션을 반복함으로써, 정확한 해답을 끌어내기 보다는 문제에 대처하는 방식과 능력을 길러준다는 점이 더욱 중요하다. 부팀 전체의 동향이나 부하직원의 언동 속에서 진의를 찾아내는 능력, 사물을 넓고 다각적으로 판단할 수 있는 능력, 리더로서 자신이 수행해야 할 역할과 임무를 고정관념에서 탈피하여 시대의 흐름에 따라 유연하게 생각하고 대처해 나가는 능력, 바로 이러한 능력은 시뮬레이션을 반복함으로써 자기도 모르는 사이에 길러지는 것이다.

특히, 다음 시뮬레이션 사례연구에서 C급 인재나 저성과자Low-Performer의 관리 방안에 대해 연구하고자 한다. C급 인재는 A급 인재에 대비되는 개념이며, 성과와 역량이 매우 저조한 순수한 의미로 '조직의 규율을 무시하고 부정적인 분위기를 조성하는 근태불량자'라고 볼 수 있다. 또한 성과관리 측면에서 C급 인재를 정의 하면, 자신이 내는 성과가 조직이 자신에게 요구하는 수준에 미치지 못하고, 현재 자신이 가진 역량이나 장차 발휘 가능한 잠재적인 역량도 매우 저조한 구성원이라 할 수 있다. 노동법 관련 저서들에서 밝힌 C급 인재를 살펴보면, 근로자의 근무상태가 그 근로자에게 요구되는 일정기준에 미치지 못하고, 다른 근로자에 비해 현저히 낮으며, 사용자의 거듭되는 지시에도 불구하고 개선되지 않는 자 혹은 잦은 지각과 무단결근으로 노무제공 의무를 게을리 하는 자이다. 이들은 물귀신처럼 다른 구성원들의 사기를 떨어뜨리고 팀워크를 무너뜨리고 조직 분위기를 흔들어 놓는다.

그렇다면 "C급 인재를 키울 것인가, 내 보낼 것인가?" 저성과자를 제대로 관리하지 않을 경우 조직성과의 질이 떨어져 경쟁력을 상실하는 등 부정적인 문제점이 야기되므로 체계적인 관리가 필요하다. 저성과자 관리체계는 '퇴출접근법'과 '역량개발 접근법'이 있다. '퇴출 접근법'은 저성과자를 상시적으로 퇴출시키는 제도이고, '역량개발 접근법'은 성과부진을 극복할 수 있는 충분한 기회를 제공하여 구성원들의 성과를 개선시키는데 주력하는 체계이다.

♟ 도표 5-5 **네 가지 유형의 인재 구분법**

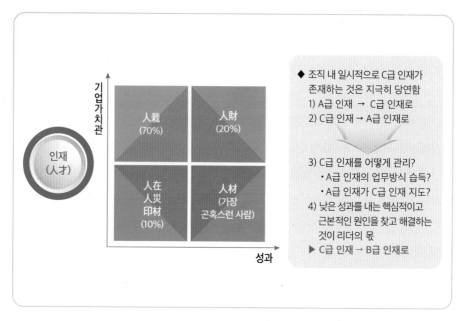

1 사사건건 반항하며 문제를 노출시키는 부하

 사례

- 최근 들어 김수일씨는 팀장을 잘 보좌해야 할 입장이면서도 많은 문제를 일으키면서 사사건건 반항하고 있다. 뒷전에서 팀장에 대한 험담이나 불평불만, 부정적인 이야기만 일삼고 악선전을 하고 있다. 최근에는 한 걸음 더 나아가 팀장이 지시한 업무에 대해 노골적으로 반감을 드러내기도 한다. 심할 때

는 고의적으로 업무지시를 어기거나 복종하지 못하겠다는 태도를 보이는 경우도 종종 있다.

- 이러한 상황이 더 이상 방치되어서는 안 되겠다고 판단하고 김수일씨에게 여러 번 직접 주의를 주면 조금 괜찮아 보이다가 시간이 조금 지나면 다시 옛날과 같은 모습으로 돌아왔다. 팀장인 나로서는 이러한 상황이 계속된다면 도저히 부서를 이끌어 나갈 수 없을 것 같은 느낌이 들었다. 특히나 답답한 것은 김수일씨가 왜 그렇게 행동하는지 짐작되거나 도움이 될 만한 정보도 없어서 도대체 어떻게 대응해야 할지 더욱 고민에 빠지고 있다.

 ## 문제점

- 김수일씨의 반항적인 태도는 상당히 지나친 수준이다. 만약 잘 처리하지 못하면 서로에게 상처를 입히게 되고 부서의 운영체제에도 커다란 지장을 초래할 우려가 있다. 더불어 기업조직 내부에도 영향을 줄 수 있다.

 ## 대처방안

1. 부하가 반항하는 원인을 찾아라.
2. 불합리한 감정은 철저히 배제하라.
3. 상사에게 도움을 청하라.

Q. 본 상황에 대한 적용 프레임은?

　□ 구조적 프레임

　□ 인적 프레임

　□ 정치적 프레임

　□ 상징적 프레임

Q. 적용할 프레임에 따라 이 주제/상황을 어떻게 처리하고자 하는지 문제 해결방법이나 업무 추진 내용, 방침을 구체적으로 기술해 보자.

2 부서나 팀에서 고립되어 있는 부하

사례

- 대학 졸업 후 입사한지 3년째인 이재범씨가 우리 부서로 온지도 벌써 반 년이 지났다. 맡은 업무를 그런대로 잘 처리하는 편이고 잠재하고 있는 능력도 많은 것 같다. 그러나 부서 내에서 차지하는 비중은 그다지 크지 않으며, 회의석상에서는 묻는 말 외에는 거의 발언이 없고, 다른 직원들과의 대화도 의식적으로 피하고 있는 것처럼 보인다.

- 이재범씨의 그러한 태도와 자세 때문에 업무 외적인 분야에서도 다른 직원들과 거의 대화를 하지 못하고 있는 듯하다. 최근에는 잔업도 하지 않고 퇴근시간이 되기가 무섭게 곧바로 퇴근을 하곤 한다.

- 또한 회사에서 열리는 행사에도 거의 참석하지 않는 실정이다. 능력 있는 사람이 부족한 시기에는 어떻게 해서든 그를 적극적으로 활동할 수 있도록 유도하고 싶겠지만, 지금과 같은 상태에서는 어떻게 해야 할지 답답하기만 하다.

문제점

- 이러한 문제점은 신세대라고 할 수 있는 요즘 젊은 세대가 지니고 있는 하나의 보편적인 특징이다. 다만, 그것을 요즘 젊은이들의 행동 유형이라고 단정지을 수 없는 것은 그가 부서에서 고립되어 있는 상황의 배경이 무엇이냐 하는 점 때문이다.

대처방안

1. 부서팀 내에 그를 고립시키는 분위기가 없는가?
2. 친숙해 질 수밖에 없는 업무를 주라.
3. 실적을 올릴 수 있도록 기회를 만들어 준다.

Q. 본 상황에 대한 적용 프레임은?

☐ 구조적 프레임

☐ 인적 프레임

☐ 정치적 프레임

☐ 상징적 프레임

Q. 적용할 프레임에 따라 이 주제/상황을 어떻게 처리하고자 하는지 문제 해결방법이나 업무 추진 내용, 방침을 구체적으로 기술해 보자.

3 독단적으로 일을 처리하는 부하

 사례

- 박인규씨는 벌써 7년째 현장에서 근무하고 있는 직원인데 일도 잘하고 협력업체에서도 그를 좋게 평가하고 있다. 그러나 성격이 적극적이다 보니 걸핏하면 자기 마음대로 일을 처리하기도 하고, 혼자서 일을 처리하다보니 실수를 하는 경우가 있어 팀장을 곤혹스럽게 만든다.

- 그래서 다른 직원들도 그의 태도나 행동이 팀워크를 깨뜨리고 있다고 강하게 반발하고 있다. 또한 지나치게 독단적으로 행동해 버리기 때문에 부서 내에서 결정된 규칙을 어긴다든지, 자기 편할 대로 해석하고 행동하는 경우도 많다. 그의 특성과 능력을 살려나가면서 부서의 기본적인 행동 지침도 지키도록 하기 위해서는 도대체 어떻게 해야 할지 답답하기만 하다.

 문제점

- 자기 나름대로 능력도 있고 개성이 강한 사람일수록 기업조직 내의 입장에서 보면 독단적으로 행동하는 경향이 있다. 이 경우 개인의 행동과 이익, 조직의 이익을 어떻게 조화시켜 나갈 것인가 하는 점이 중요하다.

 대처방안

1. 부서의 기본방침을 반복해서 지적해 준다.
2. 팀워크를 깨뜨리지 않는 한 능력을 발휘시킨다.
3. 보고, 연락, 상담할 수 있는 구조를 만든다.

Q. 본 상황에 대한 적용 프레임은?

☐ 구조적 프레임

☐ 인적 프레임

☐ 정치적 프레임

☐ 상징적 프레임

Q. 적용할 프레임에 따라 이 주제/상황을 어떻게 처리하고자 하는지 문제 해결방법이나 업무 추진 내용, 방침을 구체적으로 기술해 보자.

4 규율을 지키지 못하는 생활습관이 몸에 배어있는 부하

 사례

- 올해로 입사한지 5년째를 맞이하는 박재주씨는 행동력이나 실천력도 있었고 기본적이 잠재능력도 충분히 있다고 여겨지는 사람이다. 그러나 박재주씨의 최대 결점은 흐리멍텅한 생활습관이 몸에 배어있다는 점이다. 최근에는 그것이 실제로 일하는 데에서도 업무나 생산성에도 나쁜 영향을 미치기 시작했다. 출근 시간도 늦어지는 버릇도 밥 먹듯이 하고 거래처와의 약속시간도 지키지 못하여 가끔식 클레임이 걸리기도 하는 실정이다.

- 얼마 후 회사에서도 기본적인 보고나 연락을 하지 않아 거듭 주의를 주었지만, 별 효과도 없었으며, 업무 보고서도 제출할 기한을 넘기기 일쑤이다. 이러한 상태인데도 그를 방치해 둔다면 본인에게도 나쁜 영향을 미치겠지만 부서의 규율이나 다른 직원이나 조직분위기에도 나쁜 영향을 주게 된다. 이 정도라면 과감하게 그의 근본적인 생활 습관을 바꿔놓지 않으면 안 되겠다는 생각이 든다.

 문제점

- 행동력과 실천력의 능력도 갖추고 있으면서 스스로 올바른 생활습관을 마련하지 못해 결과적으로 부서의 업무와 회사에 손실을 끼치고 있는 직원들을 발견할 수 있다. 이러한 사람을 그대로 방치해 두어서는 본인 뿐 아니라 부서, 회사를 위해서도 결코 이익이 되지 않을 것이다.

 대처방안

1. 본인은 자신의 장래를 어떻게 생각하는지 얘기해 보라.
2. 다른 부하와 상담해 본다.

3. 그가 할 수 있는 일을 맡긴다.

Q. 본 상황에 대한 적용 프레임은?

☐ 구조적 프레임

☐ 인적 프레임

☐ 정치적 프레임

☐ 상징적 프레임

Q. 적용할 프레임에 따라 이 주제/상황을 어떻게 처리하고자 하는지 문제 해결방법이나 업무 추진 내용, 방침을 구체적으로 기술해 보자.

5 경쟁의식이나 라이벌 의식이 지나친 부하

사례

- 라이벌씨와 이경쟁씨는 두 사람 모두 뛰어난 능력을 소유하고 있어 우리 부서에서는 결코 없어서는 안 될 존재이다. 그러나 문제는 이 두 사람이 너무나도 지나친 라이벌 의식을 가지고 있어 무슨 일이든지 경쟁을 벌인다는 점이다. 그 정도가 얼마나 심한가 하면 선의의 경쟁을 뛰어넘어 사무실의 분위기를 험악하게 만들어 버릴 정도이다. 급기야 이제는 부서 구성원들이 완전히 두 패로 갈라져 부하들까지 그 라이벌 의식에 말려들어 버렸다.

- 두 사람의 라이벌 의식으로 인해 부서 목표는 순조롭게 달성하고 있지만 계속적으로 이와 같은 긴장감이 지속돼서는 안 되겠다는 생각이 든다. 이제 빨리 어떤 조치를 내리지 않으면 부서 전체가 패거리 부서로 분열되어 버릴 것 같은 느낌이 든다.

부서 전체의 업적도 올리고 싶고 부서를 활기차게 운영하고 싶은 마음이 있다. 상사로서 무조건 방관자 적인 입장에서 묵인할 수도 없는 상황이다. 그러나 어떻게 대처해야 할지 모르겠다.

문제점

- 선의의 적당한 라이벌 의식은 두 사람 모두의 능력을 향상시켜 주는 효과는 있다. 그러나 라이벌 의식이 지나쳐 험악한 분위기를 빚으며 대립하게 되면 부서 전체에 막대한 악영향을 끼칠 것이다.

대처 방안

1. 험악한 분위기를 조성하는 원인을 찾아라.
2. 조직 전체의 실적이 중요함을 강조하라.

3. 진정한 라이벌 의식이 무엇인지 가르쳐 주라.

Q. 본 상황에 대한 적용 프레임은?

☐ 구조적 프레임

☐ 인적 프레임

☐ 정치적 프레임

☐ 상징적 프레임

Q. 적용할 프레임에 따라 이 주제/상황을 어떻게 처리하고자 하는지 문제 해결방법이나 업무 추진 내용, 방침을 구체적으로 기술해 보자.

6 업무의 뛰어난 능력을 발휘하는 여성의 부하

 사례

- 김지숙양은 대졸 3년째 되는 여성으로 쾌활하고 낙천적인 성격을 지향하는 전형적인 사람이다. 능력도 있고 행동력도 뛰어나다. 부서에서는 세 명의 여성 직원 가운데 보스적인 존재임과 동시에 다른 계장들에 비해서도 결코 뒤떨어지지 않는 능력을 발휘하고 있다. 때로는 회의석상에서도 팀장인 나를 꼼짝하지 못하게 만들기도 한다. 최근에는 다른 계장들로부터 은근히 질투 섞인 비판의 소리도 나올 정도이다. 심지어 다른 부서에 "당신네 부서는 김지숙양 하나로 버티는게 아냐?"라는 식의 농담을 걸어올 정도이다.

- 이처럼 업무에서 뛰어난 능력을 발휘하는 것은 좋은 일이지만 업무와 더불어 그녀의 일상적인 행동도 남다르다는 것이 조금 마음에 걸린다. 너무 지나치다는 느낌을 줄 정도로 화장이나 복장이 유행의 최첨단을 걷고 있다. 개인적인 문제이기는 하지만, 특히 이성문제로 구설수에 올라 있기도 하다. 여성의 능력을 활용하는 것은 시대의 조류라고는 하지만 앞으로 그녀를 어떻게 다루어야 할지 고민이다.

 문제점

- 여성들의 적극적인 직장 진출은 이미 여성의 능력 활용이라는 측면을 넘어서 기업에서는 빼놓을 수 없는 전력이 되고 있다. 뿐만 아니라 여성의 능력을 전력화할 수 없는 기업은 시대의 흐름에서 도태될 것이라는 말까지 하고 있다.

 대처방안

1. 일을 잘 해서 남성들에게 뒤지지 않는 것은 좋은 일이라고 평가하라.
2. 여성 특유의 문제점이 두드러진 여성 부하는 명확하게 대처하라.
3. 능력을 인정받고 있는 여성에게 일의 핵심을 명확히 표현하라.

Q. 본 상황에 대한 적용 프레임은?

☐ 구조적 프레임

☐ 인적 프레임

☐ 정치적 프레임

☐ 상징적 프레임

Q. 적용할 프레임에 따라 이 주제/상황을 어떻게 처리하고자 하는지 문제 해결방법이나 업무 추진 내용, 방침을 구체적으로 기술해 보자.

7 유달리 보스 기질이 강한 부하

사례

- 계장을 맡고 있는 장보스씨는 유달리 보스 기질을 가진 사람이다. 무슨 일이든 잘 나서려 하는데다가 팀장까지 무시하고 싶어 한다. 팀장이 직접 부하 직원에게 지시를 내린 것을 자기가 듣지 못한 경우에는 노골적으로 불만을 표시하며 반항한다.

- "부하에 대한 일은 뭐든지 제게 말해 주십시오. 제가 팀장님을 위해 모든 것을 알아서 할 테니까요."라고 말한다. 그러나 팀장의 입장에서 보면 모든 일을 계장을 통해 하다가는 신속하게 일 처리를 하지 못할 경우도 당연히 있기 마련이다.

- 최근에는 부하들도 계장의 눈치를 살피며 팀장이 직접 말하는 것을 듣지 않으려는 경향이 생기게 되었다. 그러나 그는 부하들을 잘 보살피고 있기 때문에 부하들에게 인기도 있고, 부장들에게도 특별한 취급을 받고 있다. 자신과 별로 대립하는 존재가 아니라면 너무 편리하게 믿어버리는 팀장도 있지만 나는 그러한 모습을 그대로 방치해도 되는지 의문이 생긴다.

문제점

- 자신의 보좌역으로 믿고 일을 맡길 수 있는 사람이 있다는 것은 좋은 일이지만 팀장인 자신의 영향력을 축소시키게 된다면 앞으로가 문제일 것 같다. 팀장의 존재를 명확히 인식시키면서 이 보좌역과 다른 부하를 어떻게 다룰 것인가 하는 점이 포인트이다.

대처방안

1. 도움이 되는 부하인지, 피해를 주는 부하인지 잘 살펴야 한다.

2. 절대로 보스 기질이 강한 부하에게 끌려 다녀서는 안 된다.

3. 절대 보스는 팀장임을 재인식 시켜줘야 한다.

Q. 본 상황에 대한 적용 프레임은?

☐ 구조적 프레임

☐ 인적 프레임

☐ 정치적 프레임

☐ 상징적 프레임

Q. 적용할 프레임에 따라 이 주제/상황을 어떻게 처리하고자 하는지 문제 해결방법이나 업무 추진 내용, 방침을 구체적으로 기술해 보자.

8 **아르바이트에 정열을 쏟는 부하**

 사례

- 신세대의 젊은 층들을 중심으로 여가 시간을 활용하여 아르바이트에 열정을 쏟고 있는 샐러리맨이 많다고 한다. 자세한 실상은 잘 모르겠지만 간접적으로 들은 바에 의하면 계장인 박종철씨는 뛰어난 어학 솜씨를 활용하여 번역을 하고 있는 것 같다. 입사한지 3년이 된 한만기씨도 독학으로 배운 컴퓨터를 활용하여 소프트웨어 프로그램을 개발하는 아르바이트를 한다고 한다.

- 다른 과의 팀장이 하는 말에 의하면 자기 과에서 일하는 한 여자 사원은 퇴근 후에 스넥바에서 아르바이트를 하는데, 그 후유증 때문에 매일 아침 지각을 하는 통에 골치가 아파 죽겠다고 한다. 자신의 부하인 박종철씨와 한만기씨는 그래도 일상적인 업무는 정확히 처리하고 있고 잔업이 있을 경우에도 빠지지 않는다. 뿐만 아니라 사내 행사에도 적극적으로 협력하고 있기 때문에 일상적인 업무에는 전혀 지장을 주지 않는다.

- 그러나 다른 부서 직원들은 질투 때문인지 불평을 하는 것 같다. 일부러 표면화시켜 문제로 삼고 싶지는 않지만 부서내의 의견 통일과 사기라는 측면에서 보면 앞으로 반드시 좋은 결과를 초래하리라는 보장도 없기 때문에 다소 염려가 되고 있다.

문제점

- 노동시간의 단축과 5일 근무제가 시작되면서 여가를 이용하여 자신의 본업 이외의 일을 하는 경향이 생기게 된 것 같다. 지금까지는 별로 그러한 사례가 없었기 때문에 정확한 대처 방안이 요구되고 있다.

대처방안

1. 21세기 직업관이 변화되고 있음을 인식하라.

2. 할 일만 정확히 한다면 문제 될 것은 없다.

3. 업무내용 및 업무량의 배분에 문제가 있는 것은 아닌지 살펴보라.

Q. 본 상황에 대한 적용 프레임은?

☐ 구조적 프레임

☐ 인적 프레임

☐ 정치적 프레임

☐ 상징적 프레임

Q. 적용할 프레임에 따라 이 주제/상황을 어떻게 처리하고자 하는지 문제 해결방법이나 업무 추진 내용, 방침을 구체적으로 기술해 보자.

---

9 경쟁의식이 너무 지나친 부하

 사례

- 직속 부하 계장인 신상철씨와 허영만씨는 두 사람 모두 뛰어난 능력을 소유하고 있어 나로서는 결코 없어서는 안 될 존재이다. 그러나 문제는 이 두 사람이 너무나도 지나친 라이벌 의식을 가지고 있어서 무슨 일이든 경합을 벌인다는 것이다.

- 그 정도가 얼마나 심한가 하면 경쟁을 뛰어넘어 사무실의 분위기를 험악하게 만들어 버릴 정도이다. 이제는 부서가 두 패로 갈라져 라이벌 의식에 말려들어 버렸다. 이 두 사람의 치열한 라이벌 의식으로 인해 목표는 순조롭게 달성하고 있지만 언제까지고 이대로 긴장감이 지속돼서는 안 되겠다는 생각이 든다.

- 뭔가 손을 쓰지 않으면 팀 자체가 분열되어 버릴 것 같은 예감이 든다. 부서 전체의 업적도 올리고 싶고 부서를 조화롭게 운영하고 싶은 욕심도 있다. 부서장으로서 무조건 방관자적 입장에 서 있을 수도 없는 노릇이다. 그러나 어떻게 손을 써야 할지 모르겠다.

문제점

- 적당한 라이벌 의식은 두 사람 모두의 능력을 향상시켜 주는 효과가 있다. 그러나 라이벌 의식이 지나쳐 험악한 분위기를 빚으며 대립하게 되면 이야기는 달라진다.

대처방안

1. 험악한 분위기를 조성하는 원인이 뭔지 알아내야 한다.
2. 조직 전체의 분위기와 실적이 중요하다.

3. 진정한 라이벌 의식이 무엇인지 가르쳐주라.

Q. 본 상황에 대한 적용 프레임은?

☐ 구조적 프레임

☐ 인적 프레임

☐ 정치적 프레임

☐ 상징적 프레임

Q. 적용할 프레임에 따라 이 주제/상황을 어떻게 처리하고자 하는지 문제 해결방법이나 업무 추진 내용, 방침을 구체적으로 기술해 보자.

----

10 사내 연애를 하는 부하

 사례

- 남경대씨와 여인순씨는 연인관계라는 사실은 최근까지 아무도 몰랐으며 단지 두 사람의 사이가 좋다는 정도로 밖에 생각하지 않았다. 그런데 계장의 말에 의하면 "모르고 있는 사람은 팀장님뿐"이고 이제는 부서 전체에 소문이 나 있을 정도라고 한다. 부하로부터도 "이대로는 함께 일하기 어려우니 뭔가 조치를 취해 주었으면 좋겠다."는 식의 불평이 터져 나오고 있다.

- 그러나 이것은 순전히 개인적인 문제이기 때문에 자칫 잘못 처리했다가는 도리어 문제를 악화시킬 우려도 있어서 걱정이다. 사내 연애는 수습방식에 따라 부서내의 사기를 높이기도 하고 떨어뜨리기도 한다. 업무 이외의 일이므로 조심스럽게 다루어야 할 문제이다.

 문제점

- 젊은 남녀가 같은 직장에서 근무를 하게 되면 당연히 이러한 문제도 생기게 된다. 당사자만이 아니라 주변 사람들의 업무에 별다른 영향을 주지 않는 경우에는 너무 염려할 것은 없다. 그러나 한계는 분명하게 그어야 한다.

 대처방안

1. 사내 연애, 오히려 바람직하다고 인정한다.
2. 공사 구분을 명확히 하도록 하라.
3. 공사를 구분하지 못할 때 사내 이동으로 마무리 짓는다.

Q. 본 상황에 대한 적용 프레임은?

☐ 구조적 프레임

☐ 인적 프레임

☐ 정치적 프레임

☐ 상징적 프레임

Q. 적용할 프레임에 따라 이 주제/상황을 어떻게 처리하고자 하는지 문제 해결방법이나 업무 추진 내용, 방침을 구체적으로 기술해 보자.

미래 리더 · 관리자 · 간부를 위한
CORE 핵심 리더십 개발

경영사례에서 배우는 Core Leadership

CONTENTS

임파워먼트를 통한 성공 조직을 만드는 방법

1 구성원들에게 역량발휘 할 기회를 제공

'오케스트라를 지휘하는 지휘자는 자기는 정작 아무 소리도 내지 않는다. 그는 얼마나 다른 이들로 하여금 소리를 잘 내게 하는가에 따라 능력을 평가 받는다.' 보스턴 필 하모니 지휘자인 벤 젠더의 말이다. 임파워먼트Empowerment란, 조직이 지속적으로 성과를 창출하기 위해 리더와 상층부가 모든 권한을 움켜쥐고 있는 게 아니라, 현장에서 직접적으로 성과를 창출할 수 있도록 직원이 스스로 권한과 책임을 갖고 일할 수 있도록 하는 것이다. 인재는 각 분야에서 리더보다 더 뛰어난 능력과 전문성을 가지고 있다. 그럼에도 그 능력을 리더의 지시와 통제 속에 가두고 억제한다면, 그 조직은 스스로의 역량을 갉아먹는 것과 같다. 그렇다면 임파워먼트가 충만한 조직은 어떻게 만들 수 있을까? 임파워먼트의 실행에서 가장 중요한 것은 직원의 성장을 돕고 동기를 부여하기 위해 리더 자신을 비우고 모든 일을 위임 할 수 있는 '배짱과 용기'일 것이다. 즉, 당장 손해가 발생할 것을 알면서도 강한 체질의 조직을 만들고 조직구성원들에게 역량을 발휘 할 수 있도록 책임과 권한을 넘겨줄 수 있는 것이다.

리츠칼튼 호텔은 1992년 호텔업계로서는 유일하게 MBNQAMalcolm Baldrige National Quality Award, 품질과 관련하여 미국 기업에게 주어지는 최고의 상를 수상했을 뿐 아니라 1990년 이후 3번이나 미국 최고의 호텔 체인으로 선정되었으며, 1994년에는 Consumer Report 지에 의해 고급호텔 부문에서 총체적인 고객만족도가 가장 높은 호텔로 평가된 바 있다. 이 호텔은 고객의 불만을 신속하게 처리하기 위하여 상사의 사전승인 없이도 종업원들이 2,000달러까지 집행할 수 있도록 권한을 줌으로서 고객의 불만이나 불편을 접수한 직원은 자신의 업무영역이 아니더라도 직접 책임지고 조처할 수 있다. 예를 들어 실수로 손님의 옷에 커피를 쏟았다면 직접 옷을 사주기도 한다. 2,000달러는 결코 적은 돈이 아니다. 그럼에도 거의 모든 고객 불만 상황에서 상사의 지시를 기다리거나 또 다른 규정을 찾을 필요 없이 현장 직원이 즉각 행동을 취함으로써 고객만족을 극대화할 수 있도록 임파워먼트를 제도화하고 있다.

관리자가 아닌 모든 직원에게 큰 권한을 부여한다는 점에서 리츠칼튼 호텔의 임파워먼트 실행 사례는 다소 위험하게 보여 질 수도 있다. 그러나 아랫사람을 믿고 권한과 자율성을 부여하면 그들은 오히려 그에 대한 막중한 책임감을 갖게 된다. 또한 신뢰받는 직원은 스스로 주인의식을 갖고 최선을 다해 고객에게 봉사하게 되고, 그것은 결국 종업원 만족과 고객만족이라는 선순환을 거쳐 회사에 큰 이익으로 돌아오게 되는 것이다.

구성원에게 적정한 권한을 부여하지 않고서 구성원을 의사결정과정에 참여 시키는 것은 아무런 의미가 없으며, 오히려 회사에 대한 불신을 조장하고 조직의 분열을 가져오는 부정적인 효과를 야기시킬 수 있다. 권한위임은 자율을 의미한다. 구성원 스스로 주어진 원칙과 목표에 따라 각자의 업무를 측정 분석하고 제품과 프로세스의 생산성을 극대화하는데 창의력을 발휘할 수 있는 시스템과 환경을 조성하는 것이 권한위임의 핵심이다. 물론 임파워먼트의 이상과 현실 사이에서 경영자나 관리자들은 많은 고민을 하기 마련이다. 어떠한 권한이든 완전히 놓아버리기에는 뭔가 미심쩍은 부분이 남기 때문이다. 그러나 임파워먼트 실행에 가장 중요한 것은 당장 손해가 생길 것을 알면서도 책임과 권한을 하부에 믿고 위임할 줄 아는 용기와 배짱인 것이다.

리바이스 회장 로버트 하스는 "직원들의 재능을 자유롭게 펼치게 하는 것과 우리 사업의 성공 사이에 밀접한 관련이 있다고 믿기 때문에 권한위임을 한다."고 말했다. 진정한 임파워먼트란 '울며 겨자 먹기'식의 어쩔 수 없는 조치가 아닌 구성원의 발전과 능력 배양을 돕기 위한 사랑과 애정, 신뢰에서 비롯돼야 하며, 그것이 바로 임파워먼트를 향한 진정한 용기인 것이다. 임파워먼트는 자율과 책임 부여를 넘어 실패를 용인하겠다는 신뢰, 그리고 직원 성장을 지원하겠다는 의미와 책임감을 갖고 구성원들이 역량을 발휘하게 만들어 주는 효과도 포함하고 있는 것이다. 그러나 무엇보다도 중요한 것은 리더가 업무와 권한을 위임 한 후 남는 시간을 보다 가치 있는 전략구상에 사용할 수 있다는 점에서 임파워먼트는 결국 상사 자신을 위한 선택이라도 할 수 있다.

그럼에도 불구하고, 부하 직원에 대한 신뢰 부족, 권한을 뺏길까하는 두려움, 혹은 방법을 몰라서 임파워먼트를 못하는 경우가 많다. 임파워먼트의 진정한 묘미는 권한 위임으로 인해 일정한 기간 동안 손해가 발생할 것을 알면서도 책임과 권한을 넘겨 준다는 데 있다. 장기적 관점에서 부하직원의 성장을 지원하고 동기부여와 조직 몰입 도 향상을 위해 단기적인 손실을 감내하는 배짱과 용기가 필요한 것이다. "배를 만들 려면, 사람들에게 나무를 베어 오도록 한 후 일을 나누어 작업을 지시하기 보다는 드 넓은 바다를 갈망하게 만들어라." 프랑스 출신의 조종사이자 소설가인 생텍쥐베리가 남긴 말로 리더십과 권한위임에 대한 매우 적절한 표현이다. 무릇 조직을 유지하고 발 전시키기 위하여 리더는 구성원 모두가 공감할 수 있는 비전을 설정하고 비전에 도달 하기 위한 전략과 원칙을 세워 조직원 전체가 이 전략과 원칙에 따라 자발적으로 행 동할 수 있도록 끊임없이 자극하고 동기를 부여해야 한다.

"미래에셋증권의 고속 성장 배경은 권한위임이다. 조직 구성원들이 명확한 권한과 책임을 갖고 있어야 의사결정을 빠르게 내릴 수 있고, 빠른 의사결정이야말로 스피드 경영의 핵심이다."라고 미래에셋증권 회장은 말한다. 스피드경영에 성공한 CEO들은 한 목소리로 적절한 권한위임Empowerment을 강조하면서 스피드경영의 성공 조건으로 꼽는다. 스피드경영의 핵심은 결국 빠른 의사결정이다. 이때 권한위임이 적절히 돼 있 지 않은 조직은 의사결정 단계가 필연적으로 길어진다.

예를 들어 과장급에서 얼마든지 해결할 수 있는 문제가 팀장, 실장을 거쳐 임원으 로까지 확대되면서 발생하는 시간 지체는 기업 경쟁력 저하를 초래할 수밖에 없다. 증권업계 후발주자인 미래에셋증권은 스피드경영을 통해 증권사의 경쟁력을 배가시 킨 대표 사례로 꼽는다.

미래에셋증권은 1999년 설립 초기부터 지금까지 권한위임을 중요한 경영 과제로 강조해 왔다. 박현주 미래에셋금융그룹 회장, 최현만 미래에셋증권 부회장, 구재상 미 래에셋자산운용 사장 등 창립 멤버 주축 3인의 역할과 권한은 명확했다. 이 같은 문 화가 미래에셋증권 조직에 그대로 적용됐다. 또한 처음부터 지점장 제도에 '소사장 개 념'을 도입하고 지점장에게 지점 운영과 관련한 전권을 권한위임했다. 인력 충원, 고 과 평가, 인센티브 지급 등을 일임하면서 지점 운영의 독립성을 강조했다. 그러다 보니 영업 부문에 대한 전문성을 높여 각 부문이 시장 변화에 적극적으로 대응할 수 있도록 한 게 특징이다. 다른 경쟁사들은 "미래에셋증권 고속 성장의 원동력은 다름 아닌 빠른 의사결정과 책임경영을 할 수 있도록 권한을 위임한 데에 있다."고 평가한다.

2 자발적 대안을 제시할 수 있는 기회 제공

어떻게 하면 모든 조직구성원들이 CEO와 같은 마음으로 주인의식을 가지고 일할 수 있을까? 어떻게 하면 직원들이 생계유지를 위해서가 아니라 일에서 가치를 찾으며 신나게 일할 수 있을까? 왜 똑같은 전략을 가지고도 어떤 기업은 성공하고, 어떤 기업은 실패하는 걸까? 많은 리더들은 이 같은 고민의 해답을 전략의 실수나 미흡한 보상체계와 같은 보이는 요인에서 찾으려고 한다.

하지만 짐 콜린스Jim Collins는 "업종 내에서 탁월한 성과를 거두며 지속적으로 성장하는 기업은 직원들의 마음을 움직이고 상사에게 발휘하는 상향적도움 리더십이 살아 있는 가치관이 존재한다."고 주장한다. 실제로 한 연구에 따르면 '가치관이 살아있는 기업'은 일반 기업에 비해 수익은 4배, 주가는 12배 더 빠르게 성장하고, 일자리 창출 비율은 7배, 이윤 실적은 7.5배가 높다고 한다J.P Kotter and J.L Heskett, Corporate Culture and Performance, New York Times, 1992.

이처럼 오늘날 가장 성공적인 경영은 직원들의 가치관을 활용하고 상향적 리더십이 발휘되도록 경영한다는 사실이 입증되고 있어 주목받고 있는 것이다.

이에 CNB저널이 세계경영연구원IGM과 공동으로 CEO가 꼭 알아야 하는 7가지 핵심 경영스킬 가운데 첫 번째로 '가치관 경영'을 꼽았다. 루거스너에 이어 IBM의 CEO가 된 팔미사노가 주창하면서 전 세계 경영학계에 비상한 관심을 불러 온 '가치관 경영'이란 화두는, 현대 경영에서 모든 CEO와 리더들이 반드시 알아야 하는 필수적인 요소로 꼽힌다. 그렇다면 가치관 경영이란 무엇인가? 그 전에 가치관은 도대체 무엇인가? 영적인 존재의 본질이 가치관이며, 기업 역시 영적인 존재라고 한다. 따라서 아무리 똑똑한 인재들과 함께 기업을 경영한다고 해도, 그들의 생각이 모두 제각각이고 상사를 돕겠다는 상향적 리더십이 없이는 기업의 에너지가 집중되지 못하고 불필요하게 낭비될 수밖에 없다. 때문에 모두의 생각을 하나로 모아주고 상향적 리더십을 발휘할 전사적 가치관이 필요한 것이다.

가치관 경영이란 CEO와 전 임직원이 함께 꿈꾸는 회사의 모습을 만들기 위해 조직의 모든 구성원들이 동참과 참여에 의해 반드시 지켜야 할 살아 있는 가치관을 세우고, 그 가치관을 모든 업무와 의사결정에 흔들림 없이 적용하는 경영법을 말한다.

기업은 조직의 존재이유인 사명을 명확히 하는 것이 중요하고 앞으로 무엇이 될 것인지에 대한 비전을 보여줘야 한다. 그리고 이를 달성하기 위해 구성원 모두의 합의에 의한 일관성 있는 핵심가치의 원칙과 기준을 제도화해야 합니다. 즉, 사명Mission, 핵심가치Core Value, 비전Vision이 바로 가치관 경영을 위한 3가지 요소이다.

삼성그룹의 경우 이건희 회장의 경영철학에 따라 삼성의 구성원이라면 누구나 반드시 지켜야 할 가치관을 정립하고 핵심가치를 경영에 제도적으로 도입하고 있다. 그 결과, 삼성의 조직문화가 긍정적인 모습으로 어떻게 변해 가는지를 직접 지켜보면서 가치관 경영의 놀라운 성과를 경험하고 있는 것이다. 가치관 경영이 성공하기 위해서는 조직을 한 방향으로 이끄는 가치 기반의 리더십이 필요하다. 리더십이란 어떤 집단의 목표를 달성하기 위해 구성원들이 자발적으로 참여하도록 이끄는 능력이다. 사람은 외적 동기보다 자기 스스로가 찾는 내적 동기에 의해 움직일 때 몰입과 열정이 생긴다고 한다. 내적 동기는 사람이 스스로 가치 있는 일을 한다고 느낄 때, 또 구성원 간의 생각이 같을 때 발현된다. 가치 기반의 리더십은 구성원 개개인으로 하여금 하는 일에 대해 가치를 느끼며, 구성원 모두가 같은 생각으로 일하도록 내적 동기를 일으키는데 초점을 두고 있다. 즉, 직원들의 내면에 조직의 가치를 심어 주고 나서 그 가치가 직원의 개인적 신념이 되게 함으로써 그들이 조직이 지향하는 바대로 자발적으로 상사에게 올바른 의견과 비판을 대안으로 제시 할 수 있는 것이다.

세계 호텔업계에서 가장 위대한 기업 중 하나로 꼽히는 매리어트 인터내셔널Marriot International의 직원들에게 기업의 존재 이유를 물으면, 그들은 "우리 메리어트 인터내셔널은 길을 떠나온 나그네들에게 마치 친한 친구의 집에 온 듯한 안락함을 주기 위해 존재합니다."라고 대답한다. 한편, 메리어트 인터내셔널과의 치열한 경쟁에서 밀려 2류 호텔체인으로 주저앉은 하워드 존슨Howard Johnson의 직원들은 "우리 기업은 여행객들에게 숙박시설을 제공하기 위해 존재합니다."라고 대답한다. 두 호텔 중 어느 곳의 직원이 고객들을 더 친절히 대할지, 어느 곳의 직원이 자기 일에서 의미를 찾고 보람을 느낄지는 삼척동자도 알 수 있을 것이다.

세계적인 컨설팅업체인 맥킨지의 직원들에게 그들이 하는 일이 무엇이냐고 물으면 어느 누구도 "우리는 컨설팅을 한다."고 대답하지 않는다. 그들은 한결같이 "우리는 기업과 정부의 성공을 돕는다."라고 답하면서 도움의 리더십을 강조하고 있다.

기업의 사명이 명확하면 그 구성원들은 자신들이 하는 일이 얼마나 가치가 있으며, 단순히 '목구멍이 포도청'이라는 심정으로 하는 일이 아니라는 것을 깨달을 것이다. 이러한 사명이 직원들에게 공유되면 그들은 서로를 단지 돈을 벌기 위해 우연히 만난 사람들이 아닌, 의미 있는 일을 위해 모인 동지로 인식하게 된다. 따라서 소통도 원활해지고 갈등이 줄어들며 단결도 더욱 쉬워진다. 이런 시너지 효과가 기업의 장기적 발전에 훌륭한 밑거름이 되는 것이다.

최선의 결정을 이끌어 내기 위한 핵심가치의 모습은 기업에 따라 각양각색이다. 어떤 기업은 가족적인 내부문화를 중요시하고, 어떤 기업은 직원들 간의 경쟁을 우선시한다. 고객에 대한 양질의 서비스를 추구하고, 도전정신을 핵심가치로 여기는 기업도 있다. 핵심가치가 정립된 기업에서는 사소한 것 하나까지 핵심가치에 따라 결정된다. 이는 회사가 손해를 보더라도 반드시 지켜야 한다는 구성원들의 합의하에 도출된 것이고, 따라서 직원들의 자발적으로 도움의 리더십을 발휘하면서 일하는 모습을 만드는 것이다.

국내의 모 배터리 공장에서 배터리의 주원료인 황산을 담아둔 탱크에 작은 균열이 생겨 황산이 유출된 사고가 있었다. 그 시기가 장마철이어서 실수를 감쪽같이 덮고 넘어갈 수도 있었다. 공장장은 고민 끝에 부사장에게 전화를 걸어 이 사실을 숨겨야 할지를 물어봤다. 그러자 부사장은 한 치의 고민도 없이 "우리의 핵심가치가 뭔지 잊었나!"라고 호통치고는 전화를 끊어버렸다. 이 회사의 핵심가치는 '정직'이었던 것이다. 새삼 그 사실을 깨달은 공장장은 유출 사실을 당국에 알리고 수습에 나섰다. 결과적으로 이 기업은 정직한 기업이라는 이미지를 선물로 받고 더 큰 신뢰를 얻을 수 있었다. 조직구성원들이 리더를 따르며 자발적인 비판과 대안을 제시할 수 있게 만드는 훌륭한 기업의 비전에는 2가지 조건이 있다.

첫째, 직원들의 가슴을 뛰게 해야 한다는 것이고,

둘째, 직원들의 합의하에 도출돼 모두의 공감을 얻어야 한다는 것이다.

이 두 조건을 만족시키는 꿈이 있는 기업과 없는 기업은 직원들의 행동부터가 다르다.

모든 구성원들이 같은 꿈을 공유하고 그 꿈을 이룰 수 있다는 믿음을 가지면, 그 기업은 단순히 이윤을 추구하는 집단이 아닌 하나의 꿈을 향해 달려가는 비전 공동체가 된다. 꿈을 함께 추구하는 공동체는 상상을 뛰어넘는 거대한 힘을 발휘하게 된다.

신창재 교보생명 회장은 40대 후반이 될 때까지 서울대 산부인과 교수로 지낸 특이한 경력의 소유자다. 신 회장이 지난 2000년 교보생명의 CEO로 취임했을 당시 교보생명은 외환위기의 후폭풍에 휩싸여 파산 직전의 위기에 놓여 있었다. 자산손실이 2조 원을 넘었으며 적자 규모는 2,500억 원에 달했다. 매출규모는 컸지만 양적인 성장에만 치우친 나머지 그야말로 속 빈 강정이 되고 만 것이었다. 신 회장은 취임하자마자 다른 일은 제쳐두고 회사의 가치관을 확립하는데 총력을 기울였다.

신 회장은 가치관 경영을 변화와 혁신의 동력으로 활용하기로 했다. 그는 무려 360회 이상의 대화와 토론을 거쳐 '모든 사람들이 미래의 역경에서 좌절하지 않도록 돕는다.'를 기업의 사명으로 정했다. 신 회장이 기업의 새로운 가치관을 선포하던 날, 선포식에 참석한 많은 보험설계사들이 눈물을 흘렸다고 한다.

그들은 고객들에게 거절당하며 자존심에 상처를 받는 일을 많이 겪었기에, 자신들의 일이 그렇게 가치가 있는 것인지를 미처 깨닫지 못했던 것이다. 신 회장도 그때가 CEO로 일하면서 가장 기억에 남는 감동적인 순간이었다고 술회했다. 이렇게 기업의 사명과 가치관을 만든 이후, 교보생명은 기업의 비전과 개인의 비전을 한 방향으로 일치시켰다. 회사 전체부터 사업부, 개인의 비전에 이르기까지 같은 방향으로 바라보도록 조정하는데 노력을 기울인 것이다. 그들은 각자가 직무에서 창출해야 할 가치와 이번 연도에 수행해야 할 실행과제, 그리고 실행목표까지 기업의 가치관과 연결시켰다. 그러자 기적이 일어났다. 죽어가는 기업이었던 교보생명은 놀라운 도약을 일궈냈다. 빈사상태에 빠졌던 그들은 불과 4년 만에 업계 최고의 기업이 되었으며, 최단시간 내에 경영상황을 뒤집은 기업으로 전 세계 보험업계의 존경을 받았다.

2 조직을 이끄는 소통과 용기의 원칙

1 문제를 외면하지 않고 과감한 용기로 실천

베네통 그룹은 미국 뉴욕 번화가에서 알래스카 이름 모를 시골마을에 이르기까지 세계에서 가장 많은 매장을 갖고 있는 세계 최대의 의류생산 기업이다. 옷을 파는 회사임에도 불구하고 전혀 옷 광고를 하지 않는 베네통이다. 하지만 우리는 'United Colors of Benetton'이라는 녹색 블록 위에 흰색의 로고를 기억한다. 신상품 옷 광고를 보지 않고도 베네통이 의류 브랜드라는 것을 알고 있는 것이다. 베네통에는 분명 특별한 무엇인가가 존재하고 있는 것이 틀림없다. 세상을 놀라게 한 그 특별함은 과연 무엇일까? 베네통의 성공적인 소통, 즉 커뮤니케이션 광고 전략은 다양한 색채, 충격적인 광고로 성장한 세계적인 기업이라는 것이다. 베네통 광고에는 은밀한 덫이 놓여져 있다. '이 세상 선남선녀들이여, 지금 지구상에는 이러한 일들이 일어나고 있습니다. 주위를 돌아보세요.'라는 교훈적인 측면을 건드림과 동시에 그 충격으로 베네통의 이미지를 확실히 각인시키고 있다.

또한 한해 8,000만장 이상의 의류를 생산하고 80억 달러 매출에 8억 달러에 이르는 순이익을 벌여 들이고 있다. 여기다 2개의 대규모 자체 공장에서 계절마다 250여 색상, 3,300여종의 제품을 전 세계 80여개 판매 대리인에게 독점 공급한다. 베네통에는 전 세계 120개 나라에서 수행되고 있는 모든 사업을 통제하고 소통하는 중앙본부가 있고, 이를 통해 별개의 사업들은 아주 섬세하게 유기적인 연결을 이루며 커뮤니케이션 통합 효과도 일반인의 예상을 뛰어 넘고 있다.

지금의 베네통이 글로벌기업으로 성장할 수 있었던 원동력은 바로 남들이 감히 생각하지 못하는 것을 과감하고 용기있게 현실로 이끌어 내었기에 가능했다. 스웨터 생산으로 시작한 베네통은 기존의 염색공정을 선염 가공공정에서 후염 가공공정으로 전환하는 과감한 용기와 획기적인 실천으로 오늘의 베네통을 이룩할 수 있었던 것이다. 베네통에 대해서 어떤 기업이냐고 묻는다면 제일 먼저 떠오르는 것이 '소통을 잘하는 커뮤니케이션 광고'를 빼고 생각한다는 것은 생각조차 할 수 없는 일이다. 베네통 광고가 사람들의 뇌리에 각인이 될 수 있었던 이유는 다른 경쟁 의류 브랜드와는 달리 원색적이고 자극적인 색을 사용하는 제품 생산과 사회적 이슈를 주제로 남들이 쉽게 따라 하기 힘든 베네통만의 독창적이고 과감한 용기를 가진 광고 전략을 펼쳤기 때문이다.

가족기업으로 의류사업에서 시작한 베네통은 현재 스포츠용품, 악세서리는 물론 고속도로 운영Autostrade, 식당경영Autogrill, 통신Telecom Italia 분야에 이르기까지 그 사업 분야를 확장하여 글로벌기업으로 성장하게 되었다. 이러한 베네통의 성공에는 혁신적인 경영전략들이 있었기에 가능하였는데, 이것이 바로 과감한 용기를 가진 소통, 즉 커뮤니케이션 광고전략인 것이다.

사진 작가인 올리비에르 토스카니를 베네통의 광고 책임자로 영입하면서 베네통은 일명 베네통 경영철학을 사진에 고스란히 담아내어 전 세계에 알리는데 중점을 두게 되었다. 특히, 인종, 언어, 종교, 국적에 관계없이 과감하게 세상의 모든 사람들은 평등과 사랑을 추구할 수 있다는 것을 가장 큰 철학으로 하는 베네통의 인류 평등주의가 바로 그것이다. 세상과 인류를 풍요롭고 아름답고 행복하게 하기 위해 작은 노력을 중시하는 그들은 인류평등을 근본적인 모티브로 삼고, 세계 어린이 보호, 자연보호, 공해 방지 운동, 핵 반대, 전쟁반대, 제3세계의 지원, 멸종 동물의 보호, 종교분쟁 금지, AIDS 확산 예방 운동 등 현대 인류가 직면한 모든 종류의 반인류적 · 반자연적인 경향에 용기있게 반대하고 있다. 현대 자본주의의 가장 핵심적인 문화적 · 사회적 소통과 홍보 수단인 광고를 통하여 끊임없이 제기하는 이런 테마는 베네통이라는 이름을 지닌 모든 제품에 내재되어 전 세계 인류와 자연에게 과감하게 다가가고 있는 것이다.

필라 코리아㈜ 회장이자, GLBH홀딩스의 회장인 윤윤수 회장은 예전부터 남다른 별칭이 많았다. 그 중에서도 '연봉 18억 원의 사나이', '돈 버는 마술사', '세계적 패션 그룹 필라의 3인자', '머니 콜렉터'는 그를 가장 부각시키면서 단번에 그를 소개할 수 있는 별칭이다. 별칭에서 알 수 있듯이 그 어느 누구보다 정체성과 원칙을 잃지 않았고, 모든 샐러리맨들의 우상이 되었다. 하지만 그는 항상 언론 및 매체에서 자신을 연봉 액수로만 평가하는 것에 아쉬움을 많이 가지고 있었다.

'돈을 위해 일한 적은 없고, 자기 자신의 정체성과 원칙을 갖고 일했더니 돈이 쫓아왔고, 고액의 연봉은 성실만을 최고의 덕목으로 여긴 평범한 샐러리맨의 노력의 대가이다.'라고 말한다. 이 말은 모든 리더들과 직장인들에게 좋은 지침이 되었고, 그들의 모든 활동에 원동력이 되었다. 사실 그가 아무런 이유 없이 이런 말들을 한 것은 아니다. 그는 CEO가 되었던 당시에도 어김없이 새벽 5시 기상, 아침 7시 30분까지 출근, 8시 각 팀장들과의 회의, 9시 30분 주요 회의내용과 각종 정보를 전 사원과 함께 공유하는 소통, 오전 일과만은 어떤 일이 있어도 지켰다. 그리고 전날 밤의 숙취에서 깨어나지 못하거나 외국 출장 중인 경우 전화를 통해서라도 오전 스케줄만은 철두철미하게 완수했다. 이렇듯 그의 노력에는 그의 뚜렷한 정체성과 원칙이 한 몫을 한 것이다.

2 베네통의 실패에서 얻는 교훈

베네통은 몇 번의 잘못된 시작으로 인해 어려움을 겪고 시장확대 시기를 놓친 경험을 갖고 있다. 베네통과 같은 명품 브랜드가 인도에 진출해 성공하는 것은 쉽지 않은 것으로 알려져 있다. 베네통이 1990년대 초 소매 의류시장에 진출했을 때 어떤 상황인지 알아볼 필요가 있다. 당시 베네통은 취약한 생산라인, 커뮤니케이션 전략의 혼선, 잘못된 시장조사에 근거한 시장전략, 가맹점의 고객확보 부진 등 모든 것이 엉망이었다. 1999년까지 베네통이 이런 상태에서 벗어나지 못한 것은 놀랄 일이 아니다. 12년 동안 베네통 상표를 단 인도인들의 옷을 보기 위해 노력했으나 실패로 끝나고 말았다. 그러나 베네통은 2001년에 제과회사 경영자였던 나탈니노 듀오를 과감하게 영입하면서 상황은 반전됐다. 베네통은 대부분 의류 브랜드들이 대규모 매출을 올리기 전 단계인 그 어려운 인도의 좁은 문을 넘어선 것이다. 베네통은 2001년 2천만 불의 매출을 올렸는데 2000년 1천 2백만 불에 비하면 60% 이상의 성장을 기록한 것이다. 2002년에는 20%의 성장을 기록했다. 매장도 68개에서 100개로 증가했다. 인도 젊은층들이 선호하는 이탈리아 의류 브랜드 베네통은 2012년 현재 인도 매출이 계속 상승해 1억 3,000만 달러를 이미 넘어섰다.

또한 듀오가 베네통 경영자로 영입되기 전인 1999년 8월 루치아노 베네통과의 처음 회의에서 인도에 있는 베네통 상점은 베네통의 이미지와 일치하지 않는다는 문제점을 지적했다. 인도의 베네통 상점은 티셔츠 브랜드의 이미지를 주는 것으로 베네통의 세계적인 브랜드 품목군인 액세서리에서 속옷, 유아용품에 이르는 다양한 상품을 갖춘 이미지와 매치되지 않았다.

결론적으로 잘못된 소통인 커뮤니케이션으로 제한된 의류 브랜드만 인도에 도입한 것이다. 다른 한편으로는 품질문제가 끊임없이 제기되었다. 여행을 많이 하고 세계 품질수준에 정통한 타깃 고객은 이러한 문제점을 식별할 수 있었기 때문에 인도의 베네통이 시장에서 환영 받지 못한 점은 놀랄 일이 아닌 것이다.

인도 베네통 팀이 의류 소매에 대한 적절한 정보나 백그라운드가 없다는 것도 문제해결에 도움이 되지 않았다. 이에 따라 그들은 어려운 소매의류를 배워야 했다. 듀오가 영입됐을 때는 마케팅 부서에 대한 철저한 검증이 필요한 시기였다. 문제점은 보다 일찍 발견했지만 완전한 해결방안이 마련되지 않았다. 의류 소매에 관한 핵심적인 요소가 인도에 있는 베네통에 도입됐지만 체계적으로 추진되지 않았다. 의류 소매업은 어떤 비즈니스보다 고객들과의 소통할 수 있는 커뮤니케이션 시스템을 갖춰야 하는 것이기 때문이다.

베네통의 또 다른 잘못은 사업 초기 단계에서 프랜차이즈에 의존했다는 것이다. 시장점유율 확대를 위해서 소매 파트너를 찾는 시기가 너무 빨랐던 것이다. 다른 한편으로는 베네통의 브랜드 이미지가 고객에게 너무 모호했다는 것이다. 베네통 브랜드는 세계적으로 대량시장 브랜드임에도 불구하고 시장진입 초기에 베네통의 가격과 유통 채널이 프리미엄 시장에 초점을 맞춘 것이다. 다시 1990년대 중반으로 돌아가보면 베네통은 소규모 도시에서의 판매에 열중했다. 시장 분석가에 따르면 찬디가르, 푸네, 나그푸르, 인도르, 비사카파트남, 바도다르, 꼬임바도르, 그리고 럭크노우와 같은 도시는 15~30 연령 그룹에게 세계적 브랜드를 구매할 수 있는 것으로 조사됐다. 그러나 전문가들은 중소대도시 전체 통틀어 판매될 수 있는 세계적인 브랜드는 고작 25~30개 이내라고 주장했다.

1990년대 중반 베네통은 중소도시에 무차별적인 확장을 추진해 매장이 진출한 도시가 40개에 달했으나 별로 성과는 없었으며, 수 년 뒤 베네통은 많은 상점을 폐쇄해야 했다. 그 뒤 다시 베네통이 대도시에 초점을 맞추는 전략으로 회귀한 것은 놀랄 일이 아니었다. 베네통은 시장이 있는 곳에 강점을 갖고 있고, 그 시장은 대도시에 있기 때문이다. 그러나 베네통이 전국적인 브랜드의 명성을 갖기 위해서는 소도시에도 베네통의 패션 상표를 팔아야만 하는 아픔이 있었다.

듀오는 베네통에 근무하면서 목표와 시장접근이 보다 전략적으로 과감하고 현실적이어야 한다는 것을 배웠다. 의류 비즈니스에 있어서 5백만 불에서 1천만 불의 매출은 그다지 어렵지 않으나 그 이상의 매출은 무척 어려운 실정이다. 이러한 장벽을 넘기 위해서 베네통은 소매와 기획 상품에 과감하게 초점을 맞추고 마케팅을 강화했다. 또한 베네통은 마케팅 백그라운드를 갖춘 강력한 팀을 갖추었다. 소매학과가 인도에서 막 시작되고 있음을 감안해 신입직원 채용은 자제하고 타임맥스, 타이탄 및 콩코드와 같은 소매전문 기업의 직원을 과감하게 스카우트를 했다. 그리고 이전에 활기가 없던 생산 부서를 소매점의 프랜차이즈를 지원하는 독립적인 상인을 보유한 부서로 과감하게 승격시켰다.

베네통은 인도시장에 진입한 이후 가장 강력한 브랜드 파워를 갖추고 있지만 적은 광고 예산으로 인해 소규모 시장을 진출하기 위한 브랜드 이미지를 구축하는데 어려움을 겪고 있다. 베네통 브랜드를 관리할 사람이 필요하게 된 것이다. 이러한 문제를 해결하기 위해 광고업계에서 은퇴한 사람을 과감하게 채용했다. 베네통은 시장이 성장하고 있어 견고한 성장을 할 것으로 전망되기 때문이다. 인도의 베네통은 이제 다양한 제품 생산라인을 갖추고 있어 인도 고객들에게 보다 다양한 선택을 줄 수 있다. 따라서 우리가 베네통이 인도시장에서 실패를 하게 된 주된 원인을 찾아 교훈을 삼는다면,

① 베네통은 세계적인 대량시장 브랜드임에도 불구하고 인도에서는 프리미엄 브랜드로 인식한 점, 즉 좋은 장점을 갖고 있었음에도 불구하고 그 장점을 활용할 용기가 과감하지 못했다는 점이다.

② 인도 고객들과의 소통과 커뮤니케이션 부족으로 세계 시장에서 보여준 광고제품과 인도에서 구매할 수 있는 제품이 매칭Matching되지 못했다는 점이다.

③ 시장이 성숙하지 않았음에도 불구하고 소규모 도시에 전략적인 원칙도 없이 공격적으로 매장을 확대한 점이다.

④ 마케팅 팀이 의류소매에 경험이 없었으며, 독립적인 소매 유통채널에만 원칙 없이 집착했다는 점이다.

⑤ 시장진입 초기에 품질문제에 직면한 문제점을 무시하고 진입했다는 점이다.

베네통은 더 이상 상점 속의 상점에 대한 아이디어를 거부하지 않는다. 순수한 독점 판매망을 고집하지 않는 것이다. 소비자조사 결과에 따르면 베네통은 독점 판매망 보다 다중 브랜드 상점에서의 판매가 증가한 것으로 나타났다. 이제 베네통은 독점상가 외양을 갖추어 브랜드 이미지를 유지할 수 있는 수준에서 다중 브랜드 쇼핑몰에의 진출을 결정했다. 동시에 베네통은 해외의 브랜드와 인도에서 이용 가능한 브랜드간 갭을 줄이려고 노력하고 있다. 오늘날 베네통은 세계시장에서 700개 스타일의 다양한 제품을 판매하고 있으나 인도에서는 아직까지 230개 정도의 제품만 판매하고 있다. 그러나 이것은 1999년 150개 스타일에서 크게 증가한 것이다. 베네통은 불충분한 제품군이 성장에 장애가 된다는 것을 인식한 것이다. 베네통이 세계시장에서 판매되는 제품의 절반 정도를 인도에서 판매할 수 있게 됨으로써 자체 독립적인 소매채널을 갖출 수 있게 됐다는 것을 의미하며, 이로써 빠른 성장을 기대할 수 있게 된 것이다.

다시 최종적으로 정리해 보면, 베네통은 대조효과Contrast Effect가 큰 비주얼을 사용하였다. 예컨대, 흑인과 백인의 조화, 즉 흑인의 엄마와 귀여운 백인 어린아이, 백인어른의 손과 흑인아이 손의 대조와 조화 등이다. 2004년도 베네통의 제품광고를 보면 남녀모델들의 다양한 모습과 강렬한 컬러들의 의류들을 보여주고 있다. 이 모델들의 표정은 매우 다양하며 서로 조화를 이루고 있다.

또한 파격적인 비주얼 스캔들로 주목받는 베네통은 기업의 이미지를 제고시키고 소비자의 선호도를 강화시키기 위해서 꾸준히 파격적인 커뮤니케이션 광고 캠페인을 실시하여 전 세계의 소비자들로부터 주목을 받고 있다. 한 예로, 깔끔하고 청초한 신부와 수녀가 키스하는 비주얼을 보여주며, 소비자로서 도저히 상상할 수 없는 비주얼을 보여주며 소통하기 때문에 소비자들은 이 광고에 매력을 느끼는 것이다.

소비자들의 심리는 과감하고 독특함을 좋아한다. 그래서 베네통은 소비자들이 쉽게 접할 수 없는 그림을 과감하게 광고에 이용하였고, 이것은 소비자들의 관심과 주목을 불러일으키기에 충분하였다. 베네통의 제품광고에서 볼 수 있듯이 디자인과 다양하고 강렬한 칼라의 컨셉은 제품광고에서도 그대로 전이되었다. 이와 같은 감성소구 광고는 소비자들의 무한한 상상력을 불러일으키고 소비자들에게 강한 인상을 주고 있는 것이다.

3 급변하는 환경에 대비할 수 있는 미래예측의 눈

1 미래를 보는 눈

그리스 철학자 '헤라클레이토스'는 2500년 전에 이미 "이 세상에서 모든 것은 변하는데 유일하게 변하지 않는 것은 변화한다는 사실이다."라고 말한바 있다. 이 말보다 현재 우리의 상황을 더 잘 표현한 말은 없을 것이다. 오늘날 변화는 일터에서 가장 강력한 영향을 미치고 있다. 극심한 변화로 인하여 우리의 삶과 업무방식이 근본적으로 흔들리고 있는 것이다. 특히, 급변하는 경기변동, 새로운 경쟁압력, 새로운 기술, 정부규제, 사회문화적 변동, 시장의 글로벌화 등으로 변화는 더욱 가속화 될 것이다. 피터 드러커는 "현재 우리는 조직들이 신속히 혁신되고, 글로벌화 되어 가는 후기 자본주의 시대에 들어가고 있다."라고 말한 바 있다. 이제 우리는 안정적인 평생직장을 기대할 수 없기 때문에 변화를 현실로 받아들이고 대처하지 않으면 안 된다. 이 시대의 대표적 성공기업인 GE사의 전 잭 웰치 회장은 기업을 경영하는데 있어서 가장 중요한 요인은 학습으로 보고 있다. 하지만 경영자들은 성공을 하기 위해 학습에 의존해야 하는 경향이 커지고 있음에도 불구하고 사실상 대부분 무엇을 어떻게 배워야 할지조차 모르고 있는 게 사실이다. 이러한 현실적인 문제를 고려해 세계적 리더들이 어떻게 학습하고 있는지 살펴보면,

첫 번째, 경영자들은 경험을 통해 배운다. 이 말은 경험이 자동적으로 학습을 이끄는 것은 아니며 경험만으로 기업을 경영하고 미래를 바라보는 지혜가 생기는 데에는 한계가 있다는 것이다.

두 번째, 중역들에게 교육훈련은 제2의 학습 원천이다. 학위보다는 직장 생활을 하면서 받는 사내 교육훈련을 통해서 유능한 인격을 길러 낼 수 있는 것이다.

세 번째, 동료로부터 배우는 것이 제3의 학습 원천이다. 직장생활을 하면서 같은 직장 선배들에게 배우기도 하지만 다른 기업리더의 저서를 보면서 경영의 전반적인 전략을 보다 많이 배울 수 있다는 것이다.

기업을 경영하는 것, 작은 기업 또는 큰 기업 둘 다 많은 어려움에 부딪치게 된다. 따라서 성공한 기업 경영가인 잭 웰치 회장에게서 그 해답을 찾아보도록 하자.

잭 웰치가 뛰어난 기업가가 되기까지 GE라는 기업이 커다란 역할을 한 것은 틀림없다. GE는 오랜 시간과 엄격한 심사과정을 통해 합당한 리더를 결정하고 그 중에 신중히 후계자를 선발한다. 어느 기업이든 리더 선발을 쉽게 하지 않지만, 오랜 GE문화를 바탕으로 한 사람을 중시하는 GE만의 기업문화의 결과라고 볼 수 있다. 그러면 이런 GE의 바탕 아래 잭 웰치는 리더로서 어떤 변화경영을 하였는가?

첫 번째, 그는 필요없는 과감한 인원감축을 통한 구조조정을 실시했다.

두 번째, 워크아웃이다. 잭 웰치는 워크아웃Workout에 대해 이렇게 정의했다. "워크아웃Workout이란 우리가 하고 있는 모든 일을 더욱 잘하기 위한 방법을 쉬지 않고 끊임없이 찾아가는 전사적 차원의 변화 노력을 지칭한다."

세 번째, 6시그마 운동을 통해 품질에 대한 책임의식을 저변으로 확장시킬 수 있었다. 이처럼 과거와 다른 파격적인 변화경영으로 거대한 기업 GE를 더욱더 커다란 기업으로 성장시킬 수 있는 원동력이 되었던 것이다.

잭 웰치가 말하는 기업을 경영하는데 있어서 가장 중요한 학습요인의 변화경영 성공 비밀은 인적자원인 사람에게 투자하는 것이다. 인적자원은 기업을 경영하는데 있어서 물적자원보다 더욱더 중요시되는 것이다. 잭 웰치는 여기서 신입사원을 뽑을 때도 물론 중요하지만 현재 직원들에게 가능한 모든 것을 투자하라고 한다. 잭 웰치가 인적자원에 대한 투자는 크로톤빌이라는 GE의 전설적인 경영교육센터가 그 결실로 볼 수 있다. 크로톤빌의 궁극적인 사명은 조직문화의 변화를 통해 GE직원들의 미래를 바라보는 통찰력과 리더십을 키우고 조직의 효율성을 배가 시켜 GE의 국제적 경쟁력을 향상시키는 것이다. GE는 1년에 1조 1천억 원의 교육비를 투자하고 있다. 기업이 이처럼 많은 비용을 들여 교육센터를 운영하는 것은 기존 경영대학에서 실제 업계의 맥락과 동떨어진 교과에 매달리고 있다는 점과 미래의 생존권 확보를 위해 직원들의 능력개발이 반드시 필요하기 때문이다.

또한 현실에 안주하지 말고 학습하는 리더가 되라는 것이다. 한마디로 성장을 위해 기업 역시 변해야 한다. 정체된 조직은 스스로 묘지를 향해 나아가고 있는 것과 마찬가지라고 할 수 있다. 이렇게 변화되어 가는 조직을 경영하기 위해서는 리더들에게 열정이라는 필수 조건이 있어야 하며 업무를 하는 가운데 중요한 부문에 우선적으로 시간을 투자하고 더 큰 관심을 가져야 한다. 그것이 현명하게 일하는 방법이다. 열정이 생기면 동기가 된다. 그 열정을 현실화하기 위해서는 아이디어를 생각하고 다양하고 새로운 접근 시도가 이루어지기 때문이다. 위와 같은 열정과 동기를 가지고 일하는 리더는 현실에 안주하기보다는 변화하고 또 변화하게 되는 것이다. 과거 리더는 영웅, 즉 위기 상황에서 활약하는 위대한 사람을 의미한다. 다시 말해서 지극히 개인주의적인 리더십은 이제 독선주의로 비추어지고 있다. 그러나 오늘날에는 사람들과의 꾸준한 관계, 즉 활발한 의사소통이 리더의 중요한 덕목으로 떠오르고 있다. 이것이 바로 새 시대의 리더상이 되고 있는 것이다.

잭 웰치는 리더로서의 자질을 키우기 위해 끊임없이 학습하고 사람들과 대화를 나눈다. 그는 어디에서든 누구에게서도 아이디어를 구하기도 하는데 GE는 개방적인 거대 학습 조직인 셈이다. 또한 잭 웰치가 말하는 리더십은 사람들과의 끊임없는 대화를 바탕으로 부드러운 리더가 되며, 사람들과 함께 하고 인간적인 접근을 통해서 조직 내에서 사람들을 이끌고 그들에게 동기를 부여하는 것이다. 그리고 방향을 설정하고 가치관을 정립하며 다음세대의 리더를 키워야 한다고 한다. 리더로서 미래의 변화를 보는 눈을 가진 리더는 세상을 변화시키고 있다.

2 변화에 대한 올바른 준비

변화는 항상 우리가 부딪혀야 하는 것이다. 오늘날 산업에서의 변화는 그 어느 때보다도 급격하며 예측이 불가능하다. 많은 기업들이 무질서한 변화의 소용돌이 속에 휩싸여 있으며 그 변화에 어떻게 대처해야 하는지에 대해서 고민에 빠져있다. 이렇게 어려운 상황에서 경쟁력을 가지려면 변화에 대해서 신속한 대처능력을 가져야 한다. 오늘날 실질적으로 필요한 것은 내부로부터의 변화이다. 조직은 사전에 정의된 목적과 목표를 향하여 조직적이고 합리적인 내부로부터의 변화를 이끌어 냄으로써 외부적인 변화에 대처하는 능력을 스스로 길러내야 한다. 변화란 어떤 한 상태로부터 다양한 변천과정을 거쳐 최종적인 상태로 나아가는 것이다.

"GM의 경쟁우위의 핵심은 환경변화에 대한 지식이다. 이 지식은 환경 변화속도를 앞서는 스피드가 있어야 한다." 제너럴 모터스GM의 R&D 센터 부사장 켄 베이커Ken R. Baker는 미시간 대학에서 열린 기술교육 및 훈련 리더십 회의에서 이렇게 강조했다. 그는 또 "GM이 학습프로세서를 통한 빠른 지식경영의 전개로 글로벌제품을 개발하는 것도 이러한 관점에서 이해할 수 있을 것"이라고 덧붙였다. GM이 도입한 지식경영의 특징은 학습과정을 통하여 창출된 지식이 체계화된 지식활용 네트워크를 통하여 전략적 의사결정과정에 충분히 반영되고 있다는데 있다. GM은 조직내 부문간 네트워크의 활성화를 통한 각각의 데이터와 정보를 습득, 팀간 학습과정을 거쳐 지식을 창출하고 이에 근거해 기업의 의사결정을 내리는 순환과정을 중시한다. 여기서 주목할 것은 GM이 핵심으로 생각하는 지식이 매우 시장 중심적인 경영활동과 고객지향 마인드에 기초하고 있다는 점이다. 경쟁력 있는 지식을 창조하기 위해서는 사업전략과 소비자를 효과적으로 연결하는 "공동 우물터Business Context"가 있어야 한다. 그렇지 않으면 정보는 기업이 소비자들이 원하는 제품과 서비스를 창출해내는 데 결정적인 생산요소가 되는 지식이 될 수 없으며 결국은 쓰레기에 불과하다.

"기술과 비즈니스, 모두를 잘 아는 '똑똑한 사람Smart People'을 발굴!" '마이크로소프트의 비밀Microsoft Secrets'의 학자들이 밝혀낸 MS의 비밀이다. 비록 '발굴Find'이라는 단어를 쓰고 있지만 이 말의 뜻은 발굴에 국한되지 않는다. 이 단어에는 '생산Generate'의 의미까지 포함되기 때문이다. 탐 데이븐포트Tom Davenport 미국 텍사스대 교수는 MS의 지식경영을 한마디로 이렇게 평가한다. "개인의 지식역량 확대를 통한 조직역량의 확대." 이처럼 MS 지식경영의 핵심은 '사람'이다. MS가 1,000여 명으로 구성된 내부 정보기술그룹IT Group을 운영하거나 '기술계획 및 개발SPUD : Skills Planning

Und Development'이라 불리는 프로젝트팀을 운영하는 궁극적 목표도 사람을 키우는 데 있다.

"인재전쟁의 시대"라는 말처럼 현대기업의 화두는 인재육성이다. 최근 들어 인재 육성에 대한 기업들의 관심이 가속화되고 있는 가운데 많은 기업들이 구성원들의 실력을 높이고 잠재역량을 개발하기 위해서 실제 일을 통한 학습이 중요하다는 사실을 인지하고 있으며, 현장에서 구성원간 일을 통한 실전 학습제도의 활용이 증가하고 있는 추세이다. 이러한 일을 통한 학습방법 중 하나가 멘토링 제도이다. 멘토링은 회사에 대한 경험과 업무노하우를 갖고 있는 리더들이 부하들을 직접 지도하고 조언해 주는 것으로, 일상 업무 현장 속에서 상호작용을 통해 학습이 이루어지기 때문에 그 효과가 탁월하다. 이러한 중요성을 반영하여, 최근 멘토링 제도가 신입 사원 교육의 일환으로 기업들 사이에 확산되고 있고 '후견인, 벗바리, 빅브라더, 가디언' 등 기업마다 사용하는 명칭은 다르나, 그 근본 목적은 리더들의 적절한 조언과 코치를 통해 신입 사원들의 회사 및 업무에 대한 신속한 적응을 촉진시키는데 있다.

포스코 ICT의 인재육성책 중 돋보이는 것은 멘토링 제도이다. 국내 IT기업 중 가장 먼저 도입, 다양한 방식으로 발전시키고 있다. 이 회사의 멘토링 제도는 단순히 선배사원이 후배사원을 관리하는 정도가 아니라 철저한 검증을 통해 멘토를 선발하고 조직적이고 체계적인 시스템으로 신입사원을 밀착 지원하는 게 특징이다. 또 한발 더 나아가 입사 3년차까지 분기별로 '신입사원 만남의 날'을 정해 선·후배 임직원 간 교류를 활성화시키고 있다. 아울러 사내의 다양한 온·오프라인 교육 프로그램을 마련해 놓고 학점 이수제도를 운영해 직원 업무 평가에 반영하고 있다. 특히, 공인 자격증 취득을 준비하는 직원에게 교육비와 응시 비용을 보조한다. 국내외 대학 유학제도도 실시하고 있다. 개인별로는 최적 성장 경로를 제시하고 매년 자기성장 계획서를 작성해 성장 정도를 주기적으로 평가해 인사에 반영하고 있다. 포스코 ICT는 '플라잉 포스코 ICT'라는 해외 체험교육 프로그램을 실시하기도 했다. 신입사원들이 현지 IT산업을 조사하고 자율적으로 계획한 미션을 완수하도록 해 도전정신과 글로벌 마인드를 키워 주려는 프로그램을 운영하며 미래를 보는 눈을 가지게 하고 있다.

경영학을 굳이 배우는 사람이 아니더라도 현장경영에 대해 누구나 한 번 쯤은 들어보았을 것이다. 현장경영은 과거부터 현재까지 기업의 경영방식에서 많이 도입되고 언급되고 잇는 방법 중 하나이다. 게다가 최근에 들어서는 가장 보수적이라고 할 수 있는 은행에서까지 현장경영이 도입되고 있는 추세이다. 많은 시중 은행장들이 현장경영에 박차를 가하고 있어 '은행장실에 은행장이 없다.'라는 우스갯소리가 은행업계에서 회자된다고 하니 현장경영이 얼마나 활동적으로 이루어지고 있는 지에 대해서는 말이 필요 없을 것이다.

핫쵸코나 분유로 우리들에게 잘 알려져 잇는 네슬러의 CEO 피터 브라백레마스도 내부 직원들을 만나 그들의 이야기를 듣는 형식으로 현장경영을 실천해 나간다. 네슬러의 CEO인 피터 브라백레마스의 실천사례를 살펴보면, 그는 1년에 실질적으로 거의 4천여 명의 직원들을 직접 만나고 있다. 그의 말을 인용하자면, "나는 늘 현장에 나간다. 나는 본사에는 거의 있지 않는다. 본사에 있는 것은 기껏해야 한 달에 1주일 정도뿐이다. 대신 나는 생산 현장과 지역본부들을 방문한다. 나는 직원들과 계속 이야기 한다. 네슬러의 현장경영 역시 현재 현장경영의 새로운 방향을 보여준다. 경영자들은 점점 현장 직원들의 의견을 청취하는 것을 중시하며, 그곳에서 현장의 실질적인 모습을 얻고 이를 직접 경영에 활용한다. 이는 하급 직원과 커뮤니케이션 을 해가며 회사의 일을 결정하는 의사결정 방식과 연계되어 생각할 수 있는데, 이처럼 여러 경영에 관한 이론들이 합해져 점점 현장의 목소리를 회사의 경영에 활용하는 것이 중요시 되고 있다."

③ 변화를 성공으로 이끄는 Leading Change

기업이 원하는 변화의 리더는 기업의 경영혁신과 리더십의 상관관계 그리고 혁신을 이끄는 절차와 방법론들의 지침서나 도구를 갖고 있어야 한다. 특히 하버드 경영대 교수 존 코터의 변화를 성공으로 이끄는 'Leading Change 8단계' 과정은 기업 경영현장에 있는 누구에게나 실무 지침서로 활용할 수 있을 뿐만 아니라 혁신을 성공으로 이끌기 위해서는 고도의 '리더십'을 발휘하게 해 줄 것이다. 우리 삶에 있어서도 리더는 분명 중요하기에 어떠한 리더가 되어야 할지에 대한 방향을 제시해 주는 데 도움이 되고 있다.

① 위기감을 조성하라. 왜 "변화"해야 하는가를 통해 구성원들을 설득하는 것이다.

② 강력한 혁신지도부를 구성하라. 변화부서가 힘이 없으면 새로 도입되는 변화가 기업문화에 뿌리깊이 박힐 수 없기 때문에 강력한 지도부전문성과 진실성을 갖춘를 통해 이를 만들어야 한다.

③ 올바른 비전과 전략을 개발하라, 경영혁신의 기본방향을 명백히 해주고, 단기적 인 이익보다는 회사전체에 도움이 되는 쪽으로 행동을 유발하고, 개개인의 힘 을 한데 모으기 위해 필요한 단계이다.

④ 참여를 이끌어내는 의사소통을 전개하라. 비전선포식, 설명회, 혁신 회의 등의 조직적 차원과 교육, 홍보 등의 활동을 통해서 비전과 전략을 알려라.

⑤ 부하직원의 권한을 확대하라. 현장의 실무자도 위기감과 비전에 공감을 해야 실 질적 혁신이 일어날 수 있기 때문이다.

⑥ 단기간에 가시적 성공을 이끌어내라. 베스트 프랙티스Best Practice를 만들어 단기 적으로 흔히 영웅 만들기를 하는 것이다.

⑦ 변화의 속도를 늦추지 마라. 모든 일이 끝났다고 주장하는 것은 치명적인 실수 가 되며 또한 너무 일찍 성공을 축하하는 것은 혁신의 추진력을 일시에 멈추 게 할 수 있다. 공통된 목표를 가지고 위기의식을 항상 높게 유지하도록 리더십 을 발휘해야 한다.

⑧ 변화를 정착시켜라. 변화에 도전하는 기업문화를 정착하는 단계로 그 이전에 이루어졌던 모든 혁신의 노력들이 물거품이 되지 않도록 새로 도입된 제도를 기 업 문화로 정착되도록 하는 혁신의 마지막 단계이다.

모든 기업들은 독특한 기업문화가 있기 마련인데 한 집단을 혁신하고자 할 때 가 장 큰 장애가 되는 것은 바로 그 집단이 갖고 있는 문화인 것이다. 조직 구성원의 공 통된 가치관, 행동양식은 쉽사리 바뀌는 것이 아니기 때문에 지금까지 힘들게 만들어

온 기업문화가 완전하게 정착할 수 있도록 끝까지 최선의 노력을 기울여야 할 것이다.

미래를 정확히 예측하는 것은 인간의 능력을 벗어나는 문제다. 아무리 뛰어난 미래학자나 전문가라고 하더라도 미래를 정확하게 예측할 수는 없다. 그럼에도 불구하고 미래예측은 필요하고 불가결하다. 예측은 아무리 해도 예측에 불과할 뿐이지만, 그래도 좀 더 과학적인 예측은 어느 정도 가능하다. 또한 예측의 정확도는 방법론이나 데이터의 신뢰도에 따라 충분히 높아질 수 있다. 미래를 예측하는 능력을 '미래예측력'이라고도 한다. 미래예측력은 개인이나 조직, 기업이나 국가 모두에게 매우 중요한데, 특히 기업경영에서 미래예측력은 오늘날 창조적 리더가 갖추어야 할 기본적인 역량으로 손꼽힌다. 기업의 경쟁력은 미래에 대한 예측과 준비에 달려 있다고 해도 과언이 아니기 때문이다. 미래를 선점하는 기업은 자신이 준비해 온 시나리오와 전략에 따라 시장에 영향을 미침으로써 경쟁에서 유리한 고지를 차지할 수 있기 때문이다. 외국 굴지의 기업들을 보면 미래예측과 전략을 경영의 핵심 부분으로 보는 경우가 많다.

1970년대부터 지금까지 IBM, 엑슨모빌, GE, 벨 등 굴지의 기업들은 자사 내에 미래연구 및 예측을 담당하는 부서를 만들거나 미래예측가를 고문으로 초빙해 장기적인 기업전략 수립을 맡겼다. 구미의 기업들은 이렇게 1970년대 이후부터 경영전략에 미래예측이나 미래학을 응용하기 시작했다. 하지만 우리나라의 기업들은 아직까지도 미래 예측을 경영의 중요한 부분으로 인식하지는 못하고 있고, 미래예측 활동도 그리 활발하지는 않다. 국내 기업들은 미래 트렌드에 관심을 갖는 정도일 뿐이다. 글로벌 시장에서의 비전을 제시하는 CEO는 많지 않으며, 독자적인 기술 로드맵으로 미래전략을 준비하는 기업은 극히 일부의 대기업에 불과하다. 국내의 대기업들은 주로 그룹의 계열 연구소를 중심으로 기술예측과 미래 트렌드를 연구하고 있다.

삼성그룹의 경우는 삼성종합기술원이 기초소재, 원천기술 분야의 미래 기술에 대한 연구개발을 수행하고, 계열 연구소인 삼성경제연구소는 트렌드 분석이나 연구기능을 수행하고 있다. 특히 삼성경제연구소는 『CEO Information』『SERI 경제포커스』등의 간행물을 통해 미래예측 관련 연구 결과를 발표하고 있고, 또한 매년 연초에 국내외 10대 트렌드를 선정해 발표하고 있다. LG그룹은 LG경제연구원 내에 '미래연구팀'을 만들어 운영하면서 국내 경제 환경을 분석하고 중·장기적 위험과 기회를 예측하고 있다. SK그룹도 SK경영경제연구소에서 미래연구를 본경화하기 시작했다. 미래예측에 대한 기업의 관심이 높아지면서 기업 경영에서 미래예측 전문가들의 조언을 활용하는 사례는 점점 늘고 있다. 구미 기업에서 1970년대 이후 나타난 미래예측의 중요성에 대한 인식이 이제 국내 기업에서도 점점 확대되고 있는 추세이다.

4 끝없이 실패하는 조직의 극복방법

1 열정적인 긍정과 집념 및 투지의 효과

스티브 잡스의 열정은 우리 삶을 풍요롭게 만든 수많은 혁신의 원천이었다. 애플의 창업주이자 세계를 움직인 가장 영향력 있는 인물 중 한 사람이었던 스티브 잡스의 사망 소식은 전 세계인을 안타깝게 만들었다. 애플이 공식 성명을 통해 밝혔듯 스티브 잡스 열정은 많은 이들의 삶을 보다 윤택하고 풍요롭게 만든 수많은 혁신의 원천을 보여주고도 남았다. 스티브 잡스는 IT업계의 전설, 천재라 불렸지만 그가 남긴 것은 아이폰, 아이패드 같은 수많은 IT 기기와 업적만이 전부가 아니다. 스티브 잡스는 여러 번의 프레젠테이션과 연설을 통해 가슴에 남을 명언들을 남기기도 했다. 그 중에서도, 특히 2005년 6월 스탠포드 대학 졸업식에서 들려준 그의 연설은 최고의 명연설로 꼽힌다. 스티브 잡스는 스탠포드 대학 연설에서 "오늘이 내 인생의 마지막 날이라면, 나는 지금 하려고 하는 일을 할 것인가? 만약 며칠 동안 그 답이 'NO'라고 나온다면, 나는 변화가 필요하다는 걸 알게 될 것입니다. '곧 죽는다.'라는 생각은, 인생에서 큰 결단을 내릴 때마다 가장 중요한 도구였습니다."라고 말했다. 또 그는 "삶이 만든 최고의 발명이 '죽음'이다. 죽음은 삶을 대신하여 변화를 만듭니다. 여러분의 시간은 한정되어 있습니다. 따라서 다른 사람의 삶을 사느라 시간을 낭비하지 마십시오." 라며 꿈을 꾸는 수많은 젊은이들에게 따끔한 충고를 하기도 했다. 이 뿐만이 아니다. 스티브 잡스는 떠났지만 그가 남긴 명언들은 아직도 전 세계인들에게 삶에 관한 많은 것들을 이야기하고 있다. 스티브 잡스가 남긴 최고의 명언들을 모아봤다.

자신감, 도전에 관한 명언

우리가 이룬 것만큼, 이루지 못한 것도 자랑스럽습니다. 나머지 인생을 설탕물이나 팔면서 보내고 싶습니까, 아니면 세상을 바꿔놓을 기회를 갖고 싶습니까?

혁신, 성공에 관한 명언

혁신은 리더와 추종자를 구분하는 잣대입니다. 가끔은 혁신을 추구하다 실수할 때도 있습니다. 하지만 빨리 인정하고 다른 혁신을 개선해 나가는 것이 최선입니다. 혁신은 연구 개발 자금을 얼마나 갖고 있느냐와 상관없습니다. 애플이 매킨토시를 출시했을 때 IBM은 연구개발에 최소 100배 이상의 비용을 쏟고 있었습니다. 돈이 문제가 아닙니다. 어떤 인력을 갖고 있느냐, 어떤 방향으로 가느냐, 결과가 얼마나 나오느냐에 관한 문제입니다.

일, 생각에 관한 명언

많은 경우 사람들은 원하는 것을 보여주기 전까지는 무엇을 원하는 지도 모른다. 내가 계속할 수 있었던 유일한 이유는 내가 하는 일을 사랑했기 때문이라 확신합니다. 여러분도 사랑하는 일을 찾으셔야 합니다. 당신이 사랑하는 사람을 찾아야 하듯 일 또한 마찬가지입니다.

개인의 창의성을 조직의 힘으로 꿰어줄 열정적인 문화를 만들어야 한다. 시대를 앞서가는 아이디어, 인문학과 첨단기술을 넘나드는 융합능력, 창의력과 도전정신을 가진 사람, 이런 사람이 우리 회사에 입사원서를 낸다면 어떨까? 굴러들어온 복덩어리 앞에 CEO는 흥분할 것이다. 당장 그를 뽑아 리더로 육성하고 기업을 세계 초일류로 키워내겠다는 생각에서 말이다. 하지만 현실은 딴판이다. 일단 면접에서 탈락할 것이 뻔하기 때문에 CEO는 이 사람 얼굴도 못 볼 가능성이 크다. 면접자인 팀장, 임원들은 소위 20세기형 스펙의 포로가 되어 21세기형 인재인 스티브 잡스를 눈앞에 두고도 알아보지 못한다. 넘치는 상상력은 황당한 몽상일 뿐이며 시대를 앞선 아이디어는 비현실적 공상으로 치부된다. 설사 면접을 통과해 근무를 시작해도 가시밭길이 기다리고 있다. 미래를 내다본 사업 아이템은 개념조차 이해하는 사람이 드물다. 시큰

둥해하는 동료를 가까스로 설득해도 넘어야 할 산은 남아 있다. 자금부서의 아우성과 연구소·생산부서에서 내세우는 기술적 제약 등이다.

이런 과정을 몇 번 반복하면서 지쳐가던 스티브 잡스는 중대결단을 내려야 할 갈림길에 선다. '조직에 순응하면서 직장생활을 계속할 것인가? 아니면 직장을 때려치우고 나의 길을 갈 것인가?' 회사 입장에서는 둘 다 손해다. 스티브 잡스가 직장생활에 순응하기로 마음먹는 순간 범재가 되어버린 천재의 화석만 남는다. 만약 퇴사하면 조직은 다시 만나기 어려운 인재를 영영 떠나보낸다. 실제로 애플의 창업자 스티브 잡스는 대학을 중퇴하고, 독학으로 지식을 쌓았으니 스펙과는 거리가 멀다. 아이디어는 뛰어났지만 커진 조직에 융화하지 못하고 자신이 만든 회사에서 쫓겨난 후 변방에서 재기했다. 창업자조차도 시대를 앞선 아이디어를 이해하는 동지를 찾기 어려운 것이 현실이다. 하물며, 같은 입장의 직장인들이야 오죽하겠는가.

21세기 기업경영의 핵심이 열정적인 창조력과 아이디어에 있다는 데에는 누구나 공감한다. 그러나 실제로 조직을 이런 방향으로 변화시키는 것은 또 다른 차원의 과제이다. 열정적인 창조력을 강조하니 조직력이 약화되고, 아이디어가 풍부한 외부인재를 수혈했더니 부서 간 협력이 어려워지는 경우가 허다하다. 이건희 삼성그룹 회장이 기술, 인재, 특허확보를 강조했지만, 인재는 찾는 것보다 유지하는 것이 더욱 어렵다. 창의적 인재를 확보하고 유지하려면, 이들을 담을 수 있는 그릇인 조직문화가 뒷받침돼야 한다. 창의적 개인들을 조직적 역량으로 연결하는 조직문화의 육성은 21세기 리더의 주요 과제가 되었다.

2 난관 속에서도 실망하지 않는 긍정에너지

세상의 모든 기업들이 항상 기업세계에서 승리를 하지는 못한다. 설령 그 기업이 세계 최고의 기업이라 할지라도 위기의 순간은 존재하기 마련이다. 모든 경영자의 꿈은 100년 이상 존속하는 기업을 만드는 일이라고 하지만 기업이 겪는 환경은 과거에 비해 훨씬 빠르게 변화하고 있다. 뿐만 아니라 세계적인 경쟁심화와 고객욕구의 급속한 변화로 100년은 고사하고 당장 1년 앞을 내다보기가 어려운 상황이다. 이렇듯 기업의 주위에 항상 도사리고 있는 위기의 순간은 기업을 심각한 상황으로 몰고 가 위협하기도 하는데 기업에 따라 위기를 현명하게 극복하는 사례가 있는가 하면, 위기를 극복하지 못하고 무너져 버린 기업도 있다. 따라서 위기를 성공적으로 극복한 기업들이 위기의 시대를 살아남는 지혜를 배워야 한다.

세계 최강의 제약회사로 승승장구하던 미국의 존슨앤존슨은 1982년 회사의 존망을 다투는 절체절명의 위기에 빠졌다. 자사의 제품인 타이레놀 캡슐에 소매상 유통과정에서 누군가가 독극물인 청산가리를 투입해 8명이 사망하는 사건이 발생한 것이다. 존슨앤존슨 측 잘못은 아니었지만 전 세계적으로 불매운동이 물결을 이뤘고, 회사는 당장 문을 닫을지를 고민해야 하는 상황에 빠져들었다. 경영진은 모든 것을 공개하고, 회사의 운명을 소비자의 선택에 맡기기로 했다. 즉각 타이레놀의 제조과정을 언론을 통해 밝히고, 2억 4천만 달러의 비용을 들여 3,100만 병을 모두 수거해 폐기했다. 그 결과 타이레놀이 재출시 된 뒤 존슨앤존슨의 윤리경영을 믿은 소비자들이 폭발적인 호응을 보이면서 타이레놀은 옛 명성을 되찾았다.

실제로 1983년 봄에는 사건 전 시장 점유율의 80%를 회복했고, 곧바로 진통제 시장 점유율 1위에 복귀하였다. 1985년에는 타이레놀 단일 제품 매출액만 5억 3,500만 달러로 전체 매출64억 달러의 9%까지 올라서는 등 완전한 회복세를 보여주며 위기관리의 기적이라고 불리우는 '타이레놀의 컴백'을 이루어냈다.

존슨앤존슨은 CEO가 적극적으로 수습에 나섰으며, 특히 정보 공개에 역점을 두어 잘못되고 왜곡된 커뮤니케이션이 발생하는 것을 미연에 방지했다. 존슨앤존슨은 즉시 위기관리위원회를 열고 언론대응을 위한 대변인을 선정하였다. 또한 연방조사단의 조사에 적극 협조하였으며, 기자들에게 정확한 정보와 보도편의를 제공하는 등 언론과의 우호적인 관계를 만들기 위해 많은 노력을 기울였다. 당시 존슨앤존슨의 사내에서는 타이레놀 브랜드를 포기하자는 주장도 나왔지만 경영층은 자신들의 신조와 신념에 따라 대응한 만큼 소비자들이 존슨앤존슨을 믿어줄 것이라 판단하였고, 위기관리 커뮤니케이션전략 대응에 만전을 기했다.

존슨앤존슨사는 신문에 해명이나 반박광고를 내는 것을 삼가고 오직 기자회견에서만 자사의 입장을 전달하였다. 그 대신 소비자의 의문과 불평에 직접 답하도록 전화번호를 개설하였는데 한 달 동안 총 3만여 건의 전화가 온 것으로 집계되었다.

우편 역시 3천여 통이 답지하였는데, 기업에서는 이들 편지에 일일이 답장을 해서 발송하였다. 이 사건 이전에 존슨앤존슨사는 외부에 나서거나 미디어의 뉴스거리가 되는 것을 되도록 삼갔다. 하지만 타이레놀 독극물 사건은 존슨앤존슨의 그러한 정책 또한 변화시켰다. 언론을 가장 가까운 벗으로 삼았고 언론 또한 시시각각 변화하는 상황을 정확하고 신속하게 일반에게 알렸다. 존슨앤존슨의 임직원들은 60분, 필도나휴 쇼Phil Donahue Show, ABC 나이트라인Night Line 등 시청률이 높은 TV대담 프로그램에 적극적으로 출연하였으며, 그 외에 비즈니스 위크Business Week나 포춘Fortune과 같은 경제잡지의 인터뷰에도 거리낌 없이 응하였다. 그러자 각 언론은 존슨앤존슨사의 적극적인 언론대응 자세를 칭찬하게 되었다. 존슨앤존슨사의 위기극복 사례는 우선, 소비자에 대한 책임감을 바탕으로 신속하고 윤리적으로 대응하는 기업의 윤리경영이 빛을 발한 결과이며, 뉴스 미디어를 적절히 활용하는 한편 적극적 캠페인을 전개하여 우호적인 여론을 조성하여 기업의 명성과 이미지를 제고시킨 위기관리 커뮤니케이션 전략의 성공사례로 볼 수 있다.

1970년대 초반 우리나라는 먹거리가 부족하고 많은 국민이 영양부족 상태에 있었다. 우유 하나와 빵 한 조각으로 한 끼를 때우고자 하는 사람들이 많았던 배고픈 시절, 이러한 상황에서 당시 정부는 해결책으로 우유소비촉진을 중점 추진하였다. 하지만 우유에 익숙치 않던 다수의 우리나라 사람들은 흰 우유에 대해 거부반응을 보였다. 따라서 우유 거부반응이 없는 가공우유 개발이 당시 유가공 업계의 중요한 이슈였고, 이러한 배경 하에 빙그레 바나나 맛 우유는 우유의 대중화의 중대한 사명을 가지고 태어났다. 빙그레 바나나 우유는 출시 당시 생산 기술면에서 파격적이었다. 우유 용기의 주류를 이루고 있던 유리병과 비닐팩을 과감히 탈피하고 80년대 후반에 와서야 일반화된 폴리스틸렌PS 용기를 사용함으로써 포장부문의 혁신을 이루었다. 그러나 올림픽을 거쳐 90년대로 접어들면서 바로 이 용기의 장점이 시련으로 다가왔다. IMF시대가 경제의 한 전환점이 된 것처럼 당시 올림픽을 겪으면서 우유업계는 커다란 변화를 맞게 된다.

본격적으로 폴리에틸렌PE 용기가 선보이기 시작하면서 유리병 중심의 원통형을 탈피, 4각형 패키지가 주종을 이루게 되었다. 각양각색의 패션용기가 등장하기 시작한 것이다. 또한 젊은 층을 중심으로 '유행'이 큰 흐름을 형성하면서 반짝 상품들, 즉 유행성 제품들이 넘치게 되었다. 결국 바나나 우유도 이러한 시류에 의해 기존 브랜드 정체성을 유지하느냐 유행을 따라가느냐 하는 갈림길에 놓이게 되었다. 90년대 중반을 넘어서고 IMF시대가 접어들면서 빙그레 바나나 우유는 또 다른 시련에 맞닥뜨리게 되었다. 뉴에이지, X세대, N세대를 거치면서 최대 소비층인 청소년들의 의식구조와 생활패턴이 개성과 자유의 추구, 인터넷 중심의 생활구조로 변하게 되었다. 이들은 더 이상 기성세대의 문화를 받아드리기 거부했고, 당연히 기성세대로부터 내려온 전통이 이들에게 진부하게만 느껴지게 되었다. 우리나라 우유의 전통 브랜드인 바나나 우유도 어려움에 처하게 되었다.

이에 빙그레는 젊은이들을 대상으로 바나나 우유의 브랜드 정체성 확장에 나섰다. '마음에서 마음으로'라는 확장된 브랜드 정체성을 설정하고 마케팅 활동을 집중하였고, 젊은이들의 대표적 데이트 코스인 극장에서 젊은이들의 사랑과 우정을 담은 광고를 제작 상영하고 박중훈, 송윤아 주연의 '불후의 명작'에서는 PPLProduct PLacement 간접광고을 통해 남녀 주인공들간 사랑의 메신저로서 제3의 주연을 담당케 하는 등 브랜드 정체성을 확고히 하였다. 드라마 '명랑소녀 성공기'에서도 드라마의 소재로 활용되어 톡톡한 광고효과를 보기도 하였다. 또한 실제 연인들의 신청을 받아 '바나나 우유 사랑의 기차여행'이라는 이벤트를 실시하였다. 전국에서 참가 신청 받은 연인들 중 28쌍의 커플을 초청, 정동진행 열차에서 무박 2일간 진행한 이 이벤트는 열차 한 량을 임대하여 각종 이벤트와 공연, 게임 등을 통해 각 커플들의 사랑을 더욱 북돋아 주는 내용으로 1등 커플에게는 100만원 상당의 선물과 커플링을 증정하는 등 잊지 못할 추억이 되도록 노력하였다. 그 결과 99년 300억대의 매출에서 2년 뒤 2001년 600억대의 매출로 두 배 이상 매출이 증가하였다. 2001년 판매수량만으로 에베레스트 산을 무려 1,820개를 쌓을 수 있는 대한민국의 대표브랜드로 성장한 것이다. 그 이후 빙그레의 2013년 매출액은 8,059억원의 기업으로 성장해 있다.

아무 노력없이 지속되는 기업의 명성은 없다. 이번 과제 위기를 극복한 기업들의 사례를 조사하면서 느낀 점은 바로 이것이다. 세계최고의 기업이라 할지라도 순간순간의 위기를 어떻게 극복하느냐에 따라 소비시장의 떠오르는 별에서 저무는 별이 될 수도 있다. 소비자들의 소비심리는 항상 변화하고 있고, 기업은 그것에 발맞추어 나가야한다. 상황에 따라 현명하고 유연하게 대처할 수 있도록 사전에 자신의 기업을 파악하고 준비하는 능력을 가진 기업은 어떤 상황이 와도 발 빠르게 대처할 수 있다. 1등을 하는 것도 중요하지만 1등을 유지하는 것이 더 힘들다고 한다. 현실에 안주하는 것이야말로 가장 어리석고 한심한 것이다. 따라서 기업들은 소비시장의 경쟁에 뒤처지지 않기 위해 지속적인 자기계발과 자기발전을 위해 힘써야 하며, 고객들의 요구사항과 피드백을 계속적으로 받아들여 고객의 요구와 불만을 자각하고 이를 발전시켜야 하는 것도 중요한 과제 중에 하나일 것이다.

이처럼 여러 기업들이 경쟁시장에서 생존하며 롱런할 수 있는 비결은 바로 끊임없이 노력하는 것이라는 것을 깨닫고, 이를 시장경제에서만 생각해 볼 것이 아니라 우리들의 삶과 조직관리에도 적용시켜 인생의 지혜와 리더십을 배울 수 있는 계기가 되어야 한다. 우리의 삶과 조직에도 위기는 계속해서 찾아온다. 그 위기의 순간에 우리 자신과 조직의 장·단점에 대해 완벽히 파악하고 이를 보완, 수정하여 위기를 극복한 좀 더 나은 리더와 조직이 될 수 있도록 노력해야 한다. 리더는 국·내외 위기극복 사례를 기초로 하여 조직 환경에 대해 방관하지 말고 상황에 적합한 위기관리방식에 대해 관심을 갖는 것이 무엇보다 시급하다는 것을 깨달아야 한다.

제아무리 강한 체질을 가진 기업이라도 위기 자체를 인정하지 않고, 사업영역과 고객, 그리고 내부직원들에게 지속적인 관심을 기울이지 않는다면, 결국 언젠가 맞부딪칠 위기의 암초에 좌초되고 말 것이기 때문이다. 따라서 위에서 제시된 위기극복의 지혜는 오히려 앞으로 다가올 위기에 대한 예방책이라고도 볼 수 있다.

이와 덧붙여 궁극적으로는 위기관리에 대한 CEO 및 리더들의 지속적인 관심과 의지가 뒷받침되어야 할 것이다. 왜냐하면 모든 기업의 궁극적인 위기관리의 총 책임자는 바로 최고경영자이기 때문이다. 세계적인 신용평가기관인 S&P의 조사에 따르면, 미국의 300여개 기업들이 위기관리의 총괄책임을 지고 있는 CRO Chief Risk Officer를 임명하는 등 ERM Enterprise Risk Management을 도입 중인 것으로 나타났다. 이는 과거에 소극적으로 기업의 위기에 대처하던 차원으로부터 벗어나, 보다 적극적이고 공격적으로 전사차원에서 위기를 예방하고 대응하고자 하는 CEO의 강력한 의지를 보여주는 것이다.

5 조직의 콤플렉스를 극복하기 위한 핵심리더의 조건

1 리더의 콤플렉스가 조직에 미치는 영향

리더로서 나 자신은 어떤 콤플렉스를 갖고 있는지 나 자신을 아는 것이 바로 리더의 덕목 중 하나라고 볼 수 있다. 그래야만이 조직을 위해서나 리더 자신을 위해서 올바르게 설 수 있다. 리더로서 자기 자신은 잘 모르지만 리더의 콤플렉스가 조직의 성과나 업적에 미치는 영향은 너무나 크고 치명적일수도 있고, 반대로 전화위복의 기회를 만들기도 한다. 리더 자신의 모습을 객관적으로 평가하고 분석하는 개인이 드문 것처럼 기업이나 조직의 경우도 자신의 모습을 객관적인 시각에서 조망하는 경우가 흔치 않다. 특히 대부분의 조직은 관료제 원칙하에 조직을 편성해 운영하고 있기 때문에 자기반성의 기회를 갖는 경우가 거의 없다. 한때 혁신적인 조직의 대명사로 알려진 도요타도 1989년 엔진 결함에서 비롯된 3천 건 이상의 클레임이 경영층에까지 전달되지 않아 10개월 동안이나 방치하다가 대규모 리콜 사건으로 확대되어 심각한 타격을 받은 적이 있다.

이러한 관료주의 조직의 병은 언제든 발생할 수 있고, 치료했다고 해서 완전히 치유되지도 않으며, 언제든지 재발할 수도 있다. 더욱이 잘못된 습관을 방치해 두면 복잡하고 해결하기 힘든 정상적인 콤플렉스와 같은 조직의 병리 현상을 보이게 된다. 관료주의로 병든 조직에서 흔히 볼 수 있는 몇 가지 콤플렉스들과 그 폐해를 짚어 봄으로써 건강한 조직을 만들기 위해 리더가 감당해야 할 역할이 얼마나 중요한지 배울 수 있다.

다이달로스Daedalus 콤플렉스 自家撞着, 자가당착

과거의 장점이 오늘의 걸림돌로 변질되는 경우를 말한다. 그리스 신화에 나오는 다이달로스는 지혜의 여신 아테네로부터 기술을 전수 받은 건축과 공예의 명인으로 장인의 아버지로 불린다. 그는 괴물을 가두어 달라는 크레타의 왕 미노스의 부탁을 받고 한번 들어가면 빠져나올 수 없는 미궁을 지어주었다. 그러나 훗날 다이달로스는 미노스왕의 미움을 사서 자신이 만든 미궁에 갇히는 신세가 되었다. 그런데 다이달로스는 아들 이카로스와 함께 밀랍으로 날개를 만들어 미궁 탈출에 성공하게 된다. 하지만, 아들 이카로스는 하늘을 날 수 있다는 기쁨에 태양을 향해 너무 높이 날다가 밀랍이 녹으면서 바다에 떨어져 죽게 된다. 사람들은 자신의 장점으로 인해 오히려 곤란에 빠진 사람들을 가리켜 다이달로스나 이카로스를 떠올리곤 한다. 조직은 효율성을 높이기 위해 수많은 제도나 의사결정 체계를 시행하고 있다. 그러나 이러한 것들이 지나치게 경직적으로 운영되면 오히려 효율성을 떨어뜨리거나 심지어 심각한 위기를 불러오는 경우도 있다. 예를 들어, 상명하복식의 지휘체계는 빠른 의사결정과 실행을 가능하게 해 효율성을 극대화할 수 있다. 그러나 지나치게 위계적 조직문화로 변질될 경우 다양한 의견이 무시될 수도 있다는 것이다.

메두사 Medusa 콤플렉스 自我陶醉, 자아도취

환경 변화를 외면하게 만드는 지나친 자부심으로 위험에 빠지는 경우를 뜻한다. 머리칼이 모두 뱀으로 되어 있어 보기만 해도 사람들을 돌로 변하게 만드는 메두사는 여성 괴물이다. 원래 메두사는 매우 아름다운 소녀였으나 자신의 미모에 자만해 아테네 여신보다 예쁘다고 자랑하다가 벌을 받아 모든 남성이 혐오하는 괴물 신세가 되었다는 것이다. 메두사 콤플렉스란 지나친 자부심으로 인해 위험에 빠지는 것을 의미한다. 100년이 넘은 미국 증권거래소 창립 당시 등록한 기업 중에 현재까지 남아 있는 기업은 GE를 포함해 손에 꼽을 정도이다. 잘 나가던 기업이나 오랜 역사의 기업이 사장되는 이유 중 하나는 지나친 자부심에 빠져 변화하지 않으려는 성향 때문이다. 메두사 콤플렉스는 오래된 조직일수록 고질병으로 작용할 가능성이 크다.

크로커 리우 애리조나 주립대 교수와 여맥 교수가 스탠더드 앤드 푸어스 500기업을 대상으로 CEO의 집 크기와 주가 흐름을 분석한 적이 있다. 그 결과는 대저택을 가진 CEO기업들의 주가가 좋지 않았다는 것이다. 실제로 테닛 헬스케어의 CEO의 트레버 페터는 댈러스에 1만 57평방피트에 달하는 대저택을 2005년에 사들였는데, 이후 주가는 상승장임에도 60%나 폭락했다고 한다. 그리고 자아도취의 정도를 기준으로 CEO들을 평가해 기업 실적을 분석한 연구도 있다. 자아도취적인 경영자일수록 투자나 경영 판단 시 보다 큰 위험을 감수하는 경향과 함께 기업수익의 변동성도 그만큼 커지는 것으로 나타났다. 이것을 통해 우리는 언젠가는 리더 자신과 조직도 위험에 빠질 수 있다는 것을 늘 명심해야 한다.

프로크루스테스Procrustian 콤플렉스自用則小, 자용즉소

프로크루스테스는 침대로 여행객을 괴롭힌 괴물이다. 그는 나그네를 침대에 눕혀 침대보다 키가 크면 다리를 자르고 키가 작으면 늘여 고통을 줬다. '프로크루스테스의 침대'는 자기 기준에 얽매여 잘못된 판단을 하는 사람을 지칭하는 표현으로 쓰이고 있다. 융통성이 없거나 다른 사람들의 생각을 자신의 일방적인 기준에 억지로 맞추려는 아집과 편견 된 생각이나 모든 일을 자신의 잣대로 해석하고 안주하는 현상을 버려야 한다. 조직 구성원들은 수많은 의사결정을 내려야 하는 상황에 직면하게 된다. 따라서 구성원들이 얼마나 바람직한 의사결정을 하느냐에 따라 그 조직의 성패가 좌우되는 것이다. 그러나 관료화된 조직의 경우 구성원의 의견을 입맛에 맞게 재단해 버리곤 하기도 한다.

소비자 불만이 많아지고 있다. 한국소비자원에 접수된 소비자 불만 건수는 1987년 8,063건에서 지난해 77만 8,000여건으로 96배 증가했다. 소비자 불만에 대한 미흡한 대응은 기업에 큰 타격을 주기도 한다. 스마트기기가 보급되고 소셜미디어가 확산되면서 소비자 불만은 과거와 다른 양상으로 전개되고 있다. 인터넷 기반의 소통 수단이 확산되면서 소비자가 불만을 제기하는 통로가 다양해졌다. 유튜브, 트위터, 페이스북 등 소셜미디어는 소비자들이 쉽게 불만을 표출할 수 있는 대표적인 공간이다. 미국에서 진행한 한 설문조사에서는 응답자의 20%가 소셜미디어를 통해 제품이나 서비스에 대한 불만을 제기한 경험이 있다고 답했다. 소셜미디어는 가입자 수가 많아 소비자 불만을 매우 빠르게 확산시키는 역할을 한다. 불만을 가진 소비자들이 온라인 집단화한다는 점도 요즘 나타나는 특징이다. 비슷한 생각을 가진 사람들이 집단을 구성해 영향력을 행사하는 것을 뜻하는 '크라우드 클라우트Crowd Clout'가 확산되고 있다. 집단화 경향과 반대로 파워블로거나 연예인 등 특정 1인이 대중적 지지를 얻으면서 기업을 공격하는 일도 벌어지고 있다.

마케팅 이론 중 하나인 '존 구드만 법칙'에 따르면 불편을 느끼지 못한 고객이 제품을 다시 구매할 확률은 10%에 그치지만 불만사항에 대해 적절한 해결책을 제시받은 고객이 제품을 다시 구매할 확률은 65%나 된다. 소비자 불만을 혁신의 계기로 삼는 역逆발상도 필요하다. 존슨앤드존슨의 유아용 파우더와 락앤락의 내열 유리 용기는 소비자가 제기한 불만을 해결하는 과정에서 혁신적인 제품을 개발한 사례. 소비자 불만을 귀찮은 일로 치부하지 않고 제품과 서비스의 수준을 향상시키는 계기로 삼는다면 기업에 대한 소비자의 만족도와 신뢰도는 더 높아질 것이다.

시지프스Sisyphus 콤플렉스 學習不在, 학습부재

실패로부터 학습하지 못하고 같은 실수를 되풀이하는 표현으로 쓰인다. 신들을 기만했던 시지프스는 신들로부터 엄한 형벌을 받는다. 힘을 다해 큰 바위를 산꼭대기에 올려놓으면 신들이 다시 산 아래로 굴려버리기 때문에 끝없이 바위를 굴려야 하는 벌을 받은 것이다. 실패로부터 학습하지 못하고 같은 실수를 되풀이하는 표현으로 쓰인다. 더 나쁜 사태가 오기 전에 일시적인 개선 상태가 나타난다는 시스템 사고의 금언은 실패로부터 학습하지 못하고 같은 실수를 되풀이하는 원인이 무엇에 있는지를 가르치고 있다. 조직도 실패했다는 사실을 은폐되거나 또는 실패를 부정하고 싶은 구성원들의 잘못된 편견 때문에 같은 실수를 되풀이하는 경우가 많다.

리더 자신의 실패를 인정하고 그 실패의 원인을 분석하고 대안을 찾는 과정을 갖지 않으면 작은 실패는 더 큰 실패의 요인이 되기도 한다. 실패로부터 배우려 하지 않거나 배울 준비가 되어 있지 않다면, 작지만 거듭되는 실수로 인해 그 조직의 생존마저 위협받는 큰 위기를 만날 수 있다. 기업도 실패를 부정하려는 구성원의 편견이나 실패 사실의 은폐로 인해 같은 실수를 되풀이 하는 경우가 많다.

왕안 박사가 1970년대 설립한 왕컴퓨터는 사무실에서 타자기를 몰아내고 워드프로세서로 대체했다. 1980년대 중반 이 회사는 미국 70대 기업에 오르는 등 성공을 거뒀다. PC의 등장으로 하드웨어 상 호환성이 떨어지는 워드프로세서가 뒤안길로 사라짐에도 불구 왕컴퓨터는 워드프로세서에 집착했다. IBM이 PC에 진출하면서 뒤늦게 PC사업에 손을 댔으나 워드프로세서 때처럼 하드웨어와 독자 개발한 소프트웨어를 세트로 판매했다. 소프트웨어를 같이 팔면서 수익을 높이겠다는 계산이었으나 결국 왕컴퓨터는 소비자의 외면으로 1992년 도산하고 말았다. 워드프로세서의 성공을 일구어낸 왕안 박사의 카리스마는 조직을 예스맨으로 채웠다. 예스맨 문화는 실패 사례로부터 새로운 사업방식을 만들어 내는 창의적 사고를 가로막고 결국 왕컴퓨터는 실패만 반복하다 망하게 된 것이다.

키클롭스Cyclopes 콤플렉스同而不和, 동이불화

편향된 시각으로 인해 다양성을 상실하는 우를 범해서는 안 된다는 것이다. 그리스 신화에 나오는 위대한 영웅 중의 하나인 오디세우스는 여행을 하던 중에 외눈박이 거인 키클롭스를 만나 괴롭힘을 당하게 된다. 사고방식이 단순한 키클롭스는 오디세우스가 주는 술을 받아먹고 취해서 잠을 자다가 하나 남은 눈마저 잃게 된다. 여기서 우리는 편향된 시각으로 인해 다양성 상실하는 우를 범해서는 안 된다는 교훈을 얻을 수 있다.

어떤 기업들은 단기 실적에 급급하다가 고객의 불만이 급증해 시장에서 퇴출되는 경우가 있다. 반면, 고객에게 최상의 서비스를 제공한다는 미명 하에 천문학적인 투자를 장기간 계속하다가 과잉 투자로 적자에 허덕이다 도산하는 기업도 종종 있다. 전세계 어디서나 끊김없는 무선통신을 하고자 시작했던 위성 휴대통신사업 이리듐 프로젝트는 지나친 장기적·대규모 투자로 실패한 대표적 사례이다. 이리듐 프로젝트는 모토로라를 주축으로 47개의 통신사들이 합작 투자한 장기 프로젝트이다. 그러나 50억 달러로 시작한 이 프로젝트는 100억 달러나 낭비한 후 참담한 실패를 맞는다. 인공위성을 묶어 세계를 단일통화권으로 만들겠다는 방대한 서비스 개념에 비해 세계적으로 활동하는 고객은 그리 많지 않았다. 게다가 서비스에 비해 20배나 되는 요금은 고객을 생각지 않고 만든 작품이다. 조직 구성원들이 첨단기술개발이라는 개념에서 헤어 나오지 못해 고객입장이나 상업화를 철저히 배제했던 것이다. 조직이 하나의 방향으로만 나가다가 실패하는 경우를 보게 되는 것이다.

위와 같은 콤플렉스에서 보듯이 병든 조직이 앓고 있는 병은 심각하다. 감기처럼 짧은 기간 앓고 나면 끝이 나는 일시적인 것이 아니다. 근본적인 치유가 필요한 중병인 것이다. 잘못된 생활습관을 바꾸어야 육체의 건강을 회복할 수 있듯이 잘못된 조직문화를 바꾸어야 조직의 건강을 회복할 수 있다. 이런 치유의 중심에는 분명 리더가 있다. 콤플렉스를 치유하려면 리더가 앞장서 콤플렉스로부터 벗어나야 한다. 그리고 구성원들이 건강을 유지할 수 있도록 이끌어주어야 한다. 이것이 건강한 조직을 이끄는 리더십의 기본이자 핵심인 것이다.

2 조직의 콤플렉스 개선을 위한 학습조직

Fun경영이란 권위를 내던지고 웃음을 회사에 퍼뜨려 신바람 나는 직장 분위기를 창조하는 위한 경영을 의미한다. '웃으면 복이 온다.'라는 말이 이제는 '웃어야 산다.'는 말로 대체되는 시대가 되고 있다. 특히 생존경쟁이 치열한 기업과 직장인의 세계에서는 웃음이 경쟁력의 요체로 떠올랐다. 최근 국내에서도 재미있고 신나게 일할 수 있는 분위기를 만들기 위한 다양한 시도가 행해지고 있다. 교육부문에서도 예외가 아니라고 할 수 있다. Fun경영의 유래는 1990년대 후반부터 미국에서 시작되어 2000년대에 주목받기 시작한 경영기법이다. 우리의 생활과 경제는 온통 즐거움이라는 중력에 의해 지배받고 있다. 재미를 추구하는 성향은 소비에서 뿐만 아니라 사회 문화 등 여러 분야에서 나타나고 있다.

세계 최고의 동기부여가인 브라이언 트레이시Brian Tracy는 성공의 85%는 인간관계에 달려있으며, 훌륭한 인간관계를 만드는 핵심은 바로 웃음이라고 언급했다. 인간관계에서 주고받는 웃음은 바로 신뢰를 의미한다. 일하기 좋은 100대 기업을 보면 가장 큰 특징 중 하나가 재미와 신뢰 그리고 자부심 등으로써 모든 요소가 인간관계를 그 바탕으로 하고 있다. 웃음은 신바람이다. 세계 최고의 자동차 판매왕으로 이름을 날린 조지라드는 아직도 수많은 영업사원들에게 전설적인 이름으로 알려져 있다. 그는 "웃음의 위력을 알지 못하는 세일즈맨은 결코 성공할 수 없다."고 단언한다. 인간에게 얼굴이 있는 것은 먹기 위해서나 세수하기 위해서가 아니며 면도하기 위해서도 아닌 오직 웃기 위해서라고 한다.

구글Googl 같은 기업들이 회사를 놀이터처럼 꾸미는 까닭은 회사가 재미있어야 창의력도 나오고, 생산성도 높아지기 때문이다. 기업이 재미있게 바뀌려면 무엇보다 리더들의 의지가 중요하다. 그래서 요즘은 최고경영자를 뜻하는 CEO가 Chief Entertainment Officer로 바뀌어야 한다는 말까지 나올 정도이다. 경영자가 유머가 있고 재미있어야 기업도 재미있게 변한다. 즐거움과 재미를 통해 직장 내의 갈등을 해결하고 신뢰하는 문화를 만들어야 합니다. 유쾌하고 즐거운 직장은 노사관계도 원활하고 조직 내 갈등을 푸는 비용도 적게 든다. 또한 학습조직은 조직 내에서 지식을 창출하고 해석하며 내부로 전이 시킬 수 있는 역량을 구축함으로써 새로운 지식과 통찰력을 행동에 반영시키는 일련의 프로세스이다. 학습조직이 성공적으로 일어나기 위해서는 호기심과 개방성이 필요하다.

'채퍼럴 스틸Chaparral Steel'은 미국 철강제조업체 중 10번째의 위치를 점하고 있으며 제품의 품질과 생산성 면에서 세계적인 주목을 받고 있는 회사이다. 채퍼럴의 종업원들은 일인당 매년 1,100톤의 철강을 생산하고 있으며, 이는 미국 철강회사의 평균 일인당 생산량이 350톤임을 고려할 때 매우 높은 수준이다. 채퍼럴은 이미 20년 전부터 학습조직의 경영방침을 다각도에서 실험하고 실행해오고 있다. 채퍼럴의 경영자와 종업원들은 무엇보다 기업의 비전을 학습조직을 통해 확실히 공유하고 있다. 채퍼럴의 비전은 생산성과 작업안전을 유지하면서 저비용으로 높은 품질의 철강을 생산하는 것이다. 또한 종업원들은 서로를 존중하고 돕는 기업문화를 형성하고 있다. 이러한 문화와 비전의 공유로 채퍼럴에서는 기계의 고장시 모든 관련 종업원들이 문제해결에 나선다. 이를테면 냉각호스가 파열되는 사고가 있었을 때 호스를 조작했던 직원들뿐만 아니라 용접공, 감독, 호스의 구매부서 직원들까지 별도의 지시 없이도 모두 문제해결을 도왔으며 이는 평소 상호간의 협력을 중요시하는 학습문화 때문에 가능한 것이다.

그리고 종업원의 적극적 참여유도 학습으로서 연구개발부서도 따로 없으며, 현장 작업자들의 아이디어를 이용하여 작업개선을 계속적으로 수행하고 있다. 이 밖에도 채퍼럴은 종업원의 학습을 촉진하기 위하여 종업원들이 공식적인 교육기관에 출석하도록 고무하며 회사 내에서도 자체교육 프로그램을 만들어 종업원들이 서로 가르치고 배울 수 있는 기회를 제공하고 있다. 채퍼럴은 또한 외부조직과의 네트워크를 형성하고 있다. 팀조직의 팀원들은 관련 신기술의 발표회에 참석할 수 있도록 지원을 받으며 경쟁기업들이 공장을 방문하는 것을 환영하고 있다. 그러나 채퍼럴의 경쟁적 우위는 리더십, 기업의 문화, 종업원의 권한강화 등 경쟁기업들이 쉽게 따라할 수 없는 무형의 요소들에 있다. 그것은 학습조직으로서의 경쟁력이며 종업원들의 학습능력에 기초한 것이다.

미국의 웃음 연구 전문가인 메릴랜드 대학의 로버트 프로빈 교수는 '웃음이 많은 기업이 웃지 않는 기업에 비해 평균 40%에서 300%까지 업무에 대한 실적이 높고 적응력도 탁월하다.'고 주장했다. 미국 캔자스주립대 경영학과 토마스 라이트 박사팀이 미국의 직업 건강 심리학 저널에 "근로자의 정신적 웰빙과 직업 만족도가 회사의 실적에 미치는 영향"을 조사 발표했다. 그 결과 행복하다고 느끼는 근로자가 있는 직장의 생산성이 10~20% 높고 이직률은 매우 낮은 것으로 나타났다. 긍정적인 감정이 지배하는 직장은 직원간의 협력 분위기가 잘 조성되어 생산성이 높다. 반면에 부정적 감정이 지배적인 직장에서는 성과에 집중하기보다 실패한 직원에 관심이 집중되어 실패에 의식을 몰입하는 분위기를 만든다. 직원들이 행복감을 느끼는 회사의 이직률도 그렇지 않은 회사에 비해 0.57배에 불과했다. 그리고 행복하지 않은 직원이 회사에 끼치는 손해를 월 300달러로 잡았다.

학습조직이 효과적으로 이루어지기 위해서 리더들은 학습 프로세스에 대한 좀 더 많은 이해를 필요로 한다. 그리고 학습을 통해서 새로운 사실을 발견하려는 노력뿐 아니라 습관적으로 해오는 것과는 다른 새로운 것을 시도하지 못하는 무능력의 벽을 깨야 한다. 새로운 아이디어를 풍부하게 하는 촉진요인과 학습활동을 지원하는 조건이 학습과정에 필요하다. 그때에 이르러 비로서 리더들은 이제까지 익숙한 관례를 창조하고 적극적인 학습풍토를 조성할 수 있을 것이다.

학습조직은 여타의 경영혁신기법처럼 한때의 유행으로 끝나서는 안 될 것이다. 학습조직과 Fun경영이 단순한 유행이거나 일시적인 아니라 회사의 조직문화를 바꾸는 큰 트렌드로 자리 잡아 갈 필요가 있다. 두 개의 이론들을 종합해보면 빠르게 변화하는 시대 속에서 지루한 것을 거부하고 새로운 것에 도전하기를 바라고 현재에 안주하기를 거부한다는 것으로 발전할 수 있다. 늘 새로움에 대한 향수병 때문에 새로운 혁신기법이 나올 때마다 외형적인 혁신을 거듭해오지 않았는지를 반성할 필요가 있다. 무엇보다도 조직의 리더들은 학습조직을 통해 성공적인 결과를 창출한 기업의 실제 사례를 벤치마킹 해보고 어떤 전략과 방법으로 어떻게 추진하였는지, 왜 학습조직을 하나의 경영혁신 전략으로 활용하게 되었는지에 대한 맥락과 배경을 자사가 직면하고 있는 상황에 비추어 총체적으로, 비판적으로 검토해보고 분석해보아야 할 것이다.

조직의 리더는 구성원의 창조적 아이디어가 발휘될 수 있는 여건과 문화조성 작업에 중점을 두고 학습리더의 역할을 수행해야 한다. 구성원의 창의적인 아이디어가 실제 업무에 과감하게 적용될 수 있도록 실패를 용인해 주어야 한다. 또한 중요한 것은 기획능력 못지않게 실행능력이 중요하다. 실패를 인정하지 않는 완벽주의는 창의와 도전정신을 꺾어 버릴 수 있다. 그리고 리더는 최대한 참고 기다려주는 너그러움이 필요하다. 모든 것을 빨리 빨리 요구하는 '고속 중독증'은 부실과 불량을 유발할 뿐이다. 우리 모두 '천천히 할 수 있는 여유'를 가질 필요가 있다. 이제 기업들은 효과적인 학습조직을 통해 조직은 과실을 얻을 수 있으며, 조직원은 조직학습을 만들어 가는 주체로서 조직에 공헌하는 동시에 조직학습의 객체로서 조직으로부터 여러 가지를 배울 수 있게 될 것이다. 학습조직은 영원히 불가능할 수도 있다. 그러나 기업이 학습을 통해 지속적으로 혁신하기 위해서는 조직의 학습을 촉진할 수 있는 조직 구성원들의 개인 학습을 활성화하고, 학습을 구체화한 인재를 꾸준히 양성해 나가야 한다. 그것이 바로 학습조직으로 가는 길이다.

6 최악의 상황을 최고로 만드는 비밀

1 집단 중심성으로 최고의 승리

과거에는 안정적 상황, 고장 나지 않으면 고치지 마라는 것이 경영원칙이었다. 따라서 변화는 간헐적이고 점진적으로 일어났다. 그러나 이제 현실은 급속히 변화하는 무한경쟁 사회에서 변화는 생존을 위한 필수 요건이 되었다. 변화가 없으면 회사도 리더도 발전할 수 없고, 변화와 혁신에 성공하면 초일류 회사가 되고, 초일류 리더가 될 수 있는 것이다. 경제학자 슘페터는 "창조적 파괴활동이야말로 기업가의 활동과 정신"이라고 강조했다. 20세기 초 자동차 왕 헨리 포드는 변화와 혁신의 선봉자로 일컬어지고 있다. 아무도 생각하지 못했던 컨베이어 시스템을 생산에 도입함으로써 자동차 대중화 시대를 열었던 헨리 포드 그의 변화와 혁신에 대한 선구자이었다. 세상에 변하지 않는 진리가 한 가지 있다고 한다. 과연 무엇일까? 그것은 "변하지 않는 것은 없다."라는 사실이다. 따라서 우리는 이런 변화하는 환경 속에서 그에 적응하기 위해 부단히 노력해야 한다.

캐논은 일본의 사무기기, 카메라, 광학기기, 반도체 기기 제조회사이다. 1937년 세이키광학연구소로 설립되어 1969년 현재의 회사명으로 변경하였다. 일본과 해외에 약 30여 개의 공장이 있으며, 세계적으로 135개의 지점 및 현지법인이 있다. 캐논이라는 기업의 이름에는 '성전', '규범', '표준'이라는 의미가 담겨있다. 여기에는 캐논이 선진 기술과 서비스 활동에 있어서 세계 표준이 되고, 업계 규범으로서 활동해간다는 기업정신이 담겨 있다고 볼 수 있다. 기업이념은 '공생共生'으로 문화, 습관, 언어, 민족 등의 차이에 관계없이 모든 인류가 영원히 함께 살고 함께 일하며 행복하게 생활할 수 있는 사회를 목표로 한다.

캐논의 행동지침의 원점은 바로 창업 시기부터 이어져 내려온 '자발自發/자치自治/자각自覺'을 뜻하는 3자三自 정신'이다. 자발이란 무슨 일이든 자진하여 적극적으로 하는 것을 의미하며, 자치란 자기 자신을 관리하는 것을 말한다. 또 자각이란 자신이 처한 입장과 역할, 상황을 정확히 인식하는 것인데, 이 3자정신은 기업의 유전자를 전승함과 더불어 진정한 글로벌 우량기업을 목표로 하는 캐논으로서는 현재 가장 중요한 지침이라고 할 수 있다. 또 캐논 기업의 유전자로는 '인간존중', '기술우선', '진취적인 기상'이 있는데, 벤처기업으로 시작된 진취적인 기상과 기술을 통해 차별화를 추구하는 자세는 캐논이 언제나 사회에 새로운 제안을 하는 원동력이 되었다. 이를 뒷받침해 준 것은 실력주의와 건강 제일주의 등을 비롯한 인간을 존중하는 자세인데, 앞으로 캐논이 100년, 200년 더 지속되기 위해서는 이 같은 기업유전자를 잘 보존해야 할 것이다.

1990년대 중반 일본 경제가 베이비붐 세대의 은퇴 등으로 인해 복합불황에 빠져들면서 캐논도 어렵기는 마찬가지였다. 이에 따라 캐논은 대대적인 경영혁신에 착수해 적자를 내는 컴퓨터 사업 포함 7개 사업을 정리하고, 미국식 성과주의를 도입한 인사시스템을 구축했다. 그러나 캐논은 경영이념으로 삼아온 종신고용제는 버리지 않았다. 당시 일본이 자랑하던 종신고용·서열주의의 미덕은 '악 평등주의'의 부작용을 일으키고 있었고, 캐논의 성장은 정체에 빠져 있었다. 그럼에도 불구하고 캐논은 종신고용 기반 위에 실력주의에 입각한 인사 및 보상제도를 접목시켰다. 이 같은 종신고용과 성과주의의 결합은 훗날 캐논이 불황과 위기에도 높은 실적을 내며 재도약할 수 있었던 원동력으로 꼽힌다. 그 당시에 종신고용은 비효율적이라는 의견이 분분했지만, 미타라이 후지오 사장은 캐논의 종신고용철학에 대해 '종업원의 고용이 안정되어야 애사심이 발휘되고 더욱 열심히 일한다. 연구개발 성과에 따라 경쟁력이 강화되는 제조업은 무엇보다도 종업원의 심리적 안정감 확보가 중요하다.'라고 피력했다. 그리하여 2000년 4월, 미타라이 후지오 캐논 사장은 야마자키 인사부장을 불러 인사제도 개혁을 지시했다. 하지만, 그가 말한 종신고용은 일본 기업들에게 관료화라는 부작용을 안겨준 바로 그 종신고용은 아니었다. 그는 '관료화', '부패화'를 막기 위해 연공서열이 아닌 성과에 따른 보상시스템을 운용하고 정기승급폐지, 기본급 외의 수당 폐지 등을 통해 고전 속에서 혁신을 꾀하였다. 그리고 검토 끝에 직무급제를 도입, 차등을 두고 열심히 하려는 의욕을 자극하는 방법으로 구성원들이 자발적으로 불황과 위기극복에 참여하게 했다.

입사 연도가 같으면 똑같은 월급을 받고 똑같이 승진하는 식의 연공서열을 없애고 하는 일에 따라 보상해주자는 것이었다. 그렇다고 일본식 강점을 버릴 수는 없다. 캐논 경영진은 종신고용을 잘 활용하면 사원의 충성심을 극대화하고 장기적인 재능을 발휘케 할 수 있다는 판단을 했다. 이렇게 해서 캐논의'실력종신주의'가 탄생했다. 일본식과 미국식의 장점이 절묘하게 공존하는 모델이다. 캐논은 이같은 이색 경영방식과 철저한 코스트 삭감, 발빠른 디지털 대응에 힘입어 2003년 매출 3조 1천 9백 80억 엔전년비 8.8% 증가에 영업이익 4천 5백 44억 엔전년비 31.2% 증가이란 엄청난 실적을 올렸다. 캐논의 2010년도 실적이 발표된 1월 28일 <월스트리트저널>은 "일본기업들은 캐논을 배우라"는 기사를 실어, 금융위기와 엔화 강세를 딛고 높은 수익을 달성한 캐논을 집중 조명했다. 캐논은 2009년보다 80%가 늘어난 47억 달러의 영업이익을 올리며 매출 대비 10.5%의 수익률을 보였다. 또한 현재 캐논은 미국 특허등록 건수는 2,385건2006년 기준으로, 세계 3위일본 기업 1위다.

조직행동론 관점에서 본다면, 캐논은 일본의 높은 불확실성 회피성과 비교적 높은 집단 중심성을 파악하여, 다른 기업들이 다 종신고용을 포기할 때, 종신고용과 함께 미국식의 성과주의제도를 도입했다. 이는 일본인들의 '한번 직장은 평생직장'이라는 신조와 함께 집단 중심성을 키우는데 일조하였고, 이로 인해 캐논의 직원들은 직장에 대한 애정을 가질 수 있었다. 또한 성과주의 제도를 도입하여, 성취동기이론을 활용했다고 볼 수 있다. 그러나 무엇보다도 조직문화를 중시했다는 점에서 캐논은 돋보인다. 어려운 경제환경과 위기에도 불구하고 일본의 뿌리인 종신고용제를 버리지 않고, 내 직장이 평생직장이라는 마인드를 가지고 있는 캐논 직원들, 나아가서는 일본인들의 조직문화를 존중한 것이다. 그리고 어려운 경제시기를 극복하지 못하고 대거 정리해고를 단행한 다른 일본 기업과는 달리, 인적자원의 소중함을 깨닫고, 종신고용제의 장점을 살린 미타라이 사장의 리더십 또한 캐논이 위기를 극복할 수 있었던 이유 중에 하나이다.

2 조직의 결속력을 높이는 위기관리

위기관리 리더십이란 위기가 발생한 후의 조치는 물론, 발생 가능한 위기 상황을 미리 예측해 위기상황에 대비하는 것이다. 위기관리 리더십을 발휘한 리더 '힐러리 클린턴'이 있다. 대부분의 사람들이 알고 있듯이 힐러리는 역대 대통령 부인 중에서 가장 거센 비난을 경험했던 여성이고, 위기때마다 심한 좌절감을 겪어야 했다. 하지만 항상 다시 일어섰고, 자신의 존재 의의를 새롭게 찾아 나섰다. 그야말로 탁월한 위기관리 리더십을 가졌다고 할 수 있다. 여기서 힐러리가 어떻게 위기를 극복했는지, 미래의 위기를 어떻게 예측하고 대비했는지 살펴보겠다. 힐러리가 빌 클린턴과 함께 정치계에 뛰어들면서 겪었던 수많은 위기의 순간은 일일이 말로 다 표현할 수 없을 정도로 많다. 하지만 그녀는 좌절했지만 늘 다시 일어섰다. 하지만 정치가로서의 정치생명에 여자로서의 생애에 엄청난 위기가 찾아온다.

바로 '르윈스키 스캔들'이다. 빌 클린턴이 비서와 불륜관계였다는 사실은 빌에게는 대통령으로써의 정치생명을, 힐러리에게는 영부인으로써, 차기의 정치대권 주자를 꿈까지도 모두 잃게 만들 만한 엄청난 사건이었다. 하지만 힐러리는 일생일대의 최대 고비 앞에서 위기를 기회로 만들어내는 훌륭한 전례를 보였다. 남편의 불륜에 일일이 날뛰거나 흥분하고 분노할 것이라는 많은 사람들의 예상을 보기 좋게 뒤엎고, 고상하고 당당하며 침착한 리더십을 보여줌으로써 사람들의 신뢰감과 동정심을 동시에 유발해 낸 것이다.

힐러리는 부부동반으로 TV프로그램에 출연하여 스캔들에 대한 의혹을 일축하기도 했으며, 동시에 빌과의 사랑에 대한 믿음을 대중에게 보이며 자신들을 공격하는 적들에게 반대로 신랄한 비판을 퍼붓기도 했다. 이런 적극적인 대처와 확신에 찬 행동이 힐러리와 빌을 위기에서 구해 주었고, 오히려 비온 뒤에 땅이 굳어지듯 이들의 입지는 더욱 단단하게 굳어지는 계기가 되었다. 여자로서, 이 사건은 힐러리의 인생에 치명적인 오점을 남길 수 있는 부끄러운 사건이었지만, 그의 이런 태도로 인해 그녀는 오히려 상원의원으로 당선될 수 있는 입지를 마련하게 되었다. 르윈스키 사건을 놓고 본다면, 힐러리 입장에서는 부부 사이에서 해결해야 할 문제가 정치 과제로 변해버린

서글픈 상황이지만, 개인적인 배신감이나 남편에 대한 용서를 생각하기 이전에 우선적으로 눈앞에 놓인 위기상황을 해결한 것이다. 아마 힐러리가 평범한 아내였다면 온갖 스캔들로 나라를 떠들썩하게 했던 클린턴과 진즉에 헤어졌을 것이다. '힐러리가 여성으로서의 매력이 없어서 빌 클린턴이 바람을 핀 것이다.' 등 모욕적인 말이 공공연하게 떠돌았지만, 그녀는 놀라운 인내심을 선보이며, 오히려 빌 클린턴을 사랑과 포용으로 감싸 안고 정면 돌파함으로써 결국 위기를 극복해 낸 것이다. 힐러리 자체가 위기관리 리더십의 자체라고 볼 수 있을 정도이다. 유명한 일화가 있다. 클린턴 대통령 부부가 차를 타고 가다가 기름이 떨어져서 주유소에 들르게 되었는데, 공교롭게도 그 주유소의 사장이 힐러리의 옛 남자친구였다. 기름을 넣고 돌아가는 길에 클린턴이 힐러리에게 물었다고 한다. "나랑 결혼하지 않고 저 남자와 했다면, 지금쯤 당신은 주유소 사장 부인이 되어 있겠지?" 이어서 힐러리의 단호한 대답, "바로 저 남자가 대통령이 되어 있겠지."했다는 것이다. 리더의 위기관리 리더십을 보여준 사례이다.

위기상황일수록 인재경영이 경쟁력이다. 불황이 장기화할 조짐을 보이면서 증권·건설업계 등에서 구조조정의 우려가 계속 불거지고 있다. 직장인들 사이에서도 '해고' 걱정이 화제로 올라오기도 한다. 그러나 전문가와 업계 담당자들은 위기가 닥쳤을 때 인적자원을 비용으로 보고, 어렵다고 자르는 것은 '하수'의 선택이고, 오히려 인재를 중시하고 미래를 대비하는 기업이 '고수'라고 조언한다.

포스코경영연구소는 '불황기일수록 인재가 경쟁력이라면서 직원 성과 몰입에 관심을 가져야'라는 보고서를 냈다. 이 연구소의 경영컨설팅센터 보고서에서 "과거 불황기에는 인력 구조조정과 임금동결 등의 비용절감 대책을 적극 시행하면서 회사에 대한 충성심을 약화시켜 인재 유출을 초래했다."며 "선진 기업들은 과거의 시행착오를 교훈삼아 침체기 이후를 대비했다."고 분석했다. 연구소의 경영컨설팅센터는 지난해 말 사례를 들었다. 금융권 명예퇴직을 시작으로 일부 기업들이 불황기에 대비해, 인력 구조조정과 임금동결 등의 비용절감 대책을 적극 시행했지만, 이는 결과적으로 기업문화를 파괴하는 쪽으로 귀결됐다. 반면, 침체기평균 11~12개월 뒤를 내다보고 인재를 중시한 기업들은 경쟁우위를 지속했다는 분석이다.

특히, 인재중심 경영이 꼭 비용 발생을 수반하는 것은 아니라고 지적했다. "불황기에는 비금전적 수단이 성과 몰입에 효과적"이라며 "직원들과 솔직하고 신속한 커뮤니케이션을 통해 불황기에 대비하는 회사의 방향과 비전을 제시하고, 성과 몰입을 떨어뜨릴 수 있는 루머 생성을 적절히 차단하는 것이 효과적"이라고 설명했다. 예를 들어, 미국의 철강회사 뉴코어는 불황이 닥치자 기본급은 동종 산업 평균 이하로 지급하는 대신 불황기에도 직원들에 대한 해고는 없다고 천명해 동요를 줄였다. 팀워크를 고려한 합리적 성과주의 체계 구축도 중요하게 제시됐다. 보고서는 "불황기에 개인성과에 따른 차등을 심하게 두면 팀워크를 떨어뜨린다."고 조언했다. 두산의 한 인사 담당자는 불황기 효과적인 인사 평가에 대해 "최상 - 최하위 성과자들의 차등은 강화해 건전한 조직 긴장감은 유지하되, 중간 성과자들의 차등은 축소해 구성원간 협동을 강조했다."고 말했다. 포스코경영연구소의 경영컨설팅센터는 "위기 극복을 위해 필요한 결속력은 직원들이 평소에 공유하고 있는 가치관인 강력한 조직문화에 기반하여 생성된다."며 "조직문화는 하루아침에 만들어지는 것이 아니므로, 회사와 리더들은 위기 상황에 대비해 평소에 회사의 핵심가치를 내재화시킬 수 있는 프로그램들을 체계적으로 운영할 필요가 있다."고 조언했다.

　　영화 <유브 갓 메일You've got mail>에서는 여주인공 맥 라이언이 따뜻한 커피와 함께하는 출근길의 모습을 그리고 있다. 영화 <아이 앰 샘I Am Sam>에서 주인공 '샘'은 커피전문점 스타벅스의 파트타임 직원이다. 정신지체자인 그는 수년간 근무하면서 성실함을 인정받아 나중에 바리스타커피전문가가 된다. 커피 한 잔은 우리의 일상생활의 모습이고, 하나의 문화이다. 에스프레소 커피, 테이크 아웃 문화, 업그레이드된 제3의 공간에서의 커피 문화, 고객과 바리스타의 1:1 커뮤니케이션, 음악을 파는 커피숍 등 스타벅스는 커피 비즈니스에서 선구자적 역할을 담당해왔다. 스타벅스의 성공 비법은 커피라는 상품을 문화로 승화시킨 그들의 경영철학은 여러 번 되새겨볼만할 가치가 있다. 스타벅스의 현재 시간제 근로자를 포함한 모든 직원들에 대한 복지와 존중, 기업윤리로 포춘지에 의해 100대 '최고의 직장'의 하나로 꼽혔으며, 전 클린턴 대통령 또한 슐츠 회장을 초청하여 스타벅스를 윤리경영의 모델로 칭찬한 바 있다. 스타벅스는 나스닥에 상장되어 있으며, 단 시간 안에 가장 빠른 주가성장을 보인 기업으로 널리 알려져 있다. 일각에서는 세계 물가와 구매력을 평가하는 지수로 그 동안 사용되어왔던 '빅맥지수' 대신 스타벅스에서 가장 많이 판매되는 카페라떼를 기준으로 삼아야 한다는 주장이 설득력을 얻고 있을 정도로 오늘날 스타벅스 브랜드의 위력은 대단하다. 전 세계적인 불경기에도 불구하고 스타벅스의 매출은 전년대비 계속 증가하였으며, 공격적인 점포 확장과 음식료품의 혁신으로 이러한 상승세를 현재까지 이어오고 있다. 그들만의 성공 스토리를 오늘날 가장 신뢰성 있는 기업평가 기준으로 알려진 말콤 볼드리지 평가 기준에 기초하여 적용해 보자고 말할 정도이다.

하워드 슐츠의 리더십은 기업구성원들이 공유하고 있는 구성원 행동과 기업공동체에 기본 전제로 작용하는 기업체 고유의 가치관과 신념, 규범, 행동 패턴 등의 거시적 총체에 한 부분을 담당하면서 현재 최대 커피 전문점으로 성장하기까지 경영의 합리화, 효율성을 강조하였다. 그의 리더십 스타일은 크게 다음과 같은 측면에서 분석이 가능하다. 권한위임으로 하워드 슐츠는 자신이 해결하기 힘든 난관에 봉착하였을 때 그 문제해결에 적합한 사람을 찾았으며, 그에게 전적으로 그 문제에 대한 권한을 위임하면서 순조롭게 문제를 해결할 수 있도록 하였다. 뛰어난 코칭 리더는 아래 사항에 그 중요성을 인지하고 지속하는 데에 그 역량을 집중한다.

첫째, 코치형 리더는 직원들을 모두 획일적으로 대하지 않고 개인마다 다르게 접근한다.

둘째, 표현을 조심스럽게 선택하여 정확한 사실을 파악하고, 칭찬과 비평에 균형을 이루도록 하며, 목소리를 적정한 높이로 유지하려고 한다.

셋째, 시간을 내어 정기적으로 조직원과의 피드백을 한다. 신뢰야 말로 스타벅스 리더십의 근원이다.

슐츠의 신뢰형 리더십은 다음의 일화로 유명하다. 1990년대 중반에 텍사스에 있는 스타벅스 점포에 강도가 들어 점포 관리자가 사망한 사건이 발생하였다. 이 비극을 접한 슐츠는 즉시 전세 비행기를 타고 텍사스로 갔다. 그는 점포의 문을 닫은 후 그곳에 머무르면서 가족들과 종업원을 만나 상담하고 지원하면서 깊고 진지한 관심을 보여주었다. 그러나 그는 거기서 멈추지 않았다. 그는 죽은 관리자의 가족을 위해 기금을 조성했다. 그리고 그 관리자를 기념하기 위해 사건이 일어난 점포를 기증했으며, 그 점포의 수익을 가족의 부양과 아이들의 교육을 위해 헌납했다. 이와 같은 행동은 다른 사람들에게서는 쉽사리 찾아볼 수 없는 것으로, 강력한 리더들이 어떻게 더 높은 신뢰를 쌓아 가는지 보여준다. 오늘날 스타벅스가 갖고 있는 융통성, 의사결정의 속도, 공동체 의식 등 그의 성공 스토리는 신뢰를 바탕으로 한 리더십의 산물이라고 해도 과언이 아닐 것이다.

스타벅스 직원들은 스타벅스를 커피 비즈니스라 말하지 않고 '피플 비즈니스'라고 말한다. 하워드 슐츠 회장은 경영을 시작할 때부터 좋은 회사를 만들기 원했다. 이를테면 급여도 잘 주고 교육훈련도 철저히 시키고 복리후생도 잘 해주어야겠다는 어찌 보면 지극히 평범한 사실을 핵심 경쟁력으로 삼고 싶어했다. 그는 다른 어떤 곳에서도 주지 않는 혜택을 제공함으로써 커피에 대한 열정을 기꺼이 전달할 수 있는 능숙한 사람들을 끌어들이고 싶어했다. 이 소망이 결국 스타벅스의 독특한 마케팅 요소인 'People'의 개념으로 발전되어 매장에 근무하는 모든 파트 타이머에게까지 스톡옵션을 주는 현재에 이르게 된 것이다. 스타벅스는 과감히 우리 사주 제도를 도입하여 스타벅스 전 직원을 사업의 동반자로 만들었다. 스타벅스에서 6개월 동안 근무하면 스톡옵션을 획득할 자격이 주어지고 심지어 1주일에 20시간 일하는 파트타임 종업원에게도 자격을 주는 파격적 제도를 시행하고 있다.

기업은 기업의 인격에 해당하는 '기업문화'를 명확히 함으로써 제시된 문화의 성격과 정신에 의거하여 목표를 설정하고 전략 형성의 틀을 마련한다. 스타벅스에도 세계에서 최고 품질의 커피를 공급하는 우수한 회사가 되고자 하는 6개의 항목과 원칙인 '우리의 사명'이 있는데, 전 직원들은 이를 의사결정의 기준으로 삼고 있다.

① 훌륭한 작업환경을 제공하고 서로를 존중하며 존엄성으로 대한다.
② 비즈니스를 하는 방법에 있어서 필수적 요소의 하나인 다양성을 수용한다.
③ 커피의 구매, 로스팅, 그리고 서비스에 대해서 가장 엄격한 기준을 적용한다.
④ 고객만족을 위해서 끊임없이 노력한다.
⑤ 지역사회와 환경보호에 적극적으로 공헌한다.
⑥ 수익성은 우리 미래의 성공에 필수적이라는 것을 인식한다.

타 업종과의 공동 마케팅, 감성 마케팅, 정책의 탄력성과 순발력 등을 통해 비즈니스 위크가 선정한 세계 기업 중 가장 빨리 성장하는 브랜드로 선정되기도 하였다.

3 위기관리 PR

"소 잃고 외양간 고치지 마라." 국내 기업은 노사간의 갈등, 정치사회적 변혁 및 대형 사건들을 경험하면서 이로부터 발생하는 위기상황에 대처하기 위한 준비와 전략의 필요성을 더욱 실감하게 되었다. 세상이 다양화되고, 예측할 수 없는 일들이 많이 발생하는 만큼 PR의 위기관리능력이 중요해지는 것이다. 만약 우리가 일을 할 때 적절한 사전계획을 갖고 있다면 어떠한 위기에 처하더라도 긍정적인 측면을 생각할 수 있다. 위기는 충분히 위험성을 갖고 있지만, 위기를 잘 대처해 이용하면 오히려 기회가 될 수 있다. 실질적인 비즈니스적 관점에서 볼 때 위기는 다음의 경우 중 한 가지 또는 이상의 위험에 직면한 상황을 말한다. "긴장감이 증폭된다. 언론매체·정부의 주목을 받는다. 정상적인 비즈니스 운영에 방해를 받는다. 기업이 지녀온 긍정적인 이미지에 손상을 입는다. 기업이 재정적으로 손실을 입는다." 위기의 사전적 의미는 '더 좋게 되거나 더 나쁘게 되는 갈림길'이다. 따라서 위기는 결정적 단계에 도달한 상황이라 말할 수 있다.

위기관리는 위험과 불확실성의 많은 부분을 제거하여 스스로 각자 자신의 운명을 더 잘 통제할 수 있도록 하는 경영기술이다. 따라서 리더가 조직을 관리 운영하는 과정에서 발생하게 되는 위험으로부터 손실이 발생하기 전에 여러 가지 수단과 방법을 사용하여 배제하거나 발생된 후에 이를 극소화하는 등의 적절한 조치를 취하는 활동을 위기관리라고 한다. 위기PR은 조직에 어떤 사고가 발생한 기간에 수행된 언어적 - 비언어적 커뮤니케이션이 복구와 회복작업을 돕도록 하는 전반적인 위기재난계획의 한 부분을 이룬다. 위기PR은 계획되거나 계획되지 않은 모든 커뮤니케이션을 동원하며 단어, 이미지 및 행동을 통해 수행된다.

2001년 9월 11일. 미국의 번영과 부의 상징이었던 뉴욕의 월드 트레이드 센터가 무너지고 미국의 모든 국민들이 테러의 공포 속에 전율하던 위기 상황 속에서 전 세계의 이목이 집중된 가운데 이 엄청난 위기를 수습해야 했던 사람은 바로 루돌프 줄리아니 당시 뉴욕 시장이었다. 그는 사건 당시 테러의 후유증을 잘 수습하고 임기를 마친 뒤에는 곧바로 위기관리 컨설팅 사업에 뛰어들어 성공을 거두고 있다. 위기는 하나의 공공사건에 해당되며 미디어는 예외 없이 그 사건현장에 개입하게 된다. 이때 리더는 위기 자체를 감당해야 할 뿐만 아니라 이에 따른 PR의 위기도 감당해야 한다. 위기는 조직의 프라이버시를 빼앗으며, 조직을 공중의 주목 하에 드러내 놓는다. 일반 공중은 이러한 위기상황과 직접 접촉할 기회를 갖지 못하기 때문에 위기와 관련된 정보와 해석을 주로 뉴스에 의존하게 된다. 미디어는 보도를 통해서 결국 위기를 증폭시킬 수 있는 힘과 한 기업의 경영능력을 테스트할 수 있는 힘을 갖게 되는 것이다. 따라서 위기 커뮤니케이션은 위기관리의 빼놓을 수 없는 중요한 부분이며 위기에 대비한, 위기가 발생한 기간과 이후를 위한 사려 깊은 계획을 필요로 한다. 커뮤니케이션 계획에서 우선적으로 할 일은 최악의 경우에 대비하는 철학과 함께 모든 잠재적 우발 사건과 취약한 영역을 고려하는 일이다. 잠재적으로 취약한 영역 파악을 위해 공장, 시설물 및 각 부서를 방문하여 재점검과 분석을 해야 한다.

위기를 기회로 만드는 타고난 능력을 가진 나라 일본, 일본인들은 '불굴의 의지'나 '강철 같은 확신' 등에 큰 가치를 부여하지 않는다. 널리 알려진 일본인들의 격언에는 이러한 말이 있다. "혼자 존재하는 인간은 연약하다. 그러나 자연에 동화되었을 때 그는 강해진다." 엄청나게 복잡화된 세계에서 대부분의 사건, 이상, 지시, 추세, 권력 등은 사실상 개개인 밖의 문제가 아닌가라는 질문은 흥미롭다. 일본은 지리상 화산폭발로 생성된 지역으로서, 2차 대전에 의한 황폐화, 핵폭탄과 재래식 폭격에 의한 소진, 헌법을 재구성하고 왕국을 세속화시킨 외국인들에 의한 문화적 정복 등은 일본인들로 하여금 생존에 탄력적으로 적응하게 했다. 일본의 오래된 전통 중에는 신은 바람, 파도, 산, 숲, 불 등 자연현상 속에 존재한다고 믿고, 자연은 강력하고 잔인한 동시에 아름다운 것이라 생각한다. 그래서 자연을 모방하는 것, 자연의 힘과 권위와 일체감을 갖는 것은 인간을 생존하게 하고 번영하게 하는 것이라고 그들은 굳게 믿고 있다.

위기관리 PR의 중요성은 아무리 강조해도 지나치지 않다. 이는 마치 개인이 사고에 대비해 보험을 드는 것처럼 위기관리에 대한 투자는 바로 기업이 사고에 대비해 보험을 드는 것과 같다. 그러나 현재까지 대부분의 국내 기업들은 이 부분의 투자를 꺼리고 있다. 더구나 급변하고, 언제 위기가 닥쳐올지 예상하기 어려운 상황에서의 위기관리는 사전 준비 태세를 더욱 필요로 하고 있다. 디지털 시대, 소비자 중심의 시대, 커뮤니티의 시대를 맞아 위기의 파급 효과와 피해 정도도 더욱 커질 수 있기 때문이다. 폭풍이 몰아치는 밤바다에서 그제야 생존의 위기를 느낀다면 이미 때는 늦다. 외부 전문가의 도움을 받아 체계적인 위기관리 시스템을 사전에 구축해 둔다면 그 시스템은 미지의 바다를 향해 가는 조직들을 무사히 항구로 인도하는 등대나 나침반과 같은 역할을 해줄 것이다.

7 조직운영에서의 절대적인 조건

1 리스크에 민감하고 경고할 인물 배치

산업화 초기 미국에서 '강도귀족Robber Baron'이라 불리던 이들은 애꾸눈 잭 같은 강도들이 아니라, 재산을 크게 일군 산업자본가들이었다. 카네기, 밴더빌트, 멜론, 듀크, 모건, 록펠러같이 오늘날 존경받고 있는 유명 인사들이 줄줄이 망라돼 있다. 이런 고약한 이름은 단지 이들이 가지고 있던 부와 권력에 대한 질시 때문만은 아니었다. 기업집단을 이끄는 일은 결코 쉬운 일이 아닐 것이다. 중요한 의사결정은 논리와 설득뿐만 아니라 상당한 배짱과 소신이 있어야 하고, 이를 뒷받침할 권위 없이는 될 수 없다. 창업세대에서 후세로 이어지면서 많은 리더들이 실패했다. 경영능력이 탁월한 소수만이 살아남았고, 그 중 극히 소수가 글로벌기업으로 키우는 데 성공했다. 어떤 이는 불가능해 보이던 글로벌 최상위 그룹에 당당히 올라섰고, 어떤 이는 모두 외면하던 적자기업을 끈질긴 집념으로 인수해 큰 이익을 내는 주력 기업으로 일으켜 세웠다. 이들은 오얏나무 아래서 갓끈을 고쳐 매기를 주저하거나, 먼지를 턴 다음에야 갓을 쓰는 사람들은 아니다. 오히려 혼탁한 물을 휘젓기도 하고, 창랑의 흐린 물에 발을 씻는 그런 사람들이다. 좌고우면하기보다는 무모할 만큼의 용기와 과단성, 그리고 사업에 대한 통찰력과 도전정신으로 무한경쟁과 글로벌 위기를 딛고 일어선 사람들이다. 이런 특성이 코닥, 소니, 노키아 등 한때 시장을 석권했던 무수히 많은 거대기업들이 실로 하루아침에 정크로 몰락하는 냉엄한 글로벌경쟁에서 살아남을 수 있는 리더들의 자질이다. 많은 학자들이 오늘날 한국 기업의 성공비결을 여기에서 찾고 있다.

'나쁜 최고경영자Rogue CEO'란 말이 글로벌 금융위기 뒤에 유행했다. 투자은행 리먼 브러더스의 리처드 풀드, 보험회사 AIG의 마틴 설리번, 투자회사 MF글로벌의 존 코자인 같은 CEO들을 일컫는 말이다. 이들은 무모한 베팅을 했다가 회사뿐 아니라 나라 경제를 망가뜨리고 했다. 나쁜 CEO론을 주장한 전문가들은 이제껏 "문제의 리더들은 본연의 개인적 성향 때문에 무모한 일을 저지른다."고 주로 분석해 왔다. 대다수의 보통 리더들은 그렇지 않을 것이란 얘기다. 그런데 이를 정면으로 뒤집는 연구 결과가 나왔다.

'모험이란 게 리더들의 일반적 속성'이란 내용이다. 미국 브리검영대학 캐티 릴젠퀴스트 교수경영학 등이 실험사회심리학회지JESP 최신호에 발표한 논문을 통해서다. 릴젠퀴스트 교수는 '무모한 리더십 : 권력이 제약 요소 인식을 떨어뜨린다The blind leading : Power reduces awareness of constraints.'는 논문에서 "기업에서 권한을 많이 쥐게 될수록 목표달성을 가로막는 위험 요인들을 알아채는 능력이 떨어진다."고 밝혔다. 고위직에 앉으면 리스크에 둔감해진다는 것이다.

릴젠퀴스트Katie Liljenquist 교수 등 연구진은 실험으로 이를 확인했다. 고위직과 하위직 모두 230명에게 경영목표 달성에 도움이 되는 요소와 방해가 되는 요소들을 각각 보여줬다. 어느 정도 시간이 흐른 뒤 연구자들은 두 그룹에 양쪽 내용들을 떠올려 보라고 요구했다. 그 결과 리더 등 고위직일수록 목표 달성에 방해가 되는 위험 요인들을 제대로 기억하지 못했다. 반면 하위직은 이를 잘 떠올렸다. 또 하위직은 위험 요인들을 극복하기 위해 더 많은 시간을 투입하는 것으로 나타났다. 릴젠퀴스트Katie Liljenquist 교수는 "고위직 리더 등은 리스크 요인들을 제대로 기억하지 못했을 뿐만 아니라 그게 무엇을 의미하는지도 잘 알지 못했다."고 말했다. 대신 목표 달성에 도움이 되는 요인들을 더 잘 기억했고, 이들 요소를 중시해 의사결정을 내리는 성향을 보였다. 연구 결과를 놓고 보면 "기존의 나쁜 CEO론은 과학적이지 못했다."고 로이터통신은 지적했다. CEO라는 자리가 사람을 그렇게 만든다는 일반론이 성립됐기 때문이다. 리더들이 목표 달성에 대해 강박관념을 갖는 것은 당연하다. 그럴수록 '자기가 보고 싶은 것만 보는' 성향은 강해질 듯하다. 게다가 목표 달성은 리더들의 보수와 직결된다. 그렇다면 대안은 없을까? 연구자들은 주주들의 대변기구인 이사회가 CEO 주변에 리스크에 민감하고 이를 경고할 인물들을 배치해야 한다고 조언했다.

2 리더십은 타고나는 것이 아니라 만들어짐

정복왕 윌리엄1027~1087 이후 1000년의 영국 역사에서 국민으로부터 가장 사랑받는 군주는 엘리자베스 1세 여왕1558~1603이다. 엘리자베스에 대한 영국인의 사랑은 그녀를 부르는 여러 가지 별명에서도 나타난다. 엘리자베스를 줄인 애칭 '베스Bess', 좋은 여왕이라는 뜻의 '굿 퀸 베스Good Queen Bess', 평생을 결혼하지 않고 살았다는 의미의 '처녀 여왕Virgin Queen', 동화 속 여왕 같다는 '요정의 여왕Fairy Queen' 등 다양하다. 여왕 자신은 가까운 사람들로부터 '글로리아나Gloriana'라는 애칭으로 불리길 좋아했다. 어느 것 하나 싫어한다는 느낌을 주는 호칭은 없다. 영국인이 그만큼 그녀를 좋아한다는 뜻이다.

엘리자베스는 살아서도 국민의 사랑을 받았고 지금도 가장 존경받는 왕으로 칭송된다. 영국인의 엘리자베스에 대한 사랑이나 관심은 워낙 깊어 지금도 그녀에 관한 책이 끊임없이 나온다. 그녀의 무엇이 그렇게 영국인을 매혹시키는지 모르지만 수도 없는 사람들이 연구하고 찾아냈는데도 불구하고 끊임없이 새 책이 나오는 게 신기할 정도다.

많은 드라마나 영화의 중심에도 항상 엘리자베스 여왕이 있다. 그녀의 일생 자체가 워낙 극적이기 때문이다. 그녀의 일생을 다룬 책에는 도저히 왕이 되리라는 기대를 할 수 없는 상황에서도 그녀가 어떻게 행동하고 미래를 준비하면서 살아남았는가가 쓰여 있다. 그리고 그런 생존철학이 나중에 어떤 식으로 여왕의 처세술로 나타나고 치세에 도움을 줬는지도 상세하게 기술돼 있다. 엘리자베스에게 공통적으로 등장하는 표현은 '신중하고Prudence', '용기있고Courageous', '영악스러운Shrewd', '타고난 지도자Born Leader'라는 단어들이다.

그녀는 내각에서건 의회에서건 이해가 다른 세력 간의 대결이 팽팽해 결론이 나지 않는 상황에서 "어느 한쪽으로 결정을 내려달라."는 독촉을 아무리 받더라도 쉽게 개입하지 않았다. 어느 한편을 들기를 원하는 중신들의 의견을 듣기만 할 뿐 반드시 필요한 순간이 아니면 자신의 의견을 드러내지 않고 기다렸다. 대신들 사이의 토론이 극에 달해 피가 튀는 지경까지 갔다가 결국 타협점을 찾고 합의를 만들어 내도록 유도했다. 수년간 이어지는 외국과의 갈등 때문에 전쟁을 도저히 피할 수 없는 상황에서도 비겁하다고 느낄 정도로 끝까지 대결을 피하려 노력했다. 여론이 무르익어 결론이 보이거나 시간이 돼 저절로 합의가 이루어지도록 만들어 정책이 잘못되어도 자신에게 불똥이 튀지 않도록 했다. 여왕은 대외문제에서도 주변의 극단론자들을 특유의 기지와 논리로 설득하며 이겨 나갔다. 전쟁처럼 국민에게 부담이 가는 일은 아무리 대의명분이 확실하다고 해도 가능하면 피했다. 예를 들면 유럽의 신교 국가들이 신성동맹을 만들자고 해도 시늉만 내고 적극성을 띠지 않았다. 도저히 피할 수 없는 결정마저도 자신이 내리지 않고 대신들로 하여금 대신 내리게 만들어 나중에 실패했을 때 오는 비난의 책임을 지지 않으려 했다. 그래서 사람들은 그녀를 '신중한 여왕Prudent Queen'이라기보다는 '사려 깊은 정치가Thoughtful Politician'였다고 평한다.

엘리자베스가 통치 기간 동안 보여준 지도자로서의 자질을 보고 '타고난 지도자'라고 평하지만 사실은 오랜 기간 살아남기 위해 택한 생존전략을 통해 '만들어진 지도자Made Leader'라고 보는 사람도 많다. 그녀의 좌우명이 그 유명한 '보되 말하지 않는다Video et taceo'라는 것을 보면 알 수 있다. 그녀의 생존전략은 삼불이행三不二行·three do not and two do이었다. '듣되 말하지 않고, 적을 만들지 않고, 남의 눈에 띄지 않게'의 '삼불'과 '조용히 지내고, 친구를 많이 만들고'의 '이행'이었다. 그렇게 죽은 듯이 몸을 낮추고 살았음에도 메리 여왕에게 위협이 되니 죽이라는 중신들의 모함과 음모로 거의 1년을 가택연금당하고 심지어는 공개재판까지 받았다. 그녀의 이런 경험과 생존철학은 통치 스타일에도 그대로 나타난다. 자신이 약할 때는 물론 강할 때도 자신을 낮추고 비바람이 그칠 때까지 기다릴 줄 알았다. "인내와 시간이 힘과 분노보다 더 효과적일 때가 많다."는 여왕의 말이 자신의 철학을 말해 준다.

또한 '신중하고 사려 깊다.'는 것 외에 여왕의 또 다른 품성으로 '영악스럽다.'는 점도 강조된다. 이는 상황에 맞추어 원칙을 굽힐 줄 아는 것, 즉 '현실적으로 지혜롭다.'로 얘기할 수 있다. 여왕의 이런 행동은 오랫동안 그늘진 곳에서 살아온 경험에서 우러난 것들이다. 자신을 죽이고 시간을 기다리며 살아온 오랜 세월 동안 터득한 생존전략이라 할 수 있다. 여왕은 사람들의 의심을 피하고 그들의 마음을 얻는 것이 최고임을 경험으로 깨우쳤다. 사람들의 마음은 아주 큰 보상으로만 얻어지는 것이 아니라 아주 작은 감사나 칭찬으로도 충분히 얻을 수 있다는 점도 알고 있었다. 자신이 어려웠던 시절에 누군가가 베풀어 준 아주 작은 마음 씀씀이가 얼마나 크게 와 닿았는지를 체득했기 때문이다. 이런 깨달음은 궁중에서 떠받들어지는 삶만을 산 사람들은 결코 알 수 없는 지혜라 할 수 있다. 왕이 되기 전 겪은 오랜 생활의 어려움은 이렇게 축복으로 돌아온 것이다. 상황에 따라 엄격히 자기절제를 하며 자기변신의 노력을 게을리 하지 않고, 때가 되면 무모하리만큼 강하게 밀어붙이는 리더십이 있다. '역사는 유탄이 만든다.'고 한다. 역사는 필연이 아니라 우연의 결과라는 말이다. 엘리자베스가 여왕이 된 것은 우연이다. 왕위계승 순위 세 번째라 왕이 될 가능성이 거의 없었다. 그런데 몸이 약했던 남동생 에드워드 6세가 6년을 통치하고 죽은 뒤 즉위한 언니 메리 여왕마저도 겨우 5년을 재위하고 죽을 줄은 아무도 몰랐다. 그러나 그녀는 여왕이 될 가능성이 거의 없던 시절에도 부단히 자신을 갈고 닦아 군주로의 자질을 연마했고, 결국 영국 역사상 가장 유식하고 위대한 왕이 되었다. 이렇게 보면 엘리자베스 여왕의 리더십은 타고난 것이 아니라 만들어진 것이라 해도 지나침이 없을 것이다.

3 지속적으로 참여를 유도

조직운영에서 지도자의 리더십은 절대적인 조건이다. 더욱이 신속한 변화가 필요한 조직에서의 리더십은 조직의 운명을 좌우한다. 셰이크 모하메드는 다른 이슬람 왕정국가와 달리 종교와 정치를 구분하는 세속주의 정책을 시행했고 명확한 비전을 세워 이를 과감히 추진한 리더로 볼 수 있다. 그의 이러한 리더십에는 현실을 냉철하게 진단하는 통찰력, 도전과 모험정신으로 먼 미래를 내다보고 발전상을 머리에 그릴 줄 아는 상상력, 그리고 일사천리로 밀어붙이는 실천력 등이 바탕을 이루고 있다. 다시 말해 그는 '비전제시 실천형' 리더이다. "리더에게는 명확한 비전과 이에 대한 확고한 신념이 있어야 한다. 신념이 없다면 그는 주저하거나 포기하게 된다. 목적지를 확실히 정하지 않았다면 차를 타고 여행을 떠나지 말라. 우리는 어디로 향해 가고자 하는지를 알아야 한다."라고 그는 역설한다.

셰이크 모하메드Sheik Mohammed는 『나의 비전』이라는 자서전에서 비전을 '실현 가능한 상상력'이라고 규정한다. 그는 자신의 비전이 크게 세 가지를 함축하고 있다고 말한다.

첫째, 비전은 창의적이어야 한다.
둘째, 비전은 반드시 실행되어야 한다.
셋째, 비전은 미래지향적이어야 한다.

사막의 황무지에 세계 최고의 관광시설을 만들어 나가는 두바이 지도자가 말하는 비전의 필수조건이다. 창의적인 비전은 셰이크 모하메드의 두바이를 다른 나라와 차별화하는 핵심적인 요소다.

두바이는 현재 모래가 날리는 사막에 스키장, 잔디 골프장, 환상적인 대규모 위락단지를 만들고, 불꽃 모양으로 흔들리는 빌딩, 회전하는 아파트 등 세계 어디에서도 도저히 생각하지 못했던 창의적인 프로젝트들이 추진되고 완료되었다. 셰이크 모하메드는 창의성은 비전의 시작단계이지만 결과를 좌우할 수 있는 가장 중요한 토대라고 강조한다. 이를 위해 지도자는 '비전 정립'을 위해 많은 것을 치밀한 계획을 세우고 타당성 여부를 조사해야 한다고 그는 설명한다. 또한 셰이크 모하메드의 비전은 '미래지향적'이다. 그는 "지도자는 먼 곳을 바라 볼 수 있어야 한다."라고 늘 강조했다. "미래에 어떤 일이 일어날지 모르겠다."라고 말하는 것은 금물이라고 그는 지적한다. 이럴 경우 국민은 불안 속에서 지도자의 능력에 큰 의혹을 가지게 된다. 국가운영이 제대로 되지 않을 것은 불 보듯 뻔하다. 셰이크 모하메드는 "미래를 준비하지 않는 지도자는 기회가 와도 잡을 수 없지만, 미래지향적인 지도자는 기회가 오지 않는다면 스스로 미래를 창조하고 개척해 나갈 수 있다."라고 말한다.

셰이크 모하메드는 국민 개개인이 강력한 리더십을 가질 경우 국가개조가 더 신속히 진행될 수 있다고 믿는다. 이 때문에 그는 두바이 젊은이들에게 온순한 양보다는 '사자'가 되라고 주문한다. "한 서양 속담은 '양 한 마리가 사자 떼를 인도하는 것보다는 한 마리 사자가 양떼를 이끄는 것이 낫다.'고 말한다. 그러나 나는 한 마리의 사자가 사자 떼를 이끄는 것이 더 낫다고 생각한다. 리더는 무서움에 떨며 지시에만 따르는 양보다는 자신과 함께할 수 있는 사자가 많을 때 더욱 강력한 힘을 발휘할 수 있다. 리더 사자와 사자 떼가 한 몸이 되어 움직일 때 코끼리도 공격할 수 있는 것이다." 셰이크 모하메드는 국민 개개인의 리더십이 한 국가의 현재 국력과 발전가능성을 결정한다고 말한다.

셰이크 모하메드의 리더십 중에서 가장 독특한 것은 말을 잘하는 것도 상당히 중요하다고 지적한다. 국가나 조직을 이끌기 위해서는 뛰어난 표현력으로 설득할 수 있는 능력이 있어야 한다. 이는 자신의 지시와 비전을 명확히 전달할 수 있어야 한다는 것이다. 전달이 잘못되면 일을 그르칠 수가 있기 때문이다. 절대 과장하거나 의미를 축소하지 말고 정확히 국민과 조직구성원들이 해야 할 일과 자세를 이해하도록 해야 한다. 이 능력이 아랫사람의 신뢰와 협력을 이끌어 내는 비결이라는 것을 그는 잘 알고 있다. 실제로 셰이크 모하메드를 분석해보면 강력한 힘이 실려 있음 알 수 있다. 미사여구가 많지 않고 군더더기가 없는 요점을 전한다. 쉬운 용어를 사용하지만 설득력이 있다. 이를 통해 셰이크 모하메드는 국민이 자신의 비전과 목표에 따르도록 유도해 왔다. 강한 의지와 자신감이 담겨 있는 그의 말은 무모하다는 지적도 많았던 대규모 국가사업에 대해 제기되는 의혹과 우려를 떨쳐내는 힘이 있었다. 즉, 그는 설득력 있는 말을 통해 온갖 도전으로부터 자신이 추진하는 사업을 지켜낼 수 있었다. 셰이크 모하메드는 말을 통해 국민이 나태에 빠지지 않도록 독려하고 국가개조사업에 지속적으로 참여하도록 유도하고 있다.

Epilogue

　핵심인재가 머무는 기업, 떠나는 기업 "War for Talent!" 최근 기업들 사이에 벌어지고 있는 핵심인재 확보 경쟁을 일컫는 말이다. 실제로 근래 인사 컨설팅사에 의뢰되는 프로젝트 중 핵심인재에 관련된 요청사항이 30% 이상의 비율을 차지하고 있을 정도이다. 이렇게 많은 기업들이 핵심인재 확보 및 관리에 관심을 갖는 이유는 다음의 두 가지로 볼 수 있다. 그 하나는 예측할 수 없는 환경변화로 어떠한 우량기업도 경쟁력 유지를 장담할 수 없게 되었다는 것이다. 이러한 불확실한 환경 속에서는 핵심인재가 경쟁력을 유지할 수 있는 원동력이며 기업생존의 관건이라는 것을 인식하기 시작한 것이다. 또 하나의 이유로는 고용관계의 변화를 들 수 있다. 평생직장의 개념이 사라지고 능력주의 및 성과급이 확산되면서 우수한 인력들의 이동이 잦아지고 있으며 이로 인한 기업역량 및 금전적 손실이 무시할 수 없는 상황에 이른 것이다.

　리더십은 일반적으로 조직의 목적을 달성하기 위해 구성원들에게 영향력을 행사하는 과정으로 성과를 창출하고자 하는 것이다. 결국 리더는 구성원들을 이끄는 과정이라고 할 수 있다. 이는 서구적인 권위, 군림, 지배의 개념에서 도출된 것이다. 사람을 움직이는 데는 여러 가지 방법이 있다. 총이나 칼을 가지고 무력으로 사람들을 움직일 수도 있고, 권력으로 사람들을 몰아 부치는 경우도 있다. 보상을 가지고 영향을 미칠 수도 있고, 법을 만들어 사람들의 행동을 일정한 방향으로 유도해 나아가기도 한다. 그러나 진정한 리더가 된다는 것은 어렵고 힘들다. 자격증을 따는 것과는 다른 일이다. 운전면허를 딴다든가 회계사, 변호사가 되는 것은 한 번의 시험을 통과하면 된다. 그러나 리더는 일정한 시험을 통과하든가 리더십 훈련을 받았다고 해서 곧바로 리더가 되는 것이 아니다. 설령 어느 조직에서 일정한 과정을 거친 사람들에게 '리더 자격증'을 발부한다고 하더라도 그것은 실제 아무런 의미를 가지지 못한다. 개인의 인격과 가치, 철학과 이념, 비전과 목표, 행위와 사고 등과 같은 다양한 요소들 간의 상호작용 속에서 장기적으로 형성되는 것이 리더십이다. 리더십은 추종자들의 '자발적인 추종'을 전제로 한다. 즉, 타인의 존경과 기대를 가지고 자발적으로 따라올 때 '나'는 비로소 '리더'가 되는 것이다.

리더십 전문가의 한 사람인 존 맥스웰은 "리더는 자기가 성공하는 사람이 아니라, 남을 성공시켜 주는 사람이라는 것"을 역설하고 있다. 리더십도 미래 트렌드에 맞는 리더십으로 변화해야 한다. 대개 '당신은 누구입니까?'라는 질문이 던져지면 사람들은 이름이나 직업으로 간단하게 답을 한다. 그 대답에 괜찮은 직장이나 가문에 속했거나 좋은 학교출신이라는 것을 은근히 드러내길 좋아한다. 그렇지 못한 사람은 자기 소개 하는 것을 꺼려한다. 어디에 속했느냐에 따라 자신의 정체성을 대신하려는 경향이 있다. 그러나 어디에 소속되었든지 간에 그 곳에서 자신의 진정한 모습을 이끌어낼 수는 없다. '나는 누구인가?'에 대한 좀 더 깊은 성찰이 필요하다. 사람들은 더 이상 직위만으로 리더를 리더라고 부르지 않는다. 리더가 리더다울 때, 그 사람 본연의 모습으로 존경과 지지를 받을 수 있는 롤모델Role Model이 될 수 있는 리더를 진정한 리더로서 받아들인다.

사실 리더십은 일선 리더가 부하들에게 미치는 영향에서부터 CEO가 조직성과에 미치는 영향까지 매우 넓은 범위를 포괄하여 정의되고 있다. 이 때문에 많은 조직들은 리더십이 조직성과에 중대한 영향을 미치는 요인이라고 생각하지만 이를 어떻게 효과적으로 개발, 관리해야 되는지에 대해서는 명확하게 인식하지 못하고 있는 것이다. 이런 이유로 최근 등장하고 있는 이슈가 언제, 어떻게 그리고 어떠한 조건에서 리더십이 보다 중요한 의미를 가지는가이다. 연구에 의하면 중간 관리자층의 참여가 클수록 새로운 전략실행을 통한 성과가 더 큰 것으로 나타나고 있다. 이는 결국 최고 또는 중간 리더들이 전략에 대해 효과적으로 의사소통하고 실행을 담보할 수 있는 행동을 취하여야 한다는 것을 의미한다.

또한 리더십이 '태어날 때부터 가지는 능력'이라는 수동적인 사고에서 '후천적으로 개발할 수 있는 능력'이라는 사회적 사고가 확대되면서, 이를 교육시키는 다양한 프로그램이 생겨났고 배우려는 사람 또한 늘고 있다. 실제로 대학이나 회사에서 제공하는 리더십 관련 교육에도 경영자, 임직원에 이르기까지 많은 사람들이 몰리고 있다. 이렇게 다양한 리더십 연구와 프로그램이 나왔지만 이들의 공통적인 핵심은 바로 '성과'이다. 리더의 본질 중 절대 포기할 수 없는 것은 '성과'이다. 최근 성과창출을 위한 다양한 전략적 모색과 도구들을 활용하고 있지만 성과창출을 위해 리더가 할 수 있는 최고의 행위는 '솔선수범'을 보이는 것이다. 미국의 리더십 연구기관인 Ajilon Finance社에서 리더의 가장 중요한 특성이 무엇이냐에 대한 설문 조사 결과 1위는 '솔선수범'으로 나타났다. 따라서 자질 있는 리더후보를 찾아내어 유용한 피드백을 제공하고 동시에 체계적으로 훈련시키는 과정이 함께 이루어져야 한다.

Reference

- 가재산·박경록, 디지털 시대의 간부 진화론, 한언, 2003.
- 강우란 외, 혁신의 리더들, 삼성경제연구소, 2009.
- 고노 에이타로 저, 리더십은 재능이 아니라 스킬이다 : 강력한 리더십을 만드는 아주 사소한 리더십 스킬 82가지, 페이지팩토리, 2015.
- 고성돈, 리더십과 임파워먼트 연구, 한국학술정보, 2008.
- 구위안인 저/송은진 역, 영향력은 어떻게 만들어지는가 : 세계 최고 심리학자들이 밝혀낸 존재감, 리더십, 주도권, 협상력의 비밀, 라의눈, 2016
- 김민정 외, 여성정치인의 리더십, 인간사랑, 2007.
- 김양희, 여성 리더 그리고 여성 리더십, 삼성경제연구소, 2006.
- 나가타 도요시 외, 정지영 역, 프레임워크 업무력 세트, 아르고나인, 2012.
- 다니엘 골먼 등 저/이덕주 역, 하버드 머스트 리드 시리즈-4, 조직의 성과를 이끌어내는 리더십, 매일경제신문사, 2015.
- 다니엘 골먼. 리처드 보이애치스 외, 장석훈 역, 감성의 리더십, 청림출판, 2003.
- 데일 카네기 원저/원유순 글(그림), 카네기 리더십, 아름다운사회, 2014.
- 램 차란. 스태픈 드로터 등 공저, 한근태 역, 리더십 파이프 라인, 미래의 창, 2011
- 로널드 A. 하이페츠, 김충선 외 공역, 하버드 케네디스쿨의 리더십 수업, 더난출판사, 2008.
- 로버트 하그로브, 변혁적 리더를 위한 리더십 코칭, 김앤김북스, 2010.
- 로버트 K. 그린리프, 강주헌 역, 서번트 리더십 원전, 참솔, 2006.
- 로버트 S. 캐플런, 한수영 역, 사람을 이끄는 힘, 교보문고, 2012.
- 류지성, 마음을 리드하라, 삼성경제연구소, 2011.
- 리차드 템플러, 한근태 역, 리더십 핸드북, 미래의 창, 2006.
- 매일경제 신뢰경영 취재팀, 신뢰경영, 매일경제신문사, 2003.

- 민경호, 리더십 이론과 개발, 무역경영사, 2010.
- 바바라 켈러먼, 김충선 외 공역, 팔로워십, 더난출판사, 2011.
- 박경록 외, 리더십으로 무장하라, 영진닷컴, 2011.
- 박경록, 생각 디자인하라, 우리책, 2012.
- 박경록, 승계전략과 핵심인재 육성, 조세일보, 2013.
- 박경록, 조직행동과 심리의 이해, 이모션티피에스, 2015.
- 박경록, Fun(뻔)Fun(뻔)으로 혁신한다, 지상사, 2006.
- 박경록, HRM-HRD를 위한 전략적 인적자원관리, 이모션티피에스, 2015.
- 박보식, 리더십 이론과 실제, 대영문화사, 2012.
- 박원우, 임파워먼트 실천메뉴얼, 시그마컨설팅, 1998.
- 백기복, 미래형 리더의 조건, 21세기북스, 2011.
- 백기복, 이슈 리더십 : 21세기 새로운 리더십 패러다임, 창민사, 2006.
- 브라이언 트레이시 저/황선영 역, 성공을 부르는 리더십 : 브라이언 트레이시 성공 경영 시리즈 2, 시드페이퍼(seed paper), 2014.
- 브루스 둘 간, 박정민 외 공역, 상사를 관리하라, 랜덤하우스코리아, 2011.
- 서성교, 하버드 리더십 노트: 하버드 케네디 스쿨에서 제시하는 성공 리더의 조건, 원 앤원북스, 2003.
- 새무얼 D. 리마, 황을호 역, 셀프 리더십, 생명의 말씀사, 2003.
- 수전 파울러 저/박영준 역, 최고의 리더는 사람에 집중한다, 가나출판사, 2015.
- 스튜어트 프리드먼 저/홍대운 역, Total Leadership, 와튼스쿨 인생 특강 : 무엇이 의미 있는 인생을 만드는가, 비즈니스북스, 2013.
- 시요우민. 류원뤼 외, 이영주 역, 리더십과 동기부여, 시그마북스, 2011.
- 신인철, 팔로워 십 리더를 만드는 힘, 한스미디어, 2007.
- 아담 카헤인, 류가미 역, 통합의 리더십, 에이지21, 2008.
- 에릭 에이브러햄슨 외, 정아은 역, 조직변화와 리더십, 21세기북스, 2009.
- 엘렌 로이. 맥기니스, 안진이 역, 서번트 리더십, 책찌, 2011.
- 오렌 유리스, 송린 역, 성공리더의 리더십 카리스마, 종합출판, 2005.
- 제임스 C. 헌터, 김광수 역, 서번트 리더십, 시대의 창, 2011.
- 조셉 자브로스키, 강혜정 역, 리더란 무엇인가, 에이지21, 2010.

- 존 르 텔리어 저/김창환 역, 퀀텀 교수법 : 교육 리더십의 실제, 샌들코어, 2016.
- 존 맥스웰 저/이형욱 역, 맥스웰의 5단계 리더십 누가 최고의 리더가 되는가, 현대경제 연구원 리더십 센터 감수, 넥서스BIZ, 2015.
- 존 타운센드, 최규택 역, 통합의 리더십, 뉴라이프, 2010.
- 존 휘트모어, 김영순 역, 성과향상을 위한 코칭 리더십, 김영사, 2007.
- 최인철, 프레임 : 나를 바꾸는 심리학의 지혜, 21세기북스, 2007.
- 켄 블랜차드 외, 구세희 역, 켄 블랜차드의 상황대응 리더십, 21세기북스, 2011.
- 토드 휘태커(Todd Whitaker) 저, 나일주-양수만 역, 박경록 감수, 위대한 교장은 무엇이 다른가, GTI코리아, 2015.
- 트리시아 에머슨. 메리 스튜어트, 김찬별 등 공역, 체인지북, 아시아코치센터, 2011.
- 프랭크 크로우더(Frank Crowther)외 2인 저, 박경록 역, Developing 교사리더십, GTI 코리아, 2015.
- 피터 G. 노스하우스, 김남혁역, 리더십 이론과 실제, 경문사, 2011.
- 하버드 비즈니스 프레스, 이상욱 역, 프로젝트관리의 기술, 한스미디어, 2008.
- 하버드 비즈니스 프레스, 이상욱 역, 시간관리의 기술, 한스미디어, 2008.
- 헨리 민츠버그 등, 현대경제연구원 역, 변하지 않는 리더십의 원리와 기본, 21세기북스, 2009.
- 헨리 블랙커비, 리처드 블랙커비 공저, 헨리 블랙커비의 영적 리더십, 두란노, 2014. C. Manz, P. Sims 등, 김남혁 역, 슈퍼리더십, 경문사, 2002.
- Gary Yukl, 강정애 등 역, 현대조직의 리더십 이론, 시그마프레스, 2009.
- John. P. Kotter, 한정곤 역, 기업이 원하는 변화의 리더, 김영사, 2007.
- Kathryn C. Elliott lngersoll 외, 상담기관의 카운슬러 되기, 시그마프레스, 2008.
- Laurence J. Peter 등, 나은영 등 역, 피터의 원리, 21세기북스, 2009.
- Linda A. Hill. Kent Lineback, 방영호 역, 보스의 탄생, 사드페이퍼, 2012.
- Michael B Ayers/ Willim A Sommers 저, 나일주-박경록 역, 학교장의 현장 리더십 매뉴얼, GTI코리아, 2013.
- Niels Pflaging, 박규호 역, 언리더십(Un-Leadership), 흐름출판, 2011.
- Warren Bennis 등, 김원석 역, 워렌 베니스의 리더와 리더십, 황금부엉이, 2006.

저자 소개

경영학박사 **박 경 록**(mit2060@naver.com)

서강대, 경영대학원 MBA와 성균관대 경영대학원에서 경영컨설턴트 과정을 수료하고, 건국대에서 벤처기술경영학박사 학위를 취득하였다. 경희대학교 글로벌미래교육원 경영학과 교수, 건국대학교 신산업융합학과 대학원(석박사과정) 겸임교수, 휴넷평생교육원 교육부 인정 학점은행제 '리더십' 책임교수, (GB)글로벌이노에듀 교육부 인정 학점은행제 '리더십' 책임교수로서 (주)Most HR그룹 대표이사, 중소벤처기업부 등록 액셀러레이터(창업기획자) 트러스트벤처투자(주) COO, ICT융합스마트연구소 소장, 한국산업인력관리공단 HRD 우수기관 인증심사위원, 한국벤처캐피탈협회 M&A 전문가 활동, 중소벤처기업부 & 한국벤처캐피탈협회 벤처기업인증 및 창업진흥원, 금융감독원 투자자문사 관련업무 등 정부기관의 프로젝트를 진행하고 있다. 또한 중소벤처기업진흥공단 연수원에서 <스마트기획 능력개발>, <BSC 성과관리와 목표관리>, <사업계획서작성 및 사업타당성분석>, <중장기전략 수립과정> 등 교육프로그램으로 강의를 진행하고 있다. 중소기업청, 충주MBC, 한국GM, 성균관대학교 경영대학원, 매일경제 지식마스터, KSA, 국토교통부산하 (재)건설산업교육원 등으로부터 공로상을 수상했으며, 2013년도 한국HRD협회 주최 BEST 리더십 강사로 선정되었다. 주요저서로는 <4차산업혁명 스마트팩토리 운영과 전략>, <블록체인과 SNS혁명>, <HRM & HRD를 위한 전략적 인적자원관리>, <NCS(국가직무능력표준)기반 대인관계론>, <조직행동과 심리의 이해>, <리더십으로 무장하라>, <생각, 디자인하라>, <승계전략과 핵심인재육성>, <Fun(뻔)Fun(뻔)으로 혁신>, <디지털시대 간부진화론>, <비전혁명>, <리더십박사>, <창업/취업 성공전략 100%>, <21세기를 향한 고정관념파괴>와 <학교장 현장리더십>, <위대한 교장은 무엇이 다른가>, <Developing 교사 리더십> <Facilitating 액션러닝> 번역서 등이 있다. 경북상주시 홍보대사, 서귀포시 희망프로젝트 멘토, 국세청, 서울시청, 전남도청, 경북도청 등 공무원 교육기관, 삼성그룹(인력개발원)과 기업체 및 중소기업진흥공단, KPC, 중소기업종합지원센터, 서울대 행정연수원, 서울시교육청, 경기도교육청, 경남교육연수원, 제주 탐라연수원, 초중등 장학사 및 교장자격연수과정 등에서 교수로 활동하고 있다. 그리고 정부연구기관인 한국생산기술연구원, 충주MBC '출발새아침' 방송 진행 등을 거쳐 건국대, 경북대, 전남대, 강원대, 공주대, 부산대, 전북대, 군산대 등에서 미니 MBA와 CEO강좌 및 창업 · 취업 면접지도 교수로도 활동하고 있다.

경영학 박사　　**이 해 수** (hslee01@khu.ac.kr)

　호원대학교에서 전자공학을 전공한 후 경희대학교 경영학과 졸업 및

　아주대학교 경영전문대학원 MBA 석사 학위 취득 및 안양대학교 일반대학원에서 경영학 박사 학위를 취득 하였으며, 전북대학교 행정대학원 뉴 리더스 과정 수료 및 미국 뉴욕 STONY BROOK University Leadership & Communication Skill과정 수료 하였음.

　1988년 광반도체 전문회사인 광전자(주)에 공채 8기로 입사하여 일본 교토 광전자 공업연구소 3년 연수 및 생산본부장, 품질본부장, 공장장, TQC사무국장 및 교육연수 팀장, 공장장, 경영기획실장을 역임후 광전자중국대련공장 사장을 3년간 역임한 후 20년의 광전자에서의 직장생활을 마감하고 회사를 창업하여 (주)세광에너텍 대표이사 사장역임. (주)우리개발 호아센 대표이사 사장역임. (주)삼민테크 대표이사 사장역임. (주)충남기업 대표이사 사장역임.(주)에스엠에너텍 대표이사 사장역임. (주)Office Japan현지법인 사장역임 및 코오롱트리폴리스 대표회장 역임후 현재는 (주)신광이엔씨,(주)제이제이 회장으로 재직중임.

　2004년부터 2011년까지 전주비전대학교 경영학과 겸임교수 역임.

　유한대학교 전자공학과 수리능력 강사역임 및 한림성심대학교 간호학과 정보능력 강사역임.

　충청대학교 품질경영과 겸임교수 재직 및 부천대학교 전자공학과,교양과 겸임교수 재직중이며, 경희대학교 글로벌미래교육원 경영학 주임교수로 재직중임.

　주요저서로는 광전자(주)에서 품질본부장 및 교육연수팀장 재직시 직원들 교육훈련용 교재<품질경영>, <SPC 기초이론>, <Six Sigma실무>를 저서 했으며

　대학교재로는 <공정관리>, <BASIC 리더십>, <생산운영관리>, <창업의 이해>, <품질경영 기초실무>를 저서 하였음.

　2008년 12월 제45회 무역의 날에 300만불 수출의 탑과 2013년 12월 제50회 무역의 날출500만불 수출의 탑을 수상하였으며, 2008년 11월 헤럴드경제지 선정 2008년을 빛낸 경영인 대상을 수상 하였으며, 2009년 1월 뉴스피플지 선정 2009 대한민국혁신경영인 대상 수상과 2009년 1월 뉴스메이커 선정 2009 한국을 빛낼 CEO대상을 수상 하였음.

양 승 희(msengh1370@ddm.go.kr)

경희대학교 글로벌미래교육원에서 경영학을 전공하고, 경희대학교 경영대학원에서 MBA과정을 수료했다. 또한 을지대학교(구: 서울보건대학교) 임상병리과정을 거쳐 서울시 보건행정파트 보건위생 업무, 동대문구청 지역보건과 감염병관리팀장으로 코로나19 현장역학조사 총괄담당 공직자로 재직하고 있다. 서울시 보건행정파트 공직에 입사이후 동대문구청, 송파구청, 광진구청, 마포구청 등 4개구를 거쳐 현재까지 29년 동안 4개 분야(식품 및 위생분야, 병원관리 및 응급의료분야, 감염병 관리분야, 환경분야)의 업무를 맡아 공자자로서 리더역할을 수행해 왔다. 특히 동대문구청 보건위생과에 재직하면서 학교주변 유해업소 등 101개소 업소를 민관 합동단속을 매일 실시하여 자진폐업 또는 업종 전환 등을 통해 모범 자치구로서 놀라운 성과를 달성하는 성과중심 리더십을 발휘하기도 했다. 더불어 동대문구 어린이 급식소의 위생수준을 향상시키고, 식단 및 표준레시피 개발을 통한 어린이 영양 증진과 올바른 식습관 형성과 어린이 급식의 지속적인 개선을 위해 경희대학교 산학협력단과 협약을 통해 어린이 급식관리지원센터를 개소식을 진행하여 연간 예산을 획기적으로 절감하고, 센터직원 7명을 구성하여 정회원 99개소 준회원 20개소를 지원 및 관리하는 모범행정의 리더십을 펼쳤다. 그 결과 2019년 서울시 25개 자치구 식품위생분야 종합평가에서 최우수구 기관으로 선정되었고, 개인적으로 식품위생분야 종합평가 유공상(서울시장)을 수상하였다. 또한 2019년 식품의약품안전처 주관 식품안전분야에서 최우수구와 서울시 주관 식중독 분야 최우수로 선정된바 있다. 2020년 코로나19 팬더믹 현상 속에 식품위생팀장으로서 서울시 동대문구 현장역학조사를 총괄관리하는 모범행정과 리더십을 발휘하여, 2020년도 '국무총리 정부모범공무원상'을 수상하는 공직자로서의 리더십을 인정받았다. 또한 감염병관리팀장의 리더로서 직원들의 인사이동 및 고충의 어려운 상황 속에서 "이 또한 지나가리라 위기는 기회이다"라는 긍정의 힘을 발휘하는 리더십과 마인드로 자신과 구성원들을 위로하고 격려하며, 희생과 봉사, 솔선수범하는 공직자로서 가장 큰 덕목인 서번트 리더십(Servant Leadership)을 발휘하며, 코로나19 팬더믹의 상황과 어려움을 극복해가는 모범행정의 리더십을 발휘하고 있다.

미래 리더·관리자·간부를 위한
Core 핵심 리더십 개발

초판 1쇄 발행 2016년 8월 10일
2판 1쇄 발행 2021년 8월 20일

저　　　자 박 경 록·이 해 수·양 승 희
펴 낸 이 임 순 재
펴 낸 곳 **한올출판사**
등　　록 제11-403호
주　　소 서울시 마포구 모래내로 83(성산동, 한올빌딩 3층)
전　　화 (02)376-4298(대표)
팩　　스 (02)302-8073
홈 페 이 지 www.hanol.co.kr
e - 메 일 hanol@hanol.co.kr
ISBN 979-11-6647-114-8

미래 리더 · 관리자 · 간부를 위한
CORE 핵심 리더십 개발